Budapest

Matthias Eickhoff

Gratis-Download: Updates & aktuelle Extratipps des Autors

Unsere Autoren recherchieren auch nach Redaktionsschluss für Sie weiter. Auf unserer Homepage finden Sie Updates und persönliche Zusatztipps zu diesem Reiseführer.

Zum Ausdrucken und Mitnehmen oder als kostenloser Download für Smartphone, Tablet und E-Reader.
Besuchen Sie uns jetzt!
www.dumontreise.de/budapest

short.travel/e1x7d

DUMONT
Reise-Taschenbuch

Unterwegs in Budapest

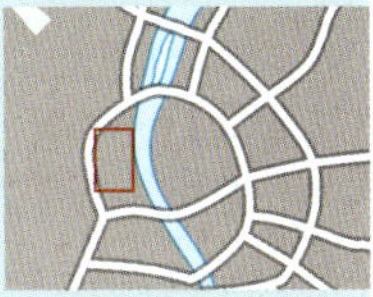

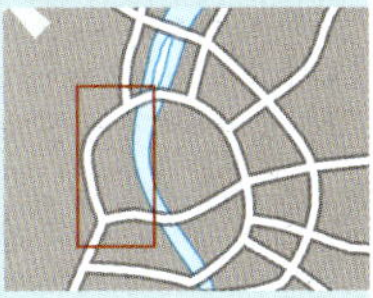

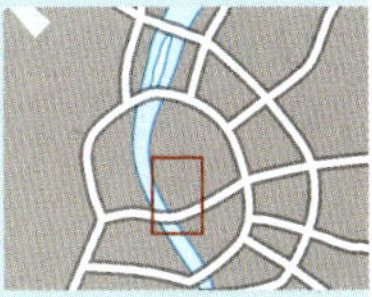

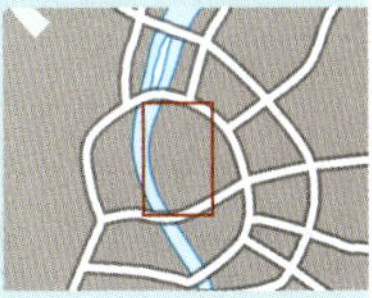

Inhalt

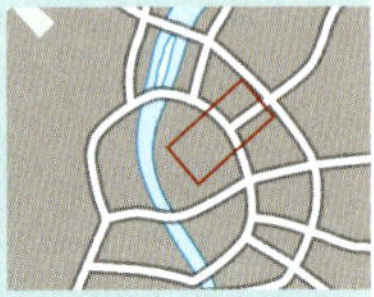

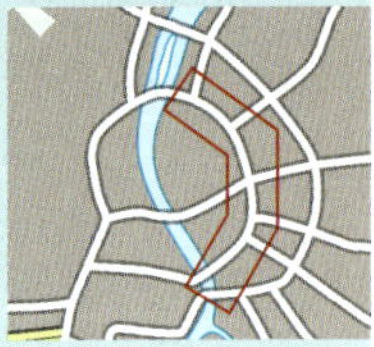

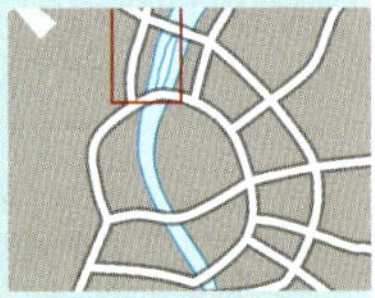

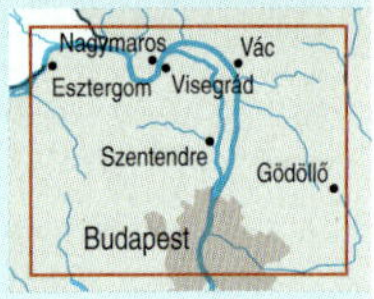

Nagymaros
Vác
Esztergom
Visegrád
Szentendre
Gödöllő
Budapest

Auf Entdeckungstour

Karten und Pläne

s. hintere Umschlagklappe

▶ ■ ■ ■ ■ ■
Diese Symbole im Buch verweisen auf die Extra-Reisekarte Budapest

Das Klima im Blick

atmosfair

Reisen bereichert und verbindet Menschen und Kulturen. Wer reist, erzeugt auch CO_2. Der Flugverkehr trägt mit einem Anteil von bis zu 10 % zur globalen Erwärmung bei. Wer das Klima schützen will, sollte sich für eine schonendere Reiseform (z. B. die Bahn) entscheiden – oder die Projekte von *atmosfair* unterstützen. *Atmosfair* ist eine gemeinnützige Klimaschutzorganisation. Die Idee: Flugpassagiere spenden einen kilometerabhängigen Beitrag für die von ihnen verursachten Emissionen und finanzieren damit Projekte in Entwicklungsländern, die dort den Ausstoß von Klimagasen verringern helfen. Dazu berechnet man mit dem Emissionsrechner auf *www.atmosfair.de,* wie viel CO_2 der Flug produziert und was es kostet, eine vergleichbare Menge Klimagase einzusparen (z. B. Berlin – London – Berlin 13 €). *Atmosfair* garantiert die sorgfältige Verwendung Ihres Beitrags. Klar – auch der DuMont Reiseverlag fliegt mit *atmosfair!*

Liebe Leserin, lieber Leser,

wenn ich abends auf dem Donaukorso in Pest stehe, verschlägt mir die Schönheit der Stadt immer wieder den Atem. Auch nach all den Jahren kann ich mich an dem überwältigenden Panorama nicht sattsehen: Das majestätische Burgschloss wird genauso festlich angestrahlt wie die filigrane Kettenbrücke, die im Dunkeln über dem Strom zu schweben scheint. Schon beim ersten Blick wird klar, warum die ungarische Hauptstadt als »Perle an der Donau« gilt. Zusammen mit meiner Frau, die aus Budapest stammt, gehe ich gerne zur Donau, und manchmal nehmen wir dann spontan eines der Ausflugsschiffe und schippern über den Fluss. Denn Budapest nähert man sich am besten vom Wasser aus. Es ist wirklich kein Wunder, dass die UNESCO schon 1987 das Donaupanorama zum Weltkulturerbe erhoben hat.

Doch Budapest hat noch viel mehr zu bieten: Hier trafen an der Nahtstelle zwischen West- und Osteuropa schon immer viele Kulturen aufeinander, die ihre Spuren im Stadtbild hinterließen. Besonders reizvoll sind für mich die 450 Jahre alten Thermalbäder aus osmanischen Tagen. Im heißen Wasser entspannt einige Stunden zu verbringen, ist Lebensgefühl pur. Dann bleibt der hektische Alltag der Großstadt einfach außen vor. Das Gleiche gilt natürlich für eine Pause in einem der berühmten Kaffeehäuser der Donaumetropole – doch Vorsicht: Die prall gefüllten Kuchentheken machen schnell süchtig!

Mit diesem Buch möchte ich Sie auf Ihrer Entdeckungsreise durch Budapest begleiten. Sie können in das Innenleben der ungarischen Hauptstadt eintauchen und erhalten dabei konkrete Tipps zu kulturellen Highlights, typischen Restaurants sowie angesagten Cafés und Szenevierteln. In Budapest können Sie Muße leicht mit aktiven Erkundungen verbinden: Vom osmanischen Rudas-Heilbad führt ein Spaziergang auf den Gellértberg, mit der Zahnradbahn geht es hinauf in die Budaer Berge und zu Fuß oder aber per Rad auf die parkähnliche Margareteninsel.

Ich wünsche Ihnen einen erlebnisreichen Aufenthalt und freue mich auf Ihre Rückmeldung!

Ihr

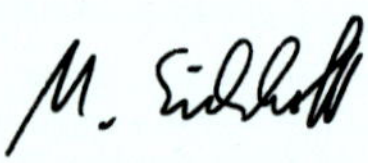

In der Abenddämmerung offenbart Budapest seinen ganzen Charme

Leser fragen, Autoren antworten

Budapest persönlich – meine Tipps

Nur wenig Zeit? Budapest zum ersten Kennenlernen

Bei einem Kurzausflug in die ungarische Hauptstadt sollte man sich auf einige wenige Highlights konzentrieren, um einen ersten Eindruck zu gewinnen. Am besten besucht man von der **Kettenbrücke** aus das historische **Budaer Burgviertel** und spaziert vom **Burgschloss** zur **Matthiaskirche** und zur **Fischerbastei.** Dort kann man den wunderbaren Ausblick über die Donau hinüber nach Pest genießen.

Empfehlenswert sind im Burgschloss eine Stippvisite der **Ungarischen Nationalgalerie,** eine Kaffeepause in der Ruszwurm Cukrászda unweit der Matthiaskirche sowie ein Bummel durch die malerischen Gassen des Burgviertels.

Wer mehr als nur einen Tag vor Ort ist, sollte den zweiten Tag der Pester Seite widmen. Ein Bummel durch die zentrale Fußgängerzone **Váci utca** führt vom adretten **Vörösmarty tér** zur **Zentralen Markthalle** am Kleinen Ring. Innerhalb des Kleinen Rings (und damit zu Fuß gut zu erreichen) liegen so große Sehenswürdigkeiten wie das neugotische **Parlament** und die **St.-Stephansbasilika,** aber auch schöne Plätze von sehr unterschiedlichem Charakter, wie der Egyetem tér oder der Szabadság tér. Einen weite-

Budapest zum ersten Kennenlernen

Ein Fest für die Sinne erlebt man beim Besuch der Zentralen Markthalle

ren Aspekt der Stadt entdeckt man bei einem Spaziergang auf dem gründerzeitlichen Prachtboulevard **Andrássy út**, wo die **Ungarische Staatsoper** und andere repräsentative Bauten mit einstigen Adelspalästen konkurrieren.

Wo beginnt man am besten eine Stadtbesichtigung?

Wer die Stadt kennenlernen möchte, startet entweder an der **Kettenbrücke** oder am zentralen Verkehrsknotenpunkt in der Pester Innenstadt, dem **Deák Ferenc tér.** Von der Kettenbrücke kommt man auf der Budaer Seite bequem hinauf ins Burgviertel oder aber auf den **Pester Donaukorso,** der den besten Panoramablick über den mächtigen Strom bietet.

Am Deák Ferenc tér laufen alle drei bisherigen Metrolinien zusammen, und die Buslinie 16 startet von hier zur Kettenbrücke und hinauf ins Budaer Burgviertel. Zudem sind an dem Platz Anbieter für Stadtrundfahrten von Interesse, wenn man die Stadt nicht auf eigene Faust erkunden möchte. Ein weiteres Plus ist das städtische Informationsbüro **Budapestinfo Pont,** nur wenige Meter entfernt in der Sütő utca 2.

Stadtbesichtigung vom Fluss aus

Wie alle großen Verkehrswege trennt und verbindet die Donau. Sie trennt Buda und Pest, die beiden höchst unterschiedlichen Stadtteile, und ist doch die unbestrittene Lebensader der Metropole. Um den Fluss und das beeindruckende Panorama auf sich wirken zu lassen, besteigt man am besten eines der **Linienschiffe,** die gemütlich über die Donau schippern. Vor allem der Abschnitt zwischen Margaretenbrücke im Norden und Petőfibrücke im Süden ist grandios, führt er doch an einigen der großartigsten Baudenkmälern der Stadt vorbei, inklusive Parlament und Kettenbrücke, Burgschloss und Gellért-Heilbad. An Sommerwochenenden wird zudem die Margareteninsel angesteuert.

Ein echter Tipp ist eine abendliche **Promenadenfahrt** (s. S. 197) von den Anlegern unterhalb des Pester Donaukorso – ideal zur Einstimmung auf die Stadtbesichtigung und für einen ersten Überblick.

Wo kann man gut einkaufen?

Die zentralen Einkaufsstraßen von Budapest, die kaum ein Besucher auslässt, sind die **Váci utca** sowie der **Große Ring**. In der Váci utca selbst dominieren Souvenir- und Modeläden, doch in den Seitengassen finden sich auch kleinere Fachgeschäfte. Liebhaber von Antiquitäten werden zwischen Kossuth Lajos tér und Großem Ring in der **Falk Miksa utca** fündig, die sich zu einer Galerien- und Antiquitätenmeile entwickelt hat.

Wer die Atmosphäre von Markthallen mit Tradition schätzt, muss die **Zentrale Markthalle** am südlichen Ende der Váci utca aufsuchen. Unter der lichten Dachkonstruktion wird von Obst und Gemüse bis zu Salami und Fleisch die ganze Palette leckerer frischer Lebensmittel angeboten.

Was ist neu in Budapest?

Budapest ist eine Stadt in Bewegung, die sich ständig erneuert. Das gilt für Städtebauprojekte wie für die Kulturszene. In der Pester Innenstadt wurde in den letzten Jahren z. B. die Verkehrsberuhigung intensiv vorangetrieben. Besonders gelungen ist die Umgestaltung des **Egyetem tér** an der Universität.

Vollkommen gewandelt hat sich das Aussehen des **Kossuth Lajos tér** vor dem Parlament, der ebenfalls vom Autoverkehr befreit wurde und u. a. ein Besucherzentrum für das Parlament sowie eine Anlegestelle für die Linienschiffe erhielt.

Eine große Verbesserung für den Nahverkehr brachte die Eröffnung der vierten Metrolinie 2014, die nun die beiden Bahnhöfe Keleti (Ostbahnhof) und Kelenföld miteinander verbindet.

Auch im Museumsbereich tut sich einiges: Im Burgviertel eröffnete im ehemaligen Verteidigungsministerium ein neues **Ausstellungszentrum.** Auch der Pester **Vigadó** setzt nach der Renovierung neue Akzente am Pester Donaukorso.

In welcher Gegend wohnt man besonders nett?

Ich wohne sehr gerne in Pest, und dort am liebsten innerhalb des Großen Rings, weil Budapest hier großstädtisch, lebendig und bunt ist. Die großen Sehenswürdigkeiten auf der Pester Donauseite kann man von hier aus zu Fuß erreichen, und dasselbe gilt auch für viele Bars und Cafés. Eine sehr angenehme Alternative ist das eher hügelige und ruhige Buda im Westen der Stadt.

Welche Kaffeehäuser muss man gesehen haben?

Budapest ist berühmt für seine Literatencafés, von denen es noch vor ca. 100 Jahren nicht weniger als 500 gab! Mittlerweile gehen in den Cafés längst nicht mehr Literaten und Künstler ein und aus, aber sie sind noch immer lebendige Treffpunkte, um bei einem guten *presszó kávé* über Gott und die Welt zu plaudern. Die traditionsreichsten Cafés sind das **New York** (s. S. 41) und das **Centrál** (s. S. 41), die aufwendig renoviert wurden. Das nicht weniger stilvolle **BookCafé** (s. S. 218) gilt als der neue

Parlament im neugotischen Stil

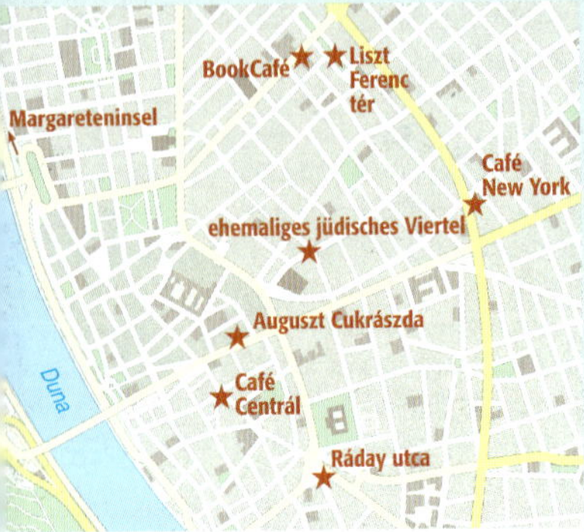

Kaffeehäuser und Ausgehen

Star unter den Kaffeehäusern. Unter den ebenfalls sehr populären Konditorei-Cafés sind die zwei Filialen der traditionsreichen **Auguszt Cukrászda** (s. S. 40) immer ein guter Tipp für eine süße Pause.

Wo geht Budapest aus?

Auf dem lauschigen Szeneplatz **Liszt Ferenc tér** an der Andrássy út und in der quirligen Ausgehmeile **Ráday utca** tummeln sich an warmen Abenden Einheimische wie Touristen. In den letzten Jahren hat sich das **ehemalige jüdische Viertel** zwischen Rákóczi út, Kazinczy utca und Király utca zu einem lebendigen Nightlife-Viertel entwickelt. Hier finden sich auch die trendigen ›Ruinenkneipen‹, die in den Innenhöfen abrissreifer Häuser eingezogen sind und vor allem junges Publikum anlocken. Wenn die Cafés in der Innenstadt ihre Terrassen schließen müssen, verlagert sich das Nachtleben in die ›Ruinenkneipen‹, im Sommer auch auf die **Margareteninsel.**

Lohnende Ausflugsziele

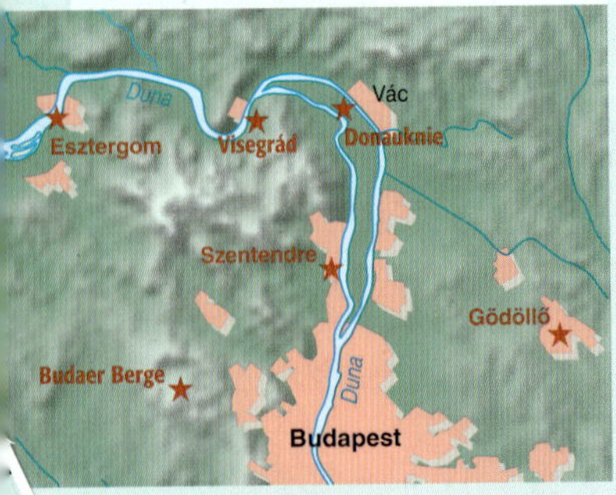

Gibt es ungewöhnliche Sights?

Die kommunistische Vergangenheit Ungarns ist im Stadtbild oder im Alltagsleben von Budapest nur noch an wenigen Stellen erlebbar. Ein Glück für den Geschichtsinteressierten, dass die vielen Denkmäler, die einst die Plätze der Stadt schmückten, nicht einfach entsorgt oder zerstört, sondern in einer Art Freilichtmuseum am südwestlichen Stadtrand versammelt wurden, im sogenannten **Memento Park** (s. S. 164). Für alle, die Budapest auch jenseits ihres touristischen Zentrums kennenlernen wollen, ein höchst interessanter Ausflug in die jüngere Geschichte der Stadt.

Eine Besonderheit ganz anderer Art sind die Höhlen, die sich unter den Hügeln von Buda verbergen. Es gibt nur wenige Hauptstädte, die über eine so ausgeprägte **Höhlenwelt** verfügen (s. S. 152).

Was sind die Grünoasen und Ausflugsziele?

In der Stadt selbst sind die Margaretheninsel und das Stadtwäldchen die größten Grünzonen. Wer länger in der Stadt ist und das Bedürfnis verspürt, Ruhe und Frischluft tanken zu müssen, sollte in die **Budaer Berge** am westlichen Stadtrand aufbrechen. Hier befindet sich auch der höchste Punkt der Stadt, der Elisabeth-Turm auf dem 527 m hohen János-hegy, zugleich ein grandioser Aussichtspunkt. Klein-

Steinerne Löwen bewachen die Zugänge zur Kettenbrücke

stadtflair erwartet den Besucher im nahegelegenen barocken Künstlerstädtchen **Szentendre,** das man per Schiff oder Zug erreicht.

Für einen Ganztagesauflug empfiehlt sich auch das Donauknie, wo die Hochburg von **Visegrád** und die Basilika von **Esztergom** locken, – oder das Königliche Schloss in **Gödöllő,** in dem Kaiserin Elisabeth – »Sisi« – regelmäßig dem Wiener Hofprotokoll entkam.

Welches Thermalbad ist am schönsten?

Bei der großen Auswahl an Thermalbädern findet jeder/jede das Bad seiner Wahl. Das 450 Jahre alte osmanische **Rudas-Heilbad** ist für seine außergewöhnliche Stimmung bekannt, wohingegen das **Gellért-Heilbad** vor allem wegen seiner herrlichen Jugendstilarchitektur besucht wird.

Als sehr familienfreundlich gilt das **Széchenyi-Heilbad** im Stadtwäldchen, das außerdem mit einem großen Außenbecken punktet – es gibt kaum etwas Schöneres, als sich an einem kalten Wintermorgen hier draußen im 37 °C warmen Wasser zu entspannen.

Noch ein ganz persönlicher Tipp

Budapest verfügt über ein reiches jüdisches Erbe. Dazu gehört auch die **Klezmer-Musik,** die in den letzten Jahren eine kleine Renaissance an der Donau erlebt. Angefacht durch den Erfolg der großartigen Budapest Klezmer Band (s. S. 96) ist Klezmer wieder populär. Wer die Gelegenheit hat, eines der mitreißenden Konzerte der Budapest Klezmer Band oder einen Klezmer-Abend im **Spinoza** (s. S. 54) zu erleben, sollte sich die Chance nicht entgehen lassen.

NOCH FRAGEN?

Die können Sie gern per E-Mail stellen, wenn Sie die von Ihnen gesuchten Infos im Buch nicht finden:

eickhoff@dumontreise.de
info@dumontreise.de

Auch über eine Lesermail von Ihnen nach der Reise mit Hinweisen, was Ihnen gefallen hat oder welche Korrekturen Sie anbringen möchten, würden wir uns freuen.

Die Úri utca lädt zu einem romantischen Bummel ein, S. 139

Entspannung pur in 450 Jahre alten Gewölben – das Rudas-Heilbad, S. 167

Lieblingsorte!

Ein prachtvolles Gesamtkunstwerk – das großartige BookCafé, S. 218

Ein ›orientalischer‹ Jugendstilpalast für die Budapester Elefanten, S. 227

Studentisches Leben im Zentrum – der Egyetem tér, S. 183

Nicht nur für Verliebte – der abendliche Donaukorso und die Kettenbrücke, S. 199

Budapest ist für mich eine Stadt der Genüsse. Ich freue mich immer auf einige ruhige Stunden im türkischen Rudas-Bad oder im fantastisch verzierten BookCafé. Herrlich ist der idyllische Japanische Garten auf der Margareteninsel und grandios der Ausblick vom Elisabeth-Turm. Mit meiner Frau gehe ich gerne in den Jugendstilzoo oder spaziere durch die malerischen Gassen des Burgviertels. Abends genießen wir auf dem Pester Donaukorso das märchenhafte Flusspanorama oder auf dem erfolgreich wiederbelebten Egyetem tér an der Universität einen Drink zum Ausklang des Tages.

Der Japanische Garten auf der Margareteninsel – eine Oase der Stille, S. 259

Der Blick über Stadt und Land – auf dem Elisabeth-Turm, S. 272

Schnellüberblick

Margareteninsel und Óbuda
Mitten in der Donau liegt ein herrlicher Inselpark, der viel Ruhe und Erholung vom Stress der Großstadt bietet. Nordwestlich davon erstreckt sich der moderne Stadtteil Óbuda, der auf eine lange Geschichte zurückblicken kann. Einen Besuch lohnt die Römerstadt Aquincum. S. 254

Burgviertel
Die malerischen Gassen des Burgviertels sind die gute Stube der Hauptstadt: Majestätisch ragt das Burgschloss über der Donau empor, filigran ist die königliche Matthiaskirche und romantisch die verspielte Fischerbastei. Das perfekte Viertel zum Bummeln und Genießen! S. 118

Budaer Donauufer
Wie ein langes Band ziehen sich die Attraktionen entlang des Budaer Donauufers: von den Höhlen im Norden über die Bädermeile mit herrlichen Badepalästen bis zum Gellértberg und dem barocken Schloss Nagytétény weit im Süden. S. 142

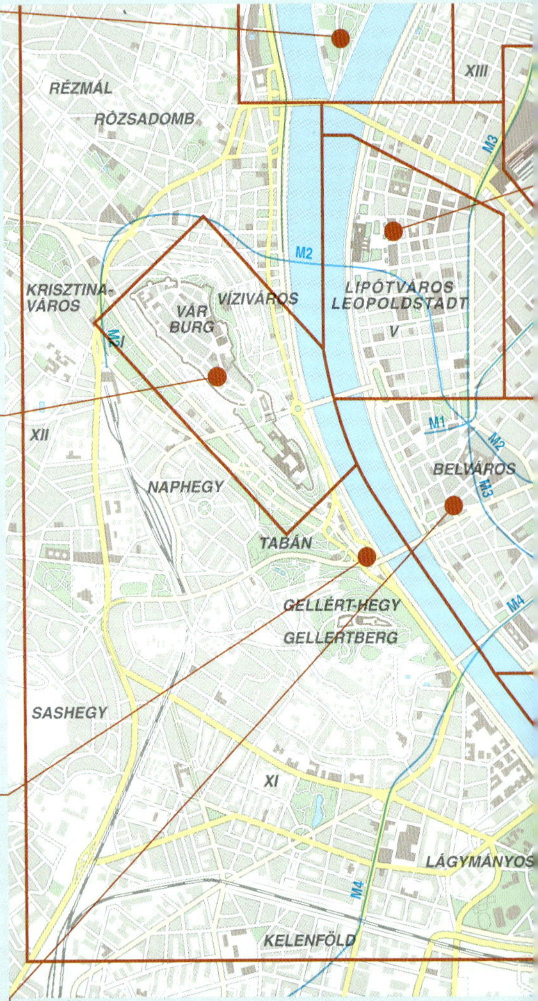

Pester Innenstadt und Kleiner Ring
Das Zentrum der Hauptstadt erstreckt sich rund um die Einkaufsstraße Váci utca und den Kleinen Ring mit dem Nationalmuseum. Gemütliche Kaffeehäuser, ein lebendiges Nightlife und das alte jüdische Viertel sind immer eine Erkundung wert. S. 168

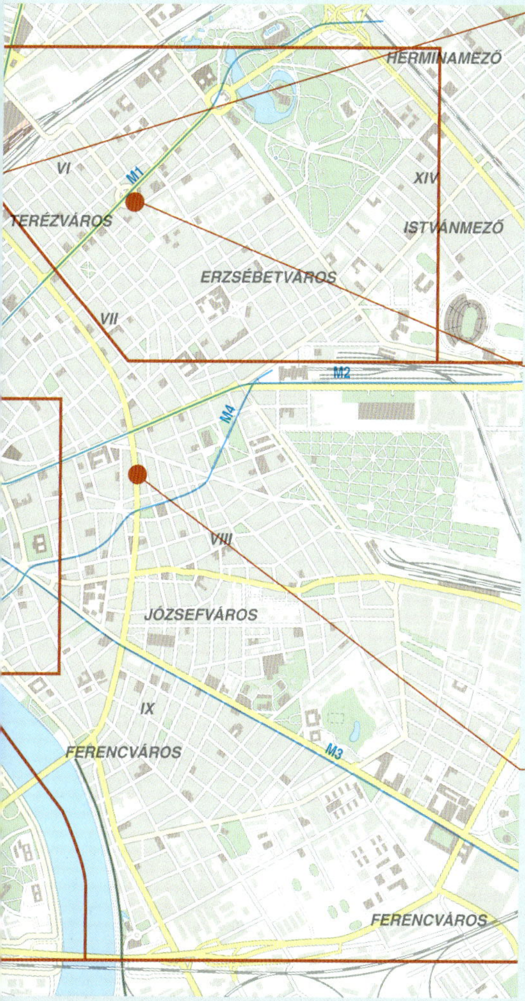

Leopoldstadt
Pests erste geplante Vorstadt ist voller Prachtbauten der Gründerzeit: Das imposante Parlament und die wuchtige St.-Stephans-Basilika sind markante Bauwerke. Kunst- und Antiquitätenfreunde wissen die Galerienmeile Falk Miksa utca zu schätzen. S. 194

Andrássy út und Stadtwäldchen
Der Prachtboulevard der Hauptstadt führt vorbei an der großartigen Staatsoper hinaus zu Heldenplatz und Stadtwäldchen. Dort bieten das Museum der Bildenden Künste, das Széchenyi-Heilbad und der Zoo Unterhaltung für die gesamte Familie. Der Liszt Ferenc tér ist der schönste Café-Platz der Stadt. S. 212

Großer Ring und Umgebung
Pulsierendes Großstadtleben erwartet Besucher des Großen Rings. Am südlichen Donauufer verleiht das postmoderne Millenniumsviertel mit dem Palast der Künste und dem Nationaltheater der Kulturszene frische Impulse. Ein Jugendstil-Highlight ist das Kunstgewerbemuseum. S. 234

Ausflüge in die Umgebung
Inmitten grüner Wälder bietet sich bei schönem Wetter vom Elisabeth-Turm auf dem 527 m hohen János-hegy ein atemberaubender Blick über die Donau nach Osten. Mit Kindereisenbahn, Zahnradbahn und Sessellift stehen spannende Verkehrsmittel zur Verfügung. S. 266

Reiseinfos, Adressen, Websites

In den heißen Quellen von Budapest lässt es sich aushalten – wenn nötig, stundenlang

Informationsquellen

Budapest im Internet

Es gibt eine Reihe von Internetseiten, die schon vor Reisebeginn bei der Vorbereitung behilflich sein können. Bei der Eingabe ungarischer Webadressen kann man die Akzente und Umlaute vernachlässigen. Die aufgeführten Seiten verfügen fast alle über eine deutschsprachige Version. Die ungarische Länderkennung lautet: .hu.

www.budapestinfo.hu
Die offizielle Website des Budapester Festival- und Tourismuszentrums bietet auf Deutsch zahlreiche nützliche Infos zu Sehenswürdigkeiten, Kulturangeboten, Restaurants und Stadtführungen. Hilfreich sind auch die Veranstaltungstipps sowie die Infos zu kinderfreundlichen Angeboten. Ausführlich wird die Budapest Card (s. S. 67, www.budapest-card.com) vorgestellt, die Besuchern der Hauptstadt viele Vergünstigungen gewährt.

http://de.gotohungary.com
Auf der umfangreichen Website des Ungarischen Tourismusamtes findet man zahlreiche allgemeine Informationen zu Ungarn sowie Tipps zu bestimmten Urlaubsarten (z. B. Wellness und Ökotourismus). Außerdem stehen Infobroschüren zum Download bereit. Sehr nützlich ist auch die ausführliche Linkliste, etwa zu den Botschaften oder für Bahn-, Bus-, Schiffs- und Flugverbindungen. Auch ein Währungsrechner findet sich auf der Seite.

www.bkk.hu
Die offizielle Website des städtischen Nahverkehrsunternehmens BKK bietet sowohl auf Ungarisch als auch auf Englisch alle Fahrpläne von Metro, Tram, Bus und Schiff sowie die aktuellen Tarife.

www.pesterlloyd.net
Die deutschsprachige Onlinezeitung bietet tagesaktuell einen informierten und hintergründigen Blick auf die politischen, wirtschaftlichen und kulturellen Entwicklungen in Budapest und Ungarn. Der Pester Lloyd bewahrt dabei eine kritische Distanz bei der Darstellung und Kommentierung der ungarischen Politik.

www.budapester.hu
Die als einziges deutschsprachiges Medium wöchentlich gedruckt erscheinende Budapester Zeitung stellt auf ihrer Website zahlreiche aktuelle und gut lesbare Artikel zu Politik, Wirtschaft, Kultur und Hauptstadtgeschehen ins Netz.

www.budapest.diplo.de
Auf der offiziellen Website der Deutschen Botschaft in Budapest finden sich viele nützliche Infos und Links zu Themen wie »Studieren in Ungarn«, Sprachkursen, Kulturleben, Zoll sowie Wirtschaft und Politik. Wer länger in Budapest bleiben möchte, findet darüber hinaus auf der Seite wichtige Anlaufstellen, Adressen und allgemeine Hinweise. Hilfreich ist auch der Link zu zwei Online-Wörterbüchern für Ungarisch.

www.budapest.gayguide.net
Die englischsprachige Website bietet ausführliche Infos zur Schwulen- und Lesbenszene in Budapest. Hilfreich sind die vielen kommentierten Tipps zu schwulen- und lesbenfreundlichen Unterkünften und Cafés sowie zum Nightlife.

Informationsstellen

Internationales Infotelefon:
00 800-36 00 00 00, Mo–Fr 8–20 Uhr, kostenfrei, auf Englisch

... in Deutschland

Ungarisches Tourismusamt: Wilhelmstr. 61, 10117 Berlin, Tel. 030 24 31 460, Fax 030 24 31 46 13, berlin@ungarn-tourismus.de, http://de.gotohungary.com

... in Österreich

Ungarisches Tourismusamt: Opernring 1, 1010 Wien, Tel. 01 585 20 12/10, ungarninfo@ungarn-tourismus.at, http://at.gotohungary.com

...in der Schweiz

Ungarisches Tourismusamt: Kontakt über das Berliner Büro (s. oben).

...in Budapest

Budapester Festival- und Tourismuszentrum
Die städtische Tourismuszentrale betreibt mehrere Informationsbüros (»Budapestinfo Pont«). Dort liegen Stadtpläne, Infos zu Sehenswürdigkeiten, Stadtrundfahrten und Veranstaltungen etc. aus. Hier kann auch die Budapest Card (s. S. 67) erworben werden.

Allgemeine Anfragen/Auskünfte: Tel. 0036 1 438 80 80 (Mo–Fr 8–20 Uhr), info@budapestinfo.hu, www.budapestinfo.hu

Informationsbüros:
Pester Innenstadt: Sütő utca 2 (beim Deák Ferenc tér), tgl. 8–20 Uhr.
Heldenplatz: Olof Palme sétány 5, So–Do 10–18, Fr–Sa 10–19 Uhr.
Burgviertel: Tárnok utca 15 (Szentháromság tér), tgl. 9–18 Uhr.
Flughafen Liszt Ferenc: Terminal 2A, tgl. 8–23; Terminal 2B, tgl. 8–20 Uhr.
Zudem gibt es Partnerbüros in der Zentralen Markthalle und im Ostbahnhof.

Lesetipps

Belletristik

Bánk, Zsuzsa: Der Schwimmer, Frankfurt/M. 2004. Der mehrfach prämierte Bestseller von Bánk schildert ein Familienschicksal als Folge der Revolution von 1956. Während die Mutter nach Westen flüchtet, nimmt der Vater seine zwei Kinder auf eine unstete Reise durch Ungarn mit.
Dalos, György: Der Fall des Ökonomen, Berlin 2012. Zeichnete Dalos lange Zeit ein humorvoll positives Bild von Ungarn, muss sich hier die Hauptfigur Gábor Kolozs mit beruflichem Abstieg, der Tätigkeit der ungarischen Stasi sowie wachsenden gesellschaftlichen Spannungen auseinandersetzen.
Ders.: Balaton-Brigade, Hamburg 2006. Der ehemalige Stasi-Agent Josef Klempner lässt sein Leben und seine Spitzeltätigkeit Revue passieren. Sogar seine eigene Familie spionierte er aus, bevor er schließlich Zeuge der Auflösung des Ostblocks wird. Ein spannender Blick auf die ungarisch-ostdeutsche Geschichte kurz vor dem Fall der Mauer.
Esterházy, Péter: Harmonia Caelestis, Berlin 2001. Die epochale Familienchronik gilt als Meisterwerk des Autors. Fakten und fiktives Erzählen werden gekonnt miteinander verwoben.
Ders.: Verbesserte Ausgabe, Berlin 2003. Bei der Recherche zu »Harmonia Caelestis« stößt Esterházy auf die Spitzeltätigkeit seines Vaters und rechnet in diesem Buch mit dessen Stasivergangenheit ab. Der Friedenspreisträger des Deutschen Buchhandels legte hier sein persönlichstes Werk vor.
Iro, Viktor: Tödliche Rückkehr, München 2010. Spannender Krimi, der ei-

nen ehemaligen Widerstandskämpfer von 1956 als Polizist zurück in das heutige Budapest führt. Hinter dem Autoren-Pseudonym verbirgt sich der Kulturwissenschaftler Dirk Hohnsträter.

József, Attila: Ein wilder Apfelbaum will ich werden, Zürich 2005. Dt.-ungar. Gedichtsammlung mit Neuübersetzungen des wichtigsten ungarischen Lyrikers des 20. Jh., der mit seinen pointierten Gedichten immer wieder beim rechten Horthy-Regime aneckte. Seine Gedichte »Mit reinem Herzen« (1925) und »An der Donau« (1936) zählen zu den Klassikern der ungarischen Literatur.

Kertész, Imre: Roman eines Schicksallosen, Reinbek 1998. Das Hauptwerk des Literaturnobelpreisträgers führt mit den Augen eines Jungen in die Hölle von Auschwitz und Buchenwald. Kertész gelingt sehr bewegend das Unmögliche: Auschwitz erzählbar machen. Kertész selbst war als 14-Jähriger nach Auschwitz deportiert worden.

Konrád, György: Glück, Frankfurt/M. 2003. Als deutsche Truppen 1944 in Ungarn einmarschieren, werden György Konráds Eltern ins KZ deportiert. Der 11-jährige Konrád entkommt dem Holocaust. Das Buch erzählt von seiner dramatischen Flucht aus dem Heimatort und dem Kampf ums Überleben.

Ders.: Sonnenfinsternis auf dem Berg, Frankfurt/M. 2005. Beeindruckendes autobiografisches Werk des Friedenspreisträgers des Deutschen Buchhandels. Konrád spannt einen weiten Bogen vom Überleben während des Holocausts bis in die heutige Zeit.

Márai, Sándor: Bekenntnisse eines Bürgers, München 2000. Bereits mit 34 Jahren legte Márai Rechenschaft über sein bisheriges Leben ab, das ihn nach Paris und Deutschland geführt hatte.

Parti Nagy, Lajos: Meines Helden Platz, München 2005. Eine bizarre Geschichte, die von der Machtübernahme der Tauben in Budapest handelt. Eine gelungene Parabel auf totalitäre Regime.

Székely, János: Verlockung, München 2007. Székely rechnet mit dem herrschenden System der Zwischenkriegszeit ab. Im Mittelpunkt steht der Junge Béla, der vom Land in die brodelnde Hauptstadt Budapest kommt und in einem Luxushotel Arbeit findet.

Szép, Ernő: Die Liebe am Nachmittag, München 2008. Ein Roman aus der Zwischenkriegszeit. Hier wird uns Mihály, ein Mann mit Midlife-Crisis, sowie die dekadente Seite des Budapester Gesellschaftslebens präsentiert. Ähnlich wie bei Márai weht reichlich Melancholie durch das Werk.

Sachbücher

Dalos, György: Der Vorhang geht auf, München 2009. Kenntnisreich und verständlich führt Dalos durch die letzten Jahre des sogenannten Ostblocks, den »gemütlichen Weltuntergang«.

Ders.: 1956. Der Aufstand in Ungarn, München 2006. Der in Berlin lebende ungarische Schriftsteller fasst die dramatischen Ereignisse des Volksaufstands von 1956 packend und verständlich zusammen.

Gerlach, Christian und Götz Aly: Das letzte Kapitel. Der Mord an den ungarischen Juden, Stuttgart/München 2002. Sorgfältig recherchiertes Werk über den Holocaust in Ungarn 1944/45.

Lendvai, Paul: Mein verspieltes Land. Ungarn im Umbruch, Salzburg 2010. Der 1957 emigrierte Journalist Lendvai wirft einen aufschlussreichen Blick auf die politische Entwicklung Ungarns vom demokratischen Neuanfang 1989/90 bis zur zweiten Wahl Viktor Orbáns 2010.

Rainer, János M.: Imre Nagy, Paderborn 2006. Spannende Biografie über den Ungarn regierenden Ministerpräsidenten während der Revolution im Jahr 1956.

Wann verreisen?

Jahreszeiten in Budapest

Budapest ist durch ein gemäßigtes Kontinentalklima mit gelegentlichen atlantischen Tiefausläufern geprägt. Das bedeutet in der Regel geringe Niederschläge, heiße Sommer und kalte Winter.

Die warme Jahreszeit dauert im Allgemeinen deutlich länger als nördlich der Alpen. Auch April und Oktober können angenehm warm sein, ohne dass man damit jedoch fest rechnen sollte. Der Sommer kann mit Temperaturen über 35 °C sehr heiß werden. Dann kann es auch zu heftigen Gewittern kommen. Im Winter liegt in den Budaer Bergen naturgemäß mehr und häufiger Schnee als in der Innenstadt.

Gut zu wissen

Das aktuelle Wetter: auf www.budapestinfo.hu.

Die aktuellen Events: Veranstaltungstipps finden sich auf www.budapestinfo.hu; vor Ort in Budapest auch im kostenlosen Programmheft Pesti Est (nur ungarisch) sowie Funzine (nur englisch).

Kleidung: Vor allem im Frühjahr und Herbst sollte man sowohl leichte wie wärmere Sachen einpacken. Im Normalfall reicht in Budapest für alle Gelegenheiten Freizeitkleidung. In der Staatsoper, in manchen Theatern oder in Luxusrestaurants ist angemessene Kleidung jedoch sehr empfehlenswert.

Was ist los?

Budapest ist eine Stadt für jede Jahreszeit. Im Winter locken die Thermalbäder, Kaffeehäuser und Museen, während sich zwischen Frühjahr und Herbst sehr viel im Freien gestalten lässt. Bereits im März beginnt mit dem international renommierten **Frühlingsfestival** die Festivalsaison, zu Ostern verdichtet sich das Programm und im Sommer bieten Open-Air-Events reichlich Auswahl. Highlights sind die sommerlichen **Open-Air-Konzerte im Zoo** und im Hof der Vajdahunyad-Burg, das **Sziget-Festival** sowie das **Jüdische Sommerfestival** (s. S. 56). Im Dezember klingt die Saison auf den stimmungsvollen **Weihnachtsmärkten** der Stadt aus.

Touristische Spitzenzeiten sind Ostern, die Sommerferien, das viel besuchte Formel-1-Rennen auf dem Hungaroring sowie Silvester. Vor allem für die letzten beiden Perioden sollte man frühzeitig eine Unterkunft buchen. Außerdem ist mit Zuschlägen zu rechnen.

Klimadiagramm Budapest

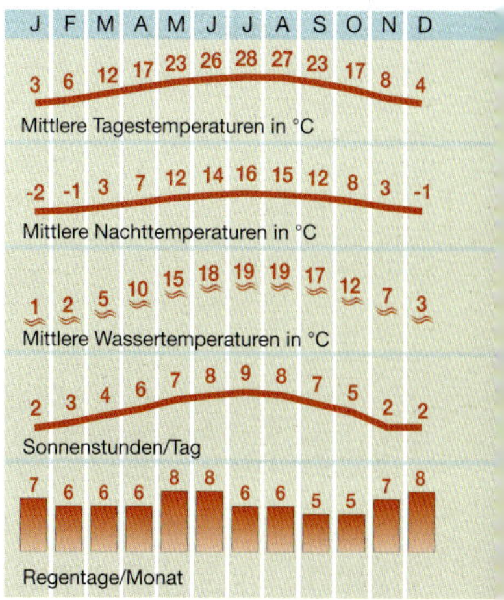

Anreise und Verkehrsmittel

Einreisebestimmungen

Für die Einreise benötigen Deutsche, Österreicher und Schweizer einen gültigen Personalausweis, eine Identitätskarte oder einen Reisepass. Das gilt auch für Kinder und Jugendliche. Seit dem Beitritt Ungarns zum Schengener Abkommen gibt es an der Grenze zu Österreich, Slowenien und zur Slowakei sowie an den Flughäfen im Allgemeinen keine Grenzkontrollen.

Bereits mit dem EU-Beitritt Ungarns 2004 wurden die Zollkontrollen eingestellt. Innerhalb der EU sind Gegenstände für den persönlichen Bedarf bei Ein- und Ausreise zollfrei. Haustiere benötigen einen gültigen EU-Heimtierpass *(pet passport).*

Anreise

... mit dem Flugzeug

Im Südosten der Stadt liegt der **Liszt Ferenc International Airport** (ehemals Ferihegy) mit seinen Terminalblocks 2A/B. 2012 wurde der separate Terminal 1 vorerst geschlossen.

Flugauskunft: Tel. (00 36) 1 296 70 00, www.bud.hu

Transfer in die Stadt:

AirportShuttle-Minibusse: Die Airport-Minibusse verkehren zwischen den Flughafenterminals und allen Budapester Adressen (einfach 3200 HUF/Person, hin und zurück 5500 HUF/Person, Rabatte für mehrere Personen). Bei der Ankunft am Flughafen kann man sich an den Airport-Shuttle-Schaltern melden und auch gleich die Rückfahrt reservieren. Die Minibusse sind für Rollstuhlfahrer geeignet (Tel. 0036 1 296 85 55, www.airportshuttle.hu).

Taxi: Für Fahrten von/zum Flughafen gelten die allgemeinen Taxitarife für Budapest (s. S. 24). Das bedeutet, dass eine Fahrt ins Stadtzentrum von Pest ca. 6500–7000 HUF (ca. 21–23 €) kostet. Alleiniger Vertragspartner des Flughafens ist das Taxiunternehmen Főtaxi (s. S. 24).

Bus: Die Schnellbuslinie 200E verkehrt von ca. 4.30–23 Uhr von Terminal 2 zur Endstation Kőbánya-Kispest der blauen Metro 3 (Fahrzeit ca. 25 Min.). Tickets gibt es bei den Budapestinfo Ponts in den Terminals.

... mit der Bahn

Die Anreise mit dem Zug erfolgt von Westen über Wien oder von Berlin über Prag und Bratislava. Die Fahrzeit ab Wien beträgt ca. 2,5 Std., ab Frankfurt/M. ca. 10,5 Std., ab Berlin und ab Zürich ca. 12 Std.

Direktzüge verkehren u. a. ab Wien, München (7,5 Std.) und Berlin nach Budapest und steuern zumeist den Ostbahnhof (Keleti pu./pályaudvar) an. Die Züge aus Wien halten zudem in Budapest-Kelenföld auf der Budaer Seite.

Auskunft über Zugverbindungen, Tickets und Sparpreise von und nach Budapest erhält man über die heimischen Bahnunternehmen. Ungarische Zugfahrpläne sind bei der Bahngesellschaft MÁV-Start (Tel. 1 444 44 99, www.mavcsoport.hu/de) erhältlich.

Fernbahnhöfe in Budapest:

Keleti pályaudvar (Ostbahnhof), VIII., Baross tér, Metro 2, 4, Tram 24, Bus 5, 7, 8, 20E, 30, 107.

Nyugati pályaudvar (Westbahnhof), VI., Nyugati tér, Metro 3, Tram 4, 6, Bus 9, 26, 91, 191, 291.

Déli pályaudvar (Südbahnhof), I., Krisztina körút 37, Metro 2, Tram 18, 59, 61.
Kelenföld vasútállomás (Bahnhof Kelenföld), XI., Etele tér, Metro 4, Tram 19, 49, Bus 8, 101, 103, 150.

... mit dem Auto

Der schnellste Weg in die ungarische Hauptstadt führt von Westen über Wien zum Grenzübergang Nickelsdorf/Hegyeshalom und weiter auf der ungarischen Autobahn M1 Richtung Budapest. Reisende aus dem Osten Deutschlands kommen evtl. über Tschechien und die Slowakei günstiger zum Grenzübergang Rajka südlich von Bratislava, der über die M15 und die M1 nach Budapest führt.

Die Autobahnen in Ungarn sind alle gebührenpflichtig. Die E-Vignette *(e-matrica)* gibt es an der Grenze (10 Tage 2975 HUF, 1 Monat 4780 HUF). Aktuelle Infos: www.maut-tarife.hu.

Weil in Budapest Autodiebstahl und -aufbruch gerade bei Fahrzeugen mit ausländischen Kennzeichen leider häufig vorkommen, ist dringend ein bewachter Parkplatz zu empfehlen.

Verkehrsregeln:
Das Tempolimit beträgt in Ungarn auf Autobahnen 130 km/h, auf Schnellstraßen 110 km/h, auf Landstraßen 90 km/h und in geschlossenen Ortschaften 50 km/h. Die gesetzliche Promillegrenze liegt bei 0,0 Promille!

Pannenservice:
Der Ungarische Autoclub **(Magyar Autóklub)** ist mit seinem Hilfsservice Gelber Engel (Sárga Angyal) bei Pannen rund um die Uhr ansprechbar: Tel. 188 (landesweite Notrufnummer) oder in Budapest Tel. 345 18 00, www.autoclub.hu. **ADAC** und **ÖAMTC** sind ebenfalls in Budapest zu erreichen: Tel. 345 17 17 (Mo–Fr 9–17 Uhr).

... mit dem Bus

Die ungarische Busgesellschaft Volánbusz (www.volanbusz.hu) unterhält in Kooperation mit Eurolines Linienverbindungen zwischen Budapest und Deutschland, Österreich und der Schweiz.
Auskunft und Buchung in Deutschland bei: www.eurolines.de.
Die Busse kommen in Budapest am internationalen **Busbahnhof Népliget** im IX. Bezirk an: Népliget autóbusz-állomás, Üllői út 131.

... mit dem Schiff

Eine attraktive Anreisemöglichkeit sind die Tragflügelboote von Wien über Bratislava nach Budapest, die von Ende Mai bis September im Linienverkehr dreimal wöchentlich über die Donau gleiten. Die Fahrtdauer Wien–Budapest beträgt je nach Fahrtrichtung 5,5 bzw. 6,5 Std., Preis 2015: 99 € einfach (Ermäßigung für Kinder).

Auskunft und Buchung: MAHART PassNave, V., Belgrád rakpart, Budapest, Internationale Anlegestelle, Tel. 484 40 13, www.mahartpassnave.hu.

Verkehrsmittel in Budapest

Öffentliche Verkehrsmittel

Budapest verfügt über einen effektiven öffentlichen Nahverkehr. Vier Metrolinien sowie zahlreiche Straßenbahnen *(villamos)*, Busse *(busz)* und O-Busse *(trolibusz)* des städtischen Verkehrsunternehmens BKK fahren von ca. 4.30–23.30 Uhr jeden Bereich der Stadt an. Schnellbusse sind mit einem E gekennzeichnet. Ab ca. 23.30 Uhr verkehren auf den Hauptlinien Nachtbusse (900er-Linien) im 15- bis 60-Minutentakt.

Die Metrolinien sind farblich gekennzeichnet: Linie 1 (Vörösmarty tér –Mexikói út) in Gelb, Linie 2 (Déli pu. (Südbahnhof)–Örs vezér tere) in Rot

Touristentickets
Am besten kauft man sich eine **Zeitkarte,** um nicht bei jedem Umstieg wieder neu lösen zu müssen. Sehr nützlich sind die 24-Stunden-, 72-Stunden- und Wochenkarten (24 órás jegy/72 órás jegy/hetijegy, 1650/4150/4950 HUF), die für den gesamten Nahverkehr innerhalb von Budapest gelten (wochentags auch für die Linienschiffe). Für Gruppen bis 5 Personen gibt es eine 24-Stunden-Gruppenkarte *(csoportos 24 órás jegy,* 3300 HUF). Die **Budapest Card** (s. S. 67) garantiert die kostenlose Nutzung des Nahverkehrs.

und Linie 3 (Újpest-Központ–Kőbánya-Kispest) in Blau. Diese Linien treffen sich am zentralen Umsteigepunkt Deák Ferenc tér. Die grüne Linie 4 verkehrt zwischen dem Ostbahnhof (Keleti pu.) in Pest und dem Bahnhof Kelenföld (Kelenföld vá.) in Buda, mit einer Umsteigemöglichkeit in die blaue Linie 3 am Kálvin tér sowie in die rote Linie 2 am Keleti pu.

Fahrscheine: Einzelfahrscheine (*vonaljegy*, 350 HUF) gelten nur für eine Fahrt ohne Umsteigen, Sammeltickets (*gyűjtőjegy*, 3000 HUF) gelten für jeweils 10 Fahrten ohne Umstieg (Zeitkarten s. Tipp oben). Für Ausflüge jenseits der Stadtgrenzen mit der grünen Vorortbahn HÉV sind Anschlusskarten zu lösen.

HÉV-Linien führen u. a. vom U-Bahnhof Batthyány tér nach Óbuda und Szentendre (H 5) sowie vom U-Bahnhof Örs vezér tere nach Gödöllő (H 8). Fahrkarten sind vor (!) dem Fahrtantritt zu kaufen. Dafür gibt es zahlreiche Ticketautomaten (ung./engl.) sowie an vielen Metrostationen Fahrkartenschalter. Einzelfahrscheine werden im Bus, in der Tram oder an den Metrozugängen entwertet. 24-/72-Stundentickets werden beim Kauf mit der genauen Startzeit versehen, Wochenkarten zusätzlich mit dem Fahrgast-Namen. EU-Bürger und Schweizer ab dem vollendeten 65. Lebensjahr können den öffentlichen Nahverkehr in Budapest kostenlos nutzen (Ausweis vorlegen), Kinder unter 6 Jahren fahren ebenfalls kostenlos! Wer ohne Fahrschein angetroffen wird, muss sofort ein Strafgeld zahlen. Die Zu- und Ausgänge zu den Metrostationen werden grundsätzlich von Ticketinspektoren kontrolliert.

Infos und Fahrpläne: BKK, Rumbach Sebestyén utca 19–21, Tel. (1) 3 255 255, www.bkk.hu (ungar./engl.).

Taxi
Taxis sind mit gelben Nummernschildern gekennzeichnet. In den Taxizentralen spricht man im Allgemeinen Englisch. Die Tarife sind gesetzlich festgelegt und im Vergleich zu westeuropäischen Verhältnissen recht günstig: Der Grundtarif beträgt 450 HUF, pro Kilometer kommen 280 HUF hinzu, pro Minute Wartezeit 70 HUF.

Offiziell registrierte Taxis sind in gelber Farbe lackiert, am besten wählt man ein Taxi eines größeren Unternehmens (s. unten). Taxis, die nicht gelb sind und/oder kein Firmenschild haben, sollte man grundsätzlich meiden, auch vermitteln manche Hotels teurere Privattaxis. Die gelben Taxis sind mit Taxameter ausgestattet und geben auf Verlangen auch eine Quittung. Am Flughafen ist der größte Budapester Anbieter Főtaxi offizieller Vertragspartner, der als sehr zuverlässig gilt.

Einige zuverlässige Taxiunternehmen:
Főtaxi: Tel. 222 22 22, www.fotaxi.hu.
City Taxi: Tel. 211 11 11, www.citytaxi.hu.

Linienschiff

Budapest: Seit einigen Jahren verkehren auf der Donau wieder Linienschiffe zwischen der Rákóczi-Brücke bzw. Haller utca (Millenniumsviertel) im Süden sowie Újpest und Rómaifürdő im Norden. Wichtige Anlegestellen sind der Boráros tér, Szent Gellért tér, Petőfi tér, Várkert Bazár, Kossuth Lajos tér, Batthyány tér sowie Jászai Mari tér. Die Margareteninsel wird nur an Sommerwochenenden von der Sommerlinie D 13 angesteuert.

Im Sommer verkehren die Linien D 11 und D 12 zwischen ca. 7 und 19 Uhr jeweils alle 70 Minuten, im Winter ist nur die Linie D 11 von Montag bis Freitag zwischen Haller utca und Újpest im 60-Minuten-Takt unterwegs.

Tickets kosten an Bord 750 HUF (erm. 550 HUF). Besitzer der Budapest Card werden kostenlos mitgenommen, Inhaber von Zeitkarten (z. B. 24-/72-Stunden-Ticket) können Mo–Fr kostenlos mitfahren; Fahrplaninfos: www.bkk.hu.

Donauknie: Für Ausflüge verkehren zwischen April und September MAHART-Linienschiffe ab Vigadó tér in Pest. Angesteuert werden Szentendre, Vác, Visegrád und Esztergom. Infos: Schiffsstation Vigadó tér, Tel. 484 40 13, www.mahartpassnave.hu.

Andere Verkehrsmittel

Standseilbahn (Sikló): Steile Auffahrt vom Clark Ádám tér an der Kettenbrücke zum Burgviertel; tgl. 7.30–22 Uhr, 1200/700 HUF (einfach).

Zahnradbahn (Fogaskerekű): Városmajor-Park bis Széchenyi-hegy (BKV-Linie 60); tgl. 5–23 Uhr, alle 15–20 Min., normaler BKK-Fahrschein.

Sessellift (Libegő): Jánoshegy–Zugliget; Nov.–Feb. tgl. 10–15.30, März/Okt. 10–17, April/Sept. 10–18, Mai–Aug. 10–19 Uhr (wetterabhängig),

Ungewöhnliche Attraktion in Budapest: die Fahrt mit der Standseilbahn

www.bkv.hu, 1000/600 HUF (einfach).
Kindereisenbahn (Gyermekvasút): 12 km lange Fahrt vom Széchenyi-hegy bis Hűvösvölgy durch die Budaer Berge; März–Okt. tgl. ca. 9–17, sonst Di–So 10–16 Uhr, Tel. 397 53 92, www.gyermekvasut.hu, 700/350 HUF (einfach), 600/300 HUF (Teilstrecke).

Radfahren

Das Fahrrad wird in Budapest immer beliebter, auch wenn der Weg durch den Alltagsverkehr vielerorts noch kein Vergnügen ist. Der Ausbau der Radwege geht zwar nur langsam voran, aber immer mehr Budapester schwingen sich vor allem am Wochenende aufs Rad.

Die schönste Radroute führt auf der Budaer Donauseite von dem neuen Freizeitareal an der Rákóczi-Brücke im Süden (siehe Tipp S. 163) vorbei an Gellértberg, Kettenbrücke, Batthyány tér und Margareteninsel weiter nach Óbuda und Szentendre im Norden.

Auf der Pester Seite führt ein Radweg an der Andrássy út hinaus ins Stadtwäldchen. In den mittlerweile verkehrsberuhigten Straßen der Pester Innenstadt und der Leopoldstadt lässt sich ebenfalls gut radeln. Vor der Nutzung von Hauptstraßen ohne Radweg muss jedoch dringend abgeraten werden. Hier sollte man unbedingt auf kleine Seitenstraßen ausweichen.

Eine längere, beschilderte Radroute führt vom Batthyány tér in die Budaer Berge (s. S. 270). Man kann das Rad ab dem Városmajor-Park in der Zahnradbahn mitnehmen (zusätzlichen Fahrschein lösen!) und dann gemütlich auf dem Kamm der Budaer Berge in die Pedale treten.

Radverleih:
HiBike: V., Fehér Hajó utca 8, Tel. (06) 30 900 84 48, www.hi-bike.hu, März–Okt. tgl. 9.30–20, sonst Do–So 10–16 Uhr. Auch Tandems, Scooter und Stadtführungen (s. u.).
Yellow Zebra Bikes: VI., Lázár utca 16, Tel. 269 37 43, www.yellowzebrabudapest.com, April–Okt. tgl. 9–20.30, Nov.–März 9–19 Uhr. Auch Kinderräder, Segway-Touren und Stadtführungen (s. u.) sowie Radverleih für individuelle Mehrtagestouren zwischen Budapest und Wien.
Bringóvár: XIII., Hajós Alfréd sétány 1, Tel. 329 20 73, www.bringohinto.hu, tgl. 8 Uhr bis Sonnenuntergang. Neben Rädern auch Tandems, Tretkutschen und Inline-Skater.
MOL Bubi: Das städtische Nahverkehrsunternehmen BKK hat ein öffentliches Leihradsystem aufgebaut. Die hellgrünen Räder sind an zahlreichen Stationen in den zentralen Bereichen von Pest und Buda zu finden. Der Verleih läuft mit einem Ticket oder der MOL Bubi Card. 24 Stunden kosten z. B. 500 HUF. Zusätzlich zur Zugangsgebühr wird zeitabhängig abgerechnet. Weitere Infos zum Leihsystem bei BKK (s. S. 18) oder unter: http://molbubi.bkk.hu.

Stadtführungen

Wer eine geführte Tour durch die ungarische Hauptstadt machen möchte, hat die Qual der Wahl, denn das Angebot ist sehr umfangreich.

Mit dem Bus
Am beliebtesten sind die sog. »Hop-on-hop-off«-Bustouren, die an vielen Sehenswürdigkeiten halten und zumeist für einen Zeitraum von 24 oder 48 Stunden unbegrenzte Unterbrechungen erlauben. Als Extras gibt es dann je nach Anbieter z. B. eine kostenlose Donauschiffstour, eine Stadtführung oder Ermäßigungen in Museen, wobei es im Winter zwar weniger Touren, aber mehr Sonderan-

gebote gibt (ca. 5000–6000 HUF). Die Kommentare sind durchgängig auch auf Deutsch. Anbieter sind u. a. **Programcentrum** (Tel. 317 77 67, www.programcentrum.hu) sowie **City Tour Budapest/Giraffe Hop-on-hop-off** (Tel. 374 70 50, www.citytour.hu).

›Normale‹ Stadtrundfahrten sowie Ausflüge ins Umland (Donauknie, Gödöllő) bieten **Program Centrum** (www.programcentrum.hu) sowie **Cityrama** (www.cityrama.hu).

Zu Fuß

Inhaber der Budapest Card bekommen zwei einführende Stadtrundgänge in Pest und Buda (auf Englisch) kostenlos angeboten, Cityrama hat Stadtrundgänge im Programm. Führungen (meist auf Engl.) gibt es auch im jüdischen Viertel (Jewish Heritage Tour, Tel. 317 13 77, www.ticket.info.hu; Jewish District Walk, Tel. (06) 20 340 92 17, www.triptobudapest.hu).

Mit dem Schiff

Einstündige kommentierte Schiffstouren auf der Donau werden von **Legenda** (Vigadó tér, Dock 7, Tel. 266 41 90, www.legenda.hu) und von **Dunayacht** (Petőfi tér, Dock 10, Tel. (06) 30 586 50 01, www.dunayacht.com) angeboten (2100–5500 HUF). Besonders stimmungsvoll sind die abendlichen Touren bei Dunkelheit.

Sehr ungewöhnlich und unterhaltsam ist die zweistündige kombinierte Bus-Schiffs-Tour mit dem Amphibienbus von **Riverride** (Tel. 332 25 55, www.riverride.com, 8500 HUF).

Mit dem Rad

Immer beliebter werden geführte Radtouren durch die Stadt. Die Touren dauern zumeist drei bis vier Stunden und die Erklärungen sind auf Englisch (auf Nachfrage gelegentlich auch Deutsch). Angesteuert werden zumeist die wichtigsten Sights zwischen dem Heldenplatz am Ende der Andrássy út und dem Budaer Burgberg (Anstieg!) auf der anderen Donauseite (ca. März–Okt. ca. 5500–7000 HUF).). Anbieter sind u. a. **Cityrama** sowie **Yellow Zebra Bikes** und **HiBike.hu** (Kontaktdaten siehe oben).

Übernachten

Hotels, Pensionen und Ferienwohnungen

Budapest bietet für jeden Geldbeutel zahllose Unterkünfte an. Das Angebot reicht von luxuriösen 5-Sterne-Hotels über komfortable Mittelklassehotels und Pensionen bis hin zu preisgünstigen Privatzimmern, Apartments, Jugendherbergen und Campingplätzen.

Angenehme Wohnlagen im Innenstadtbereich sind natürlich die donaunahen Bezirke in Pest und Buda. Auf der Pester Seite gelten Adressen innerhalb des Großen Rings (inkl. Andrássy út) als zentral. Hier finden sich die meisten Hotels sowie die immer beliebter werdenden Ferienwohnungen. In Buda ist die Gegend rund um die Burg und den Gellértberg sehr zentral.

Wer weiter außerhalb wohnt, sollte unbedingt auf gute Verkehrsanschlüsse achten.

Preise

Die Preise für Übernachtungen orientieren sich an westlichen Standards. Privatzimmer sind bereits ab 20–30 € (ohne Frühstück) zu bekommen, Apartments kosten je nach Ausstattung und Jahreszeit zwischen 30 und 70 €. Bei Pensionen gelten 45–75 € als günstig, 80–140 € werden für ein Mittelklassehotel fällig, DZ mit Frühstück kosten in 5-Sterne-Hotels inkl. aller Steuern ab ca. 150 €. Die Preise werden oft in Euro berechnet. Man kann aber natürlich auch zum Tageskurs in Forint bezahlen. Die Monate April–Oktober werden in der Regel als Hauptsaison gerechnet, November–März gelten als wesentlich günstigere Nebensaison. Für Silvester und die Formel 1 werden spürbare Zuschläge erhoben und zur Formel 1 im August ist Budapest fast ausgebucht.

Gerade bei 4- und 5-Sterne-Hotels können die Preise je nach Auslastung sehr schwanken, sodass sich ein Preisvergleich unbedingt lohnt. Online gibt es oft sehr günstige Angebote. Frühstück ist oftmals nur optional.

Hinweis: Vor allem gehobene Hotels in der Innenstadt rechnen auf die angegebenen Preise noch die Mehrwertsteuer *(ÁFA*, für Unterkünfte 18 %), Tourismusabgabe *(IFA*, bis zu 4 %) und Frühstück hinzu. Vor der Buchung sollte man deshalb nach dem tatsächlichen Endpreis fragen, um unliebsame Überraschungen zu vermeiden.

Zimmervermittlung und Onlinebuchung

Best Hotel Service: V., Sütő utca 2, Tel. 318 48 48, www.besthotelservice.hu, tgl. 8–20 Uhr. Im Hof hinter dem zentralen Budapestinfo Pont. Vermittlung von Hotels, Privatzimmern und Apartments (ab ca. 20 €).

IBUSZ: V., Aranykéz utca 4–6, Tel. 501 49 10/11, www.ibusz.hu, Mo–Fr 9–17 Uhr. Privatzimmervermittlung des Reiseveranstalters. Zimmer/Apartments/Wohnungen ab ca. 20 €. Alle Angebote sind online buchbar.

www.budapesthotelreservation.hu
Online-Buchungen mit Preisangaben, auch Buchungen von Stadtrundfahrten und Flughafentransfers.

www.flatrentbudapest.com
Online-Portal für Wohnungs- und Apartmentvermietungen.

www.wg-gesucht.de
Online-Portal für Zimmersuche in Wohngemeinschaften. Wer länger in Budapest bleiben möchte, findet hier erste Anlaufadressen.

www.hostelworld.com
Online-Portal für Hostels, auch in Budapest, mit Infos und Bewertungen.

Behindertengerechte Unterkünfte

Größere Hotels verfügen oftmals auch über barrierefreie und behindertengerechte Zimmer. In kleinen Pensionen und Privatzimmern ist dies vielfach ein Problem. Nützliche Tipps kann ggf. der Ungarische Behindertenverband MEOSZ (s. S. 68) geben.

Edel und teuer

Eleganz der Gründerzeit – **Corinthia Grand Hotel Royal:** ■ G 8, VII., Erzsébet körút 43–49, Tel. 479 40 00, www.corinthia.hu, Tram 4, 6 Király utca, DZ/ÜF ab ca. 230 €. Am Großen Ring ist das Royal eine luxuriöse Oase der Gründerzeit. Nach einer gründlichen Renovierung versprüht das 5-Sterne-Hotel aus dem Jahr 1896 wieder den Glanz der Belle Époque. Insgesamt stehen 414 Zimmer zur Verfügung und die beiden Lichthöfe wurden überdacht. Besonderes Highlight ist das Bad Royal Spa, das für Hotelgäste kostenlos ist. Im historischen Ballsaal trat schon der Komponist und Pianist Béla Bartók auf.

Jugendstilpalast – **Four Seasons Hotel Gresham Palace:** ■ Karte 3, E 8, V., Széchenyi István tér 5–6, Tel. 268 60 00, www.fourseasons.com/budapest, Tram 2, Bus 16, 105 Széchenyi István tér, DZ/ÜF ab ca. 280 €. Das Four Seasons öffnete im herrlichen Jugendstilpalais Gresham direkt an der Kettenbrücke. Wer schon das Geld ausgibt, sollte unbedingt ein Zimmer mit Donaublick buchen. Zwei noble Restaurants runden das Vergnügen ab.

Traumlage – **Hotel Hilton:** ■ C 8, I., Hess András tér 1–3, Tel. 889 66 00, www.budapest.hilton.com, Bus 16/16A, 116 Szentháromság tér, DZ/ÜF ab ca. 150 €. Hoch oben im Burgviertel besitzen die Zimmer mit Donaublick die grandiose Aussicht nach Pest hinüber. Diese Traumlage des Hilton direkt neben der Matthiaskirche ist kaum zu toppen.

Nobles Bauhaus – **Mamaison Hotel Andrássy:** ■ H 6, VI., Andrássy út 111, Tel. 462 21 00, www.mamaison.com/budapest-andrassy-hotel.html, Metro 1 Bajza utca, DZ/ÜF ab ca. 130 €. Einst stiegen in dem noblen Bauhaus-Hotel sowjetische Parteigrößen ab. In gänzlich neuer Aufmachung warten stilvolle und geräumige Zimmer auf die Gäste. Die Lage unweit des Heldenplatzes: ein weiteres Plus.

Komfortabel und stilvoll

Designer-Schick – **Art'otel:** ■ C/D 8, I., Bem rakpart 16–19, Tel. 487 94 87, www.artotel.de, Metro 2 Batthyány tér, Tram 19, 41 Halász utca, Bus 86 Halász utca/Szilágyi Dezső tér, DZ/ÜF ab ca. 100 €. Die hervorragende Lage am Budaer Donauufer, der tolle Panoramablick und die kreative Ausstattung sind die Markenzeichen des feschen 4-Sterne-Hotels. Interieur und Gemälde stammen vom amerikanischen Künstler Donald Sultan. Vier großzügig renovierte Barockgebäude auf der Rückseite gehören zum Hotel.

Zentral gelegen – **City Hotel Mátyás:** ■ Karte 3, E 10, V., Március 15. tér 8, Tel. 338 47 11, www.cityhotel.hu, Metro 3 Ferenciek tere, Tram 2, Bus 8, 110, 112 Március 15. tér, DZ/ÜF ca. 60–110 €. Das 3-Sterne-Hotel liegt zwischen Elisabethbrücke und der Fußgängerzone Váci utca. Es verfügt über 80 nette Zimmer und einen guten Service. Unbedingt versuchen, ein höher liegendes Zimmer mit Blick auf die Donau zu bekommen.

Wellness-Oase – **Danubius Health Spa Resort Margitsziget:** ■ Karte 2, E 2, XIII., Margitsziget, Tel. 889 47 00, www.danubiushotels.com/margitsziget, Bus 26 Szállodák (Hotels), DZ/ÜF ab ca. 110 €. Auf der fast autofreien Margareteninsel verfügt das große Wellnesshotel über eine eigene Thermalquelle. In der erholsamen Parklandschaft lassen sich ungestört die Kuranwendungen genießen – dennoch ist die pulsierende Innenstadt per Bus schnell zu erreichen.

Ein Hauch Paris – **Gerlóczy:** ■ Karte 3, F 9, V., Gerlóczy utca 1, Tel. 501 40 00, www.gerloczy.hu, Metro 1, 2, 3 Deák Ferenc tér, Metro 2 Astoria, DZ 85–95 €. 19 stilvoll eingerichtete Nichtraucher-Zimmer oberhalb des gleichnamigen Cafés (s. S. 174). Die Mittelzimmer in der 1. und 2. Etage mit kleinem Balkon. Frühstück (12 €/Pers.) wird im Café serviert.

Ein Ort der Erholung: das Danubius Health Spa Resort Margitsziget

Im Szeneviertel – **IBIS Budapest Centrum:** ■ Karte 3, F 10, IX., Ráday utca 6, Tel. 456 41 00, www.ibishotel.com, Metro 3, 4, Tram 47, 49, Bus 9 Kálvin tér, DZ/ÜF ab ca. 65 €. Das ansprechende Stadthotel liegt am Anfang der Gastromeile Ráday utca. Die 126 Zimmer bieten zuverlässigen Standard; vier Nichtraucher-Etagen. Weitere IBIS-Hotels befinden sich in der Akácfa utca am Blaha Lujza tér sowie an der Dózsa György út am Heldenplatz.

Am Opernhaus – **K+K Hotel Opera:** ■ Karte 3, F 8, VI., Révay utca 24, Tel. 269 02 22, www.kkhotels.com, Metro 1 Opera, DZ/ÜF ab ca. 90 €. Nur wenige Schritte vom Opernhaus wohnt man in einem der 206 Zimmer des stilvoll dezenten 4-Sterne-Hotels komfortabel, ruhig und zentral. Im Wellnessbereich gibt es eine Sauna und ein Fitnessstudio. Parkgarage.

Futuristisch – **Lánchíd 19:** ■ D 9, I., Lánchíd utca 19, Tel. 457 12 00, www.lanchid19hotel.hu, Tram 19, 41 Ybl Miklós tér, Bus 16, 86, 105 Clark Ádám tér, DZ/ÜF ab ca. 110 €. Budapests erstes Design-Hotel hat bereits einige Architekturpreise für die unkonventionelle Ausführung erhalten. U. a. bewegen sich die beleuchteten Fassadenlamellen im Gleichklang zum Fluss. Die »Kettenbrücke 19« bietet unterhalb des Burgschlosses 45 Zimmer und drei Suiten im obersten Stock. Nach vorne toller Blick auf die Donau und zur Kettenbrücke.

Ruhig und stilvoll – **Peregrinus ELTE Hotel:** ■ Karte 3, F 10, V., Szerb utca 3, Tel. 266 49 11, www.peregrinushotel.hu, Metro 4, Tram 2, 47, 49 Fővám tér, DZ/ÜF 50–90 €. Geschmackvoll eingerichtetes Hotel der Universität in einer ruhigen Seitenstraße der Váci utca gegenüber der Serbenkirche. Sehr stimmungsvoll ist die Lage, die Zimmer sind ansprechend groß, nur das Parken ist problematisch.

Moderner Schick – **Soho Boutique Hotel:** ■ G 8, VII., Dohány utca 64, Tel. 872 82 92, www.sohoboutiquehotel.com, Metro 2, Tram 4, 6, Bus 5, 7, 8, 107

Blaha Lujza tér, DZ/ÜF ab ca. 80 €. Von außen sieht das Hotel in direkter Nähe des Großen Rings recht klein aus, doch im Inneren werden 68 komfortable Zimmer im Designer-Schick angeboten. Der Service ist sehr freundlich. Preislich sind vor allem die Online-Angebote attraktiv, die bis zu 40 % unter den Normaltarifen liegen.

Einfach und günstig

Sympathisch – **Ábel Panzió:** ▶ C 12, XI., Ábel Jenő utca 9, Tel. 381 05 53, www.abelpanzio.hu, Tram 61 Szüret utca, DZ/ÜF 40–60 €. Die vor 100 Jahren im Jugendstil erbaute Villa bietet in einer ruhigen Seitengasse zehn sympathische DZ, einen Gesellschaftsraum sowie Terrasse und Garten. Die freundliche Pension liegt auf der Südseite des Gellértbergs.

Mit Dachterrasse – **Boulevard City Pension & Apartments:** ■ G 11, IX., Angyal utca 13, Tel. 214 62 62, www.boulevardcity.hu, Tram 4, 6 Mester utca, DZ/ÜF 35–46 €, Apartments 41–65 € (plus 25 € Endreinigung, Frühstück 6 € p. P. extra). In dem Neubau sind in der achten Etage sechs attraktive DZ untergebracht. Schöne Dachterrasse! Für Selbstversorger sind die Apartments eine gute Alternative.

Unterhalb der Fischerbastei – **Budavár Pension:** ■ C 7, I., Szabó Ilonka utca 15/A, Tel. 201 56 86, www.budavar-pension.com, Bus 16 Donáti utca (ab Deák Ferenc tér), DZ/ÜF ca. 40–72 €. Von der freundlichen Pension sind es wenige Schritte zur Fischerbastei und zur Matthiaskirche. Viele Zimmer in dem modernen Haus verfügen über einen Balkon. Direkt nebenan befindet sich mit der Bellevue Pension (www.bellevuebudapest.com) eine weitere empfehlenswerte Adresse.

Schwulenfreundlich – **Connection Guesthouse:** ■ Karte 3, F 8, VII., Király utca 41, Tel. 267 71 04, www.connectionguesthouse.com, Metro 1 Opera, O-Bus 70, 78 Akácfa utca, DZ/ÜF 52–102 €. Das Connection bietet seit mehr als einem Jahrzehnt seinen schwulen wie auch lesbischen Gästen in dem Szeneviertel an der Király utca neun freundlich eingerichtete Zimmer, von denen allerdings nicht alle ein eigenes Bad/WC haben. Selbstverständlich gibt es im Hotel auch hinreichend Budapester Szenetipps.

Bad vor der Zimmertür – **Hotel Császár:** ■ Karte 2, C 5, II., Frankel Leó út 35, Tel. 336 26 40, www.csaszarhotel.hu, Tram 17 Szent Lukács Gyógyfürdő, Bus 9, 86, 160, 260 Császár-Komjádi uszoda, DZ/ÜF 39–53 €. Nordwestlich der Margaretenbrücke wohnt man sehr günstig in einem Schwimmbadkomplex, der für Hotelgäste kostenlos zu benutzen ist. Das Lukács-Heilbad liegt um die Ecke. Die Zimmer sind recht klein, aber modern und wohnlich.

Auf dem Wasser – **Fortuna Hajó:** ■ E 5, XIII., Szent István park (Carl Lutz rakpart), Tel. 288 81 00, http://fortunahajo.hu, O-Bus 75, 76 Szent István park (ab Jászai Mari tér), DZ/ÜF ca. 35–72 €. Die ungewöhnliche Schiffsunterkunft erreicht man in 10 Min. zu Fuß von der Margaretenbrücke. Auf drei Etagen werden 42 recht kleine, aber solide Zimmer angeboten, auf dem unteren Deck herrscht günstigerer Herbergsstandard (Gemeinschafts-WC). Auf dem Schiff befinden sich auch ein Restaurant und ein Sonnendeck zum Relaxen. In den Kabinen bleiben die Fenster leider zu; unbedingt ein Zimmer mit Blick über die Donau zur Margareteninsel buchen.

Einfach, aber zentral – **Hotel Medosz:** ■ Karte 3, F 7, VI., Jókai tér 9, Tel. 374 30 00, www.medoszhotel.hu, Metro 1, Tram 4, 6 Oktogon, DZ/ÜF 45–70 €. Wem ein guter Preis und eine zentrale Lage im Theater- und Nightlife-Viertel wichtig ist, findet im realsozialistischen Medosz eine gute Alternative. Die meisten Zimmer wurden umfassend renoviert. Der Liszt Ferenc tér liegt nur einen Steinwurf entfernt.

Frische Luft – **Hotel Molnár:** ■ Karte 4, D 6/7, XII., Fodor utca 143, Tel. 395 18 72, http://hotelmolnarbudapest.hu, Bus 53 ab Metrostation Újbuda-központ bis Mindszenty J. b. tér (Endstation), DZ/ÜF 49–60 €. 23 schöne Zimmer sowie zahlreiche Extras wie Restaurant, Sauna, Fitnessraum und Kinderspielplatz sorgen für ein angenehmes Ambiente. Unterhalb des Széchenyi-Bergs ist gute Luft garantiert – Zimmer mit Ausblick reservieren!

Schick für Selbstversorger – **Nova Apartments:** ■ G 8, VII., Akácfa utca 26, Tel. (06) 30 442 87 31, www.novabudapest.com, Tram 4, 6 Wesselényi utca, DZ ca. 30–60 €. Die modernen, sehr gut ausgestatteten Ferienwohnungen sind von unterschiedlicher Größe, manche haben sogar Balkon. Die kleineren Studios für bis zu 3 Personen befinden sich in einem Nachbarhaus. Der Service ist freundlich und kompetent!

Hostels

In Budapest gibt es zahllose Hostels, in denen es zumeist sehr locker zugeht. Manche haben nur Mehrbettzimmer, andere auch Doppelzimmer und wieder andere geben sich eher wie ein Jugendhotel. Viele Hostels befinden sich in ehemaligen Wohnungen der großen Mietshäuser im Stadtzentrum. Über die Website www.hostelworld.com öffnet sich eine riesige Auswahl. Eine ungewöhnliche Adresse ist das Fortuna Hajó (s. oben) mit einem Hostel-Deck (Vergünstigungen für DJH-/HI-Mitglieder). Zwei weitere ansprechende Adressen:

Zentral und nett – **Bazár Hostel:** ■ Karte 3, F 9, VII., Dohány utca 22–24, Tel. 787 64 20, www.bazarhostel.com, Metro 2, Tram 47, 49, Bus 5, 7, 8, 9, 107 Astoria, Bett ab 10 €, DZ ab 36 €. Im 1. OG gruppieren sich die gut renovierten Mehrbettzimmer sowie die 5 DZ um einen Gemeinschaftsbereich mit Küche. Waschmaschinen sind im Haus. Kaffee, Tee und Internetnutzung sind kostenlose Extras in diesem Hostel am Rande des jüdischen Viertels.

Mitten im Leben – **Wombat's City Hostel:** ■ Karte 3, F 8, VI., Király utca 20, Tel. 883 50 05, www.wombats-hostels.com, Metro 1, 2, 3, Tram 47, 49, Bus 9, 16, 105 Deák Ferenc tér, DZ ab 40 €, Bett ab 8 €. In einem ehemaligen Hotel im jüdischen Viertel stehen mehr als 400 Betten zur Verfügung. Hier ist immer was los. Handtücher und Gepäckaufbewahrung sind inklusive, Frühstück kostet 3,50 € pro Person.

Camping

Im Grünen – **Zugligeti »Niche« Camping:** ■ Karte 4, C 4, XII., Zugligeti út 101, Tel. 200 83 46, www.campingniche.hu, Bus 291 ab Nyugati pu. bis Endstation, 1800 HUF/Person, 2000 HUF/Zelt, 3500 HUF/Wohnwagen, 1200 HUF/Auto (im Sommer). Sehr idyllisch gelegener Zeltplatz mitten in den Budaer Bergen an der Talstation des Sessellifts »Libegő« auf dem Gelände einer ehemaligen Straßenbahnendstation. Vor allem für Wohnwagen geeignet.

Essen und Trinken

Wie Sie das richtige Restaurant finden ...

Mit diesem Buch

Auf den folgenden Seiten finden Sie eine Auswahl derjenigen Restaurants, die zu den besten der Stadt zählen. Dabei wird eine breite Mischung vorgestellt – von Klassikern der Budapester Restaurantszene bis zu modernen Trendsettern, von angesagten Szenelokalen über stilvolle internationale Küche bis zu Vertretern guter ungarischer Hausmannskost.

Wer bei der Erkundung der Stadt unterwegs gut einkehren möchte, findet im Reiseteil bei den Rundgängen durch die diversen Stadtviertel die Adressen weiterer einladender Restaurants und Cafés aufgelistet. Ihre Lage ist zur besseren Orientierung auf den jeweiligen Karten vermerkt.

Hier können Sie sich selbst umsehen ...

Wer sich nicht vorab auf ein bestimmtes Restaurant festlegen möchte, findet in den folgenden Straßen und Vierteln viele Möglichkeiten:

Liszt Ferenc tér/Andrássy út: Rund um den Szeneplatz Liszt Ferenc tér und im angrenzenden Bereich der Andrássy út liegen die Restaurants und Cafés dicht beieinander. Von moderner Bistroküche bis zum schicken Weinrestaurant gibt es eine gute Auswahl.

Jüdisches Viertel: In den letzten Jahren hat sich das ehemalige jüdische Viertel zu einem angesagten Ausgehviertel entwickelt. Rund um den Gozsdu-Hof sowie in der Kazinczy utca finden sich vor allem Cafés, Bistros und Kneipen mit entsprechender Gastronomie.

Leopoldstadt: Im Parlaments- und Bankenviertel füllen sich die Cafés, Bistros und Restaurants schon mittags mit Angestellten. Auch zwischen Kettenbrücke und St.-Stephans-Basilika gibt es viele Adressen, hier ist das Publikum jedoch eher touristisch geprägt.

Ráday utca: Die Ausgehmeile, die am Kálvin tér beginnt, ist der beliebte Treffpunkt für die heimische Szene wie für Touristen mit einer Vielzahl an Speiselokalen unterschiedlicher Ausrichtung.

Burgviertel: Wer es lieber etwas schicker mag, wird im ruhigen Teil des Burgviertels durchaus fündig. Hinzu kommen einige nette Konditorei-Cafés. Ansonsten ist die Auswahl in der Burg jedoch eher eingeschränkt.

Die Gastronomie der Stadt

Vielfältige Genüsse

Die Zeiten, wo am Donauufer ungarische Hausmannskost im Mittelpunkt stand, sind schon lange vorbei. Die Gastroszene hat sich in Budapest enorm aufgefächert. Noch immer gibt es günstige Traditionslokale mit deftiger ungarischer Küche, die jedoch durch die lebendigen Szene-Treffs, die eleganten Nobelrestaurants mit Michelin-Stern sowie

Hilfe bei der Restaurantsuche

Vor Ort hält z. B. die englischsprachige Publikation Dining Guide, die in vielen Restaurants, Hotels und Touristenbüros kostenlos ausliegt, zahlreiche Adressen parat. Auch die Budapester Zeitung empfiehlt gelegentlich Restaurants.

Auch die ungarische Küche setzt zunehmend auf leichte Speisen

die hervorragenden Lokale mit internationaler Küche Konkurrenz bekommen haben. Immer mehr Köche sind auf den experimentierfreudigen Geschmack gekommen und schaffen anspruchsvolle Kreationen. Damit einher geht die Wiederentdeckung gehobener ungarischer Weine, die im Ausland noch kaum bekannt sind.

Auch in Budapest gibt es eine immer größere Nachfrage nach vegetarischen und veganen Speisen sowie Produkten aus Bio-Anbau. Entsprechende Cafés und Bistros haben deshalb ihre Kundschaft gefunden und das gastronomische Angebot deutlich erweitert.

Preislich gesehen liegt Budapest noch immer unterhalb des westeuropäischen Niveaus. Während mittags günstige Menüangebote schon für 900–1500 HUF (3–5 €) zu bekommen sind, legt man in noblen Restaurants für ein Hauptgericht ca. 4000–7500 HUF (13–30 €) auf den Tisch. Im Allgemeinen zahlt man für Hauptgerichte rund 2000–3600 HUF (7–12 €).

Der kulinarische Stadtplan

Die meisten Restaurants konzentrieren sich auf den Bereich der Pester Innenstadt zwischen Donau und Großem Ring.

Dabei spielt sich das Geschehen vor allem in den Stadtvierteln zwischen dem Kleinen und Großen Ring ab. Eine besonders hohe Dichte an vielfältigen Restaurants und Cafés hat sich in der südlichen Leopoldstadt im V.

Bezirk, im ehemaligen jüdischen Viertel im VII. Bezirk sowie in der Ráday utca im IX. Bezirk etabliert. Auch der Liszt Ferenc tér mit der angrenzenden Andrássy út im VI. Bezirk ist eine angesagte Adresse für Gastro- und Kulturliebhaber. Das jüdische Viertel ist zudem ein Nightlife-Hotspot.

Die eigentliche Pester Innenstadt hat demgegenüber an Attraktivität verloren. Hier finden sich aber traditionsreiche Kaffeehäuser sowie gemütliche Cafés und Bistros. Eine Besonderheit sind zudem die adretten Restaurantschiffe, die den perfekten Panoramablick mit exzellenter Küche oder Jazzkonzerten verbinden.

Auf der gegenüberliegenden Donauseite bietet das Burgviertel sowohl gehobene Restaurants wie touristische Angebote. Weitere Adressen finden sich z. B. in der Wasserstadt am Donauufer und in Újbuda südlich des Gellértbergs.

Ungarische Spezialitäten

Das Essen ist in Ungarn der Mittelpunkt des Lebens. Nicht zufällig ist das Übergewicht eine nationale Krankheit. Ein Grund dafür ist, dass man vor allem Fleisch mit Fleisch isst.

Das fängt schon beim Frühstück an. Zum Brot werden Aufschnitt, Salami und Speck gereicht, dazu auch Käse, Tomaten und Paprika. Eine ungarische Spezialität ist die schmackhafte Wintersalami *(téliszalámi)*. Unter den Würsten *(kolbász)* werden vor allem *gyulai* und *csabai kolbász* sehr geschätzt.

Zu Hause oder im Restaurant wird zur Hauptmahlzeit im Allgemeinen zunächst eine Suppe gereicht. Landestypisch sind die *gulyásleves* (Gulaschsuppe) sowie die *húsleves* (Fleischsuppe), die man aus Hühnchen oder Rindfleisch kocht. Als Beigabe gibt es (oft selbst gemachte) Suppennudeln. Ein Traditionsgericht ist die nach dem romantischen Schriftsteller Mór Jokai (1825–1904) benannte Bohnensuppe, die *Jókai-bableves*. Sie enthält neben Möhren, bunten Bohnen und Schweinefleisch auch *nokedli* (gezupfte Nudeln).

Als Hauptgang gibt es meistens ein Fleischgericht mit Beilage, wobei das Fleisch in verschiedenen Formen serviert wird: als *pörkölt*, paniert oder gebraten. Der *pörkölt* entspricht der deutschen Vorstellung von Gulasch, im Ungarischen bezeichnet der Begriff *gulyás* eine Suppe (s. oben). Serviert wird *pörkölt* mit Kartoffeln oder Nockerln *(galuska)*, wobei der Geschmack des berühmten ungarischen Paprikapulvers besonders zur Geltung kommt.

Sehr empfehlenswert sind auch die heimischen Fischgerichte, angefangen mit der berühmten Fischsuppe *(halászlé)*. In Ungarn gibt es zahlreiche Süßwasserfische, vor allem Karpfen *(ponty)*, Zander *(fogas)*, Forelle *(pisztráng)* und Wels *(harcsa)*. Traditionelle Beilagen sind Salzgurken *(kovászos uborka)*, eingelegte Paprika *(alma-paprika)* sowie eingelegtes gemischtes Gemüse *(csalamádé)*. Abgerundet wird das Essvergnügen mit einem guten ungarischen Wein (s. S. 113).

Die beliebtesten Desserts sind die schokoladig-sahnigen, mit Rum verfeinerten Somlauer Nockerln *(somlói galuska)* sowie die mit Walnuss gefüllten und in einer Schokoladensoße ertrinkenden Gundel-Palatschinken, eine Kreation von Károly Gundel, dem Budapester Koch-Guru der Gründerzeit.

Als Snack gibt es an Straßenimbissen unter anderem *lángos*, einen einfachen Brotfladen aus Kartoffelteig, der in Öl ausgebacken und meistens mit flüssigem Knoblauch, Sauerrahm oder Käse gegessen wird.

Kaffeehäuser

Ein kulinarischer Ausflug nach Budapest wäre nicht komplett ohne den Besuch eines **Kaffeehauses** *(kávéház)*. Vor 100 Jahren gab es deren stolze 500 in Budapest und seit dem Jahr 1989 erfahren sie eine kleine Renaissance. Wo sich früher Literaten und Künstler trafen, um über Gott und die Welt zu plaudern oder schnell ein neues Gedicht zu Papier zu bringen, schlürfen heute natürlich eher Touristen ihren *presszó kávé*.

Ein Muss ist der Besuch eines traditionsreichen Konditorei-Cafés *(cukrászda)*, deren üppige Kuchentheken extrem verlockend sind. Eine recht neue Bereicherung des kulinarischen Angebots sind die Teehäuser *(teaház)*.

Kuchen-ABC

Dobos-torta: Sechs geschichtete Biskuit-Tortenböden, gefüllt mit Schokoladencremes und eine Karamellglasur zum Abschluss machen die berühmte Dobostorte aus.

Esterházy-torta: Benannt nach dem Fürstengeschlecht werden für diese Torte Mandelbiskuitböden mit mit Vanille-Buttercreme gefüllt und mit einer Zuckerglasur verziert.

Flódni: Jüdische Süßigkeit aus Äpfeln, Mohn und Nüssen

Rétes (almás, mákos, meggyes, túrós): Apfel-, Mohn-, Kirsch-, Quarkstrudel

Stefánia-torta: Ähnlich wie die Dobos-Torte, wird sie aber mit Kakaopulver bestreut statt mit Karmell glasiert.

Zserbós-szelet: Die Gerbeaud-Schnitte ist ebenfalls geschichtet und gefüllt mit Aprikosenmarmelade, Walnüssen und Apfelstücken. Darauf gehört eine Schokoladenglasur.

Die Besten

Fein mit Wein – **Bock Bisztró:** ■ G 8, VII., Erzsébet körút 43–49, Tel. 321 03 40, www.bockbisztro.hu, Tram 4, 6 Király utca, Mo–Sa 12–24 Uhr, Hauptgerichte ca. 3700–7700 HUF. Benannt nach dem Spitzenwinzer József Bock, werden zu der kreativen, spanisch-italienischen Küche beste ungarische Tropfen serviert. Chefkoch Lajos Bíró wurde für seine ambitionierten Kreationen mehrfach international prämiert. Im Gebäude des Hotels Royal am Großen Ring ist die Lage perfekt (auch Weinverkauf). In Zugliget ist eine Filiale.

Dezente Eleganz – **Café Pierrot:** ■ B 7, I., Fortuna utca 14, Tel. 375 69 71, www.pierrot.hu, Bus 16, 16A, 116 Bécsi kapu tér, tgl. 12–24 Uhr, Hauptgerichte ca. 3300–7700 HUF. Mitten im Burgviertel ist das Pierrot seit Jahren eine verlässliche gastronomische Oase. In dezentem Ambiente werden die Gäste abends zu den anspruchsvollen Gerichten mit Pianomusik unterhalten. Dazu werden ungarische Spitzenweine serviert. Im Sommer werden im langen Durchgang neben dem Haus Tische aufgestellt – ein echter Tipp!

Griff nach den Sternen – **Costes:** ■ Karte 3, F 10, IX., Ráday utca 4, Tel. 219 06 96, www.costes.hu, Metro 3, 4, Tram 47, 49, Bus 9, 109 Kálvin tér, Mi–So 18.30–24 Uhr, Hauptgerichte ca. 8500–11 500 HUF). Am Eingang zur Ráday utca war das elegante, dezente Costes das erste Restaurant, das für seine Kochkünste mit einem Michelin-Stern ausgezeichnet wurde. Wer also auch in Budapest nicht auf internationale Topstandards verzichten will, ist für ein gehobenes Abendessen im Costes genau richtig.

Die Dobos-Torte – eine ungarische Tortenlegende

Für Feinschmecker – **Onyx Étterem:** ■ Karte 3, E 8, V., Vörösmarty tér 7–8, Tel. 429 90 23, www.onyxrestaurant.hu, Metro 1 Vörösmarty tér, Di–Fr 12–14.30, 18.30–23, Sa 18.30–23 Uhr, Hauptgerichte ca. 9500–12 500 HUF. 2011 wurden die Köche Szabina Szulló und Tamás Széll für ihre perfekten Kreationen mit einem Michelin-Stern geehrt. Die kleine exklusive Karte passt zu dem sehr gehobenen Ambiente im Seitentrakt des Cafés Gerbeaud. Vergleichsweise günstig sind die Mittagsmenüs.

Grandioser Donaublick inklusive – **Spoon »The Boat«:** ■ Karte 3, D 9, V., Vigadó tér (Schiffsanleger 3), Tel. 411 09 33, www.spoonrestaurants.hu, Tram 2 Eötvös tér, tgl. 12–24 Uhr, Hauptgerichte ca. 3300–7000 HUF. Auf dem eleganten Schiffsrestaurant muss man sich fast entscheiden, ob man sich mehr der feinen und leichten Fusionküche oder dem atemberaubenden Donaupanorama mit dem Burgschloss widmen möchte. Am besten genießt man beides in aller Ruhe – abends unbedingt reservieren!

Klassiker

Silberner Karpfen – **Ezüstponty Vendéglő:** ■ Karte 4, E 7, XII., Németvölgyi út 96, Tel. 319 16 32, www.ezustpontyvendeglo.hu, Tram 59/59A Vas Gereben utca, tgl. 12–23 Uhr, Hauptgerichte ca. 2000–5000 HUF (z. T. plus Beilagen). Das stimmungsvolle und rustikale Restaurant »Silberner Karpfen« am Hang der Budaer Berge (Richtung Farkasrét) ist eine gute Adresse für klassische Fischgerichte, darunter leckere Fischsuppen. Dazu kommen aber auch feine Fleischspezialitäten wie gedünsteter Hirsch oder Kalbskeule. Im

Sommer netter Biergarten und abends gelegentlich Folkmusik.

Urwüchsiges Original – **Horgásztanya Vendéglő:** ■ C 8, I., Fő utca 27, Tel. 212 37 80, Tram 19, 41 Halász utca, Bus 86 Halász utca/Szilágyi Dezső tér, tgl. 11–23 Uhr, Hauptgerichte ca. 2000–3600 HUF (z.T. plus Beilagen). Unter den rund 30 deftigen Fischgerichten sind allein sieben Suppen, darunter die leckere Theiß-Fischsuppe mit Karpfen, Wels und Hecht. Die Einrichtung ist eher rustikal, die Preise o.k. Gute Lage in Sichtweite der Budaer Donaupromenade.

Tradition in Óbuda – **Kéhli Vendéglő:** ■ Karte 2, D 2, III., Mókus utca 22, www.kehli.hu, HÉV H5, Tram 1 Szentlélek tér, Bus 9, 86 Kiscelli utca, tgl. 12–24 Uhr, Hauptgerichte ca. 2000–7000 HUF. Eingekeilt zwischen Plattenbauten, ist das Kéhli in Óbuda ein letzter Hort der alten kleinstädtischen Tage. Das traditionelle Lokal serviert deftige Küche. Die Speisekarte ist voller Anspielungen auf den Schriftsteller Gyula Krúdy, der gleich um die Ecke seine letzten Tage verbrachte (s. S. 263).

Altehrwürdig – **Múzeum Kávéház Étterem:** ■ Karte 3, F 10, VIII., Múzeum körút 12, Tel. 267 03 75, www.muzeumkavehaz.hu, Metro 2, Tram 47, 49, Bus 5, 7, 8, 9, 107 Astoria, Mo–Sa 18–24 Uhr, Hauptgerichte ca. 3300–5900 HUF. Auf der exquisiten Speisekarte stehen ungarische und mediterrane Spezialitäten. Das Restaurant von 1885 ist in sich schon ein Kunstwerk: Das Deckenfresko wurde von Károly Lotz angefertigt, die Fliesen stammen von Zsolnay.

Omas Rezepte – **Náncsi Néni vendéglője:** ■ Karte 4, außerhalb B 1, II., Ördögárok út 80, Tel. 397 27 42, www.nancsineni.hu, Tram 61 bis Endstation Hűvösvölgy, dann Bus 63, 157 bis Széchenyi utca, tgl. 12–23 Uhr, Hauptgerichte ca. 2000–4000 HUF. Unter hohen Bäumen bietet dieses sehr beliebte Gartenrestaurant »Tante Náncsi« im Budaer Vorort Hűvösvölgy eine reichhaltige Auswahl an traditionellen Speisen, darunter auch witzige Gerichte wie die »Lieblingsspeise des knausrigen Schwagers«. Lohnt sich auf jeden Fall, wenn man mit der Kindereisenbahn in Hűvösvölgy ankommt.

Angesagt

Auf dem Wasser gebaut – **Columbus Pub és Étterem:** ■ Karte 3, D 9, V., Vigadó tér (Schiffsanleger 4), Tel. 266 90 13, www.columbuspub.hu, Tram 2 Vigadó tér, tgl. 11–24, Winter Mo–Fr, Sa, So 12–24 Uhr, Hauptgerichte ca. 2500–5400 HUF. Das Columbus hat zwei Gesichter: Von der Dachterrasse des Schiffes bietet sich das atemberaubende Flusspanorama. Dazu kommt herzhafte ungarische Küche auf den Tisch. Gleichzeitig ist das Columbus angesagter Jazz-Club (s. S. 51) und Location für Livekonzerte. Eine spannende Adresse.

Schicker Italiener – **Fausto's Ristorante e Osteria:** ■ Karte 3, F 9, VII., Dohány utca 3–5, Tel. 269 58 06 (Osteria), (06) 30 589 18 13 (Ristorante), www.fausto.hu, Metro 2, Tram 47, 49, Bus 5, 7, 8, 9, 107 Astoria, Mo–Sa 12–23 Uhr, Hauptgerichte ca. 2800–8500 HUF. Küchenchef Fausto di Vora bietet schräg gegenüber der Großen Synagoge sowohl ein gehobenes Restaurant als auch eine relaxte Osteria mit italienischer Feinschmeckerküche. Neben den ungarischen stehen natürlich italienische Weine auf der Karte. Mittags gibt es hier günstigere Menüs.

Blick auf Gellértberg – **Gepárd és Űrhajó:** ■ Karte 3, E 10, V., Belgrád rakpart 18, Tel. (06) 70 329 78 15, www.gepardesurhajo.com, Metro 4, Tram 2, 47, 49 Fővám tér, tgl. 12–24 Uhr, Hauptgerichte ca. 2300–5000 HUF. Zwischen Fővám tér und Március 15. tér überzeugt das moderne Weinbistro »Gepard und Rakete« mit einer kleinen, aber feinen Karte sowie einer guten Weinauswahl und vielen ungarischen Schnäpsen *(pálinka)* zur Verdauung. Mittags gibt es zudem sehr einfache, aber günstige Menüs, der Blick auf den Gellértberg kommt gratis dazu.

Bonjour Budapest – **Gerlóczy:** ■ Karte 3, F 9, V., Gerlóczy utca 1, Tel. 501 40 00, www.gerloczy.hu, Metro 1, 2, 3 Deák Ferenc tér, Metro 2 Astoria, tgl. 7–23 Uhr, Hauptgerichte ca. 2200–4900 HUF. »Ein Stück Paris in Budapest« verspricht das Café-Restaurant – und tatsächlich, die Atmosphäre an dem malerischen Altstadtplatz Kamermayer Károly tér ist einladend. Morgens gibt es knusprige Croissants sowie ungarische Spezialitäten. Tagsüber kommt anspruchsvolle Bistro-Küche auf den Tisch oder man trinkt nur etwas. Abends gibt es gelegentlich dezente Livemusik. Auch die Weinkarte ist beachtenswert. Oberhalb des Bistros kann man komfortabel nächtigen (s. S. 42, 174).

Speisen im Weinladen – **Klassz:** ■ Karte 3, F 7, VI., Andrássy út 41, kein Tel., www.klasszetterem.hu, Metro 1, Tram 4, 6 Oktogon, tgl. 11.30–23 Uhr, Hauptgerichte ca. 1900–5500 HUF. Die Weinhändler von Bortársaság (s. S. 114) haben am Budapester Prachtboulevard ein fesches Lokal aufgemacht. Die moderne und attraktive Küche wird durch die erlesene Weinkarte abgerundet, hinten sitzt man direkt im Weinladen. Mittags ist der Laden oft voll, doch Tischreservierungen werden nicht angenommen. Die Speisekarte wechselt regelmäßig.

Feine Lage – **Robinson Étterem:** ■ H 5, XIV., Városligeti tó, Tel. 422 02 22, www.robinsonrestaurant.hu, Metro 1 Széchenyi fürdő, O-Bus 72 Állatkert, O-Bus 75, 79 Állatkerti út, tgl. 12–17, 18–24 Uhr, Hauptgerichte ca. 2900–6900 HUF. Árpád László zeigt mit seinen Restaurants ein gutes Auge für die perfekte Lage und exzellente Küche. Was im Spoon die Donau, ist hier der kleine See des Stadtwäldchen. Um selbst prominente Gäste – zu denen schon Robert Redford und Arnold Schwarzenegger gehörten – zufriedenzustellen, lässt Chefkoch Gábor Ferencz sich stets etwas Neues einfallen.

Im Herzen von Soho – **Soul Café & Restaurant:** ■ Karte 3, F 10, IX., Ráday utca 11–13, Tel. 217 69 86, www.soulcafe.hu, Metro 3, 4, Tram 47, 49, Bus 9 Kálvin tér, tgl. 12–24 Uhr, Hauptgerichte ca. 2300–5900 HUF. Das Soul war eines der ersten Café-Restaurants, die mit einer guten Küche und einer umfangreichen Cocktailkarte die Kundschaft lockten. Schon mittags ist das sehr geschmackvoll eingerichtete Lokal an der Szene-Meile Ráday utca gut besucht – ab 19 Uhr nur noch Restaurant.

Global und international

Klassischer Italiener – **Pomo d'Oro:** ■ Karte 3, E 8, V. Arany János utca 9, Tel. 302 64 73, www.pomodorobudapest.com, Tram 2, Bus 16, 105 Széchenyi István tér, tgl. 12–24 Uhr, Pizza ab 1900 HUF, Hauptgerichte ca. 2100–5700 HUF. Auch unter Italienern sehr populäres ristorante, das immer gut gefüllt ist – Reservierungen sind deshalb sehr ratsam. Das Ambiente ist stimmig und gleich nebenan gibt es einen italienischen Delikatessenladen.

Exotisches vom Subkontinent – **Taj Mahal:** ■ G 6, VI., Szondi utca 40/ Ecke Rózsa utca, Tel. 301 04 47, www.tajmahal.hu, Metro 1 Vörösmarty utca, O-Bus 72, 73, 76 Izabella utca, Di–So 12–23 Uhr, Hauptgerichte ca. 1600–4400 HUF (zzgl. Reis). Ein Hauch von indischer Exotik empfängt die Besucher im schönen Taj Mahal. Die verlockenden Genüsse des Subkontinents bieten auch Vegetariern reichlich Auswahl – eindeutig das beste indische Restaurant in Budapest.

Sushi vom Band – **Wasabi:** ■ F 7, VI., Podmaniczky utca 21, Tel. 374 00 08, www.wasabi.hu, Metro 3, Tram 4, 6 Nyugati pu., tgl. 11.30–23.30 Uhr, Mo–Di 5490/5990 HUF, Mi–Fr 5990/ 6990 HUF, Sa/So 6990 HUF. Auf einem doppelstöckigen Laufband gleiten die verlockenden Sushi- und Wok-Gerichte an den Tischen vorbei. Für den Fixpreis kann man so viel essen, wie man möchte. Übrigens: Mo–Fr ist der Restaurantbesuch bis 17 Uhr günstiger. In Buda gibt es zwei weitere Filialen.

Vegetarisch/Vegan/Bio

Helles Ambiente – **Ecocafé:** ■ G 7, VI., Andrássy út 68, www.ecocafe.hu, Metro 1 Vörösmarty utca, Mo–Sa 7–20, So 8–20 Uhr. Leckere Vollkorn-Sandwiches, Bio-Croissants, vegane Pralinen, Ökokaffee und frisch gepresster Orangensaft sind nur einige der schmackhaften Angebote in diesem hellen Café am Prachtboulevard Andrássy út – locker, freundlich und populär.

Unterhalb des Burgbergs – **Édeni Vegán Étterem:** ■ C 7, I., Iskola utca 31, Tel. (06) 70 317 67 24, www.edeniveg an.hu, Metro 2, Tram 19, 41, Bus 60, 86 Batthyány tér, tgl. 11–19 Uhr, Hauptgerichte ca. 700–2500 HUF. Das vegetarische/ vegane Restaurant in Budapest bietet vollständig fleischlose Speisen aus der Gar-Theke sowie sehr leckeren Kuchen und Bio-Kaffee. Auch auf Laktose und Gluten wird achtgegeben. Zum netten Ambiente gehört die kleine Terrasse vor dem Haus.

Vegetarisch – **Govinda vega sarok:** ■ Karte 3, F 10, V., Papnövelde utca 1, Tel. (06) 20 554 99 19, www.govinda.hu, Metro 3, Bus 5, 7, 8, 107 Ferenciek tere, Mo–Sa 12–21 Uhr, Hauptgerichte ca. 700–900 HUF. In ihrem hellen Café bieten die Krishna-Jünger unter anderem Bioprodukte aus eigenem Anbau am Balaton. Die günstigen Gerichte und Menüs im Govinda sind lecker und z. T. auch vegan. Mittags wird es oft voll in der beliebten und einladenden »vegetarischen Ecke« und ein Tisch ist schwer zu finden.

Kaffeehäuser/Cafés

Süße Leckereien – **Auguszt Cukrászda:** ■ Karte 3, F 9, V., Kossuth Lajos utca 14–16, Tel. 337 63 79, www.au guszt-cukraszda.hu, Metro 3, Bus 5, 7, 8, 107 Ferenciek tere, Mo–Fr 9–19, Sa 11–18 Uhr. Das helle, lichtdurchflutete Café gehört einer der traditionsreichsten Konditorendynastien von Budapest (s. auch Entdeckungstour S. 172). Zu den hauseigenen Spezialitäten zählen die kalorienreiche Auguszt Krémes, die sehr leckere Feigentorte *(füge torta)* sowie der Kirsch-Mohn-Kuchen *(meggyes-mákos pite)*. Eine weitere Filiale befindet sich in Buda in der Fény utca 8 (s. S. 154).

Prächtiges Gesamtkunstwerk – **Book-Café (Lotz-Terem):** ■ Karte 3, F 7, VI., Andrássy út 39, Tel. 461 58 35, www.parisi.hu, Metro 1, Tram 4, 6 Oktogon,

Ein Anblick für Genießer: die Vitrinen der Budapester Konditorei-Cafés

Mo–Sa 10–22 Uhr. Im ehemaligen Pariser Großkaufhaus öffnete das wohl schönste Café Budapests im großartig mit Fresken von Károly Lotz verzierten Ballsaal des ehemaligen Theresienstädter Casinos seine Pforten. Der prächtige »Lotz«-Saal (Lotz-terem) wurde zu Beginn des 20. Jh. in das Jugendstil-Kaufhaus integriert (s. auch S. 218).

Studentencafé – **Café Alibi:** ■ Karte 3, F 10, V., Egyetem tér 4, Tel. 317 42 09, www.cafealibi.hu, Metro 3, 4, Tram 47, 49, Bus 9 Kálvin tér, tgl. 8–23 Uhr. Am schön restaurierten Egyetem tér (s. Lieblingsort S. 183) sitzt man im Winter gemütlich drinnen in dem kleinen Café und im Sommer entspannt auf der Terrasse vor dem prächtigen Uni-Gebäude. Neben Kaffee und Drinks werden auch Frühstück, günstige Mittagsmenüs und anspruchsvollere Bistrogerichte angeboten – vor allem für ein junges Publikum (s. S. 172).

Literatencafé – **Café Centrál:** ■ Karte 3, F 10, V., Károlyi utca 9, Tel. 266 21 10, www.centralkavehaz.hu, Metro 3, Bus 5, 7, 8, 107 Ferenciek tere, tgl. 8–23 Uhr. Vor 100 Jahren war das Centrál ein führendes Literatencafé. Heute verströmen die hohen Räume mit den großen Fenstern wieder ein wenig vom alten Flair (s. S. 173).

Prachtbau – **Café New York:** ■ G 8, VII., Erzsébet körút 9–11, Tel. 886 61 167, www.newyorkcafe.hu, Metro 2, Tram 4, 6, Bus 5, 7, 8, 107 Blaha Lujza tér, tgl. 9–24 Uhr. Das ehemalige Literatencafé wurde im Jahr 2006 großartig restauriert wiedereröffnet. Trotz der atemberaubenden Pracht ist von der speziellen Stimmung alter Tage leider nicht mehr viel zu spüren (s. S. 249).

Toplage – **Café Vian:** ■ Karte 3, F 7, VI., Liszt Ferenc tér 9, Tel. 268 11 54, www.cafevian.com, Metro 1, Tram 4, 6 Oktogon, tgl. 9–1 Uhr. Morgens gibt es leichtes Frühstück mit Croissants, mittags und abends auch warme Küche. Bis Mitternacht kann man hier unter hohen Bäumen draußen sitzen. Das Vian ist eine empfehlenswerte Stammadresse. Mitten in den Gozsdu-Höfen gibt es eine schöne Filiale (s. S. 33, 192).

Großstadtflair – **Európa Kávéház:** ■ E 6, V., Szent István körút 7–9, Tel. 312 23 62, www.europakavehaz.hu, Tram 2, 4, 6 Jászai Mari tér, tgl. 8–20 Uhr. Am Großen Ring pulsiert das Leben und im ruhigen Európa, einer gelungenen Mischung aus Kaffeehaus und Konditorei, kann man dem Treiben ungestört zuschauen und dabei einen Kaffee und ein Stück Kuchen genießen.

Bonjour Budapest – **Gerlóczy:** ■ (s. S. 39): Das Gerlóczy ist nicht nur als Restaurant, sondern auch als Café eine gute Adresse.

Der Klassiker – **Ruszwurm Cukrászda:** ■ C 8, I., Szentháromság utca 7, Tel. 375 52 84, www.ruszwurm.hu, Bus 16, 16A, 116 Szentháromság tér, tgl. 10–19, Winter 10–18 Uhr. Ungarns ältestes Kaffeehaus wurde 1827 gegründet und versprüht noch heute den Charme eines Biedermeier-Wohnzimmers. Die Kuchentheke verheißt süße Delikatessen, allerdings ist es schwer, in dem kleinen, denkmalgeschützten Café überhaupt einen Platz zu ergattern (s. Tipp S. 132).

Jugendstil pur – **Secessio Café:** ■ Karte 3, E 7, V., Honvéd utca 3, Tel. 269 46 22, www.magyarszecessziohaza.hu, Metro 2, Tram 2 Kossuth Lajos tér, Mo–Fr 9–18, Sa 10–17 Uhr. Im Haus der Ungarischen Sezession (s. S. 206) empfängt das stilechte Jugendstilcafé seine Gäste mit einer kleinen Auswahl an Süßwaren und Getränken – Ambiente ist alles.

Kulturcafé – **Tranzit Art Café:** ■ D 13, XI., Bukarest utca, Tel. 209 30 70, www.tranzitcafe.com, Tram 19, 49, Bus 7, 107, 150 Kosztolányi Dezső tér, Mo–Fr 9–23, Sa 10–22 Uhr. Ungewöhnliches, relaxtes und helles Café in einem früheren Busbahnhof in Újbuda: gemütliche Stimmung, auch Frühstück, Sandwiches und Salate; regelmäßig Fotoausstellungen und im Sommer Hängematten an den einstigen Bussteigen. Für Kleinkinder gibt es eine Spielecke.

Teehäuser

Paradies für Teeliebhaber – **Zöld Teknős Barlangja:** ■ Karte 3, F 7, VI., Jókai utca 14, Tel. 302 00 24, www.zoldteknosbarlangja.hu, Metro 1, Tram 4, 6 Oktogon, Mo–Do 11–23, Fr–Sa 11–24, So 13–23 Uhr. Die »Höhle der grünen Schildkröte« ist ein gemütliches Teehaus auf zwei Etagen mit rund 300 exquisiten Teesorten und einem kleinen Laden. Das Leitthema der sympathischen Höhle ist indianische Kultur. Einige Übersetzungshilfen: schwarz – *fekete,* grün – *zöld,* Obst – *gyümölcs.*

Weinbars

Nette Weinbars und -bistros stehen in Budapest hoch im Kurs. Auch Restaurants mit guter ungarischer Weinkarte sind angesagt, wie z. B. das Bock Bisztró (S. 36) das Klassz (S. 39) und das Gepárd és Űrhajó (S. 39). Für weitere empfehlenswerte Adressen (s. S. 113).

Einkaufen

Flaniermeilen und Einkaufszentren

Als größte Stadt Ostmitteleuropas genießt Budapest den Ruf einer vielseitigen Einkaufsstadt. Im Mittelpunkt steht im Pester Stadtzentrum die allzeit schicke und teure Flaniermeile **Váci utca.** Während dort internationale Marken und Souvenirläden dominieren, finden sich in den Seitengassen noch traditionsreiche Fachhändler. Die zur »Fashion Street« umgewandelte Deák Ferenc utca sowie der erste Teil der Andrássy út sind ein Eldorado für internationale und ungarische Nobeldesigner. Entlang der Rákóczi út und dem Großen Ring zwischen Jászai Mari tér und Blaha Lujza tér geben kleinere (Mode-)Läden den Ton an. Auch in den Hinterhöfen lässt sich manche Entdeckung machen.

Lange Zeit war befürchtet worden, dass die postmodernen Einkaufszentren, die nach 1989 wie Pilze aus dem Boden schossen, der Innenstadt das Wasser abgraben würden. Das ist nur begrenzt eingetreten. Allerdings bieten die Kaufpaläste wie das **Westend City Center** am Westbahnhof auch viele Freizeitmöglichkeiten und verfügen z. B. über große Multiplexkinos.
Ungewöhnliche Attraktionen sind die Galerien- und Antiquitätenmeile **Falk Miksa utca** zwischen Parlament und Großem Ring (s. auch Entdeckungstour, S. 204). Auch die **Markthallen** aus der Gründerzeit, angeführt von der **Zentralen Markthalle** am südlichen Ende der Váci utca, sind echte Sehenswürdigkeiten. Apropos Märkte: Der leider ziemlich abgelegene **Ecseri-Flohmarkt** ist ein besonderer Shoppingort für Erkundungsfreudige.

Eine Spezialität sind die Sonntagsmärkte: Im **Szimpla Kert** in der Kazinczy utca (s. S. 52) findet ein Bauernmarkt statt, im **Gozsdu-Hof** (s. S. 192) der bunte Kunsthandwerkermarkt **Gouba** und an wechselnden Orten der Designermarkt **WAMP.**

Hungarika

Wer etwas typisch Ungarisches nach Hause mitnehmen möchte, hat in Budapest reichlich Gelegenheit dazu. Vom Feinsten ist das kunstfertige **Porzellan** von **Herend, Zsolnay** oder **Hollóháza**. Die 1826 gegründete Porzellanmanufaktur im westungarischen Herend bediente schon Kaiser und Könige, darunter Queen Victoria und Kaiserin Sisi. Der Name Zsolnay ist hingegen untrennbar mit dem ungarischen Jugendstil verbunden. Im südungarischen Pécs entstanden zur vorletzten Jahrhundertwende herrliche Designs. **Glaskristall** aus **Ajka** steht ebenfalls hoch im Kurs.

Im Lebensmittelbereich sind natürlich **Paprikapulver** und **Salami** hochwertige Landesprodukte, die auch in gut sortierten Supermärkten zu erhalten sind. Hochprozentig ist der *pálinka* (Schnaps), der vor allem in den Sorten Aprikose *(barack)* und Pflaume *(szilva)* zu erhalten ist. Direkt in Budapest wird der Magenbitter **Unicum** der Firma Zwack produziert (s. S. 237). Ein weiteres wohl mundendes Mitbringsel ist eine Flasche **Wein** aus Ungarn. Wer im Restaurant einen ansprechenden Tropfen probiert hat, kann in den gut sortierten Weinläden der Stadt gleich einige Fläschchen einpacken. Eine Besonderheit des Landes sind die **Tokajer-Weine**, die einst als »Nektar der Götter« gehandelt wurden (s. S. 113).

Auch auf dem Ecseri-Flohmarkt kann man manch antikes Stück ergattern

Antiquitäten

Auktionshaus – **Nagyházi Galéria:** ■ E 6, V., Balaton utca 8/Ecke Falk Miksa utca, Tel. 475 60 00, www.nagyhazi.hu, Tram 2, 4, 6 Jászai Mari tér, Mo–Fr 10–18, Sa 10–14 Uhr, s. S. 204.

Möbelgeschäft und Galerie in einem – **Pintér Antik:** ■ E 6, V., Falk Miksa utca 10, Tel. 311 30 30, www.pinterantik.hu, Tram 2 Országház látogatóközpont, Mo–Fr 10–18, Sa 10–14 Uhr, s. S. 204.

Galerie und Auktionshaus – **Polgár Galéria:** ■ Karte 3, E 9, V., Petőfi Sándor utca 16, Tel. 267 40 7/8, www.polgar-galeria.hu, Metro 3, Bus 5, 7, 8, 107 Ferenciek tere, Mo–Fr 10–18, Sa 10–13 Uhr. Árpád Polgár gehört seit mehr als 25 Jahren zu den führenden Kunsthändlern Ungarns, der auch regelmäßig Auktionen durchführt. Im Mittelpunkt stehen Porzellan, Silber, Schmuck, Möbel und Gemälde.

Bücher und CDs

Buch, Wein und Café – **Alexandra Könyvesház:** ■ Karte 3, F 7, VI., Andrássy út 39, Tel. 484 80 00, www.alexandra.hu, Metro 1, Tram 4, 6 Oktogon, Mo–Sa 10–22 Uhr. Ungarns größte Buchladenkette hat auch im großartig renovierten Pariser Großkaufhaus (s. S. 220) an der Andrássy út eine Filiale eröffnet. Es gibt u. a. eine kleine deutschsprachige Buchabteilung, CDs und DVDs sowie Weine aus dem privaten Weingut des Alexandra-Besitzers Dezső Matyi. Eindeutiges Highlight ist aber das **BookCafé** (s. S. 40, 218).

Antiquariat – **Központi Antikvárium:** ■ Karte 3, F 9, V., Múzeum körút 13–15, Tel. 317 35 14, www.kozpontiantikvarium.hu, Metro 2, Tram 47, 49, Bus 5, 7, 8, 9, 107 Astoria, Mo–Fr 10–18.30, Sa 10–14 Uhr. Eines der schönsten Antiquariate der Stadt mit alten Karten und Büchern – auch deutsche Titel. Schon das Stöbern macht Spaß.

Musikladen – **Rózsavölgyi:** ■ Karte 3, E 9, V., Szervita tér 5, Tel. 266 83 37, www.rozsavolgyi.hu, Metro 1, 2, 3, Tram 47, 49, Bus 9, 16, 105 Deák Ferenc tér, Mo–Sa 10–19 Uhr. Traditionsreiches Musikgeschäft mit viel Klassik und Jazz, aber auch Pop. Mit Ticketservice. Oben befindet sich eine Kleinkunstbühne mit Café für Abendveranstaltungen.

Geschenke/Hungarika

Kristall aus Westungarn – **Ajka Kristály:** ■ Karte 3, E 8, V., József Attila utca 7, Tel. 317 81 33, www.ajka-crystal.hu, Metro 1 Vörösmarty tér, Mo–Fr 10–18, Sa 10–13 Uhr. Anspruchsvolle Kristall- und Glaswaren aus Westungarn, dazu handbemaltes Porzellan der berühmten Zsolnay-Manufaktur (s. u.). Weitere Filiale in der Kossuth Lajos utca 10.

Streichinstrumente – **Dárius Music:** ■ Karte 3, F 7, VI., Paulay Ede utca 58, Tel. 352 61 59, www.dariusmusic.hu, Metro 1, Tram 4, 6 Oktogon, Mo–Fr 10–18, Sa 10–13 Uhr. Zoltán Délczeg ist seit dem Jahr 1993 einer der führenden Händler für Streichinstrumente in Budapest. In Hörweite der Musikakademie sind natürlich auch Reparaturen sehr gefragt.

Kaiserliches Porzellan – **Herend:** ■ Karte 3, E 8, V., József Nádor tér 11, Tel. 317 26 22, www.herend.com, Metro 1 Vörösmarty tér, Mo–Fr 10–18, Sa 10–14 Uhr. Herend ist das ungarische Meißen. Seit 1826 wird in dem kleinen westungarischen Ort handbemaltes Porzellan gefertigt. Schon Kaiser und Könige kauften hier ihr »weißes Gold«. Auch heute haben es die Preise für die edlen Stücke in sich. Auf dem Burgberg befindet sich in der Szentháromság utca 5 eine weitere Filiale.

Folklore und Volkskunst – **Népművészeti Bolt:** ▶ Karte 3, F 10, V., Régi posta utca 12, Tel. 318 51 43, www.folkartkezmuveshaz.hu, Metro 1 Vörösmarty tér, Metro 3 Ferenciek tere, April–Okt. tgl. 10–19, sonst Mo–Fr 10–18, Sa 10–15 Uhr. Unter den oft kitschigen Folkloreläden im Zentrum ist der **Volkskunstladen** eine der besseren Optionen. Die Schwarzkeramiken aus Nádudvar und die bunten Haban-Keramiken sind hochwertige Produkte; auch Folklorekleidung.

Ungarische Salami – **Pick:** ■ Karte 3, D/E 7, V., Kossuth Lajos tér 9, www.pick.hu, Metro 2, Tram 2 Kossuth Lajos tér, Mo–Do 6–19, Fr 6–18 Uhr. Salami ist ein ur-ungarisches Produkt und die Firma Pick aus dem südungarischen Szeged liefert seit der Firmengründung 1869 Qualitätsware. Vor allem die sog. Wintersalami *(téliszalámi)* ist im Land beliebt und zudem als Souvenir gut geeignet. Im Verkaufsladen neben dem Parlament gehen auch andere Wurstsorten über die Theke.

Noch mehr »weißes Gold« – **Zsolnay (Porzellan):** ■ Karte 3, F 10, V., Kálvin tér 1, Tel. 318 26 43, www.zsolnay.hu, Metro 3, 4, Tram 47, 49, Bus 9 Kálvin tér, Mo–Fr 10–18 Uhr. Die berühmte Firma Zsolnay aus dem südungarischen Pécs ist nicht nur für hochwertiges Porzellan, sondern auch für die bunten Jugendstil-Dachziegel der Matthiaskirche und des Kunstgewerbemuseums bekannt. Pécs verdankte u. a. Zsolnay die Ernennung zur Europäischen Kulturhauptstadt 2010.

Kaufhäuser

Kaufen macht so viel Spaß – **Westend City Center:** ■ F 6, VI., Váci út 1–3, www.westendcitycenter.hu, Metro 3, Tram 4, 6 Nyugati pu., So–Do 8–24, Fr–

Sa 8–2 Uhr (Geschäfte: Mo–Sa 10–21, So 10–18 Uhr). Postmoderner Shopping-Tempel neben dem Westbahnhof. Geschäfte, Restaurants, Kino und Hilton-Hotel bilden fast einen eigenen Stadtteil.

Märkte und Flohmärkte

Zum Stöbern – **Ecseri-Flohmarkt (Használtcikkpiac):** ■ südlich L/M 14, XIX., Nagykőrösi út 156, www.piaconline.hu, Bus 54, 55 (ca. 20 Min. ab Boráros tér) Naszód utca (Használtcikk piac), Mo–Fr 8–16, Sa 6–15, So 8–13 Uhr. Weit draußen im Südosten der Stadt wird auf einem großen Gelände mit größtenteils festen Ständen alles Mögliche angeboten, von Gemälden über Schallplatten und Bücher bis hin zu Porzellan, ein wenig Kleidung, alten Grammophonen und sogar Werkzeug – eher für eingefleischte Flohmarktfans. Am meisten ist samstagsmorgens los, sonst eher ruhig.

Kunsthandwerk im Gozsdu-Hof – **Gouba** (Gozsdu Bazár): ■ Karte 3, F 8, VII., Gozsdu-Hof (Dob utca 16/ Király utca 13), www.gouba.hu, Metro 1, 2, 3 Deák Ferenc tér, Metro 2 Astoria, April–Okt. So 10–19 Uhr. Der bunte Kunsthandwerkermarkt lädt sonntags zum Bummel durch die beliebte Hof-Passage im jüdischen Viertel ein. Die Cafés und ein wenig Livemusik sorgen für Unterhaltung.

Fescher Designermarkt – **WAMP:** verschiedene Standorte, www.wamp.hu. Ungarns führender Designermarkt findet ein- bis zweimal pro Monat im Winter (außer Jan., Feb.) im Millenáris Park (s. S. 151) statt, im Sommer zumeist draußen auf dem Erzsébet tér (s. S. 180). Die thematischen Schwer-

Ein Einkaufsparadies im Alltag: die Zentrale Markthalle

punkte liegen auf Mode, Kunsthandwerk und Feinkost.

Wunderbarer Genusstempel – **Zentrale Markthalle (Központi Vásárcsarnok):** ■ F 10/11, IX., Vámház körút 1–3, Metro 4, Tram 2, 47, 49 Fővám tér, Mo 6–17, Di–Fr 6–18, Sa 6–15 Uhr. Seit mehr als 110 Jahren versorgt die herrliche Markthalle die Budapester Bevölkerung mit frischem Gemüse, Obst, Fleisch und Fisch. Das denkmalgeschützte Gebäude ist an sich schon eine Besichtigung wert.

Weitere kleinere Markthallen befinden sich z. B. in der **Hold utca 13** (V. Bezirk), am **Hunyadi tér** (VI. Bezirk) zwischen **Klauzál tér** und **Akácfa utca** (VII. Bezirk) sowie am **Rákóczi tér** (VIII. Bezirk). Die Hallen erfüllen noch immer ihre lokale Versorgungsfunktion.

Mode/Schuhe

Handschuhe mit Tradition – **Ékes Kesztyű:** ■ Karte 3, E 9, V., Régi posta utca 14, Metro 1 Vörösmarty tér, Metro 3 Ferenciek tere, Mo–Fr 10–18, Sa 10–13 Uhr. Traditionsreiches Fachgeschäft für Handschuhe (Handschuh – *kesztyű)*, das sich seit 1883 in Familienhand befindet. Die Hüte stammen aus Österreich. Die Filiale liegt in einer Seitengasse der Váci utca.

Bunte Akzente – **Eventuell:** ■ Karte 3, F 10, V., Nyáry Pál utca 7, www.eventuell.hu, Metro 3, Bus 5, 7, 8, 107 Ferenciek tere, Mo–Fr 11–18, Sa 10.30–14 Uhr. Farbenfrohe Textilien, Kissen, Vorhänge und Stoffe zur Inneneinrichtung sowie Schmuck von ungarischen Designern – ein ansprechender kleiner Laden in einer Seitengasse der Váci utca.

Nobeldesigner – **Náray Tamás:** ■ Karte 3, F 7, VI., Hajós utca 17, www.naraytamas.hu, Metro 1 Opera, Mo–Fr 11.30–18 Uhr. Unter den international erfolgreichen ungarischen Modeschöpfern gehört Tamás Náray zu den führenden Köpfen. Er kreiert u. a. für Film und Fernsehen und ist auch in Berlin präsent.

Avantgardistische Hüte – **V50:** ■ Karte 3, E 10, V., Váci utca 50, www.valeriafazekas.com, Metro 3, Bus 5, 7, 8, 107 Ferenciek tere, Mo–Fr 10–18, Sa 10–14 Uhr. Den kleinen, schmalen Laden in der Váci utca könnte man schnell übersehen, die unkonventionellen Hüte (Hut – *kalap)* der Modedesignerin Valéria Fazekas mit Sicherheit nicht. Die Künstlerin stellt auch regelmäßig im In- und Ausland aus. Am Belgrád rakpart 16 findet sich ein weiteres Geschäft.

Schuhe nach Maß – **Vass:** ■ Karte 3, E 9, V., Haris köz 2 + 6, Tel. 318 23 75, www.vass-shoes.hu, Metro 3, Bus 5, 7, 8, 107 Ferenciek tere, Mo–Fr 10–18, Sa 10–14 Uhr, s. S. 181.

Wein

Ungarische Weine – **Bortársaság:** ■ Karte 3, E 7, V., Vécsey utca 5, Tel. 269 32 86, www.bortarsasag.hu, Metro 2, Tram 2 Kossuth Lajos tér, Mo–Fr 10–20, Sa 10–19 Uhr. Großer Weinladen der »Weingesellschaft« zwischen Parlament und Szabadság tér. Viele ungarische Spitzenwinzer verkaufen hier ihre erlesenen Tropfen.

Im Sortiment sind die wichtigsten Weinregionen des Landes vertreten. Bortársaság betreibt sogar ein eigenes Restaurant: Im Klassz (s. S. 39) kann man die Weine entspannt zum Essen probieren. Weitere Filialen des Weinladens befinden sich in der Ráday utca 7 sowie in der Lánchíd utca 5 (s. S. 165).

Ausgehen, Abends und Nachts

Ungarns Hauptstadt verfügt über eine lebendige Kultur- und Nightlifeszene. Ob Theater, Livemusik, Szene-Treffpunkte oder ein Abend in einer gemütlichen Kneipe – Besucher haben die Qual der Wahl. Dabei konzentriert sich das Nachtleben, wie viele andere Dinge in Budapest auch, auf die Pester Innenstadt zwischen Donau und Großem Ring. Hier finden sich die meisten Theater, Kinos und Kneipen. Aber auch zu beiden Seiten der Donau gibt es eine Vielfalt von angesagten *locations*, vom Nationaltheater im Süden bis zu den sommerlichen Biergärten auf der Margareteninsel im Norden. In Buda geht es deutlich beschaulicher zu.

Wer nicht lange suchen möchte, wird im Bereich der **Andrássy út/ Nagymező utca/Liszt Ferenc tér** schnell fündig. Auf dem lauschigen Liszt Ferenc tér tummelt sich die Szene in schicken Cafés, während an der Andrássy út und der Nagymező utca die Staatsoper, das Operettentheater und weitere Theater für gehobenes Unterhaltungsprogramm sorgen. Restaurants und Kaffeehäuser sowie Teehäuser komplettieren das Angebot. Eine beliebte Gastromeile südlich des Kálvin tér ist die **Ráday utca.**

Das ehemalige **jüdische Viertel** hat sich in den letzten Jahren zu einem der angesagtesten Ausgehviertel der Stadt gemausert. Rund um den **Gozsdu-Hof** sowie die **Király, Kazinczy** und **Wesselényi utca** haben sich Cafés, Kneipen und Restaurants angesiedelt, die tagsüber und abends viel Stimmung in das Viertel bringen.

Eine typische Besonderheit für Budapest sind die sog. Ruinenkneipen *(romkocsmák)*, die baufällige Hinterhöfe in Partyzonen verwandelt haben. Manche dieser Kneipen sind nur für einen Sommer da, doch die Stars der Szene haben inzwischen ein erstaunliches Stehvermögen bewiesen. Längst ist der Schritt aus der jugendlichen Subkultur in den Mainstream angetreten.

Ein Wermutstropfen für Nachtschwärmer: In den Innenstadtbereichen müssen die Außenterrassen der Cafés spätestens um 24 Uhr schließen. Im Sommer hilft dann nur der Umzug in die Ruinenkneipen, in einen der Clubs oder zu den Nightlife-Hotspots an der Donau.

Der öffentliche Nachtverkehr funktioniert sehr gut. Ab 23.30 Uhr versorgt ein dichtes Netz an Nachtbussen im 15- bis 60-minütigen Takt die wichtigsten Routen die gesamte Nacht hindurch (s. S. 23).

Wer in die Oper, ins Theater oder in den Palast der Künste geht, sollte sich entsprechend kleiden. Auch in manch einer Diskothek sind Jeans und Turnschuhe out.

Veranstaltungstipps
Aktuelle Programmhinweise finden sich u. a. in der deutschsprachigen Wochenzeitung Budapester Zeitung. Großveranstaltungen werden natürlich auch im Internet bei Ticket Express beworben (s. S. 53). Ergiebiger ist das ungarischsprachige wöchentliche Programmheft Pesti est (www.pestiest.hu). Das kostenlose Magazin listet in den Bereichen Kino und Livekonzerte so ziemlich alles auf. Auf Englisch bietet Funzine (www.funzine.hu) sowohl im Netz als auch monatlich gedruckt Programmtipps. Beide Hefte liegen in Cafés und Touristenbüros aus. Unter www.kulturinfo.hu gibt es Veranstaltungstipps (auch auf Deutsch).

Cafés

Hinter hohen Fenstern – **Anker Klub:** ■ Karte 3, E 8, VI., Anker köz 1–3, Tel. (06) 70 621 07 41, http://ankerklub.hu, Metro 1, 2, 3, Tram 47, 49, Bus 9, 16, 105 Deák Ferenc tér, Mo–Fr 9 bis ca. 1, Sa–So 10 bis ca. 1 Uhr. Unmittelbar gegenüber dem Verkehrsknotenpunkt Deák Ferenc tér liegt der Anker in einer kleinen Seitenstraße. Hinter hohen Fenstern treffen sich junge Einheimische und Touristen auf einen Drink oder ein Bistrogericht.

Abends so schön wie tags – **Café Mai Manó:** ■ Karte 3, F 7, VI., Nagymező utca 20, Tel. 269 56 42, Metro 1 Opera, O-Bus 70, 78 Andrássy út, tgl. 8–1 Uhr. Sehr sympathisches kleines Café im Haus der Ungarischen Fotografie am »Pester Broadway«. Innen gemütliche Sofabank, während man im Sommer von der schönen Terrasse aus das Treiben im geschäftigen Theaterviertel entspannt beobachten kann.

Szenekneipe – **Café Paris, Texas:** ■ Karte 3, G 10, IX., Ráday utca 22, Tel. 218 05 70, www.paristexaskavehaz.hu, Metro 3, 4, Tram 47, 49, Bus 9 Kálvin tér, tgl. 12–2 Uhr. An den Wänden hängen Schwarz-Weiß-Fotos, die lockere Atmosphäre zieht ein junges Publikum an. An der schicken Ráday utca ist das sympathische Café inzwischen einer der Oldtimer.

Angesagter Biergarten – **Holdudvar:** ■ Karte 2, D 5, XIII., Margitsziget, Tel. 236 01 55, www.holdudvar.net, Tram 4, 6 Margitsziget, Bus 26 Hajós Alfréd Uszoda, Mai–Sept. So–Di 11–24, Mi 11–2, Do–Sa 11–4 Uhr (je nach Witterung). An Sommerabenden sind in dem Biergarten auf der Margareteninsel alle Tische belegt und spätabends heizen gelegentlich DJs den Gästen ein. Tagsüber zeigt sich der »Mondhof« als ein angenehmes Café.

Kaffee non-stop – **Museum Cukrászda:** ■ Karte 3, F 9, VIII., Múzeum körút 10, Tel. 338 44 15, Metro 2, Tram 47, 49, Bus 5, 7, 8, 9 Astoria, tgl. 0–24 Uhr. Legeres kleines Café in der Nähe des Nationalmuseums und der Uni. Besondere Attraktion des Museums: Die Kaffeemaschine läuft rund um die Uhr – für Nachtschwärmer ideal!

Im Gozsdu-Hof – **Spíler:** ■ Karte 3, F 8, VII., Király utca 13/Dob utca 16 (Gozsdu-Hof), Tel. 878 13 20, www.spilerbp.hu, Metro 1, 2, 3, Tram 47, 49, Bus 9, 16, 105 Deák Ferenc tér, So–Do 10–1, Fr–Sa 10–2 Uhr. In den einstmals schummrigen Hinterhöfen im ehemaligen jüdischen Viertel ist neues Leben eingezogen. Das Spíler im trendigen Gozsdu-Hof ist ein sehr quirliger Bistro-Pub mit einer Filiale gegenüber. Attraktiv ist auch der sommerliche Freiluftableger im Burgviertel (s. S. 141).

Neues Leben in Buda – **Szatyor Bár és Galéria:** ■ E 12, XI., Bartók Béla út 36-38, Tel. 279 02 90, www.szatyorbar.com, Tram 18, 19, 41, 47, 49 Gárdonyi tér, Mo–Fr 12–1, Sa–So 14–1 Uhr. Neben dem Hadik-Kaffeehaus (s. S. 165) ein schönes Café mit Pooltisch, Sofas und einer modernen Galerie auf der oberen Etage. Das Ganze wirkt funkig, bunt und lebendig.

Discos und Clubs

Unter dem Elisabethplatz – **Akvárium:** ■ Karte 3, E 8, V., Erzsébet tér, Tel. (06) 30 860 33 68, www.akvariumklub.hu, Metro 1, 2, 3, Tram 47, 49, Bus 9, 16, 105 Deák Ferenc tér, So–Di 11–1, Mi–Sa 11–4.30 Uhr. Ende der 1990er-Jahre sollte hier das neue Nationaltheater entstehen. Zurück blieb unter der Erde ein Bautorso, der zu einer attraktiven Mischung aus Konzertbühne, Music Club, Bistro und Caféterrasse umgebaut wurde.

Auf dem Dach – **Corvintető:** ■ G 9, VIII., Blaha Lujza tér 1–2 (Eingang Somogyi Béla utca), Tel. (06) 20 378 29 88, www.corvinteto.hu, Metro 2, Tram 4, 6, Bus 5, 7, 8, 107 Blaha Lujza tér, Mi–Sa 21–6 Uhr (Winter ab 20 Uhr). Im realsozialistischen Kaufhaus Corvin ist dieser lockere Laden seit Jahren eine der heißesten Adressen fürs Nachtleben. Cool ist die Dachterrasse.

Immer gut gefüllt – **Morrison's 2:** ■ E 6, V., Szent István körút 11, Tel. 374 33 29, www.morrisons.hu, Tram 2, 4, 6 Jászai Mari tér, tgl. 17–4 Uhr. Im Souterrain am Großen Ring wird abends durchgefeiert. Auf mehreren Tanzflächen wird dem zumeist studentischen Publikum ordentlich eingeheizt. An der Oper in der Révay utca sowie im Népliget im X. Bezirk gibt es zwei weitere Morrison's-Ausgaben.

Folklore

In Tanz und Musik haben sich in Ungarn viele folkloristische Elemente erhalten. Zahlreiche Roma spielen in Restaurants oder eigenen Bands. Das Nationale Tanztheater bereichert seine Produktionen immer wieder mit traditionellen Elementen. Die sogenannte Tanzhaus-Bewegung machte seit den 1970er-Jahren Folkmusik wieder populär. Gruppen wie Muzsikás und Ghymes sowie die Sängerin Márta Sebestyén zählen zu den bedeutendsten Vertretern ungarischer Folkmusik.

Volkstanz – **Budaer Redoute (Budai Vigadó):** ■ C 8, I., Corvin tér 8, Tel. 225 60 49, www.hagyomanyokhaza.hu, Tram 19, 41 Halász utca, Bus 86 Halász utca/Szilágyi Dezső tér. Seit der Renovierung ist die Redoute Sitz des Hauses der Ungarischen Traditionen (Hagyományok Háza) und des **Staatlich Ungarischen Folkloreensembles** (Magyar Állami Népi Együttes). Die renommierte Truppe bringt traditionelle Tänze und Musik auf die Bühne (Reservierungen: Tel. 317 27 54, www.ticket.info.hu).

Weltmusik – **Fonó Budai Zeneház:** ■ D 14, XI., Sztregova utca 3, Tel. 206 53 00, www.fono.hu, Tram 1, 18, 41, 47 Etele út / Fehérvári út. Früher war das Fonó Teil eines Werksgeländes, heute ist es ein interessantes Kultur- und Musikzentrum mit Schwerpunkt auf Folk, Tanz, Jazz und Weltmusik.

Moderner Volkstanz – **RaM Colosseum:** ■ Karte 2, F 4, XIII., Kárpát utca 23, Tel. 222 52 54, www.ramcolosseum.hu, O-Bus 75 Vág utca (ab Haltestelle Jászai Mari tér in der Budai Nagy Antal utca). Die renommierte Tanzgruppe ExperiDance (www.experidance.hu) unter Sándor Roman ist für schwungvolle zeitgenössische Folkloretänze nach traditionellen Vorlagen bekannt, die im modernen Veranstaltungssaal aufgeführt werden.

Jazz

Budapest ist eine Stadt des hochklassigen Jazz. Wer ein gutes Jazzkonzert hören möchte, hat an der Donau reichlich Auswahl. Hier einige der führenden Adressen:

Jazz im ehemaligen Kino – **Budapest Jazz Club:** ■ E 6, XIII., Hollán Ernő utca 7, Tel. (06) 70 413 98 37, www.bjc.hu, Tram 2, 4, 6 Jászai Mari tér. Der quirlige Budapest Jazz Club residiert in einer Seitenstraße des Großen

Rings in einem ehemaligen Kino. Hier treten z. B. ungarische Größen wie das Szakcsi Lakatos Róbert Trio auf – ein echter Tipp für Jazz-Freunde.

Jazzschiff – **Columbus Pub és Étterem:** Adresse (s. S. 38). Das Restaurantschiff ist für seine hervorragenden Jazzkonzerte bekannt. Kein Essenszwang während der Konzerte.

Goethe und Jazz – **Jedermann:** ■ G 11, IX., Ráday utca 58, Tel. (06) 30 406 36 17, www.jedermann.hu, Tram 2, 4, 6 Boráros tér, tgl. 8–1 Uhr. Der niederländische Jazzenthusiast Hans van Vliet hat das Lokal im Goethe-Institut in ein sehr heimeliges Café umgewandelt. Zumeist Mo/Mi/Sa gibt es um 21 Uhr Live-Gigs vom Feinsten. Neben Jazz steht auch Folk und Weltmusik auf dem Programm.

Kinos

Die meisten Filme laufen auf Ungarisch, doch einige Kinos (ung. *mozi)* bringen auch Filme auf Englisch (selten auf Deutsch), oft mit ungarischen Untertiteln. In den Kinoprogrammen sind diese Filme mit »F« bzw. »fel« (feliratos = Untertitel) gekennzeichnet, »mb« steht für magyarul beszélő (ungarischsprachig), »sz« steht für synchronisiert. Viele Multiplexkinos gehören der Kette Cinema City (www.cinemacity.hu), die vor allem in den großen Einkaufszentren (z. B. Westend, Aréna, Mammut, Allee) vertreten ist und viele Blockbuster im englischen Original (mit ungarischen Untertiteln) zeigt. Die Kinopreise sind mit ca. 700–2000 HUF vergleichsweise günstig.

Kino und Revolution – **Corvin Mozi:** ■ G 11, IX., Corvin köz 1, Tel. 459 50 50, www.corvinmozi.hu, Metro 3, Tram 4, 6 Corvin-negyed. Das 1923 erbaute Corvin gehört zu den beliebtesten Filmtheatern in Budapest. In den sechs Sälen werden hauptsächlich internationale Filme aufgeführt (auch auf Englisch). Während der Revolution 1956 war das Corvin ein Hauptquartier des ungarischen Widerstands (s. S. 243).

Alte Welt – **Puskin Artmozi:** ■ Karte 3, F 9, V., Kossuth Lajos utca 18, Tel. 459 50 50, www.puskinmozi.hu, Metro 2, Tram 47, 49, Bus 5, 7, 8, 9, 107 Astoria. Ein Kino aus den guten alten Tagen, mit viel Stil eingerichtet. Als Programmkino *(artmozi)* sind anspruchsvollere Streifen zu sehen.

Orientale Pracht – **Uránia Nemzeti Filmszínház:** ■ G 9, VIII., Rákóczi út 21, Tel. 486 34 13, www.urania-nf.hu, Bus 5, 7, 8, 107 Uránia. Das »Nationale Filmtheater« wurde liebevoll im maurischen Stil renoviert. Schon wegen der Pracht lohnt sich eine Vorführung im großen Saal. Viele ungarische Premieren mit Staraufgebot.

Kneipen

Modern und angesagt – **400 Bar:** ■ Karte 3, F 8, Kazinczy utca 52, Tel. (06) 20 776 06 65, www.400bar.hu, Metro 1, 2, 3, Tram 47, 49, Bus 9, 16, 105 Deák Ferenc tér, Mo–Mi 11.30–1, Do 11.30–2, Fr–Sa 11.30–4, So 12–1 Uhr (draußen kürzer). Die Kneipe, die in einem modernen Haus liegt, ist oft auch unter der Woche proppenvoll. Lecker ist die serbisch angehauchte Küche.

Franz Joseph lässt grüßen – **Ferencz József Söröző:** ■ Karte 3, F 8, VI., Nagymező utca 12, Tel. 344 53 16, Metro 1 Opera, O-Bus 70, 78 Andrássy út, Mo–Sa 11–24, So 13–24 Uhr. Kaiser Franz Joseph und Gemahlin »Sisi«

schauen von der Wand gnädig auf diese sympathische Bierstube herab – eine nette Adresse.

Riesiges Wandgemälde – **Zappa Caffe:** ■ G 10, VIII., Mikszáth Kálmán tér 2, Tel. (06) 20 972 17 11, www.zappacaffe.hu, Metro 3, 4, Tram 47, 49 Kálvin tér, Tram 4, 6 Harminckettesek tere, Mo–Do 11–24, Fr 11–2, Sa 12–2, So 12–24 Uhr. Das Café ist mit dem größten Wandgemälde von Budapest geschmückt und ein stimmungsvoller Szenetreff. Im Sommer draußen schöne Terrasse auf dem Platz.

Ruinenkneipen

Cooler Szenetreff – **Fogasház és kert:** ■ G 8, VII., Akácfa utca 51, www.fogashaz.hu, Tram 4, 6 Király utca, tgl. 16–4 Uhr. In der Elisabethstadt ist das Fogasház ein cooler Hotspot. Während im »Garten« *(kert)* tatsächlich noch einige Bäume im Innenhof stehen und lockere Biergartenatmosphäre herrscht, sind im »Haus« *(ház)* auch Konzerte und Events angesagt.

Angesagt – **Pótkulcs:** ■ F 6, VI., Csengery utca 65/b, Tel. 269 10 50, www.potkulcs.hu, Metro 3, Tram 4, 6 Nyugati pu., So–Mi 17–1.30, Do–Sa 17–2.30 Uhr. In den letzten Jahren ist es Mode geworden, in leer stehenden Häusern alternative Kneipen einzurichten. Der »Ersatzschlüssel« unweit des Westbahnhofs bietet einen lauschigen und etwas versteckten Biergarten. Drinnen sorgen in dem gewölbeartigen Kneipenraum das ganze Jahr über kostenlose Folk-, Jazz- und andere Konzerte für gute Stimmung beim jungen Publikum.

Kultschuppen – **Szimpla Kert:** ■ Karte 3, F 9, VI., Kazinczy utca 14, www.szimpla.hu, Bus 5, 7, 8, 107 Uránia, tgl. 12–3 Uhr. Schräg, schräger, szimpla. In einem ehemals leerstehenden Hinterhof in der Elisabethstadt herrscht jeden Abend auf den Sperrholzmöbeln lockere Partystimmung. Das Szimpla war eine der ersten ›Ruinenkneipen‹ in Budapest. Sehr beliebt ist der sonntägliche Bauernmarkt (9–14 Uhr).

Konzerte und Oper

Operette und Musical – **Budapester Operettentheater (Budapesti Operettszínház):** ■ Karte 3, F 7, VI., Nagymező utca 17, Tel. 312 48 66, www.operettszinhaz.hu, Metro 1 Opera, O-Bus 70, 78 Andrássy út. Glanzvolle Bühne für beschwingte Operetten und Musicals. Der Bogen reicht von der klassischen »Csárdásfürstin« des Operettenkönigs Imre Kálmán über aktuellere Musical-Produktionen bis zum ersten Klezmer-Musical »Menyasszonytánc« (Brauttanz; s. S. 97).

Folklore und Klassik – **Donaupalast (Duna Palota):** ■ Karte 3, E 8, V., Tel. 235 55 00, www.dunapalota.hu, Tram 2, Bus 16, 105 Széchenyi István tér. Im traditionsreichen Palast gibt es klassische Konzerte. Auch das Staatliche Folkloreensemble tritt hier im Sommer auf.

Jugendstiltraum – **Franz-Liszt-Musikakademie (Liszt Ferenc Zeneművészeti Egyetem):** ■ G 7/8, VI., Liszt Ferenc tér 8, Tel. 462 46 00, www.lfze.hu, Metro 1 Oktogon, Tram 4, 6 Király utca. Der kunstvolle Große Saal des herrlichen Jugendstilgebäudes ist einer der schönsten Konzertsäle der Hauptstadt. Seit der umfassenden Renovierung strahlt die großartige Musikakademie wieder in altem Glanz.

Konzerte und moderne Kunst – **Palast der Künste (Művészetek Palotája):**

■ G 14, IX., Komor Marcell utca 1, Tel. 555 30 01, www.mupa.hu, Tram 1 Közvágóhíd híd, Tram 2, 24 Millenniumi Kulturális Központ. Budapest verfügt seit dem Jahr 2005 über einen topmodernen Kulturpalast, der zusammen mit dem Nationaltheater (s. S. 54) am Pester Donauufer ein neues Kulturviertel begründete (s. S. 240). Die Ungarische Philharmonie ist hier zu Hause und das Nationale Tanztheater tritt regelmäßig auf. Auch das Ludwig-Museum residiert im Palast der Künste.

Pracht für Augen und Ohren – **Ungarische Staatsoper (Magyar Állami Operaház):** ■ Karte 3, F 8, VI., Andrássy út 22, Tel. 353 01 70, www.opera.hu, Metro 1 Opera. Die Staatsoper ist das Glanzstück der Budapester Kulturszene. Hier lohnt auf jeden Fall ein Besuch. Wer keine Karten mehr für abends bekommt, sollte wenigstens eine Führung durch das Opernhaus mitmachen, um den Prunk zu erleben (tgl. 15 und 16 Uhr, s. S. 215). Mit dem Erkel-Theater (Erkel Színház) am II. János Pál pápa tér 30 im VIII. Bezirk verfügt das Opernhaus über eine zweite Bühne in der Stadt.

Livemusik

Partyschiff – **A38:** ■ F 12, XI., Petőfi híd (Budaer Seite), Tel. 464 39 40, www.a38.hu, Tram 4, 6 Petőfi híd, Budai hídfő, tgl. 11–2, im Sommer 11–4 Uhr. Das Partyschiff A38 ist mittlerweile ein fester Bestandteil der Budapester Musikszene. Im Bauch des ehemaligen ukrainischen Lastenschiffs finden Konzerte statt, ein Restaurant sorgt für das leibliche Wohlbefinden und auf Deck ist Platz genug zum Feiern und Chillen. Tagsüber ist das Schiff auch Bootsanleger für Linienschiffe.

Jazz, Klassik und mehr – **Budapest Music Center:** ■ Karte 3, F 11, IX., Mátyás utca 8, Tel. 216 78 94, http://bmc.hu. In der Franzensstadt ist das BMC eine wichtige Konzertadresse. Hier residiert z. B. der Opus Jazz Club, der regelmäßig Auftritte organisiert (http://opusjazzclub.hu). Das BMC sponsert auch zeitgenössische Musik und verfügt zudem über ein eigenes Plattenlabel.

Open-Air – **Budapest Park:** ■ H 14, IX., Soroksári út 60, Tel. 434 78 00, www.budapestpark.hu, Tram 1, 2, 24 Kőzvágóhíd, Mitte April–Sept. Seit 2012 ist dies der angesagteste Ort für Open-Air-Gigs von aufstrebenden ungarischen Bands. Das Gelände liegt südlich des Palastes der Künste an der Pester Zufahrt zur Rákóczi-Brücke.

Jazzschiff – **Columbus Pub és Étterem:** Adresse s. S. 38. Der Club auf dem Schiff bringt regelmäßig namhafte Künstler auf die Bühne (Tickets 1000–3000 HUF).

Ticketservice

Eintrittskarten kann man entweder an den Veranstaltungsorten selbst erwerben (z. B. Opernkasse) oder z. B. bei **Ticket Express:** VI., Dalszínház utca 10, sowie im Westend City Center (s. S. 45), Tel. (06)30 30 30 999, www.eventim.hu (auch auf Englisch).
Interticket (www.jegy.hu) verkauft Karten an vielen Orten, z. B. im **Musikladen Rózsavölgyi** am Szervita tér (s. S. 45).
Hinweis: Gerade für die Staatsoper oder das Frühlingsfestival (s. S. 56) lohnt es sich, seine Tickets im Voraus zu bestellen, da die Vorstellungen oftmals komplett ausgebucht sind.

Easy listening – **iF Kávézó:** ■ Karte 3, F/G 11, IX., Ráday utca 19, Tel. 299 06 94, www.ifkavezo.hu, Metro 3, 4, Tram 47, 49, Kálvin tér, tgl. 11–24 Uhr. Das Musikcafé iF überzeugt durch ein freundliches Ambiente, wechselnde Ausstellungen und ein sanftes Musikprogramm, Salonjazz und Chansons.

Harte Sounds – **Old Man's Music Pub:** ■ G 8, VII., Akácfa utca 13, Tel. 322 76 45, www.oldmans.hu, Metro 2, Tram 4, 6, Bus 5, 7, 8, 107 Blaha Lujza tér, tgl. 17 Uhr bis Morgendämmerung. Der Oldie unter den Musikkneipen ist auch nach all den Jahren noch vital. Das Publikum mag ebenfalls etwas gealtert sein, doch die Kellerkonzerte von Jazz über Blues bis Soul und Rock kommen gut an. Beginn ist um 21 Uhr, danach gibt es Disco. Im Old Man ist der Eintritt frei!

Entspanntes Musikcafé – **Spinoza:** ■ Karte 3, F 9, VII., Dob utca 15, Tel. 413 74 88, www.spinozahaz.hu, Metro 1, 2, 3, Tram 47, 49, Bus 9, 16, 105 Deák Ferenc tér, tgl. 8–23 Uhr. Sehr nettes Kulturcafé mit Bistro-Küche und an manchen Abenden Klavierbegleitung sowie Kulturveranstaltungen. Eine Spezialität sind die schwungvollen Klezmer-Konzerte freitags um 19 Uhr.

Theater

Erstklassiger Tanz – **Nationales Tanztheater (Nemzeti Táncszínház):** Tel. 201 44 07, www.dancetheatre.hu. Das Nationale Tanztheater ist eine sehr renommierte Truppe mit den Schwerpunkten Ballett, Folklore und moderner Tanzkunst. Bei Redaktionsschluss fanden alle Auftritte im Palast der Künste (s. S. 52), in der Budaer Redoute (s. S. 50) oder im Burggarten-Basar (s. S. 155) statt.

Repräsentativ – **Nationaltheater (Nemzeti Színház):** ■ G 13, IX., Bajor Gizi park 1, Tel. 476 68 00, www.nemzetiszinhaz.hu, Tram 1 Közvágóhíd híd, Tram 2, 24 Millenniumi Kulturális Központ. Nach langem Streit eröffnete das neue Nationaltheater schließlich im Jahr 2002 und legte den Grundstock zum neuen Kulturviertel am Donauufer (s. S. 240).

Alternative Kultur – **Trafó:** ■ H 11, IX., Liliom utca 41, Tel. 215 16 00, www.trafo.hu, Metro 3, Tram 4, 6 Corvin-negyed. Alternatives Kulturzentrum für zeitgenössischen Tanz sowie Theater und Konzerte. In dem 1998 eröffneten Trafó wird gerne experimentiert. Durch die neue, rigide Kulturpolitik in Budapest war auch das Trafó zwischenzeitlich von der Schließung bedroht.

Schwul und lesbisch

Aktuelle Infos zu Angeboten im Internet auf Englisch unter www.budapest.gayguide.net. Die Lesben-Organisation Labrisz informiert auf Englisch (www.labrisz.hu). Größter Event der Szene ist jedes Jahr Ende Juni/Anfang Juli das Budapest Pride Festival mit dem bunten Budapest Pride March als Höhepunkt. Trotz aller Widerstände ist das Festival zu einem festen Event geworden. Im Januar findet ein LGBTQ-Filmfestival statt (www.budapestpride.com).

Am Pester Broadway – Club Alterego: ■ Karte 3, F 7, VI., Dessewffy utca 33, Tel. (06) 70 345 43 02, www.alteregoclub.hu, Metro 1 Opera, O-Bus 70, 79 Andrássy út, Fr/Sa ab 22 Uhr. Szene-Disco in einer Seitenstraße der Theatermeile Nagymező utca. Hauptevent ist die Lovego Party samstags. Freitags hin und wieder nur für Männer.

Feste und Festivals

Budapest ist eine Stadt der Kultur. Praktisch das ganze Jahr hindurch wird auf Festivals ein reichhaltiges Programm von Theater über Konzerte bis zu leichter Unterhaltung präsentiert. Viele Festivals blicken inzwischen auf eine längere Tradition zurück.

Budapester Frühlingsfestival

Das **Budapesti Tavaszi Fesztivál**, der Klassiker unter den Festivals, bringt im März/April über zwei Wochen verteilt hochkarätigen Kunstgenuss in die Donaumetropole. Von Oper über Theater bis zu Jazz, Folklore, Tanz und Ausstellungen wird so ziemlich alles geboten, was man sich wünschen kann. Jedes Jahr werden namhafte Orchester und Künstler verpflichtet, die in den schönsten Sälen der Stadt auftreten, vom Kino bis zum Palast der Künste – ein echter Kulturfrühling.

Sommer auf der Sziget-Insel

Ende Juli/Anfang August steigt auf einer Insel im nördlichen Stadtteil Óbuda das **Sziget Fesztivál,** das größte Open-Air-Festival Mitteleuropas. Auf zahlreichen Bühnen wird das bunt gemischte junge Publikum beschallt und es herrscht ausgelassene Party-Stimmung.

Klezmerkonzerte

Budapest ist eine Stadt der Musik. Eine Besonderheit sind die zahlreichen Klezmerkonzerte, die bei den **Zoo-Musikabenden,** dem **Musikfestival in der Vajdahunyad-Burg**, im **Spinoza** und natürlich dem **Jüdischen Sommerfestival** gegeben werden (s. S. 56). Tonangebend ist hierbei die Budapest Klezmer Band, die der jüdischen Musik zu einem erfolgreichen Revival verholfen hat.

Ein Fest für die Sinne sind die zahlreichen Budapester Festivals

Festkalender

März/April

Budapesti Tavaszi Fesztivál: Budapester Frühlingsfestival, www.btf.hu, (s. S. 55).

Ostern

Húsvét: Zu Ostern *(húsvét)* gibt es zahlreiche touristische Veranstaltungen. Auf dem Vörösmarty tér findet zumeist ein Ostermarkt statt, im Gozsdu-Hof der sonntägliche Gouba-Kunsthandwerkermarkt. Rund um das Budaer Burgschloss wird ein buntes (kostenpflichtiges) Unterhaltungsprogramm angeboten. Im Freilichtmuseum Skanzen bei Szentendre (s. S. 277) startet die Saison mit einem bunten Ostermarkt.

Juni

Duna Karnevál: Donaukarneval, www.dunakarneval.hu. Mitte Juni wird eine Woche lang auf mehreren Bühnen in der Hauptstadt Folk- und Weltmusik sowie traditioneller und zeitgenössischer Tanz geboten. Höhepunkt ist die samstägliche Karnevalsparade über die Kettenbrücke zum Vörösmarty tér.

Múzeumok Éjszakája: Nacht der Museen. Eine Nacht sind Ende Juni alle Museen geöffnet und bieten oftmals Sonderprogramme an – gute Stimmung.

Juli/August

Zenés Állatkerti Esték: Zoo-Musikabende, www.zoobudapest.com. Vor dem Jugendstil-Palmenhaus im Zoo finden im Juli/August regelmäßig schwungvolle Jazz-, Dixieland-, Sinfonie- und Klezmerkonzerte statt.

Nyári Zenei Fesztivál a Vajdahunyadvárban: Musikfestival in der Vajdahunyad-Burg, www.vajdahunyad.hu, Mitte Juli–Mitte Aug., Klassik, Jazz und Klezmer werden in der Vajdahunyadburg im Stadtwäldchen dargebracht. In der abendlichen Stimmung ist der Hof der Vajdahunyad-Burg ein sehr romantischer Ort für die erstklassigen Sommerkonzerte.

Sziget Fesztivál: Inselfestival, www.sziget.hu, Ende Juli/Mitte Aug. (s. S. 55).

August/September

St.-Stephanstag: 20. August. Nationalfeiertag zu Ehren von Staatsgründer König Stephan. Das riesige Feuerwerk auf dem Gellértberg wird von zehntausenden Schaulustigen vom Pester Donauufer aus verfolgt. Das Ganze ist ein ausgelassenes Volksfest.

Zsidó Nyári Fesztivál: Jüdisches Sommerfestival, www.jewishfestival.hu, Ende Aug.–Anfang Sept. Eine Woche lang wird ein breites Spektrum der jüdischen Kultur in Budapest präsentiert, darunter auch Klezmer-Musik.

Budavári Borfesztivál: Budapester Internationales Wein- und Sektfestival, www.winefestival.hu, Mitte Sept. Am Budaer Burgschloss stellen sich die Winzer des Landes vor – eine gute Gelegenheit, ungarische Weine in prächtigem Ambiente kennenzulernen.

Dezember

Weihnachtsmärkte: Der zentrale Markt findet auf dem Vörösmarty tér statt.

Silvester: Halb Budapest schlendert abends über die Andrássy út und den Großen Ring. Mit bunten Tröten wird dabei ein Heidenlärm erzeugt. Auf mehreren Bühnen in der Stadt gibt es kostenlose Open-Air-Konzerte. Ein Tipp: Mit Sekt auf der Fischerbastei auf das neue Jahr anstoßen!

Aktiv sein, Sport, Wellness

Es gibt unzählige Möglichkeiten, sich in Budapest sportlich zu betätigen. Vieles findet davon draußen statt, weil ab dem Frühjahr das Wetter meist mit angenehmen Temperaturen verwöhnt. Im Sommer kann es für aktive Freizeitgestaltung allerdings manchmal zu heiß werden. Dann hilft oft nur der Sprung in das kühle Nass der **Freibäder**. Im Winter hingegen sind die **Thermalbäder** genau richtig, um der Kälte ein Schnippchen zu schlagen.

Wer sich bewegen möchte, sollte am besten auf die *Margareteninsel* fahren. Auf den Wiesen wird **Fußball** oder **Volleyball** gespielt, im **Palatinus-Freibad** tummeln sich die Strandratten, **Jogger** drehen hier ihre Runden und Familien fahren mit den **Tretkutschen** *(bringóhintó)* über die idyllische Insel. Auch **Räder** kann man hier leihen (s. S. 27). Vorschläge für kleinere und größere **Radtouren** s. S. 154 und S. 284.

Die zweite gute Adresse ist das *Stadtwäldchen*. Auf dem kleinen See kann man im Sommer **Boot** fahren, während im Winter vor der prächtigen Kulisse der *Vajdahunyad-Burg* die größte **Eislaufbahn** Budapests ihre Pforten öffnet (s. unten). Das herrliche **Széchenyi-Heilbad** ist eine attraktive Mischung aus Thermal- und Freibad. **Skater** wissen den *Heldenplatz* sehr zu schätzen.

Bäder

Die Budapester Thermalbäder sind wahre Wellnesstempel. Für ausführliche Beschreibungen s. S. 110. Infos zu Öffnungszeiten und Preisen unter www.spasbudapest.com (Heilbad – *gyógyfürdő;* Freibad – *strandfürdő).*

Gellért Gyógyfürdő: ▶ Karte 3, E 11, XI., Kelenhegyi út 4, Tel. 466 16 66, Metro 4, Tram 18, 19, 41, 47, 49, Bus 7, 86, 107 Szent Gellért tér, tgl. 6–20 Uhr (Schwimm- und Thermalbad gemischt), Tageskarte 5100–5500 HUF.

Király-Heilbad (Király Gyógyfürdő): ▶ Karte 3, C 6, II., Fő utca 84, Tel. 202 36 88, Metro 2 Batthyány tér, Bus 86, 160 Bem József tér, tgl. 9–21 Uhr (nur gemischt und mit Badekleidung), Tageskarte 2300 HUF.

Palatinus Strandfürdő (Palatinus-Freibad): ▶ Karte 2, D 3, XIII., Margitsziget (Margareteninsel), Tel. 340 45 05, Bus 26 Palatinus strandfürdő, Mitte Juni–20. Aug. tgl. 9–20, 21. Aug.–Mitte Sept. tgl. 9–19 Uhr, Tageskarte 2600–3000 HUF.

Rudas Gyógyfürdő: ▶ Karte 3, D/E 10, I., Döbrentei tér 9, Tel. 356 13 22, Bus 7, 86, 107 Rudas gyógyfürdő, Mo, Mi–Fr 6–20 Uhr (nur Männer), Di 6–20 Uhr (nur Frauen), Sa, So 6–20, Fr–Sa 22–4 Uhr (gemischt), Tageskarte 3100–5500 HUF (tgl. 9–12 Uhr, 2400 HUF).

Széchenyi Gyógyfürdő: ▶ J 5, XIV., Állatkerti körút 11 (Stadtwäldchen), Tel. 363 32 10, Metro 1, O-Bus 72 Széche-

Ab in die Berge

Die Budaer Berge sind ein ideales Naherholungsgebiet für entspannende Spaziergänge, kleinere Wanderungen oder sportliche Radtouren. Mit Zahnradbahn, Kindereisenbahn und Sessellift ist die Auswahl an ungewöhnlichen Verkehrsmitteln groß. Auf den Kämmen des Mittelgebirgszugs vergeht ein Nachmittag jenseits der hektischen Großstadt schnell. Highlight ist bei schönem Wetter der grandiose Rundblick vom Elisabethturm (s. S. 272).

Formel 1
Das größte Sportereignis des Landes ist der **Große Preis von Ungarn** auf dem Hungaroring. Wenn die Formel 1 im August am östlichen Stadtrand von Budapest gastiert, herrscht Ausnahmezustand. Viele Hotels sind ausgebucht, sie erheben deutliche Zuschläge. Man sollte sich früh um Tickets kümmern (www.hungaroring.hu).

nyi fürdő, tgl. 6–22 Uhr, Tageskarte 4500–4700 HUF.
Lukács Gyógyfürdő: ▶ Karte 2, C 5, II., Frankel Leó utca 25–29, Tel. 326 16 95, Tram 4, 6 Margit híd (Budai hídfő), Tram 17 Lukács gyógyfürdő (ab 2016 neue Tramlinie geplant), tgl. 6–22 Uhr, Tageskarte 3100–3600 HUF (mit der Budapest Card einmal kostenlos).

Eislaufen

Eislaufbahn (Városligeti Műjégpálya): ▶ H/J 5, XIV., Olof Palme sétány 5, Tel. 364 00 13, www.mujegpalya.hu, Metro 1 Hősök tere, Nov.–Feb. tgl. 9–13, 17–21 Uhr, Eintritt 1000–2000 HUF (plus Schlittschuhverleih). Budapests größte Eislaufbahn – im Stadtwäldchen vor der Kulisse der Vajdahunyad-Burg.

Höhlenerkundungen

Mehr als 100 Höhlen verbergen sich unter den Budaer Hügeln, zwei davon können Besucher in jeweils ca. einstündigen Touren teilweise erkunden: **Pálvölgyi-barlang** und **Szemlőhegyi-barlang** (beide ▶ Karte 4, F 2), siehe Entdeckungstour S. 152.

Kletterpark

Orczy Kalandpark: K 11, VIII., Orczy út 1 (Orczy-kert), Tel. (06)20 235 12 14, www.orczykalandpark.hu, Metro 3 Klinikák / Nagyvárad tér, Sommer: tgl. ca. 10–19 Uhr, Winter: Fr ca. 12–19, Sa, So 10–19 Uhr (wetterabhängig), Eintritt 2500–2800 HUF. In dem sympathischen Kletterpark hinter dem Ungarischen Naturhistorischen Museum im Orczy-Park gibt es Routen mit unterschiedlichen Schwierigkeitsgraden (s. S. 244).

Marathon

Der Herbst ist in der Donaumetropole Marathon-Zeit. Im September gibt es einen Halb-Marathon und einen Monat später den großen Marathon. Aktuelle Infos: www.budapestmarathon.com.

Museen und Galerien

Budapest verfügt über Dutzende Museen und Ausstellungsräume. Hervorzuheben sind das Burgschloss mit der Ungarischen Nationalgalerie und dem Budapester Historischen Museum, das Nationalmuseum am Kleinen Ring, das Museum der Bildenden Künste am Heldenplatz (geschl. bis 2018), das Kunstgewerbemuseum am Großen Ring, das Ethnografische Museum am Kossuth Lajos tér sowie das Ludwig-Museum im Palast der Künste am Donauufer. Die meisten Museen sind März–Oktober jeweils von 10–18 Uhr und im Winter oft nur bis 16 oder 17 Uhr geöffnet. Montags ist zumeist Ruhetag, auch wenn es hiervon einige Abweichungen gibt. Mit der Budapest Card (s. S. 67) ist der Zutritt zu vielen Museen ermäßigt.

Die wichtigsten Museen im Überblick

Im Burgviertel – **Apothekenmuseum zum Goldenen Adler (Arany Sas Patikamúzeum):** ▶ C 8, I., Tárnok utca 18, Tel. 375 97 72, www.semmelweismuseum.hu, Bus 16, 16A, 116 Dísz tér, März–Okt. Di–So 10–18, sonst Di–So 10–16 Uhr, 500/250 HUF, s. S. 130.

Römische Ruinen – **Aquincum-Museum:** ▶ Karte 2, nördlich D 1, III., Szentendrei út 135 (Óbuda), Tel. 250 16 50, www.aquincum.hu, HÉV H5 Aquincum, Bus 34, 106, 134 Záhony utca, April–Okt. Di–So 10–18, Nov.–März nur Ausstellungszentrum Di–So 10–16 Uhr, Sommer 1600/800 HUF, Winter 1000/500 HUF, s. S. 264.

In den Budaer Bergen – **Béla-Bartók-Gedenkhaus:** ▶ Karte 4, D 2, II., Csalán út 29, Tel. 394 21 00, www.bartokmuseum.hu, Bus 5, 29 Pasaréti tér, März–Okt. Di–So 10–17, Nov.–Feb. Di–Sa 10–16 Uhr, 1200/600 HUF, s. S. 269.

Stadtgeschichte – **Budapester Historisches Museum (Budapesti Történeti Múzeum):** ▶ D 9, I., Szent György tér 2 (Burgschloss, Flügel E), Tel. 487 88 00, www.btm.hu, Sikló, Bus 16, 16A, 116 Dísz tér, März–Okt. Di–So 10–18, Nov.–Feb. Di–So 10–16 Uhr, 2000/1000 HUF, s. S. 127.

Bahn zum Anfassen – **Eisenbahnhistorischer Park (Magyar Vasúttörténeti Park):** ▶ H 5, XIV., Tatai út 95, Tel. 450 14 97, www.vasuttortenetipark.hu, 3 x tgl. Zug vom Westbahnhof (Nyugati pu.) Richtung Esztergom bis Haltestelle Vasútmúzeum, Bus 30 ab Heldenplatz bis Rokolya utca, April–Okt. Di–So 10–18 Uhr, 1400/600 HUF, s. S. 230.

Volkstraditionen – **Ethnografisches Museum (Néprajzi Múzeum):** ▶ E 7, V., Kossuth Lajos tér 12, Tel. 473 24 00, www.neprajz.hu, Metro 2, Tram 2 Kossuth Lajos tér, Di–So 10–18 Uhr, 1400/700 HUF, s. S. 202.

Luthers Testament – **Evangelisches Landesmuseum (Evangélikus Országos Múzeum):** ▶ Karte 3, E 8, V., Deák Ferenc tér 4, Tel. 317 41 73, www.evangelikusmuzeum.hu, Metro 1, 2, 3, Tram 47, 49, Bus 9, 16, 105 Deák Ferenc tér, März–Okt. Di–So 10–18, Nov.–Feb. Di–So 10–17 Uhr, 500/200 HUF, s. S. 171.

Asiatische Kunst – **Ferenc-Hopp-Museum (Hopp Ferenc Múzeum):** ▶ H 6, VI., Andrássy út 103, Tel. 322 84 76, www.hoppmuseum.hu, Metro 1 Bajza utca, Di–So 10–18 Uhr, 1000/500 HUF, s. S. 221.

In Liszts Wohnung – **Franz-Liszt-Gedenkmuseum (Liszt Ferenc Emlékmúzeum):** ▶ G 7, VI., Vörösmarty utca 35, Tel. 322 98 04, www.lisztmuseum.hu, Metro 1 Vörösmarty utca, Mo–Fr 10–18, Sa 9–17 Uhr, 1300/600 HUF, s. S. 221.

Ehemalige Textilfabrik – **Goldberger Textilmuseum (Goldberger Textilipari Gyűjtemény):** ▶ Karte 2, D 2, III., Lajos utca 136–138 (Óbuda), Tel. 250 10 20, www.textilmuzeum.hu, HÉV H5, Bus 9, 86 Timár utca, Di–So 10–18 Uhr, 1400/700 HUF, s. S. 263.

Fotoausstellungen – **Haus der Ungarischen Fotografie (Magyar Fotográfusok Háza):** ▶ Karte 3, F 7, VI., Nagymező utca 20, Tel. 473 26 66, www.maimano.hu, Metro 1 Opera, O-Bus 70, 78 Andrássy út, Mo–Fr 14–19, Sa–So 11–19 Uhr, 1500/700 HUF, s. S. 220.

Jugendstil pur – **Haus der Ungarischen Sezession (Magyar Szecesszió Háza):** ▶ Karte 3, E 7, V., Honvéd utca 3, Tel. 269 46 22, www.magyarszecessziohaza.hu, Metro 2, Tram 2 Kossuth Lajos tér, Mo–Sa 10–17 Uhr, 2000/1500 HUF, s. S. 206.

Leid und Verfolgung – **Haus des Terrors (Terror Háza):** ▶ G 7, VI., Andrássy út 60, Tel. 374 26 00, www.terrorhaza.hu, Metro 1, Tram 4, 6 Oktogon, Di–So 10–18 Uhr, 2000/1000 HUF, s. S. 221.

Judenverfolgung in Ungarn – **Holocaust-Gedenkzentrum (Holokauszt Emlékközpont):** ▶ H 11, IX., Páva utca 39, Tel. 455 33 33, www.hdke.hu, Metro 3, Tram 4, 6 Corvin-negyed, Di–So 10–18 Uhr, 1600/800 HUF, s. S. 238.

Meister der Skulpturen – **Imre-Varga-Sammlung (Varga Imre Gyüjtemény):** ▶ Karte 2, D1, III., Laktanya utca 7, Tel. 250 02 74, www.budapestgaleria.hu, HÉV H 5, Tram 1, Bus 34, 106, 134 Szentlélek tér, Di–So 10–18 Uhr (im Winter kürzer), 800/400 HUF, s. S. 262.

Fernöstliche Schätze – **István-Zelnik-Goldmuseum (Zelnik István Aranymúzeum):** ▶ H 6, VI., Andrássy út 110, Tel. 482 31 90, http://thegoldmuseum.eu, Metro 1 Bajza utca, Di–So 11–17 Uhr, 3400/1700 HUF, s. S. 221.

Jüdisches Erbe – **Jüdisches Museum (Zsidó Múzeum):** ▶ Karte 3, F 9, VII., Dohány utca 2, Tel. 342 89 49, www.milev.hu, Metro 2, Tram 47, 49, Bus 5, 7, 8, 9, 107 Astoria, März–Okt. So–Do 10–18, Fr 10–16.30 , sonst So–Do 10–16, Fr 10–14 Uhr, 3000/2000/800 HUF, s. S. 189.

Ehemaliges Kloster – **Kiscelli-Museum:** ▶ Karte 2, C 1, III., Kiscelli utca 108 (Óbuda), Tel. 388 85 60, www.btm.hu, Tram 17, Bus 260 Szent Margit kórház, April–Okt. Di–So 10–18, sonst Di–So 10–16 Uhr, 1000/500 HUF, s. S. 264.

Der Renaissancesaal im Museum der Bildenden Künste

Privates Kunsthaus – **KOGART-Haus:** ▶ H 6, VI., Andrássy út 112, Tel. 354 38 36, www.kogart.hu, Metro 1 Bajza utca, tgl. 10–18 Uhr (im Winter Mo–Fr), 1500/750 HUF, s. S. 222.

Jugendstil-Meisterwerk – **Kunstgewerbemuseum (Iparművészeti Múzeum):** ▶ G 11, IX., Üllői út 33–37, Tel. 456 51 07, www.imm.hu, Metro 3, Tram 4, 6 Corvin-negyed, Di–So 10–18 Uhr, 2000/1000 HUF, s. S. 242.

Moderne Kunst – **Kunsthalle (Műcsarnok):** ▶ H 6, XIV., Hősök tere (Heldenplatz), Tel. 460 70 00, www.kunsthalle.hu, Metro 1 Hősök tere, Di–Mi, Fr–So 10–18, Do 12–21 Uhr, 1800/900 HUF, s. S. 225.

Picasso an der Donau – **Ludwig-Museum:** ▶ G 14, IX., Komor Marcell utca 1 (Palast der Künste), Tel. 555 34 44, www.ludwigmuseum.hu, Tram 1 Közvágóhid híd, Tram 2, 24 Millenniumi Kulturális Központ, Di–So 10–18 Uhr, 800–1300/400–650 HUF, s. S. 241.

Sozialistische Skulpturen – **Memento Park:** ▶ südlich A 14, XXII., Ecke Balatoni út/Szabadkai utca, Tel. 424 75 00, www.mementopark.hu, Metro 4 bis Kelenföld vasútállomás, dann Bus 101, 150 bis »Memento Park«, tgl. 10 Uhr bis Sonnenuntergang, 1500/1000 HUF, s. S. 164.

Kunsttempel – **Museum der Bildenden Künste (Szépművészeti Múzeum):** ▶ H 5, XIV., Hősök tere (Heldenplatz), Tel. 469 71 00, www.szepmuveszeti.hu, Metro 1 Hősök tere, bis 2018 geschl., s. S. 224.

Ungarische Literatur – **Petőfi-Literaturmuseum (Petőfi Irodalmi Múzeum):** ▶ Karte 3, F 10, V., Károlyi utca 16, Tel. 317 36 11, www.pim.hu, Metro 3, Bus 5, 7, 8, 107 Ferenciek tere, Di–So 10–18 Uhr, 600/300 HUF, s. S. 180.

Möbel und Kleider – **Schlossmuseum Nagytétény (Nagytétényi Kastélymúzeum):** ▶ südl. D 14, XXII., Kastélypark utca 9–11, Tel. 207 00 05, www.nagytetenyi.hu, Bus 33 ab Metrostation ab Móricz Zsigmond körtér bis Petőfi Sándor utca, März–Okt. Mi–So 10–18, sonst Fr–So 10–16 Uhr, 1000/500 HUF, s. S. 164.

Retter der Mütter – **Semmelweis-Museum (Semmelweis Orvostörténeti Múzeum):** ▶ D 9, I., Apród utca 1–3, Tel. 201 15 77, www.semmelweismuseum.hu, Tram 19, 41, Bus 86 Várkert Bázar, März–Okt. Di–So 10–18, sonst Di–So 10–16 Uhr, 700/350 HUF, s. S. 156.

Hier Franz Joseph! – **Telefonmuseum (Telefónia Múzeum):** ▶ B 8, I., Úri utca 49, Tel. 201 88 57, www.postamuzeum.hu, Bus 16, 16A, 116 Szentháromság tér, Di–So 10–16 Uhr, 500/250 HUF, s. S. 137.

115 Jahre U-Bahn – **U-Bahn-Museum (Földalatti Vasúti Múzeum):** ▶ Karte 3, E 9, V., Deák Ferenc tér (Fußgängerunterführung), www.bkv.hu, Metro 1, 2, 3, Tram 47, 49, Bus 9, 16, 105 Deák Ferenc tér, Di–So 10–17 Uhr, 350/280 HUF, s. S. 171.

Kunstgenuss – **Ungarische Nationalgalerie (Magyar Nemzeti Galéria):** ▶ D 9, I., Szent György tér 2 (Burgschloss Flügel A–D), Tel. 201 90 82, www.mng.hu, Sikló, Bus 16, 16A, 116 Dísz tér, Di–So 10–18 Uhr, 1400/700 HUF, s. S. 122.

Im ›Krúdy-Viertel‹ – **Ungarisches Handels- und Tourismusmuseum (Magyar Kereskedelmi és Vendéglátóipari Múzeum):** ▶ Karte 2, D 2, III., Korona tér 1 (Óbuda), Tel. 375 62 49, www.mkvm.hu, HÉV H5, Tram 1 Szentlélek tér, Bus 9, 86 Kiscelli utca, Di–So 10–18 Uhr, 800/400 HUF, s. S. 263.

Im Märchenschloss – **Ungarisches Landwirtschaftsmuseum (Magyar Mezőgazdasági Múzeum):** ▶ J 5, XIV., Vajdahunyadvár, Tel. 422 07 65, www.mmgm.hu, Metro 1 Széchenyi fürdő, April–Okt. Di–So 10–17, sonst Di–Fr 10–16, Sa–So 10–17 Uhr, 1200/600 HUF, s. S. 231.

Ungarische Geschichte – **Ungarisches Nationalmuseum (Magyar Nemzeti Múzeum):** ▶ Karte 3, 4, F 10, VIII., Múzeum körút 14–16, Tel. 338 21 22, www.hnm.hu, Metro 3, 4, Tram 47, 49, Bus 9 Kálvin tér, Di–So 10–18 Uhr, 1600/800 HUF, s. S. 186.

Wal-Skelette und Tierwelt – **Ungarisches Naturhistorisches Museum:** ▶ J 11, VIII., Ludovika tér 2–6, Tel. 210 10 85, www.mttm.hu, Metro 3 Klinikák, Mi–Mo 10–18 Uhr, 1600/800 HUF, s. S. 243.

Faszinierende Op-Art – **Vasarely-Museum:** ▶ Karte 2, D 1, III., Szentlélek tér 6 (Óbuda), Tel. 388 75 51, www.vasarely.hu, HÉV H 5, Tram 1, Szentlélek tér, Di–So 10–17.30 Uhr, 800/400 HUF, s. S. 260.

Historische Fahrzeuge – **Verkehrsmuseum (Közlekedési Múzeum):** ▶ K 5/6, XIV., Városligeti körút 11, Tel. 273 38 40, www.km.iif.hu, O-Bus 70 Hermina út, O-Bus 72, 74 Erzsébet királyné útja, April–Okt. Di–Fr 10–17, Sa–So 10–18, sonst Di–Fr 10–16, Sa–So 10–17 Uhr, 1600/800 HUF, s. S. 230.

Hochprozentiges – **Zwack-Museum:** ▶ G 12, IX., Soroksári út 26, Tel. 476 23 83, www.zwackunicum.hu, Tram 2, 24 Haller utca, Mo–Fr 10–17 Uhr, 1800/1500/800 HUF, s. S. 237.

Galerien/Ausstellungen

Unterhalb der Burg – **Burggarten-Basar (Várkert Bazár):** D 9, I., Ybl Miklós tér 2–6, Tel. 225 05 54, www.varkertbazar.hu, Tram 19, 41, Bus 86 Várkert Bazár, Di–So 10–18 Uhr, wechselnde Preise, s. S. 155.

Ungarische Malerei – **Haas Galéria:** ▶ E 6, V., Falk Miksa utca 13, Tel. 332 32 53, www.haasgaleria.hu, Tram 2, 4, 6 Jászai Mari tér, Mo–Fr 10–18, Sa 10–13 Uhr, Eintritt frei, s. S. 205.

Kunstexperte – **Kieselbach Galéria:** ▶ E 6, V., Szent István körút 5/Ecke Falk Miksa utca, Tel. 269 31 48, www.kieselbach.hu, Tram 2, 4, 6 Jászai Mari tér, Mo–Fr 10–18 Uhr, Eintritt frei, s. S. 205.

Zeitgenössisches im ›Walfisch‹ – **Neue Budapester Galerie (Új Budapest Galéria):** Karte 3, F 11, IX., Fővám tér 11–12 (Bálna), Tel. 388 67 84, www.budapestgaleria.hu, Metro 4, Tram 2, 47, 49 Fővám tér, Di–So 10–18 Uhr, 1000/500 HUF, s. S. 186.

Glanzlicht am Donaukorso – **Pester Redoute (Pesti Vigadó):** Karte 3, E 9, V., Vigadó tér 2, Tel. 328 33 00, www.vigado.hu, Metro 1 Vörösmarty tér, Tram 2 Vigadó tér, Di–So 10–19.30 Uhr, wechselnde Preise, s. S. 197.

Top-Galeristin – **Virág Judit Galéria:** ▶ E 6, V., Falk Miksa utca 30, Tel. 312 20 71, www.viragjuditgaleria.hu, Tram 2, 4, 6 Jászai Mari tér, Mo–Fr 10–18, Sa 10–13 Uhr, Eintritt frei, s. S. 205.

Fotoausstellungen – **Robert-Capa-Zentrum für Zeitgenössische Fotografie:** ▶ Karte 3, F 8, VI., Nagymező utca 8, Tel. 413 13 10, www.capacenter.hu, Metro 1 Opera, O-Bus 70, 78 Andrássy út, Sa–Do 11–19, Fr 11–21 Uhr, s. S. 220.

Reiseinfos von A bis Z

Apotheken

In der Regel haben Apotheken (ungar. *gyógyszertár oder patika*) Mo–Fr 8–20 und Sa 8–14 Uhr geöffnet. Es gibt aber eine Reihe von Apotheken mit Wochenend- und Nachtdienst (z. B. am Teréz körút 41). Die Apotheken weisen im Schaufenster auf den jeweiligen Notdienst hin.

Ärztliche Versorgung

Erste Hilfe ist in Ungarn kostenlos (Tel. 104 bzw. 112), für weitergehende Behandlungen gilt die Europäische Krankenversicherungskarte (EHIC), die bei vielen Krankenkassen in die normale Karte integriert ist. Um Zusatzkosten zu vermeiden, ist eine private Auslands-Krankenversicherung ratsam.

Die Krankenhäuser in Budapest haben im Allgemeinen einen guten Ruf und es gibt oft Deutsch oder Englisch sprechendes Personal. Über die Botschaften lassen sich die Namen von deutschsprachigen Ärzten erfragen.

Not-Zahnarzt: SOS Dent Kft: VI., Király utca 14, Tel. 269 60 10, www.sosdent.hu, tgl. 0–24 Uhr (dt./engl.).

Diplomatische Vertretungen

Botschaften der Republik Ungarn

... in Deutschland:
Unter den Linden 76, 10117 Berlin,Tel. 030 20 31 00, www.mfa.gov.hu/kulkepviselet/de/de, infober@mfa.gov.hu

... in Österreich:
Bankgasse 4–6, 1010 Wien, Tel. 01 53 78 03 00, www.mfa.gov.hu/kulkepviselet/AT/Deutsch, missionvie@mfa.gov.hu

... in der Schweiz:
Muristrasse 31, 3006 Bern, Tel. 031-352 85 72, www.mfa.gov.hu/kulkepviselet/CH/de, mission.brn@mfa.gov.hu

Diplomatische Vertretungen in Ungarn

Deutsche Botschaft:
I., Úri utca 64–66, 1014 Budapest, Tel. 488 35 00, Fax 488 35 05, www.budapest.diplo.de

Österreichische Botschaft:
VI., Benczúr utca 16, 1068 Budapest, Tel. 479 70 10, Fax 352 87 95, www.aussenministerium.at/budapest

Schweizer Botschaft:
XIV., Stefánia út 107, 1143 Budapest, Tel. 460 70 40, Fax 384 94 92, www.eda.admin.ch

Feiertage

1. Januar: Neujahr
15. März: Nationalfeiertag; zum Gedenken an die Revolution von 1848
Ostermontag
1. Mai: Tag der Arbeit
Pfingstmontag
20. August: St.-Stephanstag; zum Gedenken an den ersten König von Ungarn
23. Oktober: Tag der Republik; zum Gedenken an den Volksaufstand von 1956
1. November: Allerheiligen
25./26. Dezember: Weihnachten

Fällt ein Feiertag auf einen Dienstag oder Donnerstag, kann auch der vorherige bzw. folgende Tag zum Feiertag werden, sodass sich ein langes Wochenende ergibt.

Fundbüro

Budapester Verkehrsunternehmen BKK: VII., Akácfa utca 18, Tel. 258 46 36, www.bkk.hu, Mo 8–20, Di–Do 8–17, Fr 8–15 Uhr.

Geld und Banken

In Ungarn ist der Forint die offizielle Währung (HUF, Ft.). Folgende Geldscheine sind in Umlauf: 500, 1000, 2000, 5000, 10 000 und 20 000 Forint; als Münzen gibt es zurzeit: 5, 10, 20, 50, 100 und 200 Forint.

Mit den gängigen Kreditkarten kann man in Budapest fast alles bezahlen. Es gibt zahlreiche Geldautomaten. Aus Sicherheitsgründen sollte man jedoch nur Automaten in Bankräumen nutzen. Große Hotels sowie viele Restaurants und Geschäfte akzeptieren die Plastikkarten, hingegen nicht alle kleineren Pensionen oder Geschäfte. Man sollte also für alle Fälle genügend Bargeld zur Hand haben.

Banken sind in der Regel Mo–Fr von 8–16 Uhr geöffnet. Zudem gibt es im Stadtzentrum zahlreiche Wechselstuben. Vor allem an den Bahnhöfen oder in der Váci utca muss man jedoch genauestens die Aushänge studieren, weil einige dieser Stuben mit kleinen Tricks arbeiten, z. B. wird der attraktiver aussehende Verkaufs- und nicht der Ankaufspreis für Euro

Budapest mit Kindern: Im Stadtwäldchen ist immer was los

groß beworben, oder der beworbene Wechselkurs gilt erst bei größeren Geldmengen. Viele Wechselstuben arbeiten jedoch sauber und der Umtausch bietet sehr gute Kurse. Geldwechsel auf der Straße ist illegal und wird nur von Betrügern angeboten.

Umtauschkurse:
1 € = ca. 300 HUF
1000 HUF = ca. 3,33 €;
1 CHF = ca. 290 HUF
1000 HUF = ca. 3,4 CHF
(Stand: 2015)

Hinweis: Der Wechselkurs des Ungarischen Forint hat in den letzten Jahren oft stark geschwankt. Abweichungen von bis zu 15 % sind deshalb durchaus möglich.

Bei **Verlust oder Diebstahl der EC- oder Kreditkarte** sollte man sofort die zentrale Notrufnummer in Deutschland anrufen, die für mehrere Banken und Kreditkarteninstitute tätig ist: Tel. 0049 116 116. Wichtig ist, dass man seine Kreditkartennummer, Kontonummer und Bankleitzahl zur Hand hat. Weitere Infos unter www.116116.eu.

Internetcafés

Die E-Welt ist auch in Budapest gut zu erreichen. Viele Internetcafés befinden sich im VI., VII. und VIII. Bezirk. Zwei günstige Adressen:
Copy F@st: VI., Aradi utca 2, Mo–Fr 7–22, Sa/So 8–22 Uhr, 100 HUF/Std.
Haifa: VII., Akácfa utca 10, Mo–Sa 8–4, So 10–1 Uhr, 100 HUF/Std.

Kinder

Für Familien mit Kindern eröffnet sich in Budapest eine große Auswahl an Freizeitangeboten, die willkommene Abwechslung vom Großstadtleben bringen können. Dabei sollte man sich dem Alter der Kinder ein wenig anpassen. Zum Beispiel ist für Kinder der Aufenthalt im heißen Thermalwasser nicht empfohlen.

Immer lohnenswert aber ist ein Ausflug ins **Stadtwäldchen**, das ein wahres Familienparadies ist. Top-Attraktionen sind der **Zoo** (Állatkert), der **Hauptstädtische Großzirkus** (Fővárosi Nagycirkusz) sowie das **Verkehrsmuseum** (Közlekedési Múzeum). Im Winter ist zudem die **Eislaufbahn** (Városligeti Műjégpálya) auf dem kleinen See vor der Vajdahunyad-Burg ein sehr beliebter Treffpunkt für Groß und Klein. Im Stadtwäldchen ist zu jeder Jahreszeit etwas los (s. S. 228).

Ebenfalls einen sehr hohen Freizeitwert hat im Sommer die **Margareteninsel**. Das **Palatinus-Freibad** verfügt zum Beispiel über mehrere Wasserrutschen und ein Wellenbad. Auf den Wiesen der Insel kann man nach Herzenslust spielen oder mit einer geliehenen Tretkutsche die Insel erkunden (s. S. 256). Sehr reizvoll zumindest für etwas ältere Kinder ist zudem ein **Schiffsausflug** auf der Donau (s. Tipp S. 197).

Verlockend sind auch die **Höhlen** (s. S. 152) im Nordwesten der Stadt sowie natürlich ein Ausflug in die **Budaer Berge** im Westen der Donaumetropole: Die **Zahnradbahn**, die **Kindereisenbahn** sowie der **Sessellift** zum János-hegy sorgen vor allem auch bei den Jüngeren für gute Stimmung (s. S. 270).

Apropos Eisenbahn: Vom Westbahnhof verkehrt die Bahn zum vielseitigen **Eisenbahnhistorischen Park** an der Tatai út. Hier kann man sogar selbst Lokführer spielen oder eine Draisine steuern (s. S. 230).

Ausflüge mit dem Rad sollte man aus Sicherheitsgründen mit Kindern auf (weitgehend) autofreie Gebiete wie die Margareteninsel oder das Stadtwäldchen beschränken.

Notruf

Zentrale Notrufnummer: 112
Ambulanz: 104
Feuerwehr: 105
Polizei: 107
Pannenhilfe (Gelber Engel): 188
Sperrung von Handy, Bank- oder Kreditkarte: 0049 116 116

Öffnungszeiten

Banken: Mo–Fr ca. 8–16 Uhr.
Post: Mo–Fr ca. 8–18/20 Uhr, größere Postämter haben auch samstags geöffnet (z. B. am Westbahnhof/Teréz körút).
Lebensmittelgeschäfte: Mo–Fr ca. 7–19, Sa 7–14 Uhr.
Geschäfte und Kaufhäuser: Mo–Fr 10–18/20, Sa ca. 9–13/14 Uhr. Einkaufszentren haben längere Öffnungszeiten. Der Sonntagsverkauf wurde 2015 stark eingeschränkt.
Museen: in der Regel Di–So 10–18 (im Winter oft nur 10–16 Uhr), Mo meist geschlossen.

Polizei

s. Sicherheit S. 68

Post

2015 kosteten Postkarten und Briefe ins europäische Ausland 285 HUF, mit Eilzuschlag 325 HUF. Die aktuellen Gebühren sind in den Postämtern oder unter www.posta.hu zu finden.

Rauchen

In Ungarn gibt es seit 2012 ein Nichtrauchergesetz für die Innenbereiche von Restaurants und Cafés. In vielen Hotels ist das Rauchen ebenfalls komplett untersagt oder die Bereiche sind (zumindest offiziell) strikt getrennt. Im öffentlichen Nahverkehr ist das Rauchen grundsätzlich untersagt.

Reisebudget

Die Lebenshaltungskosten haben sich in vielen Bereichen westlichen Niveaus angenähert, dennoch ist einiges noch immer günstiger. Das gilt vor allem für Restaurants sowie Lebensmittel, aber auch z. B. Benzin. Im Vergleich zum restlichen Ungarn ist Budapest aber deutlich teurer und die steigenden Preise machen vielen Einheimischen zu schaffen. Einige Preisbeispiele:

Private Doppelzimmer gibt es schon ab 6000 HUF (ca. 20 €), Ferienwohnungen ab ca. 40–50 €, für ein gutes Mittelklassehotel muss man ca. 80–140 € (inkl. Frühstück) auf den Tisch legen. Im Winter gibt es deutliche Preisnachlässe.

Im Restaurant kosten Hauptgerichte im Schnitt 2000–3600 HUF (ca. 7–12 €), in Luxusrestaurants ab 4000 HUF (ca. 13 €) aufwärts.

Eine Einzelfahrt im Nahverkehr kostet 350 HUF (1,20 €), ein 24-Stun-

Spartipps

Studenten & Rentner: Am meisten können Jugendliche, Studierende und Rentner sparen. Jugendliche unter 18 brauchen z. B. keine Kurtaxe zu bezahlen. Studierende erhalten gegen Vorlage eines internationalen Studierendenausweises oft bis zu 50 % Ermäßigung in Museen. In manchen Museen erhalten Rentner ab dem vollendeten 70. Lebensjahr sogar freien Eintritt. Schon ab dem vollendeten 65. Lebensjahr ist der öffentliche Nahverkehr für EU-Bürger kostenlos (Ausweis nicht vergessen!).

Nahverkehr: Dort kann jeder durch den Kauf von Zeitkarten sparen. 72-Std.- oder Wochenkarten rentieren sich schnell und ersparen den ständigen Kauf von Einzelfahrscheinen (s. S. 24).

Budapest Card: Die handliche Budapest Card gibt es in drei Versionen für Zeiträume von 24, 48 und 72 Stunden (4900/7900/9900 HUF). Bei allen Kartentypen ist die kostenlose Nutzung des Nahverkehrs inklusive. Auch sind kostenlose Stadtführungen auf Englisch im Burgviertel und in der Pester Innenstadt enthalten. Zudem sind einige Museen und Bäder kostenlos, daneben gibt es viele weitere Vergünstigungen, z. B. in Cafés und Restaurants. Die Budapest Card gibt es u. a. bei der Budapester Tourismuszentrale, s. S. 19), an den Flughäfen, in manchen Hotels sowie an den Metrostationen. Weitere Infos unter www.budapest-card.com.

Essen: Für wenig Geld essen kann man mittags. Von Montag bis Freitag bieten viele Restaurants günstige Mittagsmenüs an.

den-Ticket 1650 HUF (ca. 5,50 €) und ein Wochenticket 4950 HUF (16,50 €). Vergleichsweise billig sind die Parkgebühren: Selbst auf bewachten Parkplätzen werden in Budapest nur ca. 250–400 HUF (ca. 0,85–1,35 €) pro Stunde verlangt. Das Burgviertel ist jedoch deutlich teurer.

Reisen mit Handicap

Die Situation für behinderte Besucher könnte viel besser sein. Rollstuhlgerecht sind größere Hotels und Museen. Im Nahverkehr machen hohe Einstiege das Leben schwer. Die Straßenbahnlinien 4 und 6 auf dem Großen Ring sind zwar rollstuhlgerecht, allgemein gibt es aber starken Nachholbedarf.

Weitere Informationen, auch zu Übernachtungsmöglichkeiten, gibt es beim Behindertenverband **MEOSZ (Ungarischer Behindertenverband):** III., San Marco utca 76, Tel. 250 90 13, www.meosz.hu.

Sicherheit

In puncto Sicherheit unterscheidet sich die ungarische Hauptstadt nicht wesentlich von anderen europäischen Großstädten. Die häufigsten Delikte gegenüber Touristen sind Diebstahl, Betrug und Autoaufbruch. Deshalb sollte man grundsätzlich alle Wertsachen aus parkenden Autos entfernen und die Autos nur auf bewachten Parkplätzen bzw. in Parkhäusern abstellen. Unterwegs in der Stadt sollte man seine Wertsachen gut verstauen, um Taschendieben keine Chance zu geben.

Bei Taxifahrten sollte man gut aufpassen, um nicht durch lange Umwege o. Ä. einen überhöhten Preis bezahlen zu müssen (s. Stichwort Taxi, S. 24).

Unter keinen Umständen sollte man auf der Straße illegal Geld wechseln. Dabei wird man ohnehin nur übers Ohr gehauen. Geld sollte man nur an Geldautomaten innerhalb von Bankgebäuden abheben, da ansonsten die Gefahr von Manipulationen besteht.

Die Budapester Polizei warnt ausdrücklich davor, sich auf der Straße von jungen Frauen Bars, Hotels oder Restaurants empfehlen zu lassen. Hierbei handelt es sich meist um einschlägige Etablissements, die es vor allem auf das Geld der Touristen abgesehen haben. Dreiste Diebe versuchen auch, als Polizisten verkleidet vorgetäuschte ›Kontrollen‹ durchzuführen, um Touristen zu bestehlen. Lassen Sie sich deshalb ggf. grundsätzlich den Dienstausweis zeigen, der ein Foto, ein Hologramm und den Rang des Polizisten beinhaltet. Im Zweifelsfall verlangen Sie, zu einer Polizeistation zu gehen.

Im Schadensfall sollte man zur Polizei gehen oder beim **Budapester Polizeipräsidium** Meldung erstatten. Dort sind im Sommer auch deutsch- und englischsprachige Mitarbeiter erreichbar. Die Adresse: XIII., Teve utca 6. Die Polizeiwache der Pester Innenstadt befindet sich in der Szalay utca 11–13.

Telefonisch ist die Polizei (ungar. *rendőrség)* im Notfall unter 112 oder 107 rund um die Uhr zu erreichen. **Diebstahl der EC- oder Kreditkarte:** siehe S. 65.

Souvenirs

Zur großen Auswahl von Porzellan bis Wein siehe Abschnitt Hungarika im Kapitel Einkaufen, S. 43.

Telefonieren

Öffentliche Telefonzellen funktionieren teils mit Münzen (einige sogar mit Euro-Münzen), teils mit Telefonkarten. Diese sind in verschiedenen Varianten bei Postämtern, Zeitungskiosken und Tankstellen erhältlich. Auf den Karten verzeichnet ist die kostenlose Anwahlnummer des Anbieters sowie eine individuelle Kartennummer plus PIN-Code. Die Serviceansagen sind oft sogar auf Deutsch.

Durch die Begrenzung der Roaminggebühren innerhalb der EU ist die Nutzung des eigenen Handys zu einem überschaubaren Kostenfaktor geworden. Der Kauf einer ungarischen Pre-Paid-Karte lohnt sich daher zumeist nur für längere Aufenthalte.

Ländervorwahlen

Ungarn	00 36
Deutschland	00 49
Österreich	00 43
Schweiz	00 41

Vorwahl Budapest (aus dem Ausland/ aus Ungarn): 00 36 1/06 1

Trinkgeld

Rund 10 % Trinkgeld gehören für Kellner zum Standard, falls Sie mit ihrem Service zufrieden waren. Oft ist die Bedienung nicht im Rechnungsbetrag enthalten, sodass die Kellner auf das Trinkgeld angewiesen sind.

In jedem Fall sollten Sie die Rechnungen jeweils genau auf versteckte Posten überprüfen. Manche Restaurants erheben nämlich eine zusätzliche ›Servicegebühr‹ von ca. 10–15 % auf die Rechnung. Dann können Sie auf das Trinkgeld verzichten.

Folklorekapellen, die in den Restaurants zu den Tischen kommen, erwarten rund 1000 HUF, wenn man sie nicht sofort weiterschickt, um Missverständnisse zu vermeiden. Auch Taxifahrer erhalten rund 10 % Trinkgeld, falls der Fahrer korrekt per Taxameter abgerechnet hat und keine offensichtlichen Umwege gefahren ist.

Gespräche in und nach Ungarn

Für Ferngespräche gilt in Ungarn generell die Vorwahl 06, dann folgen die Ortskennzahl (Budapest: 1) oder die Vorwahl des Handyanbieters (z. B. 20, 30, 70) und dann die Rufnummer.

Wer aus dem Ausland (oder von einem ausländischen Handy) ins ungarische Festnetz anruft, kann die 06 weglassen und direkt die Ortskennzahl wählen (Budapest: 00 36 1). Für Anrufe auf ein ungarisches Handy wählt man die Vorwahl des Handyanbieters mit (z. B. 00 36 20, 00 36 30).

Zeitungen

Der ungarische Zeitungsmarkt ist aufgrund der Sprachbarriere für ausländische Touristen im Allgemeinen nicht sehr interessant. Die größten Tageszeitungen sind die linksliberale Népszabadság (Volksfreiheit) sowie die nationalkonservative Magyar Nemzet (Ungarische Nation).

Dennoch können sich Touristen und Geschäftsreisende in Budapest erstaunlich gut über das aktuelle Geschehen informieren. Dafür sorgen die zwei deutschsprachigen Zeitungen vor Ort: Der Pester Lloyd erscheint online (www.pesterlloyd.net), die Budapester Zeitung erscheint wöchentlich auch als Printausgabe (www.budapester.hu) und bietet auch kulturelle und gastronomische Infos zur Stadt.

Deutschsprachige Zeitungen vom selben Tag (z. B. Süddeutsche, FAZ, ZEIT, Spiegel oder Kurier) gibt es in der Innenstadt bei Inmedio: V., Váci utca 10, tgl. 8–20 Uhr.

Panorama – Daten, Essays, Hintergründe

Blick von der Fischerbastei über die Donau auf Pest

Steckbrief Budapest

Daten und Fakten

Name: Budapest
Fläche: 525 km^2
Lage: 47° 28′ nördlicher Breite und 19° 8′ östlicher Länge
Einwohner: ca. 1,74 Mio.
Amtssprache: Ungarisch
Währung: Forint (HUF, Ft.)
Zeitzone: Mitteleuropäische Zeit
Landesvorwahl: 00 36
Stadtvorwahl: 01
Internet-Kennung für Ungarn: hu

Lage, Größe und Landschaft

Budapest liegt im Karpatenbecken und wird durch die Donau geprägt. Diese teilt die Stadt auf ihrem Weg von Nord nach Süd in zwei ungleiche Hälften. Im Westen liegt das hügelige Buda (173 km^2). Bekannte Hügel sind der Burgberg mit dem Burgschloss sowie der Gellértberg mit der Zitadelle. Die Pester Stadtseite (352 km^2) ist im Gegensatz dazu sehr flach. In der Stadt gibt es mehrere große Parks, darunter die Margareteninsel. Hinzu kommen das Stadtwäldchen in Pest sowie die Budaer Berge mit ihren grünen Kammlagen. Dort liegt auch der höchste Punkt der Stadt, der 527 m hohe János-hegy (Johannesberg) mit dem Elisabethturm. Der mit etwa 95 m tiefste Punkt liegt an der Donau.

Geschichte

Seit ca. 4000 v. Chr. ist das heutige Stadtgebiet dauerhaft besiedelt. Die Römer gründeten im heutigen Stadtteil Óbuda 89 n. Chr. ihre spätere Provinzhauptstadt Aquincum. Nach ihrem Abzug verfiel die Stadt langsam. Im Mittelalter entstand auf dem östlichen Donauufer die Stadt Pest und nach dem Tatarensturm 1241/42 baute König Béla IV. auf dem heutigen Burgberg eine Festung, die zur neuen Stadt Buda wurde. Die alte Stadt wurde zu Óbuda (Alt-Buda). Im 15. Jh. entwickelte sich Buda zum glanzvollen Zentrum der ungarischen Renaissance. 1541 eroberten die Türken Buda und blieben 145 Jahre bis zur Vertreibung durch die Habsburger. Es folgte ein langsamer Wiederaufbau, der im frühen 19. Jh. durch den beginnenden Nationalismus beflügelt wurde. 1848/1849 kämpften die Ungarn vergeblich um ihre Freiheit, erhielten 1867 von den Habsburgern jedoch weitgehende Autonomie in der Doppelmonarchie. Daraufhin wurden Pest, Buda und Óbuda 1873 zur Hauptstadt Budapest vereinigt, das ›Goldene Zeitalter‹ begann.

Im Zweiten Weltkrieg wurde Budapest 1944 von deutschen Truppen besetzt, viele jüdische Budapester wurden getötet. Anfang 1945 befreite und eroberte die Rote Armee Budapest. 1956 kam es zur Revolution gegen die sowjetische Besatzung, doch erst 1989 gelang der Übergang zur Demokratie.

Stadtverwaltung und Politik

Budapest ist Hauptstadt und Regierungssitz Ungarns. Die heutige Ausdehnung erhielt Budapest 1949 durch zahlreiche Eingemeindungen. Verwaltungsmäßig gliedert sich die Stadt in

23 Bezirke, die in vielen Angelegenheiten autonom sind und jeweils von einem Bürgermeister geleitet werden. Für die Gesamtstadt gibt es ein Stadtparlament und einen Oberbürgermeister. Seit 2010 regiert der nationalkonservative Fidesz-Politiker István Tarlós als Oberbürgermeister. Fast alle Stadtbezirke haben seither ebenfalls Fidesz-Bürgermeister.

Stadtbevölkerung und Religion

In der ungarischen Hauptstadt Budapest leben 1,74 Mio. Menschen, das sind gut ein Sechstel der Gesamtbevölkerung Ungarns. Die Einwohnerzahl hat in den letzten 30 Jahren stark abgenommen, weil viele Bewohner in die Grüngürtel rund um die Hauptstadt abgewandert sind. Budapest ist praktisch eine rein ungarische Stadt mit einer größeren Minderheit an Roma. Inoffizielle Schätzungen gehen von ca. 100 000 Roma aus.

Laut der letzten Volkszählung (2011) sind rund 520 000 Budapester katholisch, 145 000 calvinistisch, 30 000 evangelisch-lutherisch, weitere 50 000 gehören anderen Religionsgemeinschaften an. Rund 400 000 Budapester bekennen sich zu keiner Religion, 585 000 machten keine Angaben. Gegenüber 2001 ist vor allem die Zahl der bekennenden Katholiken stark gesunken (2001: 835 000), während immer mehr Menschen keine Angaben machen (2001: 275 000).

Wirtschaft und Tourismus

Budapest ist die wirtschaftsstärkste Region Ungarns. Aber die weltweite Finanzkrise hat auch Budapest getroffen. 2014 sank die Arbeitslosenrate nach starkem Anstieg wieder auf 6 % (landesweit: 7,8 %). Umgerechnet in Euro hat sich an der Verdienstsituation in den letzten Jahren allerdings nur wenig geändert: Die monatlichen Nettoeinkommen liegen durchschnittlich bei rund 600 €. Bei den Zahlen muss beachtet werden, dass die Wohlstandsschere in Budapest stark aufklafft: Einerseits verdienen viele Menschen wesentlich mehr als der Landesdurchschnitt, andererseits leben zahlreiche Menschen an der Armutsgrenze.

Bis 1990 schlug das industrielle Herz des Landes auf der Vorortinsel Csepel. Seither wurden viele der alten Unternehmen geschlossen. Genau wie in anderen Großstädten entfällt ein Großteil der Wirtschaftskraft heute auf den Dienstleistungssektor, wobei der Tourismus eine große Rolle spielt. Jedes Jahr kommen rund 3 Mio. ausländische Touristen in die ungarische Hauptstadt und bleiben ca. 7 Mio. Nächte. Das hat insbesondere zu einem spürbaren Anstieg im Qualitätstourismus geführt. Hotels mit vier und fünf Sternen haben Konjunktur, ebenso der Wellnesssektor.

Kultur

Budapest ist das unbestrittene kulturelle Zentrum Ungarns. Mit der Ungarischen Staatsoper, dem Nationaltheater und dem Palast der Künste befinden sich die wichtigsten Bühnen in der Donaumetropole. Auch zentrale Museen wie die Ungarische Nationalgalerie, das Ungarische Nationalmuseum und das Museum der Bildenden Künste sind hier angesiedelt. Hinzu kommen eine lebhafte Theater-, Kino- und Nightlife-Szene sowie zahlreiche Festivals, die ganzjährig für Unterhaltung sorgen.

Geschichte im Überblick

Frühgeschichte und Römerzeit

Um 50 000 v. Chr. Erste menschliche Funde im heutigen Stadtgebiet datieren aus dieser Zeit.

Ab 4000 v. Chr. Ständige Besiedlung, vor allem auf der Budaer Donauseite.

800–10 v. Chr. Nach Skythen und Thrakern wandern keltische Erawisker ein. Sie nennen die Gegend Ak ink (wasserreich). Ihre Hauptsiedlung liegt auf dem Gellértberg.

10 v. Chr. Die Römer erobern Westungarn bis zur Donau.

106 n. Chr. Das 89 n. Chr. im heutigen Óbuda gegründete Militärlager Aquincum wird zur Hauptstadt der römischen Provinz Unterpannonien. Während der Blütezeit wohnen hier 60 000 Menschen.

Ende 3. Jh. Die Römer bauen auf der Pester Donauseite das Lager Contra Aquincum.

5.–9. Jh. Nach dem Abzug der Römer entsteht Mitte des 5. Jh. unter König Attila ein kurzlebiges Großreich der Hunnen. Die Völkerwanderung bringt u. a. Gepiden, Awaren und Franken ins Land.

Landnahme der Magyaren und Árpáden-Dynastie

Um 896 Die sieben finno-ugrischen Magyaren-Stämme erobern unter Fürst Árpád mit der legendären ›Landnahme‹ das Karpatenbecken.

1000 Stephan I. (997–1038) wird in Esztergom (Gran) zum ersten ungarischen König gekrönt. Mit seiner bayerischen Frau Gisela christianisiert er Ungarn.

1222 König Andreas II. (1205–1235) gewährt Pest in einer Goldenen Bulle Markt- und Zollrechte.

1241/42 Die Mongolen verwüsten Ungarn und zerstören Pest. König Béla IV. (1235–1270) baut die Stadt wieder auf und errichtet auf dem Burgberg eine neue Stadt und Festung, die fortan Buda (Ofen) heißt. Zahlreiche deutsche und italienische Siedler kommen an die Donau. Viele Pester Bürger ziehen nach Buda um.

Spätmittelalter und Türkenzeit

1439 Nach internen Konflikten muss die deutsche Oberschicht in Buda der ungarischen Oberschicht paritätische Mitspracherechte einräumen.

1456–90	1456 schlägt Reichsverweser János Hunyadi die Türken bei Belgrad. Sein Sohn kann als König Matthias I. Corvinus (1458–1490) Ungarn zu neuer Blüte führen. Buda wird wichtigste Stadt Ungarns und ein bedeutendes europäisches Zentrum der Frührenaissance. 1485 erobert König Matthias sogar Wien.
1526	Die ungarische Armee wird bei Mohács von den Türken vernichtend geschlagen.
1541	Die Türken erobern Buda, wo für 145 Jahre ein Pascha regiert. Es entstehen u. a. das Rudas- und das Király-Bad. Ungarn wird zwischen den Türken, den Habsburgern und einem halbwegs selbstständigen Reich in Siebenbürgen dreigeteilt.
	Habsburgerzeit
1686	Nach der türkischen Niederlage bei Wien 1683 erobern Habsburger Truppen am 2. September 1686 Buda. Die Stadt wird dabei fast völlig zerstört.
18. Jh.	Die Habsburger beherrschen das Land. Wieder werden viele deutsche Siedler, aber auch Serben, zum Wiederaufbau geholt. Im Jahr 1777 wird die Universität aus Bratislava nach Buda, später nach Pest verlegt.
Frühes 19. Jh.	1802 gründet Graf Ferenc Széchényi das Nationalmuseum und die Nationalbibliothek. Sein Sohn, Graf István Széchenyi, stiftet 1825 die Ungarische Akademie der Wissenschaft. Der ›größte Ungar‹ läutet eine Reformbewegung im Land ein. 1838 zerstört ein schweres Hochwasser weite Teile von Pest.
1848/49	Am 15. März 1848 kommt es in Pest und Buda zur Revolution. Der junge Sándor Petőfi schreibt sein »Nationallied« (»Auf Magyaren, die Heimat ruft! ...«). Unter Graf Batthyány entsteht eine ungarische Regierung. Als die Habsburger Armee angreift, wird Lajos Kossuth zum Ministerpräsidenten und 1849 auch zum Reichsverweser ernannt. Der Freiheitskampf geht verloren, weil russische Truppen zugunsten Österreichs militärisch eingreifen. Petőfi fällt, Batthyány wird hingerichtet, Kossuth geht ins Exil. In Budapest errichtet die österreichische Armee die Zitadelle auf dem Gellértberg, um die Stadt besser ›kontrollieren‹ zu können.
1849	Ungeachtet des Krieges wird die von István Széchenyi geplante Lánchíd (Kettenbrücke) als erste feste Verbindung über die Donau eingeweiht.

1867 Ferenc Deák vermittelt den sogenannten Ausgleich zwischen Ungarn und Österreich. Ungarn erhält wieder eine eigene Regierung, Pest und Buda werden Regierungssitz.

8. Juni 1867 Der österreichische Kaiser Franz Joseph I. und seine Frau Elisabeth (›Sisi‹) werden in der Matthiaskirche zum König und zur Königin von Ungarn gekrönt. Sie erhalten Schloss Gödöllő östlich von Pest als Krönungsgeschenk.

1873 Pest, Buda und Óbuda werden zur Hauptstadt Budapest vereinigt.

1874–1914 Im ›Goldenen Zeitalter‹ wächst Budapest rasant. Zum ›Millennium‹ der Landnahme 1896 werden u. a. der Große Ring, die Andrássy út und die erste U-Bahn auf dem europäischen Kontinent gebaut. Das pompöse Parlament wird 1902 fertiggestellt. Ödön Lechner errichtet seine berühmten Jugendstilbauten; neue Donaubrücken entstehen.

1914–18 Erster Weltkrieg. Bei Kriegsende zerfallen die Doppelmonarchie und Ungarn. Slowaken, Rumänen und Serben sagen sich los. Am 16. November wird das Land zur Republik unter Ministerpräsident Mihály Károlyi.

Horthy-Regime

1919–43 Nach einer kurzlebigen Räterepublik reißt der rechtsgerichtete Admiral Miklós Horthy die Macht an sich. Er proklamiert erneut das Königreich und wird zum Reichsverweser. Im Friedensvertrag von Trianon muss Ungarn 1920 zwei Drittel seines Staatsgebietes abtreten. Nach 1933 lehnt sich Horthy immer stärker an das faschistische Deutschland an, um die nach dem Ersten Weltkrieg verlorenen Gebiete zurückzuerhalten. Als Preis dafür muss Ungarn an der Seite Hitlers in den Zweiten Weltkrieg eintreten. Die ungarische Armee erleidet in Russland schwere Verluste.

1944/45 Am 19. März besetzen deutsche Truppen das Land. Sofort kommt es zur massenhaften Ermordung der jüdischen Ungarn. Nur in Budapest ist ein Überleben möglich. Am 15. Oktober scheitert der Versuch Horthys, in letzter Sekunde die Seite zu wechseln. Die ungarischen Faschisten, die ›Pfeilkreuzler‹, errichten ein Terrorregime und zwingen die jüdische Bevölkerung in zwei Ghettos. Nach schweren Kämpfen erobert die Rote Armee bis Februar 1945 die stark zerstörte Stadt.

Kommunistische Herrschaft

1945–49 Zunächst bilden sich demokratische Strukturen mit einer Mehrparteien-Regierung. Ungarn wird erneut zur Republik. Ab 1947 übernimmt

Am Stadtwäldchen erinnert ein ungewöhnliches Denkmal aus Stelen an die Revolution von 1956

die kommunistische Partei mit der ›Salamitaktik‹ die alleinige Macht und ruft 1949 die »Volksrepublik Ungarn« aus. Parteichef Mátyás Rákosi regiert durch offenen Terror.

1953–55 Nach Stalins Tod kommt es auch in Ungarn zu einem politischen Tauwetter. Imre Nagy wird Ministerpräsident, doch Rákosi kann den Reformer 1955 wieder absetzen.

1956 Am 23. Oktober kommt es nach einer Großdemonstration in Budapest zum offenen Aufstand gegen die Regierung und die sowjetische Besatzung. Imre Nagy wird erneut zum Ministerpräsidenten und erklärt schließlich den Austritt Ungarns aus dem Warschauer Pakt. Sowjetische Truppen schlagen die Revolution im November nieder. János Kádár übernimmt die Macht. Es folgt eine Zeit starker Unterdrückung mit rund 400 Hinrichtungen und vielen Haftstrafen. 200 000 Menschen verlassen das Land.

Aus dem Stadtbild weitgehend verschwunden, doch im Skulpturenpark noch zu besichtigen: Denkmäler aus der sozialistischen Zeit

1958	Am 16. Juni werden Nagy und seine Mitstreiter hingerichtet.
1960er/70er	Ungarn liberalisiert sich langsam. In Budapest entstehen neue Wohnviertel, die neue Elisabethbrücke sowie die rote Metrolinie.
Mitte der 1980er	Das kommunistische Einparteiensystem löst sich langsam auf, Oppositionsgruppen entstehen.
1987	Die UNESCO erklärt den Burgberg und das Donaupanorama zum Welterbe.
1989	Friedlicher Übergang zur Demokratie. Im Mai wird der Grenzzaun zu Österreich abmontiert. Am 16. Juni wird der Ministerpräsident von 1956, Imre Nagy, mit einer Großdemonstration erneut beigesetzt. Die neuen demokratischen Parteien verhandeln an einem Runden Tisch mit der Regierung über den ›Systemwechsel‹. Im Sommer kommen Tausende Flüchtlinge aus der DDR nach Budapest und verlangen die Ausreise. In den Budaer Bergen entstehen Flüchtlingslager. Am 11. September öffnet Ungarn seine Grenzen nach Westen. Am 23. Oktober wird das Land zur Republik.

Demokratischer Neuanfang

1990 Die ersten freien Parlamentswahlen führen zu einer konservativ-liberalen Koalition unter Ministerpräsident József Antall vom Ungarischen Demokratischen Forum (MDF). Staatspräsident wird Árpád Göncz vom Bund Freier Demokraten (SZDSZ). Sein Parteikollege Gábor Demszky wird Oberbürgermeister in Budapest.

1994 Nach dem Tod von József Antall und aufgrund der vielen Probleme beim harten Übergang in die Marktwirtschaft verliert das MDF die Wahlen an eine sozialliberale Koalition unter Gyula Horn. Es kommt zu einer langsamen Konsolidierung der Wirtschaft.

1998 Der nationalkonservative Bund Junger Demokraten (Fidesz) gewinnt die Wahlen, Parteichef Viktor Orbán wird erstmals Ministerpräsident.

1999 Ungarn tritt der NATO bei und ist Schwerpunktthema auf der Frankfurter Buchmesse.

2002 Orbán wird von einer sozialliberalen Koalition abgelöst. Die Andrássy út wird zum Welterbe erklärt. Imre Kertész erhält den Literaturnobelpreis für seinen »Roman eines Schicksallosen«.

2004 Ungarn tritt der EU bei.

2006–09 Nach den Wahlen 2006 heftige Proteste gegen den sozialistischen Ministerpräsidenten Ferenc Gyurcsány. 2008 Ende der sozialliberalen Koalition. Die Finanzkrise trifft auch Ungarn hart.

2010 Umfassender politischer Umbruch in Ungarn: Fidesz-Chef Orbán wird erneut Ministerpräsident und der Fidesz-Politiker István Tarlós neuer Oberbürgermeister von Budapest. Die Fidesz-Regierung setzt zahlreiche, auch umstrittene Gesetze, durch.

2011–13 Ungarn übernimmt 2011 für ein halbes Jahr die EU-Ratspräsidentschaft. Die Regierung setzt mit ihrer Zweidrittelmehrheit ungeachtet starker innen- und außenpolitischer Proteste im Alleingang eine neue Verfassung sowie weitere sehr umstrittene Gesetze und Verordnungen durch. Die wirtschaftliche Lage bleibt angespannt.

2014 Wiederwahl von Ministerpräsident Orbán und Oberbürgermeister Tarlós. Eröffnung der Metro 4. Im Winter erneute Massenproteste gegen die Orbán-Regierung.

2018 Geplante Eröffnung des neuen Museumsviertels im Stadtwäldchen.

Budapest – Die Donaumetropole im Wandel

Die ungarische Hauptstadt befindet sich zu Beginn des 21. Jh. in einem tief greifenden Wandel. In der Mitte Europas ist Budapest eine Brücke zwischen West und Ost, die sich rasant entwickelt. Neue Kulturviertel und Bauprojekte zeugen vom großen Schwung, aber die Dynamik hat auch ihre Schattenseiten.

Weltoffen und traditionsbewusst

Budapest ist eine weltoffene Metropole, in der modernes Stadtleben und Bewahrung des reichen kulturgeschichtlichen Erbes Hand in Hand gehen. Viele Budapester bezeichnen ihre über viele Jahrhunderte gewachsene Stadt als die schönste Europas. Römer, Türken, Deutsche, Italiener, Juden und Serben strömten an die Donau und hinterließen ihre Spuren im Stadtbild. Besonders stolz sind die Ungarn – zu Recht – auf die Errungenschaften des späten 19. Jh., als Budapest zur prächtigen ›Perle an der Donau‹ aufstieg. Damals entstand ein Großteil der heutigen Stadt innerhalb des Großen Rings. Der Reiz von Budapest liegt u. a. darin, dass sich dieses Fin-de-Siècle-Stadtbild bis heute größtenteils unangetastet erhalten hat. Wer vom Burgberg über

Seit rund einem Jahrhundert nahezu unverändert: die Silhouette von Budapest

die Donau nach Pest hinüberschaut, entdeckt eine Stadtsilhouette, die in weiten Teilen noch so aussieht wie vor gut 100 Jahren.

Und so hat die fachmännische Restaurierung der Gründerzeitbauten und Jugendstilpaläste eine herausgehobene Bedeutung. Die UNESCO würdigte den internationalen Stellenwert des Stadtbilds durch die Ernennung des Budaer Burgbergs und der Andrássy út zum Welterbe.

Neue Gründerzeit

Besucher der Donaumetropole merken es sofort: An vielen Ecken und Enden wurde und wird gebaut oder renoviert – hier eine neue Metrolinie und eine restaurierte Donaubrücke, dort sanierte Fassaden, neue Fußgängerzonen und ein postmoderner Kulturpalast. Budapest befindet sich im Aufbruch und ist spätestens seit dem EU-Beitritt 2004 wieder im Herzen Europas angelangt. Zum Stadtbild des 21. Jh. gehören pulsierende Szenetreffpunkte wie das ehemalige jüdische Viertel oder der Liszt Ferenc tér, aber auch schicke Modemeilen oder die verkehrsberuhigte Innenstadt, die Fußgängern wieder neuen Raum verschafft. Ein Blick auf das Viertel verdeutlicht aber auch, dass der ungestüme Bauboom zum Verlust gewachsener Strukturen führen kann (s. S. 108). Kontrovers werden daneben die Vorschläge für das neue Kulturviertel im Stadtwäldchen diskutiert, weil eine Verkleinerung des Parks befürchtet wird.

Kulturszene im Aufbruch

Wenn in Ungarn etwas Neues ausprobiert wird, dann geschieht dies meist in Budapest. Nicht nur politisch und wirtschaftlich, sondern auch kulturell ist die Stadt der unbestrittene Mittelpunkt des Landes.

Postmoderner Impulsgeber für das kulturelle Leben der Stadt: der Palast der Künste

Budapest ist für seine enorme künstlerische Vielseitigkeit bekannt. Während der staatliche Bereich in den Orbán-Jahren seit 2010 stark umstrukturiert wurde, gelang es der alternativen Szene erstaunlich gut, sich gegen staatliche Versuche der Einflussnahme (z. B. Kürzung von Zuschüssen, juristische Streitereien) zu behaupten. So bleibt Budapest weiter attraktiv für kreative Köpfe.

Wichtige Impulsgeber für das Kulturleben sind auf der einen Seite kulturelle Flaggschiffe wie der Palast der Künste oder die Franz-Liszt-Musikakademie, auf der anderen aber alternative Projekte wie die Kulturzentren Trafó und Fonó oder auch die quirligen Ruinenkneipen, welche die städtische Subkultur beleben. Neue Ausstellungsräumlichkeiten, wie die umfassend renovierten Architekturperlen Pesti Vigadó und Várkert Bazár, erweitern das Angebot, aber auch private Projekte, wie das Ausstellungszentrum KOGART-Haus und das Haus der Ungarischen Sezession. Für ungebremste Dynamik sorgen auch die vielen hochkarätigen Festivals der Stadt. Das Sziget-Festival ist ein jugendliches Open-Air-Spektakel, während die sommerlichen Konzerte an stimmungsvollen Orten wie dem Zoo oder der Vajdahunyadburg präsentiert werden. Ein weiteres Highlight ist das international besetzte Frühlingsfestival (s. S. 55).

Typisch für die Budapest sind die hervorragenden Jazzclubs. Deutlich erweitert wurde die musikalische Bandbreite der Stadt durch die Renaissance der jüdischen Klezmer-Musik (s. S. 96).

Verkehrs- und Umweltbelastungen

Die enormen Umbrüche seit 1989/90 sind jedoch nicht spurlos an der Stadtgesellschaft vorübergegangen. Die Bewältigung der großen Herausforderungen wird noch längere Zeit in Anspruch nehmen. In den letzten 25

Jahren haben gut 300 000 Menschen der Metropole den Rücken gekehrt, immerhin rund 15 % der Bevölkerung. Und dieser Prozess hält weiter an. Die Menschen sind zumeist in die Städte und Gemeinden des Speckgürtels gezogen und pendeln nun ins Stadtzentrum zur Arbeit. Das bringt erhebliche Verkehrsprobleme mit sich.

Nachdem die vierte Metrolinie endlich eröffnet ist, wäre eigentlich schon eine fünfte dringend notwendig. Auch der Aufbau eines integrierten S-Bahn-Systems müsste vorangetrieben werden. Stattdessen herrscht zur Rushhour entlang des Donauufers und in der Innenstadt oftmals Verkehrschaos, inklusive der damit verbundenen Luftbelastungen.

Soziale Umbrüche

Der Boom seit dem politischen Umbruch von 1989/90 führte in Budapest in vielen Bereichen fast zur Vollbeschäftigung, doch die Finanzkrise 2008/09 brachte auch hier deutliche Rückschläge. Hinzu kommen die großen sozialen Unterschiede in der Stadt. Zwar ist nirgends in Ungarn die Mittelschicht so stark ausgeprägt wie in Budapest, doch in den renovierungsbedürftigen Mietshäusern sowie den Plattenbauten am Stadtrand wohnen auch zahlreiche Verlierer der Wende mit Einkommen an der Armutsgrenze. Viele Menschen üben deshalb wenn möglich einen Zweitjob aus. Zum Stadtbild gehören zudem die alten Frauen, die an U-Bahn-Stationen Blumen und Gemüse verkaufen, sowie die Zettelverteiler, die oft nur einen Hungerlohn erhalten. Außerdem gibt es geschätzt bis zu 10 000 Obdachlose. Die Angleichung der Lebensverhältnisse an westeuropäisches Niveau dauert viel länger als gedacht.

Politische Turbulenzen

2010 brach sowohl in Budapest wie in ganz Ungarn eine neue Ära an: Der nationalkonservative Fidesz übernahm unter Ministerpräsident Viktor Orbán und Oberbürgermeister István Tarlós die Regierungsgeschäfte. Auch in den Stadtbezirken regierten bis auf wenige Ausnahmen Fidesz-Politiker, sodass Fidesz die Richtung vorgeben kann.

Auf der Landesebene wurden die neue Verfassung und viele umstrittene Gesetze von der Zweidrittelmehrheit des Fidesz im Parlament einfach durchgewunken – ungeachtet aller Kritik aus dem In- und Ausland. Besonders umstritten waren und sind neben der neuen Verfassung auch Eingriffe ins Justiz-, Medien-, Hochschul- und Schulwesen sowie der aktuelle Plan der Regierung, mit russischen Geldern zwei neue russische Atomkraftwerke an der Donau errichten zu lassen. In Budapest kommt es deshalb immer wieder zu Protesten, an denen sich zeitweise mehrere Zehntausend Menschen beteiligen.

Ungeachtet der Proteste steht auch die Budapester Stadtverwaltung Orbáns Änderungsdrang nicht nach. Manche Änderungen haben rein symbolischen Charakter, als z. B. eine Reihe von Straßen, Plätzen, Metrostationen und Haltestellen umbenannt wurden. Eine Zeit lang wurde zudem versucht, der Nightlife-Szene in Budapest z. B. durch verkürzte Öffnungszeiten das Leben schwer zu machen.

Wohin die Reise in Budapest politisch geht, ist weiter völlig offen. Regierungschef Orbán zeigt keine Anzeichen, dass sein Regierungsstil in Zukunft weniger autoritär und kontrovers werden könnte. Politisch werden Budapest und Ungarn deshalb auch in naher Zukunft wahrscheinlich nicht zur Ruhe kommen.

Die Stephanskrone und ihr politisches Comeback

Die Stephanskrone ist Ungarns wertvollste nationale Ikone. Sie erinnert an die Größe des Landes im Mittelalter und ziert das Wappen der Hauptstadt wie auch das offizielle Staatswappen – und das, obwohl Ungarn eine Republik ist. Heute wird die Krone im Parlament aufbewahrt.

Verwundert schüttelt man den Kopf, ob der Tatsache, dass eine Krone das Wappen einer Republik schmückt. Doch für viele Menschen in Ungarn symbolisiert die Stephanskrone die Einheit der Nation. Manche halten sie sogar für heilig. Unumstritten ist sie als Nationalsymbol jedoch nicht. Bevor die Krone zum 1. Januar 2000 feierlich vom Nationalmuseum ins Parlament überführt wurde, kam es zu einem heftigen Parteienstreit darüber, ob sich eine Republik ein königliches Machtsymbol zum Wahrzeichen erwählen sollte.

Wechselvolles Schicksal

Die Stephanskrone hat eine ähnlich wechselhafte Geschichte wie das gesamte Land hinter sich. Vieles liegt im Dunkeln, doch eines steht fest: Mit Sicherheit stammt die Krone nicht aus der Zeit des Staatsgründers Stephan I. (1000–1038), nach dem sie benannt

Wie aus einem Guss: die eigentlich aus zwei Teilen bestehende Stephanskrone

ist. Es handelt sich also nicht um die Krone, die Papst Silvester II. dem ersten ungarischen König schickte und die später verloren ging.

Das Symbol königlicher Macht besteht aus zwei Hauptteilen: der sogenannten ›griechischen Krone‹ aus Byzanz und der ›lateinischen Krone‹, die möglicherweise in Italien gefertigt wurde. Die griechische Krone – ein mit Edelsteinen und Heiligendarstellungen verzierter Reif – gelangte um 1075 als Geschenk des byzantinischen Kaisers für die Frau von König Géza I. nach Ungarn. Wahrscheinlich handelte es sich ursprünglich also um eine Krone für eine Frau. Bei der Datierung der lateinischen Krone, eines Kreuzbügels, schwankt man noch zwischen dem 11. und 12. Jh. Beide Teile wurden erst während der Herrschaft von König Béla III. Ende des 12. Jh. zusammengefügt. Das Kreuz stammt wahrscheinlich aus dem 16. Jh. – schief ist es jedoch erst seit dem 17. Jh.

Ab Mitte des 13. Jh. legten die ungarischen Könige den Treueschwur auf die ›Heilige Krone‹ ab. Nur wer mit der Stephanskrone gekrönt war, konnte sich als rechtmäßiger Herrscher Ungarns betrachten. Damit wurde die Krone zur zentralen Insigne des ungarischen Königtums und schließlich zum Symbol des Landes. Zunächst wurde sie in der Krönungsstadt Székesfehérvár aufbewahrt. Doch während der Wirren der Türkenzeit gelangte sie zunächst in die Hände des türkischen Sultans Süleiman, später dann in den Besitz der Habsburger, die nun den westlichen Teil Ungarns regierten. Sie besaßen das Symbol ungarischer Macht bis zum Ende der Doppelmonarchie. Als letzter König wurde 1916 der österreichische Kaiser Karl I. als Karl IV. von Ungarn in der Budapester Matthiaskirche mit der Stephanskrone gekrönt.

Besichtigung der Krönungsinsignien
Die Stephanskrone sowie das Schwert, das Zepter und der Reichsapfel sind im Rahmen einer Parlamentsführung zu besichtigen (s. S. 201). Nur der prächtige Krönungsmantel, die einzige Insigne, die tatsächlich aus der Zeit Stephans I. stammt, wird im Nationalmuseum ausgestellt (s. S. 186).

Nach ihrem Putsch Ende 1944 brachten die ungarischen Faschisten die Krone auf ihrer Flucht vor der Roten Armee nach Westen. Schließlich gelangte sie in die USA. Erst 1978 gab US-Präsident Carter sie Ungarn zurück. 1990 wurde ihr Symbol ins Staatswappen integriert.

Problematisches Nationalsymbol

Das ›Comeback‹ der Stephanskrone ist nicht nur innen-, sondern auch außenpolitisch problematisch, denn nach dem Ersten Weltkrieg forderte das Horthy-Regime die Revision der ungarischen Grenzen immer auch im Namen der Krone. Offiziell bestand das Königreich ja fort, auch wenn es keinen Monarchen gab. Mithilfe der Überhöhung der Stephanskrone wollte man den Anspruch auf Großungarn aufrechterhalten. Die immer wieder aufflammende Diskussion um die Bedeutung der Krone fällt heute in eine Zeit, in der vor allem die rechten Parteien die ungarischen Minderheiten jenseits der Grenzen stärker an Ungarn zu binden versuchen. Dass dies von den Nachbarn misstrauisch beäugt wird, kann nicht verwundern.

Rettung vor dem Holocaust

1944 lebten in Budapest noch 200 000 jüdische Ungarn. Während die jüdischen Gemeinden im restlichen Land nach Auschwitz in den Tod deportiert wurden, gelang es in Budapest, Zehntausende Juden zu retten. Dabei spielten einige wenige ausländische Diplomaten eine herausragende Rolle.

19. März 1944: Deutsche Truppen besetzen Ungarn, damit Hitlers »letzter Verbündeter«, Reichsverweser Miklós Horthy, nicht aus dem verlustreichen Krieg aussteigen kann. Unter Anleitung des berüchtigten Adolf Eichmann und unter tatkräftiger Mithilfe der ungarischen Behörden werden binnen weniger Wochen mehr als 430 000 jüdische Ungarn in einer beispiellosen Verfolgungsaktion zunächst in Ghettos interniert und dann nach Auschwitz in den Tod verschleppt.

Anfang Juli 1944: Auch in den Budapester Vorstädten werden erste Todestransporte zusammengestellt. In dieser Situation ergreifen u. a. der Schweizer Vize-Konsul Carl Lutz, der auch die amerikanische Regierung vertritt, und der päpstliche Nuntius Angelo Rotta Partei für die Verfolgten. Sie intervenieren bei Staatschef Horthy und können am 6. Juli einen vorläufigen Stopp der Deportationen erwirken. Angesichts der sich verschlechternden militärischen Lage will es sich der Reichsverweser nicht ganz mit den neutralen Ländern verscherzen. Außerdem befürchtet er, Budapest könne das Ziel alliierter Luftangriffe werden.

Schutzpässe und Schutzhäuser

Wenige Tage später trifft der 32-jährige schwedische Diplomat Raoul Wallenberg in Budapest ein. Sein Ziel ist es, auf Wunsch der eigenen sowie der amerikanischen Regierung so viele jüdische Ungarn wie möglich vor der Mordmaschinerie der SS zu retten. Wallenberg, Lutz, Rotta und weitere Mitstreiter organisieren in den Folgemonaten eine groß angelegte Rettungsaktion. Wallenberg richtet sein Hauptquartier oberhalb des Gellért-Hotels ein, Lutz in der US-Botschaft und im ›Glashaus‹ in Pest. Unter dem Schutz der eidgenössischen und schwedischen Botschaft bauen sie große Hilfsorganisationen mit mehreren Hundert Mitarbeitern auf. Für die bedrohten Menschen stellen die Diplomaten ›Schutzpässe‹ aus, welche die Besitzer unter den direkten Schutz der jeweiligen Regierung stellen, und mieten fieberhaft ›Schutzhäuser‹ an, insgesamt über 70.

Mitte Oktober spitzt sich die Lage erneut zu. Die ungarischen Pfeilkreuzler (s. S. 76) putschen sich von Hitlers Gnaden an die Macht und nehmen die Judenverfolgung in Budapest wieder auf. Im Dezember werden die Menschen in zwei Ghettos gepfercht, Er-

Am Donauufer erinnert heute ein Denkmal an die Erschießung von Budapester Juden

wachsene werden zu Todesmärschen gezwungen oder am Donauufer erschossen. Wallenberg und Lutz geben nicht auf. Zusammen mit ihren Mitarbeitern versuchen sie zu helfen, wo sie können – retten Menschen sogar noch aus den Marschkolonnen und vor der Erschießung am Donauufer.

Gerechte unter den Völkern

Im Dezember wird Budapest von der Roten Armee eingekesselt, die Pester Ghettos werden am 18. Januar 1945 endgültig befreit. Rund 100 000 jüdische Budapester überleben den Holocaust dank des unermüdlichen Einsatzes von Wallenberg, Lutz und anderen. Gedankt hat es ihnen von offizieller Seite zunächst niemand: Wallenberg gerät Januar 1945 unter nie geklärten Umständen in sowjetische Gefangenschaft, wo er vermutlich 1947 stirbt. Lutz wird noch 1949 von der Schweizer Regierung für seine großherzige Vergabe der Schutzpässe gerügt. Doch nach und nach begreifen die Menschen, wie viel die beiden Diplomaten bewirkt haben, sodass es heute eine Reihe von Gedenkstätten für sie gibt. In Israel werden Wallenberg und Lutz als »Gerechte unter den Völkern« geehrt.

Gedenkorte für die Retter

Raoul Wallenberg wird u. a. an der Großen Synagoge in der Dohány utca (s. S. 188), im Szent-István-Park (s. S. 252) und an der Österreichischen Botschaft in der Benczúr utca geehrt (s. S. 64), **Carl Lutz** durch Denkmäler an der US-Botschaft (s. S. 207) und in der Dob utca (s. S. 192). Im Glashaus (Vadász utca) wurde eine Gedenkstätte eingerichtet (s. S. 206). An **Angelo Rotta** erinnert eine Gedenktafel vor seiner Residenz am Dísz tér 4–5 im Burgviertel (s. S. 129).

Imre Nagy und die Revolution 1956

1956 erheben sich die Ungarn gegen das stalinistische Regime und die sowjetische Besatzung. Als Ministerpräsident stellt sich der Kommunist Imre Nagy auf die Seite der Aufständischen und zahlt dafür mit seinem Leben. Seine erneute Beisetzung 1989 gilt als symbolisches Ende des kommunistischen Regimes in Ungarn.

Am 16. Juni 1989 versammeln sich Zehntausende auf dem Budapester Heldenplatz, um genau 31 Jahre nach seiner geheimen Hinrichtung den Ministerpräsidenten von 1956 feierlich erneut beizusetzen. Der Festakt markiert einen Höhepunkt der zweiten Revolution gegen das sozialistische System.

Eigentlich war Imre Nagy, der 1896 geboren wurde, keineswegs zum antistalinistischen Märtyrer prädestiniert: Schon früh tritt er in die Kommunistische Partei ein und verbringt mehrere Jahre im Moskauer Exil. Ende 1944 kehrt er nach Ungarn zurück und führt als Landwirtschaftsminister eine populäre Bodenreform durch. Nach Stalins Tod 1953 wird er auf Moskauer Druck Ministerpräsident des Landes. Er führt Reformen durch und schließt u. a. die berüchtigten Internierungslager, was ihm große Sympathien in der Bevölkerung einträgt. Doch die Entstalinisierung missfällt den Hardlinern um Parteichef Rákosi. 1955 gelingt es ihnen, Nagy zu entmachten. Aber der Coup misslingt langfristig, denn Nagy bleibt eine Symbolfigur der Reformkräfte.

Nagy soll die Massen besänftigen

Die Parteiführung kann den wachsenden Unmut im Land nicht mehr kontrollieren. Im Juni 1956 kommt es im polnischen Posen zu einem Aufstand der Arbeiter, was zu einer neuen Regierung in Polen führt. Das weckt auch in Ungarn Hoffnungen auf weitergehende politische Änderungen. Zwar setzt die Moskauer Führung Rákosi im Sommer 1956 endgültig ab, doch der Unmut der Bevölkerung wächst weiterhin spürbar.

In dieser Situation rufen Budapester Studenten für den 23. Oktober zu einer Demonstration auf, die erst erlaubt, dann verboten, schließlich doch erlaubt wird. In 16 Punkten fordern sie u. a. freie Wahlen, den Abzug der sowjetischen Truppen und die Wiedereinsetzung Imre Nagys als Ministerpräsidenten. Immer mehr Menschen schließen sich im Laufe des Tages der Demonstration an. Am Abend sind 200 000 vor dem Parlament versammelt.

Die Parteiführung gerät in Panik. Sie holt Nagy schnell ins Parlament, damit er zu der Menge spricht. Nagys Aufforderung, nach Hause zu gehen und auf eine innerparteiliche Reform zu setzen, enttäuscht die Massen, sie bleiben aber friedlich. Erst als die verhasste Geheimpolizei ÁVH vor dem Rundfunkgebäude in der Bródy Sándor utca in die Menge schießt, beginnen in der

Stadt bewaffnete Kämpfe. ›Genosse Stalin‹ wird am Stadtwäldchen vom Sockel gestürzt, woraufhin die sowjetischen Truppen eingreifen.

Vom Parteitreuen zum Märtyrer der Revolution

Nagy wird erneut Ministerpräsident und lässt zunächst den Ausnahmezustand verhängen und den Kämpfern das Standgericht androhen – als aufrechter Kommunist glaubt er an die Führungsrolle der Partei. Doch langsam ändert er seine Meinung und stellt sich mehr und mehr auf die Seite der Aufständischen. Am 27. Oktober bildet er die Regierung um, am 28. erreicht er einen Waffenstillstand und einen Abzug der sowjetischen Truppen aus Budapest. Überall im Land übernehmen Arbeiterräte und revolutionäre Selbstverwaltungen die Macht. In Buda-pest herrscht Generalstreik. Am 30. Oktober bildet Nagy eine Mehrparteienregierung auf der Grundlage der Koalition von 1945. Am 1. November verkündet er schließlich den Austritt Ungarns aus dem Warschauer Pakt und die Neutralität des Landes. Ungarn ist wieder eine Demokratie – mit einem kommunistischen Ministerpräsidenten.

Doch die Tage der Revolution sind gezählt. Am 4. November lässt die sowjetische Parteiführung erneut Panzer rollen und unterdrückt in schweren Kämpfen jeden Widerstand. Nagy und weitere Regierungsmitglieder flüchten in die jugoslawische Botschaft, wo sie in eine Falle geraten. Es folgen die Verschleppung nach Rumänien und 1958 ein Geheimprozess in Budapest. Nagy bleibt standhaft und verteidigt die Revolution. Am 16. Juni werden er und seine Mitstreiter hingerichtet.

Sein Grab auf Parzelle 301 des Neuen Zentralfriedhofs (s. S. 248) ist heute eine nationale Gedenkstätte. Die Ideale von 1956, die Imre Nagy vertreten hatte, wurden nach 1989 zum Fundament der neuen ungarischen Republik.

Das Gefängnis, in dem die Anführer des Aufstands von 1956 eingesperrt wurden

Zum Beispiel »gyógyszertár« – Sprachinsel Ungarn

Jede ungarische Inschrift sei ein Geheimnis, beschwerte sich der Europareisende Hans Magnus Enzensberger. Schon eine ganz gewöhnliche Apotheke heiße »gyógyszertár«. Die Ungarn leben wie auf einer Sprachinsel, doch auch Besucher können schnell einige Worte lernen.

Kommen die Ungarn vom Mars?

Ungarisch gehört zur finno-ugrischen Sprachfamilie und unterscheidet sich damit von den meisten europäischen Sprachen, die indogermanischen Ursprungs sind. Die Ungarn fühlen sich deswegen oft – im wahrsten Sinne des Wortes – unverstanden. Andererseits verleiht ihnen die einzigartige Landessprache einen Hauch von Exotik, was sie durchaus genießen. Wenn zwei Ungarn sich z. B. im Ausland unterhalten, laufen sie kaum Gefahr, dass sie jemand belauscht. Selbst mit den entfernt sprachverwandten Finnen ist eine Verständigung nicht möglich.

Deshalb forschten die Ungarn natürlich intensiv nach möglichen weiteren Sprachverwandten. Dabei kamen u. a. Türkisch, Persisch und Hebräisch in Frage. Nach dem jetzigen Stand der Sprachwissenschaft sind jedoch nur einige in Russland lebende Nomadenvölker sprachlich derselben Familie zuzuordnen.

Umso mehr wird dem nationalen Ego z. B. durch Behauptungen geschmeichelt, dass die Ungarn vom Mars kommen müssen. Diese originelle Hypothese stammte aus den USA des letzten Jahrhunderts und basierte auf der Feststellung, dass es kein anderes Volk gebe, das so viele intelligente Menschen hervorgebracht habe (an dieser Stelle werden immer wieder die zahlreichen Nobelpreisträger ungarischer Abstammung genannt) und dessen Sprache sonst niemand verstehe. Die Ungarn selber lachen nur über solche Statements. Ungarisch ist ja so leicht. In Ungarn könnten es sogar ganz kleine Kinder ...

Prominente Ungarischstudenten

Wahlungar Franz (ungar.: Ferenc) Liszt wäre da ganz anderer Meinung: Er bemühte sich ohne nachhaltigen Erfolg, die Sprache zu lernen. Angeblich soll er bei dem Wort *tántoríhatatlanság* (Unerschütterlichkeit) kapituliert haben. Das hielt ihn jedoch nicht davon ab, für sein »wildes und fernes Vaterland« immer wieder begeisterte Hymnen zu komponieren (s. S. 93).

Doch im Zeitalter des Nationalismus erlebte auch das Ungarische eine Renaissance, obwohl der Philosoph Johann Gottfried Herder Ende des 18. Jh. noch das Aussterben der Sprache vorhergesagt hatte. Selbst der berühmte Reformgraf István Széchenyi (1791–1860), bekannt als »der größte Ungar«, konnte zunächst nicht richtig Ungarisch. Denn bis Mitte des 19. Jh. war Deutsch die wichtigste Gesellschaftssprache in den großen Städten wie Pest.

Kaiserin und Königin Sisi soll dagegen das Erlernen der Sprache sehr gelungen sein: Böse Zungen behaupten allerdings, dass dies vor allem an ihrer Liebe zum feschen ungarischen Außenminister Graf Gyula Andrássy lag ...

Zungenbrecher und Sprachexport

Nicht alle ungarischen Wörter sind schwer zu lernen: *Jó napot!* (Guten Tag!) und *köszönöm* (Danke) kommen schnell über die Zunge. Schwierig wird es jedoch schon bei *egészségedre* (Auf dein Wohl!), denn man muss nach ein paar Gläschen ungarischen Weins nur die Betonung ein wenig verändern und *egészseggedre* sagen. Für deutsche Ohren ist kaum ein Unterschied zu vernehmen, aber für ungarische um so mehr: man hat statt »Auf dein Wohl!« »Auf deinen ganzen Po« gesagt ...

Man kann aber auch Glück haben. Wie meine Freundin, die in Budapest einmal ›für kleine Mädchen‹ musste. Sie wurde von ihrer ungarischen Begleitung höflich gefragt, ob sie wüsste, hinter welcher Bezeichnung sich die Damentoilette befindet. »Nö«, sagte sie schön westfälisch und wunderte sich, dass ihre Begleitung zufrieden nickte. »Dann weißt du es ja schon«, denn *nő* bedeutet auf Ungarisch »Frau«.

In der Tat gibt es aber zahlreiche ungarische Wörter, die man bereits kennt – nur meistens ohne zu wissen, dass sie eigentlich aus Ungarn stammen. Zum Beispiel stammt das Wort Kutsche vom ungarischen *kocsi* ab, denn die erste Kutsche im 15. Jh. wurde im Ort Kocs angefertigt. Das Wort Tollpatsch kommt ebenfalls aus Ungarn; *talpas* bezeichnete im 17. Jh. Fußsoldaten, die statt festem Schuhwerk breite Sohlen trugen, die sie mit Schnüren befestigten. Die berühmtesten ungarischen Lehnwörter stammen aber aus dem gastronomischen Bereich: Sowohl das allseits beliebte Gulasch als auch die leckeren Palatschinken sind ungarischen Ursprungs.

Am besten lässt man sich von den Geheimnissen des Ungarischen nicht abschrecken und versucht es wenigstens mit ein paar Brocken – die Ungarn werden Sie dafür lieben.

Andrea Óhidy

Auf der Suche nach der ungarischen Musik

Im national gesinnten 19. Jh. kam auch die Frage nach den Wurzeln der ungarischen Musik auf. Lange galten die berühmten Ungarischen Rhapsodien von Franz ›Ferenc‹ Liszt als Inbegriff ungarischer Musik. Doch Anfang des 20. Jh. begaben sich Béla Bartók und Zoltán Kodály auf die Suche nach ›authentischer‹ Volksmusik. Bei den Bauern fanden sie unzählige traditionelle Melodien und retteten sie für die Nachwelt.

Patriotischer Wahlungar

Ohne Franz Liszt (1811–86) wäre der Aufschwung der ungarischen Musik in der zweiten Hälfte des 19. Jh. nur schwer denkbar. Liszt, im damals noch ungarischen Ort Raiding bei Sopron geboren, entdeckte erst im Erwachsenenalter seine Liebe zu Ungarn und sprach von seinem »wilden und fernen Vaterland«. Eine Konzertreise durch Ungarn wurde 1839 für ihn zum Triumphzug.

Der Komponist konnte zwar kein Ungarisch und lebte nur zeitweise an der Donau, das hielt ihn jedoch nicht davon ab, zum bekennenden Wahlungar zu werden. Von romantischen Gefühlen für sein Geburtsland geprägt sind Liszts »Ungarische Nationalmelodien«. Sie dienten als Grundlage für seine 19 »Ungarischen Rhapsodien«, die ab 1851 erschienen. In ihnen griff Liszt vor allem Themen und Formen der Zigeunermusik auf, die er zur typisch ungarischen Volksmusik erklärte. In seinem 1859 veröffentlichten Buch »Über die Musik der Zigeuner in Ungarn« heißt es: »Wer vermag heute zu entscheiden, ob die Zigeuner ihre Melodien von den Ungarn gelernt haben, um sie ihnen aufzuspielen, oder ob das magyarische Volk sich nach den Zigeunermelodien gerichtet hat?« Das ungarische Publikum jedenfalls war von den romantisch verklärenden Rhapsodien begeistert und feierte den Komponisten.

In der Folge schrieb Liszt immer wieder große Werke für wichtige Feierlichkeiten in Ungarn. Beispielsweise wurde 1856 die Basilika in Esztergom zu den Klängen seiner »Graner Festmesse« eingeweiht. Elf Jahre später komponierte er für die Königskrönung von Franz Joseph I. und seiner Frau Elisabeth (›Sisi‹) die Krönungsmesse.

Ferenc Erkels Oper »Hunyadi László« wird noch heute in der Ungarischen Staatsoper gespielt

Gründung der Musikakademie

Damit nicht genug: Zusammen mit dem Opernkomponisten Ferenc Erkel (1810–93) stieß Liszt 1875 die Gründung der Musikakademie in Budapest an. Erkel hatte u. a. 1844 die Nationalhymne komponiert und mit seinem patriotischen Werk »Hunyadi László« die erste ungarische Oper geschaffen.

Auch die Gründung der Staatsoper ist mit seinem Namen verbunden.

Der Aufbau der Musikakademie war für die Ausbildung der nächsten Generationen ungarischer Musiker von entscheidender Bedeutung. 1907 erhielt die Akademie einen wunderbaren Jugendstilpalast als feste Bleibe, später wurde sie nach Liszt benannt.

Traditionssuche auf dem Land

Zu Beginn des 20. Jh. studierten so unterschiedliche Künstler wie der Operettenkönig Imre Kálmán (1882–1953) sowie Béla Bartók (1881–1945) und Zoltán Kodály (1882–1967) an der Musikakademie. 50 Jahre waren seit den ersten Lisztschen Rhapsodien vergangen und die nationale Identitätssuche hatte sowohl in der Architektur (s. S. 105) wie auch in der Musik wieder Hochkonjunktur.

In dieser Zeit schlugen die jungen Musiker Béla Bartók und Zoltán Kodály völlig neue Wege ein: Sie begannen 1905 in den Dörfern der Provinz die traditionellen Lieder der Bauern auf phonographischen Walzen aufzuzeichnen.

Auf den Spuren der Komponisten
In Budapest gibt es zahlreiche Möglichkeiten, mehr über die drei großen Komponisten zu erfahren. So sind die ehemaligen Wohnungen von Liszt (s. S. 221), Bartók (s. S. 269) und Kodály (s. S. 221) zu besichtigen. Eindrucksvoll ist das Gebäude der Musikakademie am Szeneplatz Liszt Ferenc tér (s. S. 220), wo auch eine Skulptur von Liszt zu bewundern ist.

Ihr Ziel war es, die ›wahren Wurzeln‹ der ungarischen Musik zu erforschen. Das war auch Liszts Anliegen gewesen, doch für dessen Rhapsodien hatte der junge Bartók kein gutes Wort übrig, da er sie für zu profan hielt: »Anfangs bestricken, später indes ermüden sie.« Bartók hatte genug von der »romantischen Überschwänglichkeit« der »trivialen Volkslieder«, die von »Schwulst und Pathos« geprägt seien.

Auf dem Land entdeckten Bartók und Kodály nun eine ganz andere Klangwelt. Die Bauernmusik hatte z. T. noch archaischen Charakter und erschien ihnen als rein und unverdorben. Mit diesem positiven Bild des Landlebens standen die beiden nicht allein da. Auch zahlreiche Maler gründeten zu jener Zeit ländliche Künstlerkolonien, um der Natur und dem ›unverfälschten‹ Leben der Dorfbewohner näher zu sein. In Ungarn war dabei die Künstlerkolonie von Nagybánya führend.

Zunächst bereisten Bartók und Kodály die ungarischen Siedlungsgebiete. 1906 veröffentlichten sie die Sammlung »Ungarische Volkslieder« (Magyar Népdalok). Die Sensation war perfekt und der Forscherdrang geweckt – weitere Reisen folgten. Später zeichnete Bartók auch rumänische, slowakische und serbische Volkslieder auf. Damit verließ er den Rahmen einer national geprägten Forschung und geriet in Konflikt mit dem politischen Mainstream, der die nichtmagyarischen Völker im damaligen Ungarn nicht als gleichberechtigt anerkennen wollte.

Neue Töne

Bartók und Kodály stehen exemplarisch für eine neue Generation ungarischer Musiker. Beide studierten in Budapest, beide wurden bereits 1907 zu Professo-

Einer der berühmtesten Absolventen der Musikakademie: Zoltán Kodály

ren an der Musikakademie ernannt. Zusammen gründeten sie 1911 die Neue Ungarische Musikgesellschaft.

Bartóks weitere Wege führten ihn auf experimentelle Pfade. Bekannt wurden die Oper »Herzog Blaubarts Burg« (1911) und das Ballettstück »Der wunderbare Mandarin« (1918/19). Beide konnten erst mit großer Verzögerung uraufgeführt werden (1918 bzw. 1926) – und selbst dann gab es keine positiven Reaktionen. Die Uraufführung des ›Mandarins‹ fand in Köln statt – und niemand anderes als der damalige Oberbürgermeister Konrad Adenauer ließ weitere Aufführungen verbieten, weil das Publikum durch die Darstellung von erotischen Themen schockiert war. In Budapest wurde das Stück sogar erst 1946 gespielt – nach Bartóks Tod.

Angewidert von dem sich immer weiter ausbreitenden Nationalsozialismus und der offenen Parteinahme des reaktionären Reichsverwesers Horthy für Hitler, war Bartók 1940 ins amerikanische Exil gegangen, wo er 1945 starb. 1988 wurden seine sterblichen Überreste auf den Farkasréti-Friedhof in den Budaer Bergen überführt.

Bartóks Kollege Kodály hingegen blieb in Ungarn und machte sich vor allem durch sein ehrgeiziges Projekt »Singendes Ungarn« einen Namen sowie durch die sogenannte Kodály-Methode. Mit ihr verankerte er Musik als wesentliches Element in der Erziehung und revolutionierte so die Musikpädagogik. Bis ins ferne China und Japan gewann Kodálys neue Methode Freunde. Dort wird sein Werk auch heute noch in hohen Ehren gehalten.

1923 schuf Kodály sogar ein echtes ›Budapester‹ Werk: Zum 50. Jahrestag der Hauptstadtgründung komponierte er den »Psalmus Hungaricus«, eines seiner bekanntesten Werke.

Budapest Klezmer Band – Revival jüdischer Musik

Seit 1990 begeistert die Budapest Klezmer Band durch ihren mitreißenden Stil das Publikum nicht nur in Ungarn. Band-Gründer Ferenc (Fegya) Jávori sieht Klezmer als »Blues des 21. Jahrhunderts« – eine Musik voller Gefühl. Die traditionelle jüdische Musik erlebt in Ungarn derzeit eine kleine Renaissance.

Ein Lebenstraum

Als 1990 die demokratische Wende in Ungarn vollzogen wurde, erfüllte sich Jávori umgehend einen Lebenstraum: Er gründete die Budapest Klezmer Band. Jávori stammt aus dem heute ukrainischen Munkacevo (früher Munkács). Seine Eltern hatten den Holocaust überlebt und er war 1946 das erste jüdische Kind, das in Munkacevo nach dem Krieg geboren wurde. Nach dem Musikstudium in Lemberg wanderte Jávori 1975 nach Ungarn aus, wo er zunächst 15 Jahre im Orchester des Budapester Operettentheaters Violine spielte.

Als Jávori im Jahr 1990 die Budapest Klezmer Band gründete, war die Gruppe die erste Klezmer-Band, die nach dem Holocaust in Ungarn entstand – ein gewagtes Projekt. Doch Jávori ging mit viel Engagement an die Sache und die temperamentvolle Band eroberte schnell die Herzen des Publikums. Auch bei Konzerten in Deutschland, New York oder London sind die Säle stets gut gefüllt. Die unbändige Spielfreude sorgt für eine stetig wachsende Fan-Gemeinde. Für den Erfolg der siebenköpfigen Band sind auch die virtuos spielenden Bence Gazda (Geige), Anna Nagy (Akkordeon) und István Kohán (Klarinette) mitverantwortlich.

Das Beispiel der ›BKB‹ machte schnell Schule: In Ungarn musizieren wieder ein gutes Dutzend Klezmer-Bands, u. a. im Kulturcafé Spinoza (s. S. 54).

Musik für die Seele

Die Erfolgsgeschichte der Budapester Band ist umso erstaunlicher, als die Klezmer-Musik in Ungarn nach dem Holocaust praktisch völlig verschwunden war. Die Wurzeln der aus Osteuropa stammenden jüdischen Musikrichtung Klezmer reichen bis ins 15. Jh. zurück, wobei man als *klezmer* bzw. *klezmorim* ursprünglich die Musiker selbst bezeichnete. Wichtige Instrumente sind Geige, Klarinette und Akkordeon. Sie stehen auch bei der Budapest Klezmer Band im Vordergrund. Jávori hat viele traditionelle Melodien von seiner Mutter und dem befreundeten Roma-Musiker Gyula Galambos gelernt.

Charakteristisch für die Klezmer-Musik sind die abrupten, kontrastreichen Stimmungswechsel: Mal sind die Melodien traurig und melancholisch, dann wieder voller Schwung und Euphorie. Dmitri Schostakowitsch sagte einmal, Klezmer sei die »Vereinigung von Ekstase und menschlicher Verzweiflung.« Jávori selbst spricht von »Musik für die Seele«. Nach den Tragödien des 20. Jh. plädiert der sympathische Musiker für einen »Klezmer der offenen Grenzen«. So verwundert es nicht, dass es bei den größeren Produktionen der Gruppe immer um das friedliche Zusammenleben in multikulturellen Gesellschaften geht. Bestes Beispiel dafür ist Jávoris schwungvolles Musical »Menyasszonytánc« (Brauttanz), das seit 2006 im Budapester Operettentheater Erfolge feiert. Es spielt in einem Dorf in Siebenbürgen und thematisiert die Konflikte zwischen der ungarischen, rumänischen und jüdischen Bevölkerung. Toleranz zwischen den Religionen ist ein wichtiges Anliegen von Jávori.

Vielseitige Band

Jávori ist für andere künstlerische Ausdrucksformen sehr offen. Im Jahr 1999 brachte er mit dem Győrer Nationalballett das Tanzstück »Purim« auf die Bühne und auch gemeinsam mit dem Ferenc-Liszt-Kammerorchester trat die Band schon auf. Zudem wurden bereits zwei Filme über Jávori und die Gruppe gedreht.

Es geht jedoch nichts über ein Livekonzert der Budapest Klezmer Band. Ihre Auftritte gehören beispielsweise zu den Höhepunkten des jährlich stattfindenden Jüdischen Sommerfestivals sowie der sommerlichen Open-Air-Festivals in Budapest. Mit ihren lebendigen Darbietungen begeistern die Musiker das Publikum. In Deutschland gastierte die Gruppe u. a. in München, Frankfurt und beim Musikfestival Schleswig-Holstein.

Aufführungen und Konzerte der Budapest Klezmer Band
Das Musical »Menyasszonytánc« mit der Budapest Klezmer Band ist ein Genuss. Die Aufführungstermine findet man auf der Website des Budapester Operettentheaters: www.operettszinhaz.hu.
Über die aktuellen Konzerttermine informiert die Website der Band: www.budapestklezmerband.hu.

Literaten von Weltformat

Spätestens mit dem Literaturnobelpreis für Imre Kertész 2002 wurde einer breiten Öffentlichkeit bewusst, dass die ungarische Literatur Weltformat besitzt. Die hohe Auszeichnung hat auf dem deutschsprachigen Buchmarkt zu einer Wiederentdeckung ungarischer Schriftsteller geführt. Dabei stehen neben zeitgenössischen Autoren auch die bekanntesten Literaten der Zwischenkriegszeit im Vordergrund.

Wiederentdeckung ungarischer Autoren

Durch den Eisernen Vorhang war die ungarische Literatur viele Jahrzehnte aus dem Blickwinkel des westeuropäischen Publikums verschwunden. Eine erste Trendwende im deutschsprachigen Raum brachte das Schwerpunktthema Ungarn auf der Frankfurter Buchmesse 1999. Viele Verlage publizierten Neuübersetzungen ungarischer Werke. Besondere Begeisterung löste die Wiederentdeckung von Sándor Márai (1900–89) aus. Márai hatte nach dem Ersten Weltkrieg seine publizistische Karriere in Deutschland begonnen und zudem einige Jahre in Paris gelebt. Seine bereits 1934 erschienene Autobiografie »Bekenntnisse eines Bürgers« wurde ein Erfolg. In den Folgejahren veröffentlichte Márai melancholische Erzählungen wie »Das Vermächtnis der Eszter« (1939) und »Die Glut« (1942), die heute zu seinen meistgelesenen Büchern zählen. Referenzpunkt für Márai war immer wieder die untergegangene Welt des Habsburgerreichs. 1948 ging der Autor schließlich ins Exil in die Vereinigten Staaten.

Zwischenkriegszeit

Zu Recht haben sich viele Verlage der ungarischen Literatur der Zwischenkriegszeit angenommen. Damals genossen die Schriftsteller europaweit einen hervorragenden Ruf. Junge aufgeschlossene Autoren gingen nach Paris oder Deutschland, während Budapest noch immer von seinem Ruf als Metropole der Literatencafés lebte. Doch unter dem immer weiter nach rechts abdriftenden Horthy-Regime wurde das Leben zunehmend schwerer.

Das musste auch der Dichter Attila József (1905–37) erfahren, der zu den bedeutendsten ungarischen Lyrikern des 20. Jh. zählt. József, der in Budapest in ärmlichsten Verhältnissen aufgewachsen war, begann ein Studium in Szeged. Dort verwies man ihn 1925 der Universität, nachdem er sein Gedicht »Mit reinem Herzen« veröffentlicht hatte. Darin heißt es: »Ich habe keinen Vater, keine Mutter, keinen Gott, kein Vaterland«. Derartiges war im Horthy-Ungarn verpönt.

1937 schrieb József aus Anlass eines Budapestbesuchs von Thomas Mann ein viel beachtetes zeitkritisches Gedicht (s. S. 134), dessen Vortrag von der nazifreundlichen ungarischen Regierung prompt verboten wurde. Józsefs Werke liegen seit 2005 wieder in deutscher Sprache in Neuübersetzung vor.

Eine weitere wichtige Figur der Zwischenkriegszeit war Antal Szerb (1901–45). Der Zeitgenosse Márais schrieb Werke von unvergleichlich leichter Eleganz. Seit seiner Wiederentdeckung vor wenigen Jahren haben es Bücher wie »Reise im Mondlicht« (1937) oder »Die Pendragon-Legende« (1934) auf die deutschen Bestsellerlisten geschafft. Noch 1943 veröffentlichte Szerb Bücher, doch wurde er aufgrund seiner jüdischen Abstammung in einem Arbeitslager kurz vor Kriegsende zu Tode geschunden.

Diesem Schicksal entkam Ernő Szép (1884–1953) nur knapp, weil Raoul Wallenberg (s. S. 86) ihn in letzter Minute retten konnte. Erst im Dezember 2008 wurde Széps Roman »Die Liebe am Nachmittag« (1935) auf Deutsch veröffentlicht. Er wirft ein Schlaglicht auf die bürgerliche Welt der Zwischenkriegszeit. Genau wie bei Szerb überrascht die Leichtigkeit des Stoffes angesichts der tödlichen Nazi-Gefahr. Von dieser Unbeschwertheit ist bei den Autoren nach dem Zweiten Weltkrieg nur noch wenig zu spüren.

Literatur in Opposition

Der Holocaust wurde für die Überlebenden zu einem bestimmenden Thema. Doch beliebt machten sich die Autoren mit ihrer Aufarbeitung nicht. Imre Kertész (geb. 1929) musste mit seinem Buch »Roman eines Schicksallosen« 15 Jahre lang auf die Veröffentlichung warten. In dem Werk, das entscheidend für seine Ernennung zum Literaturnobelpreisträger im Jahr 2002 war, schildert er eindrucksvoll seinen Leidensweg in den KZs Auschwitz und Buchenwald. Trotz der internationalen Würdigung musste und muss sich der Autor immer wieder antisemitische Schmähungen anhören. Sein Roman

Früher waren sie Geheimtipps, heute stehen sie oft auf den Bestsellerlisten: die Werke ungarischer Autoren der Zwischenkriegszeit und der Gegenwart

hat aber dazu beigetragen, dass der Holocaust und die ungarische Beteiligung daran nicht länger ein gesellschaftliches Tabuthema ist.

György Konrád (geb. 1933) ist ebenfalls ein Überlebender des Holocaust. Auch er konnte lange Jahre nicht legal in Ungarn veröffentlichen. In seinen Werken »Der Besucher« (dt. 1978) und »Der Komplize« (dt. 1984) rechnete er radikal mit dem kommunistischen Regime und der lethargischen Gesellschaft ab. Konrád ließ sich von dem Publikationsverbot nicht beeindrucken und veröffentlichte seine Bücher in Ungarn in einem oppositionellen Untergrund-Verlag, der vom späteren Budapester Oberbürgermeister Gábor Demszky geleitet wurde. So trug Konrád zur langsamen Zersetzung des kommunistischen Regimes bei.

Sein Buch »Sonnenfinsternis auf dem Berg« (2005) führt autobiografisch durch die dramatischen Ereignisse im Ungarn des 20. Jh. und vermittelt nicht nur einen lebhaften Eindruck vom wechselhaften Leben des Autors, sondern auch von den gesellschaftlichen Zusammenhängen. Konrád wurde u. a. mit dem Aachener Karlspreis und dem Friedenspreis des Deutschen Buchhandels ausgezeichnet. Von 1997 bis 2003 war Konrád Präsident der Berliner Akademie der Künste. Berlin ist für viele zeitgenössische ungarische Literaten ein zumindest zeitweiliger Lebensmittelpunkt.

Aktuelle Themen

Sehr bekannt ist auch Péter Esterházy (geb. 1950), der mit seinem Mammutwerk »Harmonia Caelestis« (2000) eine wuchtige, weit ausholende und viel gerühmte literarische Familienchronik vorlegt hat. Bei den Recherchen zu diesem Buch stieß Esterházy auf ein aktuelles Familiendrama, denn aus den Akten der ungarischen Stasi erfuhr er von der Spitzeltätigkeit seines eigenen Vaters. Diesen Schock hat der Schriftsteller in seinem sehr persönlichen Buch »Verbesserte Ausgabe« (2003) beeindruckend aufgearbeitet.

Aktuelle ungarisch-deutsche Zeitgeschichte greift György Dalos (geb. 1943) in »Balaton-Brigade« (2005) auf. In dem Roman wird das Wirken der DDR-Stasi am Balaton im Jahr 1989 beleuchtet. Während der »Ostblock« vor seinen Augen zerfällt, bespitzelt Stasi-Hauptmann Josef Klempner bis zuletzt seine Landsleute und sogar

seine Familie. Dalos war selbst jahrelang als Oppositioneller in Ungarn beschattet worden und weiß, wovon er spricht. Der sympathische Autor lebt seit Längerem in Berlin und hatte u. a. großen Anteil am Erfolg des Ungarn-Schwerpunkts auf der Frankfurter Buchmesse 1999.

Über Jahre war Dalos als engagierter Vermittler für ungarische Themen in Deutschland aufgetreten und hatte mit Humor für sein Heimatland geworben. Doch genau wie seine Kollegen Esterházy, Konrád und Kertész ist er wegen seiner kritischen Haltung bei der derzeitigen Regierung (wieder) in Ungnade gefallen. Damit befinden sich die wichtigsten zeitgenössischen Schriftsteller des Landes erneut in Opposition und sehen sich bedauerlicherweise immer wieder heftigen Attacken des rechten Spektrums ausgesetzt.

Unter den Autorinnen ist in Deutschland vor allem Zsuzsa Bánk (geb. 1967) durch ihr Erstlingswerk »Der Schwimmer« (2002) bekannt geworden. Die Tochter emigrierter Ungarn lebt in Deutschland und thematisiert die zersetzende Wirkung der Revolution aus dem Jahr 1956 auf das Privat- und Familienleben vieler Menschen. Bánk sieht sich allerdings nicht primär als ›ungarische‹ Autorin.

Weitere Lesetipps s. S. 19.

Péter Esterházy und Imre Kertész mit ihrem Schriftstellerkollegen Péter Nádas

Großes Kino – Ungarische Filmgeschichte

Die Budapester sind begeisterte Kinogänger und die Hauptstadt verfügt über großartige Kinosäle. Schon in ihrer Frühzeit spielte die Filmindustrie eine wichtige Rolle in Ungarn. Zu Beginn des 20. Jh. gründeten ausgewanderte Ungarn die einflussreichen Filmstudios in Hollywood. Doch auch die heimische Filmindustrie bringt große Namen hervor. Für seinen »Mephisto« mit Klaus Maria Brandauer erhielt Regisseur István Szabó sogar einen Oscar.

Hollywoods Gründergeneration

Die ungarische Filmgeschichte war zunächst eine Erfolgsstory auf der anderen Seite des Atlantiks: Amerikas Traumfabrik Hollywood stand in den 1930er-Jahren ganz im Zeichen ausgewanderter Ungarn. 20th Century Fox, Metro-Goldwyn-Mayer und Paramount Pictures wurden von Ungarn gegründet. Das zog so viele hoffnungsvolle Landsleute auf der Suche nach Filmjobs an, dass schon bald an der Wand eines der Studios der markante Satz hing »Es reicht nicht, ein Ungar zu sein«.

Ebenfalls ungarischer Herkunft waren manche berühmte Regisseure. Michael Curtiz (Mihály Kertész) wurde für seinen Klassiker »Casablanca« berühmt, Alexander Korda (Sándor László Kellner) drehte u. a. »Der Dritte Mann« mit Orson Welles.

István Szabó

Doch auch in Ungarn gab und gibt es große Namen. An erster Stelle ist hier der 1938 in Budapest geborene Regisseur István Szabó zu nennen, der als Kind den Holocaust überlebte. 1981 drehte er mit Klaus Maria Brandauer in der Hauptrolle seinen bekanntesten Film, »Mephisto«. Nach der Romanvorlage von Klaus Mann widmete er sich der Frage, warum und wie weit sich Einzelne mit autoritären Regimen arrangieren. Szabó selbst war von der ungarischen Stasi an der Uni angeworben worden. Für den Mephisto erhielt er einen Oscar.

Seine erfolgreiche Zusammenarbeit mit Brandauer setzte Szabó 1985 bei »Oberst Redl« fort. Für das Familienepos »Sunshine. Ein Hauch von Sonnenschein« brachte Szabó 1999 Ralph Fiennes vor die Kamera und erhielt dafür den Europäischen Filmpreis. Behandelt wird ein Budapester Thema: die wechselvolle Geschichte einer jüdischen Familie vom 19. Jh. bis in die heutige Zeit. Auch »Der Fall Furtwängler« und »Being Julia« entstanden unter Szabós Regie. Sein langjähriger Kameramann, Lajos Koltai, verfilmte 2004 den »Roman eines Schicksallosen« von Imre Kertész unter dem Titel »Fateless«. 2012 drehte István Szabó mit Martina Gedeck und Helen Mirren den Film »Hinter der Tür«, der in Deutschland allerdings nur kurzzeitig lief.

2003 drehte István Szabó – zum Teil in Budapest – die Filmkomödie »Being Julia«

Heimische Filmerfolge

Ein Großteil der ungarischen Produktionen ist im Ausland leider jedoch kaum bekannt, in Budapest gefeierte Darsteller wie Sándor Csányi, Kata Dobó, Judit Schell, András Kern oder Róbert Koltai sind jenseits der Landesgrenzen nur den wenigsten Kinofans ein Begriff. Dabei ist die heimische Filmindustrie sehr produktiv. Miklós Jancsó (geb. 1921) machte sich schon in den 1960er-Jahren mit Streifen wie »Die Hoffnungslosen« einen Namen. Mehr als zehn Jahre war hingegen der Kultfilm »Der Zeuge« (A Tanú, 1969) von Péter Bacsó komplett verboten. Der Regisseur rechnete auf humorvolle Art mit der Zeit des Stalinismus ab – ein Sakrileg.

Neueren Datums ist der skurrile Streifen »Kontroll« (2003) von Antal Nimród. Hauptdarsteller Sándor Csányi verkörpert einen Fahrkartenkontrolleur, der sein Leben in der Unterwelt der Metro fristet.

Derzeit scheint der ungarische Film jedoch eine Durststrecke zu durchlaufen. Neue hochkarätige Filmproduktionen aus Budapest sind Mangelware. 2015 gewann allerdings der Auschwitz-Film »Sohn von Saul« des Budapester Regisseurs László Nemes bei den Filmfestspielen in Cannes den Großen Preis. Sehr beliebt ist Budapest als preisgünstiger Drehort für internationale Blockbuster. Schon Madonna, Angelina Jolie, Bruce Willis und Robert Pattinson drehten hier.

Trauriger Sonntag
1999 zeigte der gleichnamige Film sehr bewegend die Geschichte des Komponisten Rezső Seress und seines »Lied vom traurigen Sonntag« vor dem Hintergrund des Holocausts in Budapest. Die Hauptrollen spielten Joachim Król, Ben Becker und Erika Marozsán.

Ödön Lechner gilt als der Hauptvertreter des Jugendstils in Budapest. Seine Bauwerke zeichnen sich durch eine bunte Exotik und Verspieltheit aus. Doch zu Beginn des 20. Jh. machte eine zweite Generation von Architekten Lechner den Rang streitig. Von ihnen stammen so herrliche Jugendstilbauten wie der Gresham-Palast, die Musikakademie und das Elefantenhaus im Zoo.

Vater der nationalen Architektur

In Sachen Jugendstil führen in Budapest alle Wege zunächst zu Ödön Lechner (1845–1914). An der Wende zum 20. Jh.

Der Nationalismus schlug sich in unterschiedlichen Kunstbereichen in patriotischen Werken nieder. Die Erforschung der ›authentischen‹ Wurzeln war ebenfalls en vogue. So spürten z. B. die Komponisten Bartók und Kodály der archaischen Bauernmusik nach (s. S. 93). Auch Lechner machte sich auf die Suche nach Vorbildern, jedoch nicht nur in Ungarn, sondern auch im fernen Osten. Da die Magyaren ihre Herkunft in Asien vermuteten, schauten viele Forscher dorthin. Lechner übernahm dabei indische Vorlagen, die er – im Kolonialstil – bei seinen Reisen in Großbritannien kennengelernt hatte.

Der Architekt war gleichzeitig von den technischen Möglichkeiten der

Ödön Lechner und der Jugendstil

wurde er zum ›Vater der nationalen Architektur‹, indem er in Budapest eine ganz eigene Ausformung des Jugendstils schuf, die bis heute beeindruckt.

Nach Studien in Berlin, Paris und Großbritannien übernahm Lechner in den 1870er-Jahren erste Aufträge. Damals vertrat er noch den sehr populären Historismus. Doch Lechner wollte mehr: Er war auf der Suche nach einer ›ungarischen Architektur‹, einem authentischen Nationalstil. Diese Idee war im ausgehenden 19. Jh. nicht nur in Ungarn sehr populär, sondern auch in anderen Teilen Europas.

Jugendstil-Prachtbau: der Gresham-Palast

Gründerzeit sehr angetan. So verwendete er bei der Umsetzung seiner Ideen u. a. die damals sehr modernen Stahlträgerkonstruktionen. Revolutionär war auch Lechners Kooperation mit der Firma Zsolnay aus dem südungarischen Pécs. Dort hatte Firmenchef Vilmos Zsolnay den sogenannten Pyrogranitziegel entwickelt, der frost- und wärmebeständig war. Erst dank dieser Erfindung konnte Lechner seine berühmten bunten Dächer schaffen. Das Ergebnis war eine vollendete Formenvielfalt, Leichtigkeit und Verspieltheit, die ihresgleichen sucht und einen ganz eigenständigen Beitrag zum europäischen Jugendstil darstellt.

Lechners Meisterwerke

1893 erhielt Lechner zusammen mit seinem Partner Gyula Pártos den Auftrag, in Budapest das neue Kunstgewerbemuseum (s. S. 242) zu errichten. Nun konnte er zum ersten Mal seine architektonischen Vorstellungen umsetzen. Der zentrale Lichtsaal wirkt fast wie ein Maharadscha-Palast; weithin sichtbar thront die grün-gelbe Kuppel auf dem Gebäude. Es sind immer wieder die Dächer, bei denen Lechners Kreativität besonders zutage tritt. Das beste Beispiel ist das Dach der Alten Postsparkasse (1900/01, s. S. 206), das von der Straße aber nur schwer zu erkennen ist. Das fantastische blaue Dach des Geologischen Landesmuseums (1897–99) in der Stefánia út 14 ist wesentlich einfacher auszumachen.

Triumph und Ablehnung

Lechner frönt in seinen Bauten nicht einem stumpfen Nationalismus, sondern entwirft ein farbenfrohes Gegenbild dazu. Genau das bescherte dem Architekten aber bald Kritik aus den Reihen der herrschenden Elite. Diese war zunächst begeistert gewesen von der Idee einer ›ungarischen‹ Architektur, doch nun war Lechner ihnen nicht nationalistisch und ernsthaft genug.

Da Lechner fortan von offizieller Seite gemieden wurde, erhielt er bis zu seinem Tod 1914 nur noch kleinere Aufträge, die meist von privater Seite kamen. Wie sehr Lechner jedoch von der Bevölkerung geschätzt wurde, beweist eine Episode anlässlich seiner Beerdigung: Aus Trauer und Respekt legten die Bauarbeiter in Budapest für fünf Minuten die Arbeit nieder.

Eine zweite Blüte

Trotz der offiziellen Abkehr von Lechner setzte sich der Jugendstil in Budapest durch. Er wurde nach dem Wiener Vorbild *szecesszió* genannt.

Andere Architekten griffen europäische Stilelemente auf und schufen wahre Paläste. Bis zum Ersten Welt-

Detail im Kunstgewerbemuseum – entworfen von Ödön Lechner und Gyula Pártos

krieg entstanden bedeutende Bauten, die Budapest den architektonischen Anschluss an die Moderne sicherten und das Stadtbild bis heute prägen.

Ein herausragendes Beispiel für den offiziell sanktionierten Jugendstil lieferte der 1904–06 nach Entwürfen von Zsigmond Quittner sowie József und László Vágó für eine britische Versicherung entworfene Gresham-Palast (s. S. 200). Besonders die Details haben es in sich, z. B. die Fahrstuhlanzeiger, die Pfauen an den Toren oder der Fassadenschmuck. Dennoch wirkt der Bau wie ein nüchterner Gegenentwurf zu Lechners bunter Farbenwelt.

Das gilt in gleichem Maße für die Fassade der Franz-Liszt-Musikakademie (s. S. 220), die 1904–07 von Flóris Korb und Kálmán Giergl entworfen wurde. Die eigentliche Sensation sind hier die großartigen Jugendstilverzierungen im Inneren, allen voran das mystische Fresko »Die Quelle der Kunst« im ersten Obergeschoss. Es gilt als schönstes Jugendstilwerk seiner Art in Budapest. Verantwortlich war Aladár Körösfői-Kriesch von der Künstlerkolonie Gödöllő, die mit ihren Fresken und Gobelins dem Jugendstil eine ganz eigene Ausprägung gab (s. S. 287).

»Die Kunst des ungarischen Volkes wird primitiv genannt, weil sie frei ist von Falschheit und Opportunismus. Unsere Verantwortung besteht nun darin, ihre individuellen und altertümlichen Formen zu bewahren, bevor sie verschwinden.« Diese programmatische Bemerkung verrät Körösfői-Kriesch Nähe zu Bartók.

Mein Tipp

Pause im Jugendstilcafé
Wer die Formenvielfalt des Jugendstils auf sich wirken lassen möchte, sollte sich eine Kaffeepause in echtem Jugendstilambiente gönnen. Dazu gibt es in Budapest zwei reizvolle, aber nur wenig bekannte Möglichkeiten: Zum einen beherbergt das herrliche Palmenhaus des Zoos (s. S. 229) mit seiner eleganten Konstruktion aus Glas und Stahl ein stimmungsvolles Café. Zum anderen bietet das wunderbar renovierte Haus der Ungarischen Sezession in der Honvéd utca 3 den angemessenen Rahmen für das Secessio Café (s. S. 42) – sogar die Sitzmöbel sind stilecht.

Jugendstilperle Zoo

Wenn man über den Jugendstil in Budapest spricht, nimmt der Zoo (s. S. 227) im Stadtwäldchen eine besondere Stellung ein. Der Tierpark wurde zwischen 1909 und 1912 unter der Leitung von Károly Kós und Dezső Zrumeczky völlig neu konzipiert, just zur Blütezeit des Art Nouveau. Mit ihrem ›Siebenbürgischen Stil‹ lagen sie voll im Trend der Zeit. Das größte Highlight ist allerdings das orientalisch anmutende Elefantenhaus, das nach Plänen von Kornél Neuschloss unter Verwendung von Zsolnay-Designs entstand.

Die bunten Pyrogranitziegel sowie die mit Eosin glasierten Elefantenköpfe machen die einzigartige Gestaltung perfekt. Mit seinem östlich-indischen Aussehen kommt es den Vorstellungen Lechners sicher am nächsten und ist ein Beweis für den bleibenden Einfluss des Meisters, ungeachtet der öffentlichen Kritik.

Sanierung oder Abriss? – Ein historisches Viertel in Gefahr

Als die UNESCO die Andrássy út 2002 zum Welterbe erklärte, würdigte sie die gelungene Sanierung bedeutender Bauwerke und strich den Stellenwert der Pester Innenstadt heraus. Doch ausgerechnet im alten jüdischen Viertel, unweit der Andrássy-Straße, droht vielen Häusern der Abriss. Das Viertel befindet sich in einem rasanten Wandlungsprozess.

In Budapest ist man zu Recht stolz auf den zweiten Welterbetitel. 1987 war bereits der Burgberg auf die renommierte Liste gesetzt worden. Über das eigentliche Kerngebiet hinaus legte die UNESCO zudem eine größere ›Pufferzone‹ in der Pester Innenstadt fest, die man ebenfalls als besonders schützenswert erachtete. Zu dieser Schutzzone gehört das alte jüdische Viertel in der Elisabethstadt (Erzsébetváros). Schmale Gassen, prächtige Synagogen und eine lebendige Kulturszene prägen den Stadtteil in direkter Nachbarschaft der herrschaftlichen Andrássy út. Ab Mitte des 19. Jh. lebten hier vor allem ärmere Juden. 1944/45 gelang es Zehntausenden Menschen, im Ghetto trotz unvorstellbarer Leiden den Holocaust zu überleben. Damit ist das Stadtviertel in Mitteleuropa einzigartig.

Nach der demokratischen Wende 1989/90 begann die dringend nötige Sanierung. Das jüdische Leben regenerierte sich spürbar, die Synagogen wurden renoviert, manche Jugendstilhäuser vorbildlich restauriert und auch kulturell pulsiert hier wieder das Leben (s. Entdeckungstour S. 190).

Doch jahrelang wurden alte Häuser einfach abgerissen und durch gesichtslose Bürobauten oder Apartmenthäuser ersetzt. Der Charakter der Gassen ändert sich damit unwiderruflich, für die alten Bewohner bleibt kein Platz. Der Pester Lloyd sprach von »Baulöwen im Abrissrausch«, das Deutschlandradio von einem »Tummelplatz für Spekulanten«. 2009 wurde sogar ein Bezirksbürgermeister wegen Betrugsverdachts festgenommen.

Ziviler Protest

Gegen den massiven Strukturwandel regt sich seit Jahren Protest. Der Schriftsteller György Konrád warnte vor den Folgen der Entwicklung für die Elisabethstadt und 2004 wurde die Bürgerinitiative ÓVÁS! (Einspruch!) gegründet. Einer der Mitbegründer war der Filmemacher István Jávor. »Wir hatten 1990 gehofft, mit der Dezentralisierung der Machtbefugnisse die Entscheidungen näher an die betroffenen Menschen zu bringen. Darin haben wir uns getäuscht«, zieht er mit Blick auf die kommunale Baupolitik Bilanz. »Fragen des Weltkulturerbes übersteigen die Kompetenz einzelner Stadtbezirke«, ist er überzeugt. Doch genau dort werden die meisten Entscheidungen getroffen. Den Stadtbezirken mangelt es aber an Geld, um die sanierungsbedürftigen Wohnviertel wieder herzurichten. Da verlockt der Immobilienhandel als Einnahmequelle. Die Elisabethstadt ist dabei kein Einzelfall. In der Josephstadt jenseits des Großen Rings sind mehrere Tausend Menschen vom Neubau des ›Flughafen-Korridors‹ betroffen (s. S. 243). Auch die Franzensstadt hat sich stark gewandelt.

In der Elisabethstadt konnte ÓVÁS! erreichen, dass mehr als 50 Häuser unter Denkmalschutz gestellt wurden. Trotzdem gibt es schon rund zwei Dutzend Neubauten. Die renommierte internationale Denkmalschutzorganisation ICOMOS wandte sich in einem Brief an den damaligen Budapester Oberbürgermeister Demszky: »Dieses große historische Gebäudeensemble wird in wenigen Jahren vor unseren Augen zerstört sein – wenn nichts passiert, um den Abriss zu verhindern.«

Ein Neuanfang?

In jüngster Zeit sind neue Entwicklungen zu beobachten: Gastronomiebetriebe kaufen Häuser auf und renovieren sie liebevoll, sodass wenigstens die Bausubstanz erhalten bleibt. Die EU förderte die Umwandlung der Kazinczy utca in eine »Kulturstraße« und auch in die Gozsdu-Höfe ist neues Leben eingezogen. Doch eine Gentrifizierung findet auch bei diesen Projekten statt. Die Haltung der seit 2010 regierenden Fidesz-Bezirks- und -Stadtverwaltung ist zwiespältig. Erst unterstützte man z. B. die Renovierung der Kazinczy utca, dann wollte man aber die Öffnungszeiten der entstandenen Restaurants und Kneipen deutlich begrenzen. Die Grundfrage bleibt bestehen: Soll das Stadtbild des alten jüdischen Viertels und die gewachsene Bevölkerungsstruktur erhalten bleiben oder droht dem Viertel weiterhin der Abriss oder die Luxussanierung? Die Zeit drängt.

Angesagt: das Szimpla Kert in der Kazinczy utca, Flaggschiff der ›Ruinenkneipen‹

Baden wie ein Pascha

Nicht weniger als 123 Thermalquellen sprudeln im Budapester Stadtgebiet. Sie sind ein natürlicher Schatz der Hauptstadt, die seit 1934 ein staatlich anerkanntes Heilbad ist. Von türkischen Thermalbädern bis zu Jugendstiltempeln reicht das Angebot für Wellnessfreunde – ›Bad Budapest‹ bietet Entspannung pur!

Schon die Kelten wussten um die Quellen entlang der Donau. Die Römer perfektionierten als Erste die Badekultur. Die Reste des großen Bades am Flórián tér in Óbuda sind ein Zeugnis römischer Wellnessaktivitäten.

Erst im späten Mittelalter belebte sich das Badegeschäft wieder. Im 15. Jh. war Renaissance-König Matthias ein ausgewiesener Badefreund. Damals spielte das seit Jahren wegen Renovierung geschlossene Rác-Bad eine besondere Rolle. Es heißt, der König habe einen unterirdischen Geheimgang von der Burg ins Bad besessen.

Türkische Badetempel

Die Türken brachten die Badekultur zur Hochblüte. Schon bald nach ihrer Besetzung Budas 1541 gingen sie daran, herrliche Thermalbäder zu errichten, von denen noch zwei erhalten sind. Fernab des Bosporus wollten sie es sich richtig gemütlich machen. Das Rudas-Heilbad (s. S. 167) liegt unterhalb des Gellértbergs am Donauufer. Unter einer Kuppel liegt das zentrale Becken mit rund 36 °C warmem Wasser. Die schummrige Atmosphäre lässt den Raum wie eine Krypta wirken. Gedämpftes Gemurmel der Besucher und das sanfte Plätschern des Wassers unterstreichen die einmalige Stimmung. Fast schon revolutionäre Neuerungen sind das gemischtgeschlechtliche Nachtbaden am Wochenende und die monatlichen Discoabende. Von der etwas biederen Atmosphäre der Altherrenrunden früherer Tage ist nichts mehr zu spüren.

Das zweite türkische Bad ist das Király-Heilbad (s. S. 148). Pascha Mustafa Sokollu ließ dieses fantastische Bad, mit dessen Bau sein Vorgänger Arslan begonnen hatte, im 16. Jh. vollenden.

Badepaläste der Gründerzeit

Nach dem Ende der türkischen Besatzung kamen die Thermalbäder erst im 19. Jh. wieder richtig in Mode. Im Stadtwäldchen stieß man just unter dem heutigen Millenniumsdenkmal in ca. 1250 m Tiefe auf Thermalwasser. So entstand das wunderbare Széchenyi-Heilbad (s. S. 232). Dieser dekadent anmutende Badepalast verfügt auch über Thermalbecken im Freien,

Ein Wellness-Tempel: das Gellért-Heilbad

die für ihre ausdauernden Schachspieler bekannt sind. Selbst im Winter kann man bei knapp 37 °C wunderbar im Freien entspannen! Durch zwei Becken ohne Thermalwasser und diverse Spaßbadangebote hat sich das Széchenyi zu einem sehr familienfreundlichen Bad entwickelt.

Das vielleicht berühmteste Bad ist jedoch das Gellért-Heilbad (s. S. 161), das sich an das gleichnamige Hotel anschließt. Schon im Mittelalter gab es an dieser Stelle Badeanlagen, doch der heutige Jugendstilbau ist in seiner luftigen Grandiosität nicht zu übertreffen. Das Bad stellt einen Triumph des Jugendstils in Budapest dar. Neben der prächtigen Badehalle sind die nach Geschlechtern getrennten Thermalbadebereiche Augenweiden.

Wellness pur

Im Széchenyi und im Gellért gehören Massagen zum Standardangebot, da die Bäder ohnehin medizinische Funktionen ausüben. Im Vergleich zu postmodernen Wellnessbädern geht es allerdings recht rustikal zu, denn die Thermalbäder sind fester Bestandteil der Alltagskultur in der ungarischen Hauptstadt. Massagen sollten bereits zu Beginn des Besuchs gebucht werden, damit sich noch ein freier Termin finden lässt.

Badeordnung

Da manche Bäder in ihrer Thermalabteilung getrennte Badetage für Frauen und Männer haben, sollte man unbedingt zuerst einen Blick in den Kalender werfen. Inzwischen hat man jedoch in fast allen Bädern gemischtgeschlechtliche Badetage eingeführt. An diesen Tagen gilt grundsätzlich Bekleidungszwang. In manchen der alten Thermalbäder bekommt *mann* an den getrennten Tagen einen archaischen Lendenschurz gereicht, während *frau* eine längere Schürze erhält. In einigen Bädern gibt es unter der Woche vormittags oder nachmittags verbilligte Eintrittskarten. Die meisten Bäder weisen die Kleiderschränke heute mit Magnet-Armbändern zu. Kinder und Jugendliche unter 14 Jahren sind vom Thermalvergnügen ausgeschlossen.

Gute Tropfen aus Ungarn

Jahrzehntelang dümpelte die Entwicklung der ungarischen Weine vor sich hin. Doch seit einigen Jahren ist Qualität wieder Trumpf und die Renaissance der heimischen Weine hat längst die Hauptstadt erreicht. In Vinotheken und Restaurants kann man die erlesenen Tropfen der Spitzenwinzer probieren.

Erlauer Stierblut und Tokajer

Ungarn ist ein Weinland. Durch die exzellenten klimatischen Bedingungen ist fast im gesamten Land Weinbau möglich. Insgesamt gibt es 22 historische Weinanbaugebiete. Bis in die zweite Hälfte des 19. Jh. gediehen sogar in Buda Weintrauben, doch die verheerende Reblausseuche und das rapide Wachstum der Stadt bereiteten den hauptstädtischen Weingärten ein Ende.

Schon die Römer betrieben Weinbau, später auch die Magyaren. Zu Zeiten der Türkenkriege wurde der rote Rebensaft sogar mythisch verklärt. Als die Türken 1552 Eger angriffen, tranken die Verteidiger in ihrer Not angeblich die letzten Weinvorräte auf. Die Türken dachten jedoch, es handele sich um Stierblut, das die Verteidiger unbesiegbar mache, und zogen schließlich mutlos ab. So wurde das berühmte Erlauer Stierblut (Egri bikavér) geboren, das als Cuvée aus mindestens drei Rotweinsorten hergestellt wird.

Manchen Weinen wurde sogar eine medizinische Wirkung nachgesagt. Der Genuss einer ordentlichen Menge Schomlauer Hochzeitswein in der Hochzeitsnacht sollte männlichen Nachwuchs garantieren. Ganz allgemein hieß es: Vinum somlainum omni sanum – Schomlauer Wein heilt einfach alles.

Im 18. Jh. wusste man an den europäischen Fürstenhöfen ein gutes Fässchen Tokajer sehr zu schätzen. König Ludwig XIV. adelte den Spätlesewein als »König der Weine, Wein der Könige«. Das ›flüssige Gold‹ wird in der ungarischen Nationalhymne als »Gottes Geschenk« gepriesen.

Ungarn verfügt über eine Reihe eigener Weinsorten, die eine ganz spezielle Note haben. Dazu zählen der *kéknyelű* (Blaustengler) vom Balaton, der *juhfark* (Lämmerschwanz), der *Egri leányka* (Erlauer Mädchentraube) sowie der *ezerjó* (Tausendgut). Traditionelle Sorten sind zudem der rote *kékfrankos* (Blaufränkischer), der *kadarka* sowie der *kékoportó* (Blauer Portugieser). Unter den Weißweinen sind der *szürkebarát* (Grauer Mönch), der *olaszrizling* (Welschriesling), der *cirfandli* (Zierfandler) und der *hárslevelű* (Lindenblättriger) sehr populär.

Renaissance der ungarischen Weine

Zu kommunistischen Genossenschaftszeiten war billige Massenproduktion angesagt. Mit dem Zerfall der Genossenschaften machten sich in vielen Regionen engagierte Winzer daran, private Weingüter aufzubauen. Die meisten begannen mit bescheidenen Familiengrundstücken. Wer Qualität erzeugen wollte, setzte auf drastische Mengenreduzierung und traditionelle Produktionsmethoden.

Ein Zentrum der Entwicklung war frühzeitig der südungarische Ort Villány. Schon 1991 wurde der dort ansässige Ede Tiffán zum ersten ungarischen »Winzer des Jahres« gekürt. Er war Mitbegründer der Ungarischen Weinakademie und gilt als Vordenker der neuen Winzergeneration. Auch seine Kollegen József Bock, Attila Gere und Zoltán Polgár wurden für ihre Bemühungen zum »Winzer des Jahres« gekürt. Gemeinsam etablierten sie Villány als führenden Ort für erlesene Spitzenweine.

Während in Villány der Erfolg vollkommen ›hausgemacht‹ war, investierten rund um Tokaj u. a. französische und spanische Firmen in den Ausbau der Weingüter. Ungarische Namen wie Oremus oder Disznókő verbergen die ausländische Beteiligung. Starwinzer István Szepsy arbeitete zunächst für das Weingut Királyudvar des amerikanischen Weinenthusiasten Anthony Hwang. Inzwischen hat er sich selbstständig gemacht und erzielt für seine Weine Spitzenpreise. Auch rund um Eger, Sopron und am Balaton wurden in den letzten Jahren in Sachen Qualität spürbare Fortschritte erzielt.

Budapester Weinlokale

Die Renaissance der ungarischen Weine ist natürlich auch in der Hauptstadt angekommen. Ein sehr gutes Beispiel dafür ist das **Bock Bisztró.** Das fesche Restaurant ist am Großen Ring im Corinthia Grand Hotel Royal untergebracht. Namensgeber ist der Villányer Topwinzer József Bock, dessen Weine natürlich auch zum Essen gereicht werden. Der mehrfach prämierte Chefkoch Lajos Bíró serviert verfeinerte, mediterran angehauchte Küche. Dazu werden aus den Kellern der besten ungarischen Winzer passende Weine empfohlen. In dem angeschlossenen Laden kann man die entsprechenden Tropfen auch sofort kaufen.

Ebenfalls ein bistroähnliches Restaurant betreibt die Budapest Wine Society »Bortársaság« an der Andrássy út. Die Weinhandelskette hat in dem sympathischen Lokal **Klassz** eine Verkaufsfläche, ansonsten steht auch hier das Essen im Vordergrund. Dazu werden die Weine aus dem eigenen Angebot gereicht. Charakteristisch ist die große Auswahl an offenen Weinen. Der Trend ist eindeutig: Die Hauptstädter wollen in angenehmer Umgebung und bei gutem Essen Weine genießen und sie nicht nur einfach im Fachhandel kaufen.

Gleich nebenan kann man im prächtigen **BookCafé** die Tropfen des Buch- und Weinliebhabers Dezső Matyi kosten, darunter die Pécser Weißweinsorte *cirfandli.* Vor der großartigen Kulisse des mit Fresken und Spiegeln rundum verzierten Lotz-Saals schmecken die Weine besonders gut.

Weitere angesagte Weinbistros sind z. B. das Gepárd és Űrhajó sowie das Borbíróság. Aber auch ›normale‹ Restaurants verfügen meist über eine ansprechende ungarische Weinauswahl.

Mein Tipp

Empfehlenswerte Weinlokale

Bock Bisztró: Erzsébet körút 43–49, Tel. 321 03 40, www.bockbisztro.hu, Mo–Sa 12–24 Uhr, s. S. 36, 249

Klassz: Andrássy út 41, kein Tel., www.klasszetterem.hu,tgl. 11.30–23 Uhr, s. S. 39.

BookCafé: Andrássy út 39, Tel. 461 58 35, tgl. 10–22 Uhr, s. S. 40, 218.

Borpatika Andante: Bem rakpart 2, Tel. 457 08 07, www.andante-borpatika.hu, So–Mi 17–23, Do–Sa 12–23 Uhr, s. S. 146.

DiVino: Szent István tér 3, Tel. (06) 70 935 39 80; Gozsdu-Hof (Király utca 13/Dob utca 16), Tel. (06) 70 413 48 99, http://divinoborbar.hu, beide So–Mi 16–24, Do–Sa 16–2 Uhr, s. S. 211.

Weinbars

Gleich neben der Kettenbrücke ist auf der Budaer Donauseite die **Borpatika Andante** ein wichtiger Treffpunkt für Weinfreunde. Ungarns bekanntester Rockstar, Ákos, schuf ein Unikum für Budapest. Mit an Bord ist Zsolt Tiffán, Sohn des Villányer Topwinzers Ede Tiffán (s. o.). In der sehr geschmackvoll eingerichteten ›Weinapotheke‹ stehen 240 exquisite Weine zur Auswahl. Das gehobene Ambiente wirkt wie ein englischer Club. Natürlich stehen die besten Weine aus dem Haus Tiffán auf der Weinkarte, doch auch die anderen Weinregionen sind präsent.

Im Gegensatz zur Borpatika kommt das topmoderne Weinlokal **DiVino** in minimalistischem Schick daher. Hier treffen sich die Weinfreunde gerne an lauen Sommerabenden, denn an den Tischen draußen genießen die Gäste bei einem entspannten Gläschen Wein das fantastische Ambiente der angestrahlten Stephans-Basilika.

Ebenfalls stimmungsvoll geht es im neuen DiVino-Ableger im angesagten Gozsdu-Hof zu.

Unterwegs in Budapest

Juwel des Jugendstils – das Gellért-Heilbad

Das Beste auf einen Blick

Auf dem Burgberg

Highlight!

Burgviertel: Das majestätische Burgschloss, die elegante Matthiaskirche und die malerischen Gassen machen das Burgviertel zum schönsten Stadtteil von Budapest. Hoch oben auf dem Budaer Burgberg liegen der königliche Bezirk rund um den Palast sowie die Bürgerstadt unmittelbar nebeneinander. Vom Burgschloss und von der romantischen Fischerbastei genießt man den schönsten Panoramablick über die Donau. Das Viertel ist eine barocke Oase inmitten der Großstadt und zählt bereits seit 1987 zum Welterbe der UNESCO. S. 120

Auf Entdeckungstour

Ungarische Malerei im ›Goldenen Zeitalter‹: In der Nationalgalerie im Burgschloss sind die Größen der ungarischen Malerei zu bewundern. Ein Rundgang durch die Ausstellungen zum späten 19. und frühen 20. Jh. macht vertraut mit den bedeutendsten Künstlern des ›Goldenen Zeitalters‹ zwischen 1867 und dem Zweiten Weltkrieg. Im Mittelpunkt stehen Werke von Mihály Munkácsy, Pál Szinyei-Merse, Károly Ferenczy und Tivadar Csontváry-Kosztka. S. 124

Kultur & Sehenswertes

Burgschloss: Mit der Ungarischen Nationalgalerie und dem Budapester Historischen Museum beherbergt das Schloss zwei der wichtigsten Museen der Hauptstadt. 4 7 S. 121

Matthiaskirche: Die Kirche war Zeuge von königlichen Hochzeiten und festlichen Krönungen, auch von Kaiser Franz Joseph und Elisabeth (Sisi). 15 S. 131

Fischerbastei: Die Fischerbastei vor der Matthiaskirche eröffnet einen grandiosen Blick über die Donau hinüber nach Pest und zum Parlament. 16 S. 132

Zu Fuß unterwegs

Fußweg zum Burgschloss: Hinauf, immer hinauf geht es, will man zu Fuß zum Schloss gelangen. 3 S. 121

Genießen & Atmosphäre

Ruszwurm Cukrászda: Ungarns ältestes Kaffeehaus serviert bereits seit 1827 in dem kleinen Biedermeier-Wohnzimmer süße Leckereien – eine Institution! 3 S. 132

Café Pierrot: Das beste Restaurant des Viertels ist eine verlässliche gastronomische Oase. 5 S. 36, 141

Abends & Nachts

Romantischer Bummel: Von der Terrasse vor dem Burgschloss abends zur Fischerbastei schlendern und dabei die Stimmung im Burgviertel sowie den Ausblick über die Donau nach Pest hinüber genießen – was kann schöner sein? 3 16 S. 121, 132

Burgviertel !

Das **Burgschloss (Budavári palota)** ist das sichtbarste Wahrzeichen der Stadt. Es thront hoch über der Donau und nimmt die gesamte Südspitze des Burgbergs ein. Es gilt als Symbol des ungarischen Nationalstolzes. Selbst die Kommunisten rissen das zerstörte Schloss nach dem Zweiten Weltkrieg nicht einfach nieder, sondern renovierten es zur Unterbringung von Museen und der Nationalbibliothek. Ungarn war bis 1945 offiziell ein Königreich. Doch auf dem Burgberg residierten nur in den 300 Jahren zwischen Mitte des 13. und 16. Jh. ungarische Monarchen. König Béla IV. hatte nach dem Tatarensturm 1241/42 mit der Befestigung des ca. 50–60 m über der Donau gelegenen Budaer Hügelrückens begonnen und an der äußersten Südspitze eine königliche Residenz angelegt. Im Norden des **Burgviertels** entstand die heutige Bürgerstadt.

Rund um das Burgschloss

Sikló 1

Clark Ádám tér / Szent György tér, tgl. 7.30–22 Uhr, 1200 HUF, erm. 700 HUF
Gemächlich gleitet die historische Standseilbahn **Sikló** vom **Clark Ádám tér** an der **Kettenbrücke** (s. S. 142) den Burgberg hinauf. Immer schöner wird der Panoramablick. Die 1870 eröffnete Strecke ist nur knapp 100 m lang, doch weist sie einen Steigungswinkel von 48 Grad auf. Die Bergstation liegt am Szent György tér mit dem **Sándor-Palais,** dem Sitz des Staatspräsidenten, zur Rechten.

Burggarten 2

Zur Linken liegt Richtung Donau vor dem Burgschloss der **Burggarten.** Bewacht wird der Garteneingang vom

Infobox

Reisekarte: ▶ B–D 7–9

Übersicht

Der erste Teil des Rundgangs ist vom Burgschloss geprägt. Mit dem Besuch der Nationalgalerie und des Budapester Historischen Museums kann man allein hier einen halben Tag verbringen.
Die idyllischen Gassen des Burgviertels vermitteln einen ganz anderen Eindruck als der repräsentative Südteil rund ums Schloss. Die Touristenströme konzentrieren sich auf den Bereich zwischen Dísz tér und Fischerbastei. Im restlichen Viertel ist es sehr ruhig.

Verkehrsmittel

Zentraler Umsteigepunkt ist der Dísz tér zwischen Schloss und Matthiaskirche. Bus 16 verkehrt vom Deák Ferenc tér (Pest) zum Dísz tér, Bus 16, 16A und 116 fahren vom Széll Kálmán tér (Buda) durchs Burgviertel zum Dísz tér.
Die Standseilbahn Sikló fährt vom Clark Ádám tér zum Szent György tér am Burgschloss.

Touristeninformation

Szentháromság tér/Tárnok utca 15, www.budapestinfo.hu, tgl. 9–18 Uhr.

Mein Tipp

Fußweg zum Burgschloss ▶ Cityplan S. 122
Der schönste Weg hinauf zum Burgschloss beginnt an der Talstation der Standseilbahn. Nach links führt die ehemalige Auffahrt der Monarchen bergan (Sikló utca). Über Kopfsteinpflaster geht es zu zwei Toren oberhalb des Burggarten-Basars (s. S. 155), der eine alternative Aufstiegsroute bietet (mit Rolltreppe). Nun gelangen Sie durch das Seufzertor (Lihegő kapu) zum **Großen Rondell** (Nagy rondella). Dieser Bereich mit seinem alten Wehrgang ist sehr stimmungsvoll. Ein Abstecher führt links zum **Ferdinand-Tor** am Streitkolbenturm (Buzogány torony). Zurück am Rondell führt die Auffahrt weiter hinauf zum **Burgschloss** 3 und endet direkt vor der **Reiterstatue** des Prinzen Eugen im **Burggarten** 2. Für die Mühen des Aufstiegs werden Sie mit einem fantastischen Panoramablick über die Donau hinüber nach Pest entlohnt. Der Aufgang ist tgl. von 6–24 Uhr geöffnet.

mythischen **Turul-Vogel,** der unter seinen riesigen Fittichen entschlossen das Schwert Fürst Árpáds umklammert. Einer Legende nach geleitete der Totemvogel den Magyaren-Fürst Árpád ins ›gelobte Land‹ nach Ungarn. Dem Turul wurde als Stammesvater der Árpáden gottähnliche Verehrung entgegengebracht. Die dramatische Plastik stammt von Gyula Donáth (1905).

Durch die Türen des schmiedeeisernen Gitters geht es über eine Treppe auf die Promenade vor dem Schloss. Vor dem Eingang zur **Ungarischen Nationalgalerie** (s. u.) wird Prinz Eugen von Savoyen mit einem von József Róna im Jahre 1900 geschaffenen Reiterstandbild geehrt. Der österreichische Heerführer war Ende des 17. Jh. maßgeblich an der Befreiung Ungarns von der Türkenherrschaft beteiligt.

Mit seinem Erfolg in der Schlacht bei Zenta sicherte der Prinz im Jahre 1697 gleichzeitig den Anspruch der Habsburger auf die Herrschaft in Ungarn. Viele Magyaren sahen deshalb die Befreier als neue Besatzer und führten unter Fürst Ferenc II. Rákóczi zwischen 1703 und 1711 einen erbitterten, aber erfolglosen Kampf gegen die Habsburger.

Burgschloss 3

Das pompöse **Burgschloss** geht auf die recht bescheidene Residenz zurück, die König Béla IV. Mitte des 13. Jh. errichten ließ. Seine Nachfolger erweiterten das Gebäude zu einem gotischen Palast. Bedeutende Bauherren waren König Sigismund (1387–1437) und der Renaissance-Herrscher König Matthias (1458–90). Matthias war einer der mächtigsten Monarchen Europas und unterhielt einen glanzvollen Hof. Einige Überreste der mittelalterlichen Gebäude sind im **Budapester Historischen Museum** (s. u.) zu besichtigen.

Mit der Eroberung Budas durch die Türken 1541 endete die Glanzzeit als königliche Residenz. Die Türken nutzten den Palast für militärische Zwecke, und bei ihrer Vertreibung 1686 wurde er nahezu vollständig zerstört. Die neuen Herren Ungarns, die österreichischen Habsburger, begannen 1715 mit dem Wiederaufbau,

Budaer Burgviertel

Sehenswert
1 Sikló
2 Burggarten
3 Burgschloss
4 Ungarische Nationalgalerie
5 Matthias-Brunnen
6 Széchényi-Nationalbibliothek
7 Budapester Historisches Museum
8 Szent György tér
9 Sándor-Palais
10 Ehem. Karmeliterkloster
11 Dísz tér
12 Labyrinth
13 Apothekenmuseum
14 Szentháromság tér
15 Matthiaskirche
16 Fischerbastei
17 Hotel Hilton und Dominikaner-Hof
18 Galerie Koller
19 Musikhistorisches Museum
20 Mittelalterliches Jüdisches Gebetshaus
21 Bécsi kapu tér
22 Maria-Magdalenen-Turm
23 Kriegsgeschichtliches Museum
24 Deutsche Botschaft
25 Telefonmuseum
26 Granittreppe
27 Márai-Gedenkbüste
28 Tóth-Árpád-Promenade

Essen & Trinken
1 Korona Kávéház
2 Vár Bistró
3 Ruszwurm Cukrászda
4 HB Lounge
5 Café Pierrot
6 Pest-Buda
7 Bástya Terasz
8 Spíler

Einkaufen
1 Herend

Fußweg zum Burgschloss s. S. 121

um ihren Machtanspruch zu demonstrieren. In das Schloss jedoch zog lediglich der ungarische Palatin ein, der Habsburger-Vizekönig.

Nach dem Ausgleich zwischen Österreich und Ungarn 1867 drängten die Ungarn auf eine königliche Residenz, die ihrer neu gewonnenen politischen Stellung Rechnung tragen sollte. Man beauftragte 1875 Miklós Ybl und nach seinem Tod 1891 Alajos Hauszmann mit einer massiven neobarocken Erweiterung des Schlosses, die 1904 abgeschlossen wurde.

Wirklich residiert hat hier allerdings nur der sogenannte Reichsverweser Miklós Horthy zwischen 1920 und 1944. Die Situation war skurril: Offiziell war Ungarn ein Königreich, doch einen Monarchen gab es nach der Entthronung der Habsburger nicht. Der letzte Habsburger-König, Karl IV., scheiterte 1921 mit einem Putschversuch. Genauso kurios war, dass der k. u. k. Admiral Horthy ein Land ohne Meer und Flotte regierte.

Am Ende des Zweiten Weltkriegs wurde das Schloss während der deutschen Besatzung in Schutt und Asche gelegt. Der Wiederaufbau folgte einer Kombination aus Entwürfen des 18. und 19. Jh.

Ungarische Nationalgalerie 4

Szent György tér 2, Di–So 10–18 Uhr, www.mng.hu, Eintritt Dauerausstellung 1400 HUF, erm. 700 HUF

Seit 1975 residiert die **Ungarische Nationalgalerie (Magyar Nemzeti Galéria)** im Burgschloss. Über die vier Flügel A–D verteilt, sind ungarische Werke vom 11. Jh. bis zur heutigen Zeit ausgestellt. In der mittelalterlichen Sektion sind vor allem die gotischen Flügelaltäre im Erdgeschoss und im ersten Obergeschoss des Ostflügels hervorzuheben. Die bemalte Holzkassettendecke der Kirche von Gogánváralja (1503–18) ist die älteste ihrer Art in Ungarn. In der Abteilung mit Werken aus der Barockzeit sticht u. a. ein Porträt des Fürsten Ferenc II. Rákóczi von Ádám Mányoki (1712) ins Auge. Der Künstler wurde nach der Niederlage des Fürsten Hofmaler für August den Starken von Sachsen.

Im Keller des Museums überstand die sogenannte Habsburg-Krypta als einzige die Zerstörungen des Zweiten Weltkriegs. Seit dem Tod des Palatins Joseph 1847 werden seine Nachfahren hier beigesetzt. Das Highlight des Museums ist jedoch die umfangreiche Sammlung ungarischer Malerei aus dem späten 19. und frühen 20. Jh. im 1. und 2. OG (s. Entdeckungstour S. 124). Im 3. OG sind zeitgenössische ungarische Kunstwerke aus der Zeit nach 1945 anzutreffen.

Die Nationalgalerie zeigt bis 2018 Highlights aus dem derzeit geschlossenen Museum der Bildenden Künste (s. S. 224). Ab 2018 soll die Nationalgalerie selbst in einen Museumsneubau im Stadtwäldchen umziehen. ▷ S. 127

Auf Entdeckungstour:
Ungarische Malerei im ›Goldenen Zeitalter‹

Im ›Goldenen Zeitalter‹ zwischen 1867 und dem Ersten Weltkrieg entwickelte sich die ungarische Malerei überaus dynamisch. Mihály Munkácsy, Tivadar Csontváry Kosztka, Pál Szinyei Merse, Károly Ferenczy und Béla Czóbel waren die bedeutendsten Vertreter des Aufbruchs. Sie standen in regem Austausch mit ihren europäischen Künstlerkollegen, doch heute sind sie im Ausland zu Unrecht nahezu unbekannt.

Ungarische Nationalgalerie (Magyar Nemzeti Galéria)

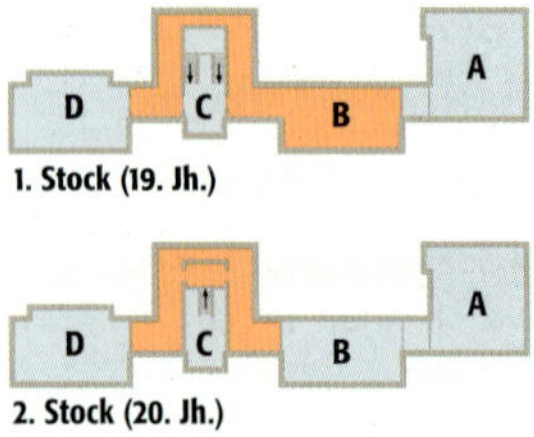

Cityplan: s. S. 122

Zeit: ca. 1–2 Std.

Planung: Di–So 10–18 Uhr, www.mng.hu, Eintritt Dauerausstellung 1400 HUF, erm. 700 HUF

Start: Haupteingang der Ungarischen Nationalgalerie 4 (Flügel C), Szent György tér 2

Wer sich beim Besuch der Nationalgalerie auf das späte 19. und frühe 20. Jh. konzentriert, hat eine spannende und ausgesprochen abwechslungsreiche Museumstour vor sich. Zwei Werke veranschaulichen exemplarisch die ganze künstlerische Bandbreite des ›Goldenen Zeitalters‹, das 1867 durch den politischen Ausgleich mit Österreich eingeläutet wurde: Im Aufgang zum 1. Stock werden Besucher von dem patriotischen Großgemälde »Die Wiedereroberung der Budaer Burg« (1896) von **Gyula Benczúr** (1844–1920) empfangen. Das pathetische Historiengemälde versucht dabei einen politischen Spagat: Zum einen wird die Befreiung von der Türkenherrschaft 1686 gefeiert, zum anderen werden die neuen Habsburger-Herrscher gehuldigt, welche seither Ungarn regierten.

Im Aufgang zum 2. Stock repräsentiert das farbenfrohe Gemälde »Die Ruinen des griechischen Theaters von Taormina« (1904/05) von **Tivadar Csontváry Kosztka** (1853–1919) hingegen den Aufbruch in ein neues Zeitalter. Allein schon geografisch ist es weit entfernt von ungarischen Sujets. Hier findet eine radikale Abkehr von der tradierten Historienmalerei statt.

Patriotische Großgemälde

Die Historienmalerei war in Ungarn vor allem in der zweiten Hälfte des 19. Jh. populär. Sehr typisch ist im 1. Stock rechts das eindringliche Werk »Die Frauen von Eger« (1867) von **Bertalan Székely** (1835–1910), das die Verteidigung der Burg Eger gegen eine übermächtige türkische Streitmacht 1553 eindrucksvoll in Szene setzt. Hier wird die ungarische Geschichte und der Kampf gegen die Fremdherrschaft glorifiziert. Derartige Töne finden auch im heutigen Ungarn wieder Anklang. Ganz in der Nähe befindet sich das Werk »Die Taufe des Vajk« (1875) von Gyula Benczúr. Aus Vajk wurde 1000/01 unter dem neuen Namen István (Stephan) der erste König Ungarns.

Vagabunden, Verurteilte und eine Frau in Lila

Auch der vielleicht bedeutendste ungarische Maler, **Mihály Munkácsy** (1844–1900), war der Historienmalerei nicht abgeneigt. Sein epochales Gemälde »Die Landnahme« hängt im Parlament. In der Nationalgalerie wird jedoch im Ausstellungsbereich »Munkácsy und der Realismus am Ende des (19.) Jh.« im 1. Stock links zunächst ein ganz anderer Munkácsy präsentiert. Düster gehaltene Bilder wie »Der letzte Tag des Verurteilten I.« (1869/70) oder »Vagabunden der Nacht I.« (1872/73) sind typisch für sein frühes Schaffen, bei dem er soziale Themen aufgriff. Munkácsy stammte selbst aus ärmlichen Verhältnissen, wurde später in Paris jedoch zu einem gefeierten Salonmaler. Seine Werke zählen heute zu den teuersten der ungarischen Malerei. Munkácsy schuf auch das letzte Porträt des Komponisten Franz Liszt.

Besondere Beachtung verdient im 1. Stock auch **Pál Szinyei Merse** (1845–1920). Er war einer der ersten ungarischen Impressionisten. Im Museum sind u. a. sein »Maifest« (1873) und das Bild »Frau in Lila« (1874, s. Abb. links) ausgestellt, das seine junge Ehefrau vor einer Landschaft zeigt. Das Ölgemälde entstand jedoch nicht in der freien Natur, sondern im Atelier.

Bedeutende Künstlerkolonien

Das Jahr 1896 markiert eine Wasserscheide in der ungarischen Kunst: Die pompösen Millenniumsfeiern stellten ein letztes Highlight für Historienmaler wie Gyula Benczúr dar.

Zeitgleich begann eine Gruppe junger ungarischer Maler unter Leitung von Simon Hollósy und Károly Ferenczy (s. S. 273) neue Wege zu beschreiten.

Simon Hollósy (1857–1918), der in München eine bedeutende private Malschule leitete, regte 1896 die Gründung der ersten ungarischen Künstlerkolonie in Nagybánya (heute Baia Mare, Rumänien) an. Bis zum Ersten Weltkrieg bildete sie das Zentrum der ungarischen Freilichtmalerei. Mehrere Jahre wurde die Kolonie von **Károly Ferenczy** (1862–1917) geleitet, dessen Frühwerke im 1. Stock zu sehen sind. Beispielhaft für sein späteres Schaffen ist im 2. Stock »Oktober« (1903). Nicht der große Landschaftseindruck, sondern eine kleine Gartenszene interessierte den Maler. Aus demselben Jahr stammt auch Ferenczys »Malende Frau«.

Eine weitere Künstlerkolonie entstand 1901 auf Initiative von **Aladár Körösfői-Kriesch** (1863–1920) in Gödöllő (s. S. 287). Seine religiös-mystisch angehauchten Bilder sind intensiv vom Jugendstil geprägt. Eines seiner Hauptwerke ist in der Franz-Liszt-Musikakademie zu bewundern, die herrliche Innenausstattung der Kirche in Zebegény ist ein weiteres. In der Nationalgalerie ist er mit »Ego sum via, veritas et vita« (1903) vertreten.

Ein visionärer Autodidakt

Eine Sonderstellung nehmen die Bilder von **Tivadar Csontváry Kosztka** (1853–1919) ein. Der exzentrische Künstler kam erst relativ spät zur Malerei und finanzierte sich durch den Betrieb einer Apotheke. Als Autodidakt ließ er sich u. a. durch Studienaufenthalte in Paris und München sowie Studienreisen ans Mittelmeer und auf den Balkan inspirieren. Angetrieben wurde er von einer göttlichen Vision, die ihm angeblich prophezeit hatte, seine Werke würden berühmter als die von Raffael. Außer seinem Taormina-Bild (s. o.) hängen noch weitere Gemälde im Treppenaufgang zum 2. Stock, z. B. die »Wallfahrt zu den Zedern des Libanon« (1907). Der psychisch labile Maler starb schließlich jedoch völlig verkannt und verarmt. In letzter Zeit hingegen sind Csontvárys visionäre Werke heiß begehrt: Eines seiner Gemälde erzielte bei einer Auktion 2012 mit 240 Mio. HUF (800 000 €) den bisherigen Rekordpreis in Ungarn (s. S. 205).

Zwischen Paris und Donauknie

Wie viele Künstler der damaligen Zeit lebte **József Rippl-Rónai** (1861–1927) lange Jahre in Paris und ließ sich von der dortigen Kunstentwicklung inspirieren. In der Nationalgalerie ist seine »Frau mit Vogelbauer« (1892) zu sehen. Als Vertreter der nächsten Generation stand **Béla Czóbel** (1883–1976) u. a. mit Henri Matisse und den Fauves in Verbindung. In Ungarn regte der kreative Maler 1907/08 die Gründung der Gruppe »Nyolcak« (Acht) an, um die Pariser Erfahrungen umzusetzen. Diesen ›ungarischen Wilden‹ war auch die Freilichtmalerei zu zahm. Der »Sitzende Mann« (1906) zählt zu Czóbels Frühwerken.

Der Erste Weltkrieg bedeutete auch für die ungarische Kunst einen schweren Einschnitt. Manche Künstler, wie Czóbel, emigrierten ganz oder zeitweise, andere gründeten in Szentendre eine Künstlerkolonie (s. S. 273). Wie ein Nachruf auf das Goldene Zeitalter wirkt **István Szőnyis** (1894–1960) »Beerdigung in Zebegény« (1928). Der Künstler lebte in dem Donaudorf.

Bei Redaktionsschluss wurde die Abteilung zum frühen 20. Jh. im 2. Obergeschoss komplett umgestaltet.

Matthias-Brunnen 5

Nach dem Verlassen der Nationalgalerie führt ein Durchgang zum **Matthias-Brunnen** von Alajos Stróbl (1904). Dargestellt sind der berühmte König als Jäger und rechts unten die »Schöne Ilona«, eine Figur, die auf ein gleichnamiges Gedicht von Mihály Vörösmarty (1833) zurückgeht. In der zeittypischen Geschichte verliebt sich die einfache Ilona aus dem Volk in den fremden Jäger. Als sie erkennt, dass dies in Wirklichkeit der König ist, stirbt sie vor Gram, weil sie keine Chance für ihre Liebe sieht.

Sehr dynamisch ist zur Rechten das Standbild eines **Pferdehirten** (ungar. *csikós)* von György Vastagh (1901), der in bester ungarischer Tradition sein Pferd zügelt. Durch das **Löwentor** gelangt man links in den Innenhof des Schlosses. Die vier Löwen wurden 1901/02 von János Fadrusz gefertigt.

Széchényi-Nationalbibliothek 6

Szent György tér 4–6, Di–Sa 9–20 Uhr, Zutritt nur mit Leserausweis, www.oszk.hu

Im Westflügel befindet sich die **Széchényi-Nationalbibliothek (Országos Széchényi Könyvtár).** Sie wurde 1802 von Graf Ferenc Széchényi gegründet und war bis 1949 Teil des Nationalmuseums. Zu den wichtigsten Beständen gehören 36 Corvinen. Die prachtvoll gefertigten Kodizes waren Bestandteil der Bibliotheca Corviniana von König Matthias im 15. Jh. Das Wappentier des Königs war der Rabe (lat. *corvus)*. Damals war nur die Vatikan-Bibliothek größer. Viele Corvinen gingen im Laufe der Jahrhunderte verloren. Zu weiteren Schätzen unter den mehreren Mio. Büchern, Manuskripten, Drucken und Tondokumenten zählen wertvolle mittelalterliche Handschriften sowie 1800 Inkunabeln aus der Frühzeit des Buchdrucks.

Budapester Historisches Museum 7

Szent György tér 2 (Flügel E), März–Okt. Di–So 10–18, Nov.–Feb. Di–So 10–16 Uhr, Eintritt 2000 HUF, erm. 1000 HUF, www.btm.hu

Am hinteren Ende des Innenhofs liegt im Südflügel des Schlosses das **Budapester Historische Museum (Budapesti Történeti Múzeum).** Hier wird die Geschichte der drei Städte Pest, Buda und Óbuda anschaulich nachvollzogen. Der gemeinsame Weg als Budapest begann erst nach der Vereinigung 1873. Besonders interessant sind die Reste gotischer Skulpturen und die wiederhergestellten Teile des mittelalterlichen Palastes. Sehenswerte Außenstellen des Museums sind das Römer-Museum Aquincum (s. S. 264) und das ehemalige Kloster Kiscell (s. S. 264).

Szent György tér 8

Durch das Löwentor geht es nun geradeaus weiter. Hinter dem modernen Gittertor erstreckt sich der weitläufige **Szent György tér.** Zur Linken befanden sich einst u. a. die königlichen Stallungen sowie im Mittelalter das jüdische Viertel. Entlang der Burgmauer wurde in jüngster Zeit die schöne Promenade **Nyugati sétány** angelegt.

Sándor-Palais 9

Zur Rechten liegt an der Bergstation des Sikló das **Sándor-Palais.** In dem 1806 von Mihály Pollack entworfenen Palast residierten nach dem Ausgleich mit Österreich 1867 die ungarischen Ministerpräsidenten. Zu diesem Zweck wurde der Bau von Miklós Ybl umgestaltet. Nach dem Zweiten Weltkrieg lag das Palais verwaist, weil die Regierung auf die Pester Donauseite wechselte. 2002 bezog der Staatspräsident diesen repräsentativen Amtssitz.

Mittags um 12 Uhr findet ein Wachwechsel vor dem Palais statt. Die Solda-

Das Burgschloss erstrahlt seit Ende der 1970er-Jahre wieder in altem Glanz

ten in historischen Uniformen wirken bei der traditionellen Zeremonie fast wie die Figuren eines Glockenspiels.

Ehem. Karmeliterkloster 10

Unmittelbar neben dem Sándor-Palais fällt das ehemalige Karmeliterkloster ins Auge. Das jetzige spätbarocke Gebäude wurde 1736 errichtet, doch bereits 50 Jahre später durch Kaiser Joseph II. als Theater und Kasino säkularisiert. Im neuen Burgtheater fand 1790 die erste Theateraufführung in ungarischer Sprache statt, und 1800 gab Ludwig van Beethoven ein viel beachtetes Gastkonzert. Bis 2014 war hier das Nationale Tanztheater (s. S. 54) untergebracht.

Bei Redaktionsschluss wurde der Gebäudekomplex als neuer Amtssitz für Ministerpräsident Viktor Orbán hergerichtet. Orbán hatte schon 2002 ins benachbarte Sándor-Palais ziehen wollen, was nur durch seine damalige Abwahl verhindert wurde.

Bürgerstadt

Die Bürgerstadt im Norden des Burgviertels unterscheidet sich sehr stark vom Bereich rund um das Schloss. Statt pompöser Repräsentationsarchitektur gibt es hier malerische Gassen. Alles hat eine menschliche Dimension, und in den kopfsteingepflasterten Gassen finden sich erstaunlich ruhige Ecken abseits der touristischen Hauptpfade. Wichtigste Attraktionen sind die Matthiaskirche und die Fischerbastei.

Geschichte

Der Aufbau der Bürgerstadt begann mit der Befestigung des Burgbergs Mitte des 13. Jh. Ungarn, Deutsche, Italiener und Juden kamen in die Stadt, aber erst ca. 200 Jahre später (1439) konnte die ungarische Oberschicht gegen die deutschen Patrizier eine gleichberechtigte Vertretung im Stadtrat durchsetzen. 1541 eroberten die Türken Buda und machten die

Stadt für 145 Jahre zum Sitz eines Paschas. Als die Habsburger die Budaer Burg 1686 einnehmen konnten, legten sie dabei das Viertel in Schutt und Asche. Der Wiederaufbau im 18. Jh. prägt bis heute das Bild der Gassen. Auf den mittelalterlichen Fundamenten entstanden barocke Wohnhäuser und Paläste.

1867 zogen nach dem politischen Ausgleich zwischen Österreich und Ungarn wichtige Ministerien und Botschaften auf den Burgberg, der damit zum Regierungsviertel wurde. 1873 verlor Buda mit der Vereinigung zur Hauptstadt Budapest seine Selbstständigkeit. Der Stadtteil ist aber weiterhin der I. Bezirk der Donaumetropole.

Die schweren Kämpfe zwischen deutschen Besatzern und der Roten Armee hinterließen 1945 erneut eine Ruinenlandschaft. Beim Wiederaufbau orientierte man sich mustergültig an den historischen Vorgaben und legte sogar einige mittelalterliche Baureste frei. Seit 1987 ist das Burgviertel Teil des UNESCO-Welterbes.

Dísz tér 11

Der **Dísz tér (Paradeplatz)** ist der belebteste Bereich des gesamten Burgviertels. Hier halten die Stadtbusse aus Pest und auch die Reisebusse setzen hier ihre Reisegruppen ab. Dementsprechend finden sich auf der kurzen Wegstrecke zwischen dem Platz und der Matthiaskirche zahlreiche Andenkenläden, eine Post und mehrere Touristenlokale. Nett sind am Dísz tér das **Korona Kávéház** 1 sowie das **Vár Bistró** 2, das auch gerne zur Mittagszeit von Angestellten aufgesucht wird.

Lange Zeit war das **ehemalige Verteidigungsministerium** (Honvéd Főparancsnokság) in Haus Nr. 17 eine von Weltkriegskämpfen zerstörte Ruine am Zugang zum Burgschloss. Nach einer umfassenden Renovierung dient es seit 2014 als Galerie für Wechselausstellungen. An der Außenwand wurden einige Einschusslöcher als Mahnzeichen erhalten.

In Haus Nr. 4–5 residierte der päpstliche Nuntius Angelo Rotta, der sich 1944/45 gegen die Verfolgung der Juden einsetzte (s. S. 86).

Úri utca

Vom Dísz tér geht es nicht direkt zur Matthiaskirche, sondern zunächst in den südlichen Teil der barock geprägten **Úri utca (Herrengasse).**

Die hier herrschende beschauliche Atmosphäre versetzt Besucher schnell in eine andere Welt (s. auch Lieblingsort S. 139).

Labyrinth 12

Úri utca 9, tgl. 10–19 Uhr, Tel. 212 02 07, www.labirintusbudapest.hu, Eintritt 2000 HUF, erm. 1500/600 HUF

Rechts weist im Haus Nr. 9 eine offene Tür in die schummrige Unterwelt des Burgbergs, der von einem weitverzweigten Kellersystem untertunnelt ist. In diesem **Labyrinth (Labirintus)** sind 1200 m begehbar. Die natürlichen Hohlräume im Karstgestein dienten ursprünglich vielen Häusern u. a. als Weinkeller. Sie waren seit dem Mittelalter schließlich nach und nach miteinander verbunden worden. Im Zweiten Weltkrieg wurden die rund 10 km langen Gänge dann zu militärischen Zwecken genutzt. Die deutschen Besatzungstruppen verschanzten sich im Jahr 1944 hier.

Nach dem Krieg blieb das Gelände lange militärisches Sperrgebiet und diente u. a. als Atombunker und geheimes Militärhospital. Heute bietet das Labyrinth entlang der spärlich beleuchteten Gänge mehrere etwas durcheinandergewürfelte Ausstellungen, u. a. mit Informationen zu den Budaer Karsthöhlen.

Apothekenmuseum 13

Tárnok utca 18, Mitte März–Okt. Di–So 10-18, sonst Di–So 10–15.30 Uhr, www.semmelweismuseum.hu, Eintritt 500 HUF, erm. 250 HUF

Ans Tageslicht zurückgekehrt, führt die kleine Anna utca zur zentralen Tárnok utca. Im Mittelalter hielten hier die deutschen Einwohner der Stadt ihre Wochenmärkte ab. Gleich an der Ecke befindet sich in Haus Nr. 18 das kleine, sympathische **Apothekenmuseum zum Goldenen Adler (Arany Sas Patikamúzeum)**. In diesem Haus war ab dem 18. Jh. die erste Apotheke von Buda untergebracht.

Szentháromság tér 14

Zentraler Platz in der Bürgerstadt ist der **Szentháromság tér (Dreifaltigkeitsplatz).** In der Mitte des Platzes erinnert die **Dreifaltigkeitssäule** von Philipp Ungleich (1713) an die Überwindung der Pest in Buda. Zur Linken versah das **ehemalige Rathaus** Budas von 1710 bis zur Vereinigung mit Pest im Jahr 1873 seinen Dienst. An der Ecke ist Pallas Athene mit dem Budaer Stadt-

Neugotisches Meisterwerk: die Matthiaskirche ist eine der Hauptattraktionen des Viertels

Bastei angestrahlt und taucht dadurch in ein fast schon surreales Licht. Romanik und Romantik fließen perfekt ineinander. Im linken Teil der Bastei ermöglicht ein Café es, den Ausblick mit einer kleinen Pause zu verbinden.

In diese »historische« Umgebung passt selbstverständlich auch das **Reiterdenkmal** des Königs Stephan I. (Alajos Stróbl, 1906). Der 1083 heilig gesprochene Staatsgründer verkörpert wie kein anderer ungarischer König den Gleichklang von Thron und Kirche. Das apostolische Doppelkreuz in seiner Rechten und der feste Blick auf die Kirche sind deutliche Indizien für diese enge Verbindung.

Hotel Hilton und Dominikaner-Hof 17

Einen architektonischen Geschmackskonflikt ganz besonderer Art beschwört die moderne Fassade des Hilton-Hotels (s. S. 29) herauf. Zwar spiegelt sich die Fischerbastei sehr schön in der Fensterfront, doch ob das 1976 von Béla Pintér fertiggestellte Hotel wirklich ein bauliches Glanzlicht ist, bleibt in dem malerischen Viertel ziemlich umstritten. Immerhin wurden einige historische Relikte in die Anlage integriert. So gelangt man am Ende der Fischerbastei in den **Dominikaner-Hof**, in dem gotische Reste des mittelalterlichen Klosters zu sehen sind.

Ein Denkmal erinnert an die beiden Dominikanermönche Julian und Gerhard. Auf der Suche nach den Ostmagyaren an der Wolga stieß Julian im Jahr 1237 als erster Mitteleuropäer auf die Ta-taren, die damals zu ihrem großen »Sturm« nach Westen ansetzten. Der Mönch warnte umsonst vor der heraufziehenden Gefahr. Fünf Jahre später hatten die Tataren Pest und Buda in Schutt und Asche gelegt.

Auf der Vorderseite des Hilton liegt der **Hess András tér**. Benannt wurde der Platz nach dem Buchdrucker, der für König Matthias 1473 das erste ungarische Buch druckte, die »Chronica Hungarorum«.

Táncsics Mihály utca

Während geradeaus die Fortuna utca beginnt, zweigt halbrechts die **Táncsics Mihály utca** ab, die sich viel von ihrem barocken Flair erhalten hat. Gleich rechts in Nr. 1 residierte 1942 bis 1945 in der ehemaligen britischen Gesandtschaft der Schweizer Vizekonsul Carl Lutz, der viele Juden vor dem Tod rettete (s. S. 86).

Galerie Koller 18

Táncsics Mihály utca 5, tgl. 10–18 Uhr, Tel. 356 92 08, www.kollergallery.com, Eintritt frei

Das Haus der **Galerie Koller (Koller Galéria)** in einem Hinterhof ist zwar modern, doch der Besuch lohnt sich wegen der kleinen, aber feinen Ausstellung im Atelier des Bauhaus-Schülers, Bildhauers und Schauspielers Amerigo Tot (1909–84) sowie wegen des wunderbaren Skulpturengartens auf der Rückseite.

Musikhistorisches Museum 19

Táncsics Mihály utca 7, Di–So 10–16 Uhr, Tel. 214 67 70, www.zti.hu/museum, Eintritt 600 HUF, erm. 300 HUF

Im herrschaftlichen Erdődy-Palais bietet das **Zenetörténeti Múzeum (Musikhistorisches Museum)** eine sehenswerte Ausstellung zur Geschichte der Volksmusik und zum Schaffen von Béla Bartók, der die Volkslieder für die Nachwelt aufzeichnete (s. S. 269). Interessant sind die historischen Musikinstrumente, die hier ausgestellt sind. Gelegentlich gibt es im Museum Konzerte (mit Museumsticket freier Eintritt).

In den Abendstunden wirkt die Fischerbastei geradezu märchenhaft ▷

Nebenan in Nr. 9 befand sich einst ein berüchtigtes Gefängnis. Hier war u. a. der Anführer der Revolution von 1848/49, Lajos Kossuth, eingesperrt.

Mittelalterliches Jüdisches Gebetshaus 20

Táncsics Mihály utca 26, *Mi–So 10–14 Uhr, www.btm.hu, Eintritt 800 HUF, erm. 400 HUF*

Einige Häuser weiter auf der linken Seite befinden sich in Haus Nr. 26 Reste eines **Mittelalterlichen Jüdischen Gebetshauses (Középkori Zsidó Imaház).** Im Durchgang zum schönen Innenhof sind alte jüdische Grabplatten ausgestellt und in dem kleinen Museumsraum sind Reste hebräischer Deckeninschriften zu erkennen.

Nach ihrer Vertreibung zwischen 1360 und 1364 siedelten sich die jüdischen Bewohner in dieser Gasse an, die damit zum neuen Judenviertel wurde. Folgerichtig hieß die Gasse damals Judengasse.

Die »kleine« Synagoge wurde noch unter den Türken genutzt. Eine größere Synagoge hatte sich bis 1686 gegenüber in Haus Nr. 23 (Zichy-Palais) befunden.

Bécsi kapu tér 21

Wenige Meter weiter erreicht man den **Bécsi kapu tér (Platz am Wiener Tor).** Das Tor hieß ursprünglich Samstagstor, weil auf dem Platz im Mittelalter die Samstagsmärkte abgehalten wurden. Im Jahr 1936 wurde es zum Andenken an die Rückeroberung Budas von den Türken neu aufgebaut. Von hier fahren die Busse hinab zum Verkehrsknotenpunkt Széll Kálmán tér.

Auf dem Platz stellen die Häuser Nr. 5–8 ein gut erhaltenes Ensemble aus dem 18. Jh. dar. Haus Nr. 6 wurde im Barockstil, die Häuser Nr. 5 und 7 im Zopfstil errichtet. Letzteres gehörte zu Beginn des 20. Jh. Baron Lajos Hatvany, einem bekannten Zuckerfabrikanten und Literaturförderer. In der Zeit zwischen 1935 und 1937 beherbergte er u. a. Thomas Mann dreimal als Gast. Der schon im Exil lebende Literatur-Nobelpreisträger zollte Budapest hohes Lob, man spüre überall »echte Kultur«. Zu diesem Zeitpunkt lebten in Budapest mit Sándor Márai, Attila József und Dezső Kosztolányi einige der bedeutendsten Literaten des Landes.

Mit einzelnen ungarischen Autoren pflegte Mann, der schon 1913 das erste Mal nach Budapest kam, engere Beziehungen. So schrieb er für Kosztolányis Buch »Nero« ein Vorwort. Bei Manns letztem Besuch 1937 untersagte die Hitler-freundliche Regierung etwaige politische Äußerungen des hohen Gastes – die Schatten der faschistischen Repression wurden auch in Budapest länger, ›echte Kultur‹ war immer weniger gefragt. So verbot die Polizei den Vortrag eines an Mann gerichteten politischen Gedichts von Attila József, einem der größten ungarischen Lyriker aus dem 20. Jh. József nannte Thomas Mann »einen Europäer unter Weißen« und prophezeite, die Menschheit werde bald »von Monsterstaaten zugeschüttet«.

In der **Evangelischen Kirche** an der Ecke zur Táncsics Mihály utca werden regelmäßig sonntags um 10 Uhr Gottesdienste auf Deutsch abgehalten.

Országház utca

Der weitere Weg führt durch die kleine Kard utca (Schwertgasse) zur **Országház utca (Landtagsgasse).** Der Name stammt vom ständischen Landtag, der in dem großen Palais in Nr. 28 von 1785 bis 1806 tagte. Zur Rechten bilden die Häuser Nr. 21–25 ein schönes Ensemble. Nr. 25 ist das kleinste Haus im Burgviertel.

Maria-Magdalenen-Turm 22

Die Országház utca mündet auf den Kapisztrán tér. Dort steht einsam der **Maria-Magdalenen-Turm (Mária Magdolna torony).** Die gleichnamige Kirche war im Mittelalter für die ungarische Bürgerschaft zuständig. Unter den Türken war sie lange Zeit die einzige christliche Kirche in Buda. Die unterschiedlichen Konfessionen mussten sich das Gebäude also teilen. Zerstört wurde die Kirche erst im Zweiten Weltkrieg.

Kriegsgeschichtliches Museum 23

Kapisztrán tér 2–4, April–Sept. Di–So 10–18, sonst 10–16 Uhr, www.militaria.hu, Eintritt 1500/750 HUF

Im **Kriegsgeschichtlichen Museum (Hadtörténeti Múzeum)** sind vor allem die Ausstellungen zum Freiheitskampf gegen die Habsburger 1848/49 sowie zur Revolution 1956 interessant. Die Ausstellung zur Horthy-Zeit ist leider in Teilen ziemlich verharmlosend – schließlich führte Horthys Teilnahme am Zweiten Weltkrieg das Land direkt in den Ruin. Der Eingang befindet sich auf der schönen Wallpromenade Tóth Árpád sétány (s. S. 140).

Deutsche Botschaft 24

Die Úri utca 64–66 beherbergt seit 2001 die **Deutsche Botschaft,** die sich schon vor dem Zweiten Weltkrieg hier im alten Regierungsviertel befunden hatte. Im Eingangsbereich hat man einige gotische Sitznischen schön renoviert.

Nachbar des deutschen Botschafters ist in der Úri utca 62 der katholische Erzbischof von Esztergom-Budapest, Kardinal Péter Erdő. Der Erzbischof von Esztergom ist traditionell auch der Primas des Landes.

Telefonmuseum 25

Úri utca 49, Di–So 10–16 Uhr, www.postamuzeum.hu, Eintritt 500 HUF, erm. 250 HUF

Auf der anderen Straßenseite gelangt man in der Úri utca 49 an die Rückseite des alten Landtags. Noch vor seiner Nutzung als Parlament und Oberstes Gericht diente der barocke Gebäudekomplex zwischen Úri utca und Or-szágház utca im 18. Jh. als Klarissinnenkloster. Heute befindet sich hier das kleine **Telefonmuseum (Telefónia Múzeum).** Neben einer funktionsfähigen Telefonzentrale sind u. a. die Original-Telefone von Kaiser Franz Joseph und des kommunistischen Staatschefs János Kádár zu sehen.

Zur Szentháromság utca

Sehr reizvoll sind in der Úri utca neben den gotischen Sitznischen (s. Lieblingsort s. S. 139) auch der mittelalterliche Eingang zu Nr. 48, das schöne Holztor von Nr. 35 oder der Innenhof von Nr. 31. Leider stehen nur wenige historische Innenhöfe offen. An der Ecke Szentháromság utca ragt links erneut die Matthiaskirche auf, und wer möchte, kann nochmals bei Ruszwurm einkehren (s. Mein Tipp S. 132).

Granittreppe 26

Rechts führt die kleine Gasse zur **Granittreppe (Gránit lépcső)** an der **Tóth Árpád sétány** (s. S. 140). Vom oberen Ende der überdachten Treppe schweift der Blick über die Christinenstadt Richtung Budaer Berge. In dem bürgerlichen Stadtteil lebten in den 1930er-Jahren bedeutende Schriftsteller, darunter **Sándor Márai** (1900–1989) in der Mikó utca 2.

Am Fuße der Granittreppe erinnert am Beginn der Mikó utca eine **Gedenkbüste** 27 an den lange Zeit vergessenen Schriftsteller, der inzwischen einer der bekanntesten ungarischen Literaten im Ausland ist. Márai hatte das gegen Ende des Krieges zerstörte Haus von 1931 bis 1945 bewohnt. Eine weitere Büste erinnert an **Teréz**

7

Lieblingsort

Bummel durch die Herrengasse
Der nördliche Teil der **Úri utca (Herrengasse)** gehört für mich zum Schönsten, was das Burgviertel zu bieten hat. Historische Stadtpaläste und mittelalterliche Baureste sorgen für ein malerisches Flair, vor allem abends, wenn die sanft-gelbe Straßenbeleuchtung angeht. Architektonisch besonders reizvoll sind die gotischen Sitznischen in den Tordurchgängen (z. B. Nr. 32, 40 und 64–66), bei Nr. 36 sind sie zum Teil sogar noch romanischen Ursprungs. Ob diese Nischen den Kutschern zum Ausruhen dienten oder eine andere Funktion erfüllten, lässt sich heute nicht mehr eindeutig klären.

Brunszvik (1775–1861). Brunszvik war mit dem Pädagogen Pestalozzi bekannt und eröffnete an der Ecke Mikó utca/Attila utca 1828 den ersten Kindergarten im Habsburgerreich. Legendär war auch ihre Bekanntschaft mit Ludwig van Beethoven, der ihr seine »Mondscheinsonate« widmete. Der Maestro besuchte die Brunszviks mehrfach in Ungarn. Thereses Schwester Josephine soll die mysteriöse »unsterbliche Geliebte« des berühmten Komponisten gewesen sein.

Tóth-Árpád-Promenade 28

Die wunderschöne Fußgängerpromenade **Tóth Árpád sétány** führt entlang der westlichen Wallanlage zurück zum Dísz tér. In der anderen Richtung erstreckt sich die Wallpromenade bis zu einem Rondell am Kriegsgeschichtlichen Museum (s. S. 137). Von überall genießt man einen schönen Blick in die Budaer Berge. Unter schattigen Bäumen laden viele Sitzbänke zu einer erholsamen Pause ein. Im Sommer kann man bei gutem Wetter auf der **Bástya Terasz** 7 Platz nehmen. Besonders romantisch ist ein Bummel bei Sonnenuntergang, wenn die Lichter der Stadt langsam angehen.

Essen & Trinken

Schlossblick – **Korona Kávéház** 1: Dísz tér 16, Tel. 375 61 39, April–Okt. tgl. 10–19, sonst 10–18 Uhr. Durch die Panoramafenster fällt der Blick über die historischen Baureste direkt auf das Burgschloss. Mit Terrasse.

Schnell und günstig – **Vár Bistró** 2: Dísz tér 8, Tel. (06) 30 237 00 39, Ap-

Voller Charme, wie das Burgviertel insgesamt: das Café Ruszwurm

ril–Sept. tgl. 10–22, sonst 10–20 Uhr, Hauptgerichte ca. 1500–2400 HUF (plus Beilagen). Die solide Auswahl an der Gartheke wird hinter der Fensterfront in heller und freundlicher Atmosphäre serviert. Mittags gibt es im Bistro günstige Menüs. Mit Weinhandel.

Biedermeier-Café – **Ruszwurm Cukrászda** 3 : s. S. 132.

Drink mit Traumblick – **HB Lounge** 4 : Halászbástya (Fischerbastei), Tel. (06) 30 897 15 17, www.hbloungebar.hu, tgl. 10–22 Uhr, Hauptgerichte ca. 2300–4000 HUF. Im nördlichen Teil der Fischerbastei genießt man in relaxter Atmosphäre bei einem Drink den grandiosen Ausblick über die Donau.

Schickes Ambiente – **Café Pierrot** 5 : s. S. 36.

Ungarische Küche – **Pest-Buda** 6 : Fortuna utca 3, Tel. 225 03 77, www.pestbudabistro.hu, tgl. 12–24 Uhr, Hauptgerichte 2200–5000 HUF. Zwei gewölbte Räume, gemütliches Bistroambiente mit Holztischen und gepolsterten Sitzbänken. Auf den Tisch kommen ungarische Klassiker. Die Preise sind der Lage entsprechend etwas höher – im Sommer mit Terrasse.

Auf der Wallpromenade – **Bástya Terasz** 7 : Tóth Árpád sétány, kein Tel., Mai–Mitte Sept. tgl. 10–22 Uhr (wetterabhängig). Auf der Wallpromenade ist das Terrassencafé bei schönem Wetter der ideale Ort für eine Trinkpause mit Ausblick in die Budaer Berge.

Caféterrasse mit Ambiente – **Spíler** 8 : Kapisztrán tér, www.spilerbp.hu, Mitte April–Mitte Okt. tgl. ca. 11–19 Uhr (wetterabhängig). Auf dem stimmungsvollen Kapisztrán tér bietet dieser Freiluftableger des Spíler (s. S. 49) eine nette Möglichkeit, im eher ruhigen nördlichen Bereich des Burgviertels etwas zu trinken.

Einkaufen

Weißes Gold – **Herend** 1 : Szentháromság utca 5, Tel. 225 10 51, www.herend.com, tgl. 10–18 Uhr. Herender Porzellan ist für Ungarn, was Meissener Porzellan für Deutschland ist. Das hiesige Geschäft ist eine von mehreren Filialen in Budapest (s. S. 45).

Abends & Nachts

Abends wird es im Burgviertel eher ruhig. Sehr romantisch sind Spaziergänge vom Burgschloss durch die malerischen Gassen zur Fischerbastei. Von beiden Punkten bieten sich traumhafte Ausblicke über die Donau hinüber ins nächtliche Pest.

Gelegentlich gibt es abends Konzerte in der Matthiaskirche und im Musikhistorischen Museum (s. S. 133).

Das Beste auf einen Blick

Budaer Donauufer

Highlights!

Kettenbrücke: Leicht und erhaben schwingt sich die Kettenbrücke über die Donau. Seit 1849 verbindet sie als erste feste Brücke Pest mit Buda und ermöglichte damit die Vereinigung der beiden Städte. Wenn das Wahrzeichen der Hauptstadt abends festlich angestrahlt wird, bereitet ein Spaziergang besonderes Vergnügen. S. 144

Gellért-Heilbad: Ein Triumph des Jugendstils bietet sich Badefreunden in den Thermalbereichen des Gellért-Heilbads. Beeindruckend ist auch die palastartige zentrale Halle. Hier wird das Baden als fürstliches Vergnügen zelebriert. S. 161

Auf Entdeckungstour

Die Höhlenmetropole – Budapest von unten: In der Karstlandschaft der Budaer Berge entstanden im Laufe der Zeit zahlreiche Höhlen. Die Pálvölgyi- und die Szemlőhegyi-Höhle stehen Besuchern offen und ermöglichen einen faszinierenden Blick in die Unterwelt der Hauptstadt. S. 152

Spaziergang auf den Gellértberg: Aus der Tiefe geht es auf den 235 m hohen Gellértberg. Der markante Dolomithügel ragt steil vom Donauufer empor und wird von der Zitadelle beherrscht. Von oben bietet sich ein herrlicher Panoramablick auf den Burgberg und das Pester Donauufer. S. 158

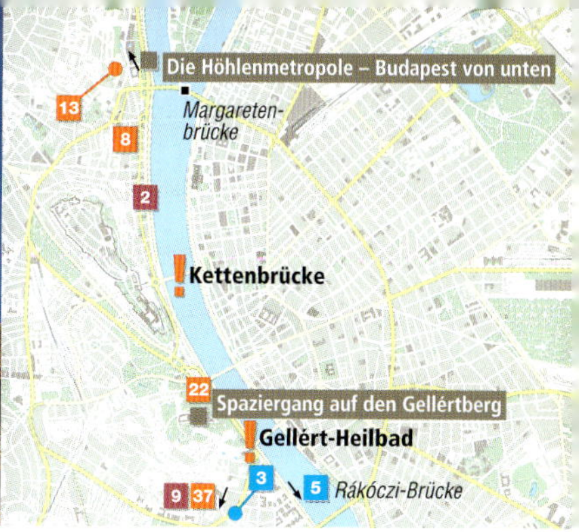

Kultur & Sehenswertes

Gül-Baba-Grabmal: Das türkische Mausoleum aus dem 16. Jh. ehrt den »Vater der Rosen« und ist bis heute eine beliebte Pilgerstätte. 13 S. 150

Memento Park: Am südlichen Stadtrand wurden rund 40 Skulpturen des Sozialistischen Realismus zu einem ungewöhnlichen Gedenkpark arrangiert. Marx, Lenin und Stalins Stiefel lassen grüßen. 37 S. 164

Aktiv unterwegs

Király-Heilbad und **Rudas-Heilbad**: Zwei wunderbare, 450 Jahre alte Thermalbäder aus der osmanischen Zeit – Baden wie ein Pascha! 8 22 S. 148, 167

Radtour: Die Budaer Donaupromenade ist eine ideale Strecke für eine kleine Radtour von der Margaretenbrücke im Norden bis zur Rákóczi-Brücke im Süden. S. 154

Genießen & Atmosphäre

Angelika Étterem: Von der Terrasse des Cafés bietet sich der beste Blick auf das monumentale Parlament. Im Winter sitzt man bequem in dem historischen Gemäuer. 2 S. 151

Tranzit Art Café: In einem ehemaligen Busbahnhof ist das schöne lichtdurchflutete Café ein kleine Oase. 9 S. 42, 165

Abends & Nachts

Szatyor Bár és Galéria: Funkig bunte Kneipe mit viel Flair, guter Stimmung und kleiner Galerie. 3 S. 49, 165

A38: An der Petőfi-Brücke ankert das Party- und Konzertschiff A38, eines der spannendsten Projekte der Budapester Nightlife-Szene. 5 S. 53, 165

Von der Kettenbrücke zum Rosenhügel

Das südliche und das nördliche Donauufer werden durch die majestätische Kettenbrücke getrennt. Auf der Budaer Seite erstreckt sich zwischen Burg und Donau der schmale Streifen der Wasserstadt, wo im Mittelalter die Fischer wohnten. Die Donaupromenade lädt zum Bummeln ein, während sich die kleinen Gassen hoch zur Burg winden. Der geschäftige Batthyány tér gegenüber dem Parlament ist der wichtigste Verkehrsknotenpunkt in diesem beschaulichen Viertel. Westlich der Margaretenbrücke entwickelte sich der Rosenhügel ab dem 19. Jh. zu einem schicken Villenviertel. Weiter nördlich lohnt eine Entdeckungstour zu zwei Budaer Höhlen, während der Millenáris Park kulturelle Akzente setzt.

Kettenbrücke ! 1

Nur mit Tränen in den Augen konnte der Literat Antal Szerb über die **Kettenbrücke (Széchenyi lánchíd)** berichten. Und in der Tat, dieses Budapester Wahrzeichen leuchtet majestätisch, wenn abends die festliche Beleuchtung angeht. Gerade dann entfaltet die Brücke eine nahezu magische Anziehungskraft. Seit 160 Jahren überspannt sie die Donau, und als erste Steinbrücke verband sie Pest und Buda. Zuvor gab es nur hölzerne Pontonbrücken, doch diese konnten im Winter nicht genutzt werden – Pest und Buda waren dann voneinander abgeschnitten.

Jahrelang stritten sich die beiden damals noch selbstständigen Städte

Infobox

Reisekarte: ▶ B–D 6–8

Kettenbrücke, Wasserstadt und Rosenhügel
Ausgangspunkt der Tour ist der Clark Ádám tér auf der Budaer Seite der Kettenbrücke. Von hier geht es nach Norden durch die Wasserstadt zum Rosenhügel, der westlich der Margaretenbrücke aufragt. Endpunkt ist der Verkehrsknotenpunkt Széll Kálmán tér. Für die Route benötigt man mindestens 2–3 Stunden. Wer sich auf die Entdeckungstour zu den Höhlen begibt, sollte einen ganzen Tag für das nördliche Budaer Donauufer einplanen.

Verkehrsmittel
Den Clark Ádám tér erreicht man mit Bus 16 und 105 ab Deák Ferenc tér sowie mit Bus 86 ab Metrostation Szent Gellért tér im südlichen Buda. Tram 19 und 41 kommen auch von dort und fahren zum Batthyány tér. Bus 86 verkehrt von der Kettenbrücke weiter über Batthyány tér bis Margaretenbrücke, Kolosy tér und Óbuda. Metro 2 verbindet den Batthyány tér mit dem Széll Kálmán tér, die Linienschiffe D 11–13 legen am Batthyány tér an. Die Vorortbahn HÉV H5 verbindet den Battyhány tér mit Óbuda, Aquincum und Szentendre. Tram 4 und 6 verbinden die Margaretenbrücke mit dem Széll Kálmán tér und dem Großen Ring in Pest.

über die Kosten einer richtigen Brücke. Auch der Adel hatte Einwände, weil geplant war, dass alle Benutzer einen Brückenzoll entrichten sollten. Das schmeckte den Adeligen gar nicht, da sie bis dato von Abgaben komplett befreit waren. Zum großen Förderer der Brücke wurde Graf István Széchenyi, genannt der »größte Ungar«. Széchenyi setzte sich für Reformen in Ungarn ein. Für den Brückenbau hatte der Graf ein sehr persönliches Motiv: Beim Tod seines Vaters 1820 musste er tagelang wegen widrigen Winterwetters auf eine Donaupassage warten, um zur Beerdigung zu gelangen. Für ihn stand fest: Eine feste Brücke muss her. 1832 gründete er einen Brückenverein, doch erst 1842 erfolgte die Grundsteinlegung für das 375 m lange Bauwerk.

Gefahr für die Brücke

Gebaut wurde nach Plänen des englischen Ingenieurs Tierney William Clark. Die Arbeiten leitete sein Namensvetter Adam Clark aus Schottland. 1848 stand das Bauwerk fast vor seiner Vollendung, als die Revolution in Ungarn ausbrach. Zum Glück sprengten weder die österreichischen noch die ungarischen Truppen die fast fertige Brücke.

Als sie dann am 21. November 1849 offiziell eingeweiht wurde, war dies trotzdem nicht der erhoffte Freudentag. Die Habsburger hatten das Land wieder besetzt und marschierten als Erste über die Brücke. Graf Széchenyi war mittlerweile in eine Nervenheilanstalt bei Wien eingeliefert worden, wo er den Rest seines Lebens verbrachte. Zu seinen Ehren heißt die Brücke eigentlich mit vollständigem Namen Széchenyi-Kettenbrücke.

Pest und Buda werden eine Stadt

Langfristig erfüllte die Brücke aber alle Erwartungen: Die beiden Städte Pest und Buda wuchsen langsam zusammen und vereinigten sich 1873 mit Óbuda zur Hauptstadt Budapest. Auch die Adeligen mussten in der Tat Brückenzoll entrichten. So wurden die prophetischen Worte des Freiheitskämpfers Lajos Kossuth bei der Grundsteinlegung 1842 wahr: Die Brücke war der erste Schritt auf dem Weg zur bürgerlichen Gleichberechtigung in Ungarn.

Im Januar 1945 erlebte die Kettenbrücke ihre schwerste Stunde, als deutsche Besatzungstruppen sie in die Luft sprengten. Nach dem Krieg wurde sie rasch wieder aufgebaut und zu ihrem 100. Jahrestag 1949 konnte sie neu eingeweiht werden.

Besonders markant sind die steinernen Löwen, welche die Zufahrten zur Brücke bewachen. Der verantwortliche Bildhauer hatte geäußert, dass er sich umbringen würde, sollte jemand einen Fehler an den Löwen bemerken. Schließlich entdeckte man, dass die Löwen keine Zunge hatten. János Marschalkó beteuerte jedoch, die Zunge sei sehr weit nach hinten eingerollt. Man müsse den Löwen nur tief genug in den Mund gucken.

Clark Ádám tér 2

Auf der Budaer Seite ehrt der Clark Ádám tér den schottischen Ingenieur, der auch für den Bau des **Burgtunnels (Alagút)** verantwortlich zeichnete. Von der Eröffnung 1857 war der Tunnel bis 1918 mautpflichtig. Ein Witz besagte, dass man den Tunnel nur gebaut habe, um bei schlechtem Wetter die teure Brücke hineinschieben zu können.

Links vom Tunneleingang gleitet die **Standseilbahn Sikló** den Burgberg hinauf (s. S. 120). Davor markiert der **Nullkilometerstein** den Ausgangspunkt für alle Entfernungsmessungen in Ungarn.

Mein Tipp

Pause am Batthyány tér
Nette Cafés und Restaurants sind auf dem weiteren Weg nach Norden eher dünn gesät. Doch rund um den Batthyány tér findet sich für jeden Geschmack das Richtige. Die schönste Lage hat das **Angelika Étterem** 2 mit seiner einladenden Terrasse (s. S. 151). In der Markthalle befindet sich die Filiale einer italienischen Pizza-Kette, gleich daneben ein rund um die Uhr geöffneter Palatschinken-Schnellimbiss. Hinter der Markthalle hat sich ein stilvolles veganes Restaurant angesiedelt: Das **Édeni Vegán Étterem** 3 empfängt seine Gäste in einem der schönsten Häuser des Viertels (s. S. 40).

Wasserstadt

Startpunkt dieses Spaziergangs durch die Wasserstadt **Víziváros** ist der Clark Ádám tér. Von dort geht es auf die Donaupromenade, auf der vor dem Zweiten Weltkrieg die schick gekleideten Budaer Bürger wandelten. Gerade abends bietet sich von hier ein fantastischer Blick auf die beleuchtete Kettenbrücke, das Parlament und die Margaretenbrücke. Gleich am Anfang passiert man die stilvolle Vinothek **Borpatika Andante** 1.

Corvin tér 3

Ein kleiner Abstecher von der Promenade führt am Französischen Institut und der Kapuzinerkirche vorbei über die parallele Fő utca zum Corvin tér mit der wunderbar renovierten **Budaer Redoute (Budai Vigadó)** 2, die heute unter dem Namen **Haus der Traditionen (Hagyományok Háza)** firmiert. In dem nach Plänen von Aladár Árkay und Mór Kallina 1897–99 erbauten Veranstaltungssaal tritt vor allem das Staatliche Folkloreensemble auf (s. S. 50). Unterhalb des Platzes entdeckte man Reste einer keltischen Siedlung, und ganz in der Nähe ließ der römische Kaiser Claudius um 50 n. Chr. das erste Kastell auf dem heutigen Stadtgebiet errichten. Die schönen Barockhäuser auf der anderen Straßenseite gehören zum modernen **Art'otel** (s. S. 29).

Szilágyi Dezső tér

Die **Reformierte Kirche** 4 am Szilágyi Dezső tér wurde nach Entwürfen von Samu Pecz (1896) errichtet, der auch für die Zentrale Markthalle (s. S. 185) verantwortlich gezeichnet hatte. Besonders markant sind die bunten

Dachziegel und der ungewöhnliche Grundriss der Kirche.

Batthyány tér 5

Viel zu schnell gelangt man über die Promenade zum Verkehrsknotenpunkt **Batthyány tér.** Von dort bietet sich der beste Blick über die Donau hinüber zum Parlament. Die Linienschiffe bringen Passagiere ein- bis zweimal stündlich direkt hinüber. Unter dem Platz rauscht die U-Bahn durch. Die Vorortbahn HÉV fährt von hier nach Óbuda, Aquincum und Szentendre. Bei Redaktionsschluss war eine neue Straßenbahnlinie in Bau, die den Batthyány tér mit der Margaretenbrücke und Óbuda verbinden soll.

Wichtigstes Bauwerk am Platz ist zweifellos die barocke **St.-Anna-Kirche (Szent Anna templom)** 6, die zwischen 1740 und 1762 von Kristóf Hamon und Matthias Nepauer erbaut wurde. Nachdem ein Erdbeben die Kirche 1763 schwer zerstört hatte, konnte sie erst 1805 geweiht werden. Gelegentlich gibt es Orgelkonzerte.

Neben der Kirche steht eine Skulptur für Lajos Batthyány. Der Namensgeber des Platzes war während der Revolution 1848 Ministerpräsident und wurde später von den Habsburgern hingerichtet.

Rechts neben der umgebauten **Markthalle** steht das ehemalige Gasthaus »Zum Weißen Kreuz« (Nr. 4). Zu den wichtigsten Gästen sollen Kaiser Joseph II. sowie Casanova gehört haben. Haus Nr. 3, das Hikisch-Haus, wurde 1795 errichtet und liegt wie viele der alten Häuser in der Wasserstadt unter dem heutigen Straßenniveau. Die schön renovierte Fassaden schmücken Reliefs mit Darstellungen der

János Marschalkós Löwen bewachen den Zugang zur Kettenbrücke

Wasserstadt und Rosenhügel

Sehenswert
1 Kettenbrücke
2 Clark Ádám tér
3 Corvin tér
4 Reformierte Kirche
5 Batthyány tér
6 St.-Anna-Kirche
7 Nagy Imre tér
8 Király-Heilbad
9 Bem József tér
10 Lukács-Heilbad
11 Pálvölgyi-Höhle
12 Szemlőhegyi-Höhle
13 Gül-Baba-Grabmal
14 Millenáris Park
15 1956-Denkmal
16 Széll Kálmán tér
17 – 39 s. Karte S. 156

Essen & Trinken
1 Horgásztanya Vendéglő
2 Angelika Étterem
3 Édeni Vegán Étterem
4 Daubner Cukrászda
5 Auguszt Cukrászda
6 Ezüstponty Vendéglő
7 – 9 s. Karte S. 156

Einkaufen
1 Fény utcai piac
2 Mammut
3 – 4 s. Karte S. 156

Abends & Nachts
1 Borpatika Andante
2 Budaer Redoute/ Hagyományok Háza
3 – 6 s. Karte S. 156

vier Jahreszeiten. Links neben der Markthalle gelangt man durch die Markovits Iván utca zur Iskola utca, an der noch einige barocke und klassizistische Häuser wie eine Insel inmitten der modernen Bebauung stehen.

Auf dem Weg zum Rosenhügel

Nagy Imre tér 7

Geradeaus führt die Fő utca weiter nach Norden bis zum **Nagy Imre tér**. Der grobschlächtige Klotz auf der linken Seite ist das **Militärgericht** (Nr. 1). Hier wurde Imre Nagy, Ministerpräsident der Revolution von 1956, am 15. Juni 1958 mit mehreren Mitstreitern zum Tode verurteilt. Der Geheimprozess hatte sich monatelang verzögert, weil das Urteil im Politbüro und mit den sowjetischen Genossen abgestimmt werden musste. Große Probleme bereitete den neuen Machthabern unter János Kádár die standhafte Weigerung von Nagy, nach dem Muster stalinistischer Schauprozesse »Selbstkritik« zu üben und sich im Sinne der Anklage schuldig zu bekennen. Einen Tag nach dem Urteil wurden die Inhaftierten hingerichtet.

Király-Heilbad 8

Fő utca 84, www.spasbudapest.com, tgl. 9–21 Uhr, Tageskarte 2300 HUF, s. auch S. 110

Das **Király-Heilbad (Király Gyógyfürdő)** ist ein Highlight der Wasserstadt. Das Bad wurde bereits von den Türken ab 1565 erbaut, weil der damalige Pascha auch innerhalb der Stadtmauern ein standesgemäßes Bad benötigte. Im Falle einer Belagerung wollte er nicht auf ein Dampfbad verzichten. Seinen Namen hat das Bad jedoch von der Familie König (ungar. *Király*) erhalten, die den Komplex Ende des 18. Jh. erwarb und bis 1827 neoklassizistisch erweitern ließ. Abgerundet wird das Gebäudeensemble durch die **St.-Florian-Kirche,** die 1759/60 von Matthias Nepauer erbaut wurde. Seit 1920 dient sie der griechisch-katholischen Gemeinde.

Bem József tér 9

Nun sind es nur wenige Schritte bis zum **Bem József tér** mit dem **Denkmal** des polnischen Generals. Bem kämpfte im Befreiungskrieg 1848/49 erfolgreich gegen die Österreicher, konnte aber die Niederlage letztlich nicht verhindern. Er wurde zu einem Symbol des ungarischen Freiheitswillens.

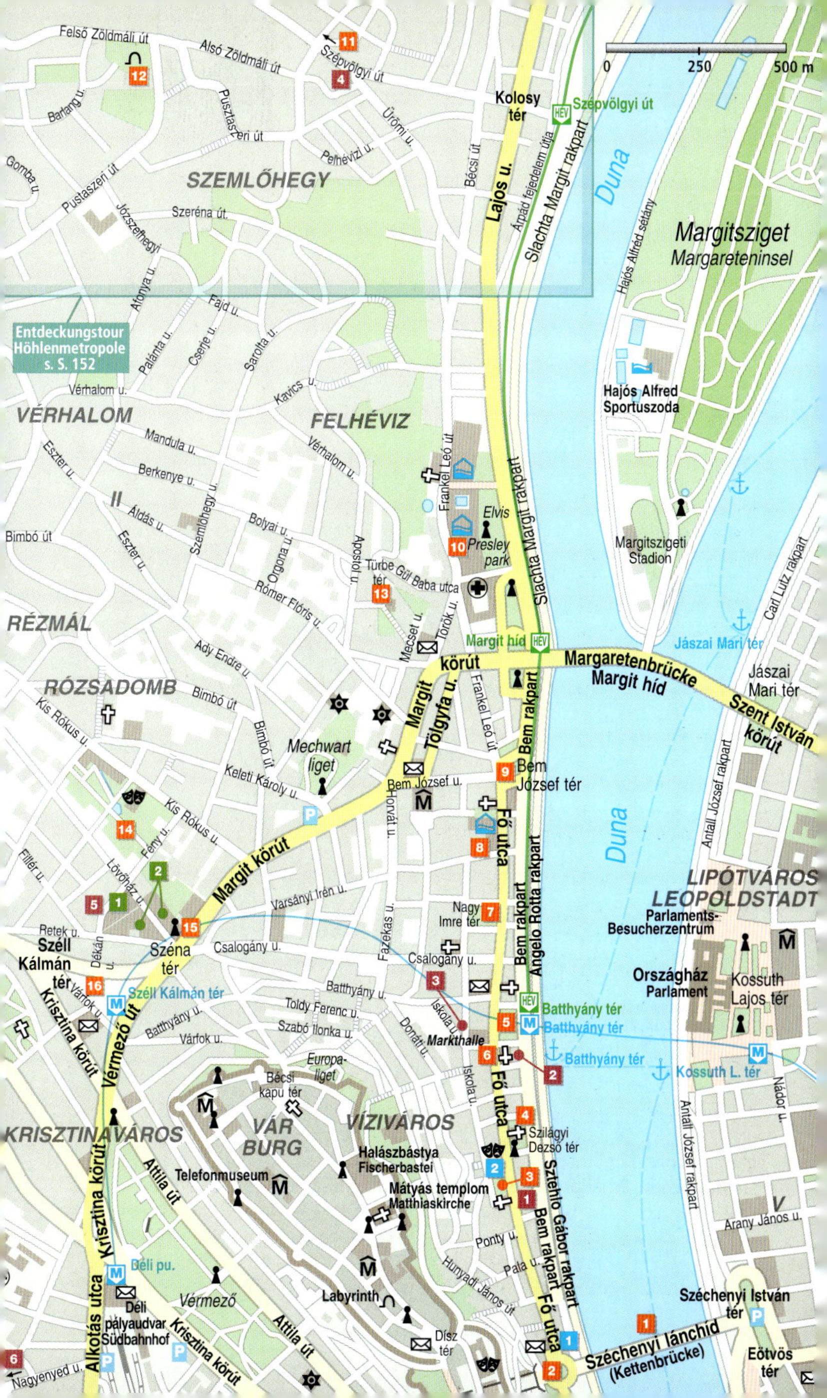

Felső Zöldmáli út
Alsó Zöldmáli út
Szépvölgyi út
Barlang u.
Pusztaszeri út
Ürömi u.
Pehlevizi u.
Kolosy tér
Szépvölgyi út
HÉV
0
250
500 m
Bécsi út
Árpád fejedelem útja
Slachta Margit rakpart
Lajos u.
Duna
Gomba u.
Pustaszeri út
SZEMLŐHEGY
Józsefhegyi
Szeréna út
Margitsziget
Margareteninsel
Hajós Alfréd sétány
Entdeckungstour Höhlenmetropole s. S. 152
Afonya u.
Fajd u.
Palánta u.
Cserje u.
Sarolta u.
Vérhalom u.
Kavics u.
Hajós Alfred Sportuszoda
VÉRHALOM
FELHÉVIZ
Mandula u.
Eszter u.
Berkenye u.
Vérhalom u.
Frankel Leó út
II
Áldás u.
Szemlőhegy u.
Bolyai u.
Elvis
Presley park
Bimbó út
Eszter u.
Orgona u.
Apostol u.
Margitszigeti Stadion
Türbe tér
Gül Baba utca
Római Flóris u.
Carl Lutz rakpart
RÉZMÁL
Ady Endre u.
Mecset u.
Török u.
Margit híd
Jászai Mari tér
Margit körút
Margaretenbrücke
Margit híd
Jászai Mari tér
RÓZSADOMB
Bimbó út
Kis Rókus u.
Tölgyfa u.
Frankel Leó út
Bem rakpart
Szent István körút
Mechwart liget
Bimbó út
Keleti Károly u.
Bem József u.
Bem József tér
Kis Rókus u.
Horvát u.
Fő utca
Antall József rakpart
Fény u.
Fillér u.
Lövőház u.
Margit körút
Duna
Bem rakpart
Angelo Rotta rakpart
Varsányi Irén u.
LIPÓTVÁROS
LEOPOLDSTADT
Nagy Imre tér
Parlaments-Besucherzentrum
Retek u.
Széll Kálmán tér
Dékán u.
Széna tér
Csalogány u.
Fazekas u.
Csalogány u.
Országház Parlament
Kossuth Lajos tér
Varfok u.
Széll Kálmán tér
Batthyány u.
Iskola u.
Batthyány tér
Batthyány tér
Toldy Ferenc u.
Batthyány u.
Szabó Ilonka u.
Donáti u.
Markthalle
Krisztina körút
Vérmező út
Várfok u.
Europa-liget
Batthyány tér
Kossuth L. tér
Iskola u.
Nádor u.
Bécsi kapu tér
VÍZIVÁROS
Antall József rakpart
KRISZTINAVÁROS
VÁR BURG
Fő utca
Szilágyi Dezső tér
Attila út
Halászbástya Fischerbastei
Telefonmuseum
Mátyás templom Matthiaskirche
Szthelo Gábor rakpart
Bem rakpart
V
Arany János u.
Krisztina körút
Ponty u.
Déli pu.
Pala u.
Hunyadi János út
Vérmező
Labyrinth
Fő utca
Alkotás utca
Déli pályaudvar Südbahnhof
Attila út
Dísz tér
Széchenyi István tér
Széchenyi lánchíd (Kettenbrücke)
Krisztina körút
Nagyenyed u.
Eötvös tér

Deshalb ziehen die Studenten am Nachmittag des 23. Oktober 1956 just zu diesem Denkmal, um ihre Forderungen vorzutragen. Immer mehr Menschen schließen sich der Demonstration an, der Platz ist überfüllt – Reden werden gehalten, das kommunistische Emblem wird aus den Nationalfahnen herausgeschnitten, die Parolen werden radikaler. Schließlich folgen die Menschen dem Fingerzeig des Generals, der noch heute zur Margaretenbrücke weist. Als sich die inzwischen 200 000 Demonstranten auf den Weg zum Parlament machen, ist dies der Beginn der Revolution.

Lukács-Heilbad 10

Frankel Leó utca 25–29, tgl. 6–22 Uhr, www.spasbudapest.com, Tageskarte 3100–3600 HUF, mit Budapest Card frei

Nördlich des Bem-Platzes beginnt die Vorstadt Felhévíz. Durch die Frankel Leó út geht es zum **Lukács-Heilbad (Lukács Gyógyfürdő)**. Hier bietet sich erneut die Gelegenheit, den Bummel durch die Wasserstadt durch ein Bad zu unterbrechen. An den Außenwänden brachten zufriedene Kurgäste Dankestafeln an. Zusammen mit dem benachbarten Kaiserbad (Császar fürdő) gehen diese Badestellen bereits auf die Römer zurück. Im Mittelalter nannten die Ungarn diese Gegend folgerichtig Felhévíz (»oberes Warmwasser«). Schon im 12. Jh. befand sich hier eine eigene Siedlung. Auch die Türken wussten die heißen Quellen zu schätzen. Vom Lukács-Bad speisten sie das Király-Bad mit dem begehrten Thermalwasser.

Pálvölgyi-Höhle 11 und Szemlőhegyi-Höhle 12

Vom Lukács-Heilbad bietet sich ein Abstecher zu diesen beiden schönsten Höhlen von Budapest an (s. Entdeckungstour S. 152).

Gül-Baba-Grabmal 13

Türbe tér 1, Mai–Okt. tgl. 10–18, sonst tgl. 10–16 Uhr, Eintritt frei

Die steil ansteigende Gasse Gül Baba utca verbreitet mit ihrem Kopfsteinpflaster noch eine geradezu ländliche Idylle. Kleine, zum Teil eingeschossige Häuser säumen den Weg nach oben.

Gül Babas Grab macht Budapest zu einem wichtigen Pilgerort des Islam

Dort erreicht man links am Türbe tér das **Gül-Baba-Grabmal (Gül Baba türbe).** Gül Baba war ein türkischer Derwisch und wurde nach der Schlacht von Mohács 1526 mit der Missionierung Budas beauftragt. Er starb kurz nach der endgültigen Eroberung der Stadt 1541.

Sultan Süleiman der Prächtige, erhob den »Vater der Rosen« umgehend zum Schutzheiligen der Stadt. Zwischen 1543 und 1548 errichtete man zu seinen Ehren das Mausoleum. Dieses kleine, achteckige Gebäude mit dem Halbmond auf der Kuppel gehört zu den heiligen Stätten des Islam in Europa. Deshalb wird die Anlage mit dem arabisierten Säulengang von der türkischen Regierung gepflegt.

Rosenhügel

Geblieben ist auch die Namensgebung für den **Rosenhügel (Rózsadomb),** an dessen östlichen Abhängen das Grabmal liegt. Auf den Hügel zog es an der Wende zum 20. Jh. die reicheren Bürger der Stadt. Die schicken Villen entlang der Bolyai utca, der Szemlőhegyi utca und der Rómer Flóris utca zeugen vom Glanz damaliger Zeiten.

Rund um den Millenáris Park

An der Kis Rókus utca gelangt man in den 2001 eröffneten **Millenáris Park** 14, der in einem ehemals trostlosen Viertel neue Kulturakzente setzt. Früher befand sich an dieser Stelle ein Werk der Gusseisen- und Elektrofirma Ganz, heute finden auf der Open-Air-Bühne regelmäßig Konzerte statt, und an dem kleinen künstlichen Teich kann man sehr schön eine Pause einlegen. 2004 wurde die Umgestaltung mit dem renommierten Europa-Nostra-Preis gewürdigt. In den Hallen finden immer wieder Wechselausstellungen statt.

Zum Széna tér

Entspannung findet man in der Fény utca 8 im sehr sympathischen Café **Auguszt Cukrászda** 5. Gegenüber liegt der kleine Markt **Fény utcai piac** 1 und nebenan das postmoderne **Einkaufszentrum Mammut** 2. An der Vorderseite des »Mammut II« weist das **1956-Denkmal** 15 darauf hin, dass sich hier am **Széna tér** 1956 eines der Zentren des Widerstands gegen die Sowjets befand. Die Skulptur von Ferenc Árvai (2001) wirkt vor dem Einkaufstempel etwas verloren.

Széll Kálmán tér 16

Auf der gegenüberliegenden Straßenseite erkennt man links ein letztes Stück der alten Budaer Stadtmauer, die hinunter zur Donau verlief. Zur Rechten liegt der **Széll Kálmán tér** (früher: **Moszkva tér**).

An dem wichtigsten Verkehrsknotenpunkt im Norden Budas kann man von der Metro 2 und der Ring-Tram 4 und 6 ins Burgviertel (s. S. 120) und in die Budaer Berge (s. S. 270) umsteigen. Bei Redaktionsschluss wurde der Platz komplett umgestaltet.

Essen & Trinken

Fischgerichte satt – **Horgásztanya Vendéglő** 1: s. S. 38.

Aussichtsterrasse – **Angelika Étterem** 2: Batthyány tér 7, Tel. 225 16 53, www.angelikacafe.hu, Metro 2, Tram 19, 41, Bus 86 Batthyány tér, tgl. 9–23 Uhr. Terrasse mit Donaublick. Kaffee und Kuchen, Frühstück und mehr.

Vegan – **Édeni Vegán Étterem** 3: s. S. 40.

Kuchenparadies – **Daubner Cukrászda** 4: Szépvölgyi út 50, Tel. 335 22 53, Bus 29, 65 Ürömi utca, ▷ S. 154

Auf Entdeckungstour: Die Höhlenmetropole – Budapest von unten

Wohl kaum ein Besucher erwartet in der Donaumetropole sehenswerte Höhlen. Doch tatsächlich verbergen sich unter den Budaer Hügeln mehr als 100! In zwei Höhlen möchte ich Sie gerne mitnehmen, in die wunderbare Pálvölgyi-Höhle und in die 800 m entfernte Szemlőhegyi-Höhle.

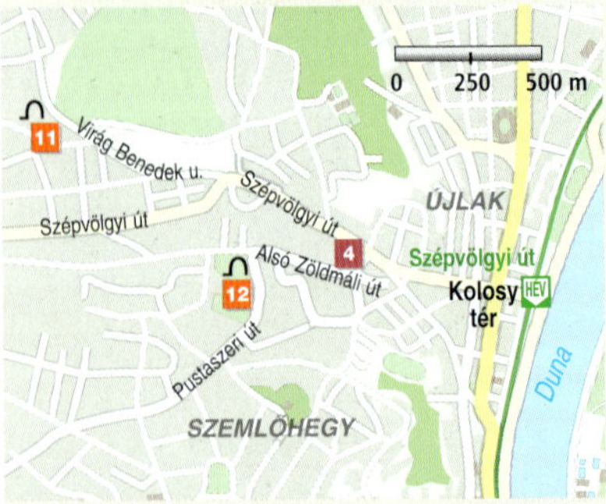

Zeit: ohne Anfahrt ca. 3 Std.
Anfahrt: Bus 9 (aus Pest) oder 86, 160 (aus Buda) bis Kolosy tér, dann Bus 65 bis Halt Pálvölgyi cseppkőbarlang; mit Bus 29 (Óbuda – Hüvösvölgy) bis Szemlőhegyi-barlang.
Planung: Pálvölgyi-barlang, Szépvölgyi út 162, Tel. 325 95 05, Di–So 10–17 Uhr; Szemlőhegyi-barlang, Pusztaszeri út 35, Tel. 325 60 01, Mi–Mo 10–17 Uhr, beide: www.dunaipoly.hu (»Bemutatóhelyek«), Kombi-Ticket 2000, erm. 1600 HUF

Der Eingang zur Pálvölgyi-Höhle liegt romantisch in den Budaer Bergen nordwestlich des Lukács-Bades. Durch einen überwachsenen Steinbruch führt der Weg hinab in die Tiefen der Karstlandschaft, wo sich uns in verwinkelten Gängen eine geheimnisvolle Unterwelt eröffnet.

Mit der Macht des Wassers

Die Budaer Naturhöhlen haben eine lange Geschichte hinter sich: Als das Karpatenbecken vor 40 Mio. Jahren von einem tropischen Meer bedeckt war, lagerten sich Kalksteinschichten ab. Doch erst der langsame Anstieg des Geländes ließ vor rund 2 Mio. die Höhlen entstehen; die Szemlőhegyi-Höhle ist sogar noch jünger. Kaltes Regenwasser traf auf heißes Thermalwasser und diese aggressive Mischung schuf die Hohlräume. Als sich die Budaer Berge weiter hoben, fielen die Höhlen schließlich trocken.

Übrigens befinden sich auch unter dem Burgberg Hohlräume, die später zu einem unterirdischen Gangsystem miteinander verbunden wurden und im Budaer Burglabyrinth zu besichtigen sind (s. S. 129). Die Felsenkapelle im Gellértberg ermöglicht ebenfalls einen Blick ins Innere des Dolomitfelsens (s. S. 160).

Der Irrweg eines Schafs

Die schönste der öffentlich zugänglichen Höhlen ist die **Pálvölgyi-Höhle (Pálvölgyi-barlang)** 11. Sie wurde 1904 entdeckt, als ein Schaf in einen Schacht fiel. Schon 1919 wurden erste Besichtigungen durchgeführt, seit 1944 steht die Höhle unter Naturschutz. Durch fortlaufende Erkundungen erweitert sich der bekannte Umfang des Höhlensystems immer weiter. 2001 entdeckte man eine Verbindung zur Mátyáshegyi-Höhle und 2011 gelang der Übergang in eine weitere Nachbarhöhle. Das neue Höhlensystem ist nun knapp 29 km lang, damit das längste in Ungarn und firmiert unter dem Namen Szépvölgyi. Für Touristen ausgebaut sind aber nur rund 500 m.

Treppauf und treppab geht es vorbei an eindrucksvollen Tropfsteinformationen, darunter die ›Orgel‹, der ›Tropfsteinzoo‹, der ›Märchensaal‹ und die verwunschene ›Hexenküche‹. Im touristisch erschlossenen Teil sind außerdem fossile Reste des einstigen Meeres zu bewundern. Bei konstant 10–11 °C fällt es allerdings schwer, sich die tropischen Zeiten vorzustellen.

Ein wenig Abenteuergeist muss besitzen, wer ein besonderes Angebot in der Pálvölgyi-Höhle wahrnehmen möchte: eine ausführlichere Tour abseits des kurzen Touristenpfads. Dazu sind Helm, Overall und Lampe notwendig, die jedoch gestellt werden. Die englischsprachigen Führungen dauern ca. 2,5–3 Std. (Infos und Buchung: Tel. 0620-928 49 69, www.barlangaszat.hu, 5500/4000 HUF).

Unterirdischer Luftkurort

Wesentlich kleiner ist die 2,2 km lange **Szemlőhegyi-Höhle (Szemlőhegyi-barlang)** 12, von der 250 m – ohne Treppen – frei zugänglich sind. Sie hatte keinen natürlichen Eingang und wurde erst im Jahr 1930 bei Bauarbeiten gefunden. Tropfsteine gibt es hier zwar nicht, dafür aber blumenkohlartige Strukturen, in denen man mit etwas Fantasie einen Eisbären und die ›Zunge der Schwiegermutter‹ erkennt. Aufgrund der außergewöhnlichen Luftreinheit ist die Höhle medizinisch bei der Behandlung von Atemwegserkrankungen nutzbar.

Tipp: Wer nach so viel Dunkelheit eine süße Pause braucht, sollte die Kuchentheke der **Daubner Cukrászda** 4 nicht versäumen (s. S. 151).

Mein Tipp

Radtour am Budaer Donauufer
Die Promenade entlang des Budaer Donauufers gehört zwischen der **Margaretenbrücke** im Norden und der **Rákóczi-Brücke** im Süden zu den schönsten Fahrradpisten der Hauptstadt, weil das gut 16 km lange Teilstück immer wieder spektakuläre Ausblicke über den Fluss bietet. Der nächstgelegene Radverleih ist auf der Margareteninsel (s. S. 256) und von dort kommt man über den Radweg auf der Margaretenbrücke hinüber nach Buda. Unmittelbar südlich der Rákóczi-Brücke befinden sich auf der Landzunge **Kopaszi-gát** im **Öböl-Park** am ehemaligen Winterhafen zahlreiche Cafés für eine Pause vor der Rückkehr (siehe Tipp S. 163). Der beste Tag für eine Radtour ist natürlich der relativ verkehrsarme Sonntag.

April–Dez. tgl. 9–19, sonst Di–So 9–19 Uhr. Kultkonditorei auf dem Weg zu den Höhlen. Keine Sitzplätze, sonntags lange Schlangen vor der riesigen Kuchentheke.

Gemütliches Kaffeehaus – **Auguszt Cukrászda** 5: Fény utca 8, Tel. 316 38 17, www.auguszcukraszda.hu, Metro 2, Tram 4, 6, 18, 56, 59, 61 Széll Kálmán tér, Di–Fr 10–18, Sa 9–18 Uhr. Seit 1870 bereits betreiben die Auguszts mehrere Cafés und Konditoreien. In dem stilvollen Café in der Fény utca gibt es leckere Kuchenspezialitäten.

Rustikal – **Ezüstponty Vendéglő** 6: s. S. 37.

Einkaufen

Regionale Lebensmittel – **Fény utcai piac** 1: Fény utca 1, Mo–Fr 6–18, Sa 6–14 Uhr. Auf vier Ebenen sind hier vor allem Gemüse, Obst und Fleisch im Angebot.

Einkaufszentrum – **Mammut** 2: Lövőház utca 2–6, Tel. 345 80 20, www.mammut.hu, Geschäfte Mo–Sa 10–21, So 10–18 Uhr, Kino und Restaurants länger. Shopping-Center unweit des Széll Kálmán tér; mit Multiplex-Kino.

Abends & Nachts

Weinbar – **Borpatika Andante** 1: s. S. 115.

Folklore – **Budaer Redoute/Hagyományok Háza** 2: s. S. 50.

Aktiv

Türkisches Thermalbad – **Király-Heilbad** 8: s. S. 148.

Thermalbad mit Stil – **Lukács-Heilbad** 10: s. S. 150.

Höhlentouren – **Pálvölgyi-Höhle** 11, **Szemlőhegyi-Höhle** 12: siehe Entdeckungstour S. 152.

Gellértberg und südliches Buda

Südlich des Burgbergs beherrscht der 235 m hohe Gellértberg mit der Zitadelle und der Freiheitsstatue das Donauufer. Am Fuße des Gellértbergs liegt der XI. Stadtbezirk Újbuda (Neu-Buda).

Hauptverkehrs- und -geschäftsader dieses Bezirks ist die Bartók Béla út, die sich vom Gellért-Hotel über den Móricz Zsigmond tér und den Kosztolányi Dezső tér nach Südwesten zieht. Erholsam ist der Park am Feneketlen-tó mit der Sankt-Emmerich-Kirche (Szent-Imre-Kirche) vor dem Hintergrund des Gellértbergs. Am Stadtrand erwarten den Besucher mit dem Schlossmuseum Nagytétény und dem sozialistischen Memento Park ungewöhnliche Sehenswürdigkeiten.

Von der Kettenbrücke zum Gellértberg

Burggarten-Basar 17

Ybl Miklós tér 2–6, Außengelände tgl. 10–24 Uhr, Ausstellungen Di–So 10–18 Uhr (wechselnde Preise), Tel. 225 05 54, www.varkertbazar.hu

Infobox

Reisekarte: ► C–E 8–13 u. Karte 5, B 3

Gellértberg und südliches Buda

Start ist an der Kettenbrücke. Bis zum Szent Gellért tér bleibt die Donau ständiger Begleiter, danach ist die geschäftige Bartók Béla út die beste Orientierungshilfe. Ohne Aufstieg zum Gellértberg und den Besuch eines Thermalbads sollte man gut 2 Stunden veranschlagen, inkl. Entdeckungstour und Badbesuch ist ein ganzer Tag angemessener.

Verkehrsmittel

Von der Kettenbrücke verkehrt Bus 86 via Rudas-Heilbad u. a. zur Metrostation Szent Gellért tér (M 4). Tram 19 und 41 fahren bis zur Metrostation Móricz Zsigmond körtér (M 4) in Újbuda. Von dort fährt Bus 27 (Abfahrt Villányi út) hinauf zur Zitadelle (Halt Búsuló Juhász/Citadella). Vom Kosztolányi Dezső tér verkehrt Tram 49 zurück auf die Pester Seite zum Deák Ferenc tér. Von der Metrostation Móricz Zsigmond körtér entweder mit Metro 4 nach Pest, mit Tram 6 auf den Großen Ring oder mit Tram 47 und 49 zum Deák Ferenc tér. Linienschiffe halten am A 38 (Egyetemváros), am Szent Gellért tér sowie am Várkert Bazár.

Memento Park und Schlossmuseum Nagytétény

Für die Abstecher in den Süden Budas ist zusammen ein halber Tag nötig (eigene Verpflegung empfehlenswert).

Verkehrsmittel

Ab Metrostation Kelenföld vá. (Kelenföld-Bhf., M 4) mit Bus 101 oder 150 bis Haltestelle »Memento Park«. Die Linien führen weiter zur Lépcsős utca (Tropicarium). Dort Umstieg Richtung Nagytétény. Ab Móricz Zsigmond körtér verkehrt Bus 33 bis »Lépcsős utca« bzw. »Petőfi Sándor utca« (Schlossmuseum Nagytétény).

Gellértberg und südliches Buda

Sehenswert

1 – 16 s. Karte S. 148
17 Burggarten-Basar
18 Semmelweis-Museum
19 Türkischer Friedhof
20 Rácz-Heilbad
21 Sisi-Denkmal
22 Rudas-Heilbad
23 Gellért-Denkmal
24 Zitadelle
25 Freiheitsstatue
26 Felsenkapelle
27 Gellért-Heilbad
28 Freiheitsbrücke
29 Móricz Zsigmond körtér
30 Újbuda-központ
31 Szent-Imre-Kirche
32 Feneketlen-See
33 Kosztolányi Dezső tér
34 Petőfibrücke
35 Rákóczi-Brücke
36 Kopaszi-gát
37 Memento Park
38 Tropicarium / Campona
39 Schlossmuseum Nagytétény

Essen & Trinken

1 – 6 s. Karte S. 148
7 Aranyszarvas Bisztró
8 Hadik Kávéház
9 Tranzit Art Café

Einkaufen

1 – 2 s. Karte S. 148
3 Bortársaság
4 Fehérvári úti vásárcsarnok

Abends & Nachts

1 – 2 s. Karte S. 148
3 Szatyor Bár és Galéria
4 Café Ponyvaregény
5 A38
6 Fonó Budai Zeneház

Von der Kettenbrücke führt ein kurzer Bummel über die Donaupromenade zum glanzvoll renovierten Burggarten-Basar (Várkert Bazár) am Ybl Miklós tér. Die kombinierte Palast- und Gartenanlage unterhalb des Burgschlosses wurde 1875–83 vom damaligen Stararchitekten Miklós Ybl als repräsentatives Bindeglied zwischen Schloss und Donau entworfen.

Just diese Funktion nimmt die Anlage seit der umfassenden Sanierung 2014 wieder ein. Durch die Gärten gelangt man zu Fuß, mit einer Rolltreppe oder mit Fahrstühlen hinauf zur Schlossauffahrt (s. Tipp s. S. 121). Im nördlichen und südlichen Palast, welche die Anlage einrahmen, werden immer wieder Wechselausstellungen gezeigt, während im unterirdischen Inneren Veranstaltungen und Konzerte stattfinden.

Auf dem Platz vor dem Basar steht eine Statue von Miklós Ybl, wenige Meter weiter befindet sich die Anlegestelle »Várkert Bazár« für die Linienschiffe. Eine extrem lange Sitzbank lädt übrigens zum Verweilen ein – so lässt sich ganz relaxt der Blick auf Basar und Burgschloss genießen.

Semmelweis-Museum für Medizingeschichte 18

Apród utca 1–3, Mitte März–Okt. Di–So 10–18, sonst Di–So 10–16 Uhr, www.semmelweismuseum.hu, Eintritt 700 HUF, erm. 350 HUF

Wenige Schritte weiter befindet sich in der Apród utca das ebenfalls renovierte **Semmelweis-Museum für Medizingeschichte (Semmelweis Orvostörténeti Múzeum).** Dort wurde Ignác Semmelweis (1818–1865), Entdecker der Ursache von Kindbettfieber, geboren. Der »Retter der Mütter« erkannte 1847 während seiner Arbeit an einem Wiener Krankenhaus den Zusammenhang zwischen mangelnden Hygienevorschriften für das medizinische Personal und der Todesrate für Neugeborene. So führte er das Händewaschen für Ärzte und Krankenschwestern ein. Damals nahm man Semmelweis nicht ernst, und er starb schließlich in einer Wiener Irrenanstalt.

Türkischer Friedhof 19

Ein kurzer Abstecher Richtung Burg führt zu einem kleinen, umfriedeten **Türkischen Friedhof** ▷ S. 161

Széchenyi lánchíd (Kettenbrücke)
Széchenyi István tér
Clark Ádám tér
József Attila utca
Bajcsy-Zsilinszky út
Erzsébet tér
Deák Ferenc tér
Deák F. tér
Károly körút
Eötvös tér
József nádor tér
Harmincad u.
Vörösmarty tér
Vigadó tér
Jane Haining rakpart
BELVÁROS
Szervita tér
Kamermayer K. tér
Ferenciek tere
Petőfi tér
Március 15. tér
Szabad sajtó út
Erzsébet híd Elisabethbrücke
Duna
Várkert Bazár
Ybl Miklós tér
Friedrich Born rakpart
Lánchíd utca
Budavári palota
Ferdinand-Tor
Szent György tér
Sikló
Alagút utca
Attila út
Krisztina tér
Logodi
Palota út
Színház u.
Dózsa György tér
Krisztina körút
Naphegy tér
TABÁN
Tabán
Apród u.
Döbrentei utca
Szarvas tér
Attila út
Erzsébet Királyné
Döbrentei tér
Hegyalja út
Kereszt u.
Szent Gellért rakpart
Raoul Wallenberg rakpart
Belgrád rakpart
Internationaler Schiffsanleger
GELLÉRT-HEGY
Citadella sétány
Jubileumi Park
„Búsuló Juhász (Citadella)" Bus 27
Kelenhegyi út
Szirtes út
Számadó u.
Somlói Mihály út
„Wallenberghaus"
Szent Gellért tér
Szabadság híd Freiheitsbrücke
Műegyetem rak.
Kemenes u.
Atelierhaus
Orlay u.
Örmény templom
Bartók Béla út
Budafoki út
Budapesti Műszaki Egyetem
Entdeckungstour Gellertberg s. S. 159
Villányi út
Egyetem
Iskola
Ménesi út
Balogh lejtő
Somló lépcső
Gárdonyi tér
Bertalan Lajos u.
Móricz Zsigmond körtér
Lágymányosi u.
Karinthy Frigyes út
Feneketlen tó
XI
Bocskai út
Kosztolányi Dezső tér
Fehérvári út
Einkaufszentrum Allee
Újbuda-központ
Október 23. u.
Irinyi József u.
Karolina út
Hamzsabegi út
Kanizsai u.
0
250
500 m

Auf Entdeckungstour: Spaziergang auf den Gellértberg

Am Budaer Donauufer sind die weißen Dolomitfelsen des steil aufragenden Gellértbergs (Gellért-hegy) ein markanter Hingucker. Zu seinen Füßen ermöglichen heiße Quellen den Besuch exquisiter Thermalbäder, oben thront die mächtige Zitadelle. Von dort genießt man einen wunderbaren Panoramablick.

Start: Rudas-Heilbad
Ziel: Gellért-Heilbad
Zeit: inkl. Besuch der Zitadelle ca. 2–3 Std.

Anfahrt: Bus 7, 107 ab Ferenciek tere bzw. Metrostation Szent Gellért tér (M 4) sowie Bus 86 ab Kettenbrücke bzw. Metrostation Szent Gellért tér (M 4) bis Rudas gyógyfürdő; Bus 27 ab Metrostation Móricz Zsigmond körtér (M 4) zum Gellértberg bis Haltestelle Búsuló Juhász (Citadella)

Friedlich lädt der bewaldete Hügel zu einer ausführlichen Erkundung ein. Vor 150 Jahren wuchs sogar Wein an seinen Hängen. Doch der Gellértberg offenbarte immer wieder auch eine andere, dunkle Seite. So galt er im Mittelalter als berüchtigter Hexentreffpunkt – bis ins 18. Jh. gab es vor Ort sogar Hexenprozesse. Damals hieß der Hügel auf Deutsch Blocksberg. Ein unrühmliches Ende fand der Namensgeber des Felsrückens, Bischof Gellért (dt. Gerhard): Der Chefmissionar von

König Stephan I. soll 1046 bei einem antichristlichen Aufstand vom Berg in die Donau gestürzt worden sein.

Chefmissionar des Königs

Oberhalb des **Rudas-Heilbades** 22 (s. S. 167) grüßt der Bischof heute mit seinem Kreuz schwungvoll über die Donau hinweg (Gyula Jankovits, 1904). Das **Gellért-Denkmal** 23 wirkt, als wolle der Kirchenmann immer noch die Ungarn missionieren. Gellért stammte aus Venedig, erhielt seine Ausbildung in Burgund und wurde in Venedig zum Abt von San Giorgio Maggiore. Auf Einladung von König Stephan kam er nach Ungarn und wurde dessen enger Vertrauter. So unterrichtete er den Thronfolger Emmerich (Imre) und wurde als Dank zum Bischof von Csanád befördert. Bereits 1083 ernannte man ihn zusammen mit König Stephan und Prinz Emmerich zu Ungarns erstem Heiligen. Der Legende nach errichtete man über Gellérts Grab den Vorläuferbau der Innerstädtischen Pfarrkirche (s. S. 175).

Von Kelten und Habsburgern

Nun aber bergan: Ein schöner, wenn auch ein wenig mühsamer Aufstieg führt quer durch den Wald zum 235 m hohen Gipfel. Für das Bergplateau sind Siedlungsspuren über einen Zeitraum von 6000 Jahren nachgewiesen. Hier legten die keltischen Erawisker die erste dauerhafte Siedlung auf Budapester Stadtgebiet an. Auch die Römer nutzten den Berg zur Verteidigung. Bis in die zweite Hälfte des 19. Jh. wurde an den Hängen des Berges Wein angebaut, doch fiel der gesamte Weinanbau bis ins Donauknie der Reblausseuche zum Opfer. Ein Aussichtspunkt ermöglicht einen schönen Blick hinüber zum Burgberg.

Beherrscht wird der Gellértberg von der mächtigen **Zitadelle (Citadella)** 24. Die Habsburger errichteten die Zwingburg nach der gescheiterten Revolution 1848/49, um das ›unbotmäßige‹ Pest-Buda militärisch besser kontrollieren zu können. Ende des 19. Jh. kaufte dann die Stadt das überflüssig gewordene Wahrzeichen der österreichischen Repression und ließ einen Teil der Mauer symbolisch schleifen.

Gegen Ende des Zweiten Weltkriegs, bis in den Februar 1945 war die Zitadelle als zentraler deutscher Stützpunkt heftig umkämpft. Noch immer sind Einschusslöcher an der Außenwand zu sehen. Nach dem Krieg wurde die **Zitadelle** nach und nach Besuchern geöffnet. Jährlich am 20. August wird hier ein großes Feuerwerk als Höhepunkt des Nationalfeiertags zum Gedenken an König Stephan abgehalten, das Zehntausende Schaulustige auf die Donaupromenade in

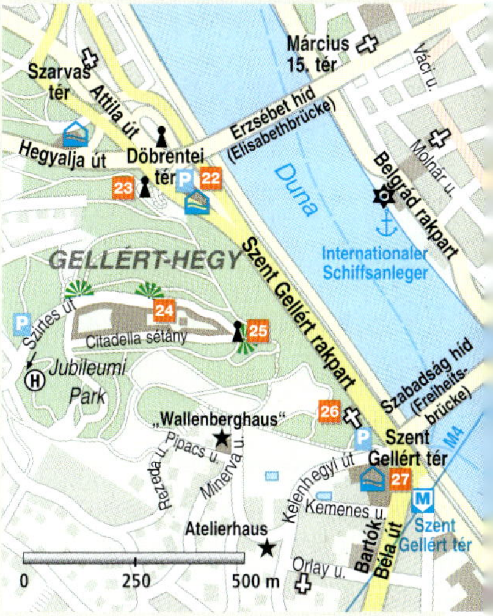

Pest lockt. Im Jahr 2014 ordnete die Stadtverwaltung wegen juristischer Streitigkeiten die Schließung der gastronomischen Betriebe sowie der Verkaufsbuden in und vor der Zitadelle an. Bei Redaktionsschluss war ein Umbau im Gespräch.

Der Rundgang um die Zitadelle ist für Fußgänger jedoch uneingeschränkt offen und führt zum weithin sichtbaren Wahrzeichen des Gellértbergs, der **Freiheitsstatue**.

Der Freiheit ein Denkmal

An der steil zur Donau abfallenden Felswand vor der Zitadelle wurde 1947 eine 14 m hohe **Freiheitsstatue (Szabadság szobor)** 25 zum Gedenken an die Befreiung von Faschismus und Krieg errichtet. Die Entwürfe stammten von Zsigmond Kisfaludi Strobl. Noch während des Zweiten Weltkriegs war er beauftragt worden, ein Denkmal für den verstorbenen Sohn des Reichsverwesers Miklós Horthy zu schaffen. Nach der Kriegsniederlage dann wurde die hierfür bestimmte Statue natürlich umgewidmet und den neuen politischen Erfordernissen angepasst.

Ein weiterer Wendepunkt in der Geschichte hat das heutige Aussehen des Denkmals geprägt: Nach dem Ende der kommunistischen Herrschaft galt der schwer bewaffnete sowjetische Soldat, der damals auf dem Sockel unterhalb der Frau mit dem Palmenzweig stand, als Symbol dafür, dass die 1945 erlangte Freiheit nur relativ gewesen war. Wie andere sozialistische Skulpturen wurde der Rotarmist nach 1990 in den Memento Park umgesiedelt (s. S. 164). Auch die kommunistischen Reliefs wurden entfernt. Heute genießen die Besucher den grandiosen Ausblick über die Donau nach Süden.

Gedenken an die Retter

Von der Freiheitsstatue geht es im Zickzack auf der Südseite den Berg hinunter. Ein kleiner Abstecher führt in das schöne Villenviertel oberhalb des Gellért-Heilbads. In der Minerva utca 3a/b residierte 1944 u. a. Raoul Wallenberg, der schwedische Diplomat, der sich um die Rettung vieler Juden in Budapest verdient gemacht hat (s. S. 87). Eine Gedenktafel erinnert auch an seine Mitstreiter Per Anger und Carl-Ivan Danielsson.

Geht man die Straße weiter bergab, passiert man rechts in der Kelenhegyi út 12–14 das imposante **Atelierhaus** (Műteremház, 1903) im Jugendstil.

Eine Kapelle im Felsen

Am unteren Ende der Kelenhegyi út befindet sich gegenüber vom Eingang zum Gellért-Heilbad die **Felsenkapelle (Sziklakápolna)** 26. Vorbei an einem modernen Denkmal für Staatsgründer König Stephan I. gelangt man durch eine Naturhöhle ins Innere der Kapelle. Die hinteren Teile wurden aus dem Felsen gesprengt. Die Kapelle gehört dem Paulinerorden und dient hauptsächlich der Madonnen-Anbetung. Die Pauliner sind der einzige katholische Orden, der in Ungarn gegründet wurde.

1926 fand in der Höhle der erste Gottesdienst statt, 1931 war der Ausbau vollendet. 1934 wurde zudem ein kleines Kloster errichtet. Während des Zweiten Weltkriegs beteten hier auch polnische Flüchtlinge, daraus resultierte eine kleine polnische Kapelle im hinteren Teil der Kirche. Unter den Kommunisten war die Felsenkirche geschlossen, doch seit 1989 fungiert sie wieder als Gotteshaus.

Beim **Gellért-Heilbad** 27 (s. S. 161) am Szent Gellért tér haben wir den Endpunkt der Tour erreicht.

(Török temető) am Kemál Atatürk sétány, ein seltenes Relikt der türkischen Besatzungszeit des 16. und 17. Jh. Charakteristisch sind die pilzkopfartigen Steine.

Tabán

Von dem einstigen Stadtteil **Tabán** ist nicht viel erhalten geblieben. Ein Großteil der Häuser fiel in den 1930er-Jahren der Abrissbirne zum Opfer. Mit seinen engen Gassen und stimmungsvollen Weinlokalen besaß der Tabán viel Flair. Das Gasthaus **Aranyszarvas (Zum Goldenen Hirsch)** 7, das gegenüberliegende **Benedek-Virág-Haus** und die **Tabáner Pfarrkirche** sind letzte Zeugen des untergegangenen Viertels.

Das **Rácz-Heilbad** 20 in der Hadnagy utca 8 stand sogar schon im Mittelalter an dieser Stelle und war im 16. Jh. von den Türken sowie im 19. Jh. von Miklós Ybl ausgebaut worden. Bei Redaktionsschluss war die Zukunft des aufwendig renovierten Bades und des neuen Thermalhotels ungeklärt.

Sisi-Denkmal 21

An der Auffahrt zur 1964 errichteten **Elisabethbrücke (Erzsébet híd)** findet man auf dem Döbrentei tér eine Statue der berühmten Kaiserin und Königin **Elisabeth.** In Ungarn wurde sie bereits zu Lebzeiten ihrer ungarnfreundlichen Einstellung wegen verehrt. Fast als einzige Habsburgerin fand sie den Weg in die Herzen der Magyaren.

Rudas-Heilbad und Gellértberg

Das 450 Jahre alte **Rudas-Heilbad** 22 verspricht echten Badegenuss (s. Lieblingsort S. 167). Rechts führt am **Gellért-Denkmal** 23 eine Entdeckungstour zum **Gellértberg** 24–26 hinauf (s. S. 158).

Gellért-Heilbad ! 27

Kelenhegyi út 4, tgl. 6–20 Uhr,
www.spasbudapest.com,
Tageskarte 5100–5500 HUF

Das **Gellért-Heilbad (Gellért Gyógyfürdő)** verdient das Prädikat einzigartig. Schon im Mittelalter nutzte man die heißen Quellen, doch in der jetzigen Form wurde das Bad erst bis 1934 an das gleichnamige **Gellért-Hotel** angebaut, dessen wuchtiger Bau das untere Ende der Kelenhegyi út sowie den Szent Gellért tér beherrscht. Ein Besuch des Bades gehört zu den Highlights eines Budapest-Aufenthalts.

Der Eingang zum Bad liegt in der Kelenhegyi út. Ein besonderer Genuss ist der Aufenthalt in der prächtigen Schwimmhalle unter dem hohen Glasdach, das im Sommer geöffnet werden kann. Die zwei herrlichen, ganz im Jugendstil gehaltenen Thermalbad-Abteilungen sind nach Geschlechtern getrennt. Im Sommer gibt es auch ein Freibad auf der Rückseite der Anlage.

Das markante **Gellért-Hotel** öffnete 1918 seine Pforten. Das letzte große Jugendstilbauwerk der Stadt beruht auf Plänen von Ármin Hegedűs, Izidor Stark und Artúr Sebestyén. In der Zwischenkriegszeit wurde das Gellért zu einem der bedeutendsten Hotels der Stadt. Der berühmte Koch Károly Gundel führte das kulinarische Zepter, Fürsten stiegen hier ab und ließen sich standesgemäß verwöhnen, ein eigenes Wasserflugzeug steuerte sogar Wien und den Balaton an. Heute legen unterhalb des Szent-Gellért-Platzes wieder die Linienschiffe an.

Freiheitsbrücke 28

Der Szent Gellért tér an der grünen **Freiheitsbrücke (Szabadság híd)** ist ein kleiner Verkehrsknotenpunkt. Von hier rumpeln die Straßenbahnen hinüber nach Pest auf den Kleinen

Ring (s. S. 185). Ursprünglich trug die Brücke den Namen des Habsburger Monarchen Franz Joseph. Seine Majestät hatten die Donauquerung 1896 im Rahmen der Millenniumsfeierlichkeiten persönlich eingeweiht. Dabei schlug er einen Silbernagel ein, der jedoch genauso verloren ging wie seine Namenspatenschaft für die Brücke.

An der Südseite des Szent Gellért tér residiert die 1782 gegründete Technische Universität, wo am 23. Oktober 1956 die Studentendemo zur Revolution führte.

Neu-Buda

Bartók Béla út

Vom Szent Gellért tér führt die Bartók Béla út durch den XI. Bezirk, der sich seit einigen Jahren Újbuda (Neu-Buda) nennt. Die Hauptverkehrsader des Stadtviertels wird von stattlichen Wohnhäusern aus der Zeit der vorletzten Jahrhundertwende gesäumt, in deren Erdgeschossen sich zahlreiche kleine Geschäfte finden – hier scheint tatsächlich noch etwas vom Lebensgefühl des frühen 20. Jh. bewahrt.

Besonders markant ist der kleine **Gárdonyi tér** mit der Skulptur des gleichnamigen Literaten. Das Viertel war bei Künstlern sehr beliebt. Hier verbrachte der Maler Csontváry Kosztka seine letzten Lebensmonate, das Kaffeehaus **Hadik** 8 war in der Zwischenkriegszeit ein angesagter Literatentreff. 2010 eröffnete ein gleichnamiger Nachfolger als gemütliches Café, zusammen mit der bunten **Szatyor Bár és Galéria** 3.

Móricz Zsigmond körtér und Újbuda-központ

Der Verkehrsknotenpunkt **Móricz Zsigmond körtér** 29 ehrt den sozialkritischen Schriftsteller Zsigmond Móricz (1879–1942), der zu den wichtigsten ungarischen Autoren der Zwischenkriegszeit zählte. Sein Roman

»Verwandte« ist eine zeitlose Parabel auf die Korruption der herrschenden Klasse unter Admiral Horthy. Während der Revolution von 1956 war der Platz übrigens eines der am härtesten umkämpften Widerstandsnester. Daran erinnern diverse Gedenktafeln.

Der Móricz Zsigmond körtér ist wichtigster Umsteigepunkt in Újbuda. Seit 2014 hält hier die Metro 4. Vom Platz zweigt die Fehérvári út nach Süden ab. An der folgenden Kreuzung mit der Bocskai út/Október 23. utca befindet sich das neu gestylte Stadtteilzentrum **Újbuda-központ** 30, das ebenfalls ein Verkehrsknoten ist. Gleich links liegt die nette Markthalle **Fehérvári úti vásárcsarnok** 4 und dahinter das moderne Einkaufszentrum **Allee.**

Szent-Imre-Kirche 31 und Feneketlen-See 32

Zurück am Móricz Zsigmond körtér geht es durch die Villányi út weiter. Von hier fährt Bus 27 hinauf zur Zitadelle (s. S. 159). Vorbei am palastartigen Domizil des **Szent Margit Gimnázium** geht es zur St. Emmerich-Kirche (**Szent-Imre-Kirche, Szent Imre templom),** 1938 geweiht. Mit ihren zwei Türmen ist sie vor den Abhängen des Gellértbergs ein beliebtes Fotomotiv.

Links befindet sich in einem kleinen Park der **Feneketlen-See (Feneketlen-tó**). Hinter dem ›bodenlosen‹ See erreicht man wieder die Bartók Béla út. Dort fällt eine dem Komponisten Béla Bartók gewidmete Skulptur von József Somogyi (1981) auf. Bartók steht unter einem Glockenstuhl, was seine Verbundenheit mit der ungarischen Volksmusik symbolisieren soll.

Als Bartók 1940 ins Exil ging, konnte er nicht ahnen, dass ausgerechnet sein Name den reaktionären Admiral Horthy vom Straßenschild verdrängen würde. Der Komponist war ein erklärter Gegner Horthys (s. S. 93).

Mein Tipp

Entspannen und Party an der Donau

In den letzten Jahren wurde der Freizeit- und Nightlifewert des Donauufers im südlichen Buda deutlich gesteigert. Ausgangspunkt ist die **Petőfibrücke (Petőfi-híd)** 34 am Übergang zum Großen Ring in Pest. Unterhalb der Brücke ankert das **A38** 5, ein ehemaliges ukrainisches Lastenschiff, das ganzjährig mit anspruchsvollen Konzerten, Disco und einem Restaurant lockt. Noch weiter südlich passiert man die **Rákóczi-Brücke (Rákóczi-híd)** 35 und erreicht an einem ehemaligen Winterhafen den sog. **Öböl-Park.** Auf dem begrünten Damm des **Kopaszi-gát** 36 wurde eine angenehme Gastromeile für Spaziergänger, Radfahrer und Ausflügler angelegt. Der Nahverkehr verbessert sich derzeit: Die Linienschiffe fahren momentan zwar nur bis zum A 38, allerdings wurde 2015 die Tram 1 vom Palast der Künste über die Rákóczi-Brücke bis zur Fehérvári út/Etele út (Tram 18, 41, 47) verlängert.
Alternativ lohnt sich tagsüber die Anfahrt per Rad über die Donaupromenade (S. 154).

Kosztolányi Dezső tér 33

Wenige Schritte weiter beginnt der Kosztolányi Dezső tér, der nach einem weiteren bedeutenden Autor der Zwischenkriegszeit benannt ist. Thomas Mann hatte für Kosztolányis Roman »Nero« 1923 sogar ein Vorwort geschrieben.

Zum Feneketlen-See hin gewandt steht die von Tibor Borbás 1979 geschaffene Skulptur für den Schriftsteller. Auf der Südseite des Platzes lädt im ehemaligen Busbahnhof das freundliche **Tranzit Art Café** 9 zu einer Pause ein (s. S. 42).

Abstecher nach Süden

Memento Park 37

Ecke Balatoni út/Szabadkai utca, Bus 101, 150 ab Metrostation Kelenföld vá. (Bhf.) bis Haltestelle Memento Park; tgl. 10 Uhr bis Sonnenuntergang, www.mementopark.hu, Eintritt 1500 HUF, erm. 1000 HUF

Am südwestlichen Stadtrand befindet sich eine der ausgefallensten Sehenswürdigkeiten der Stadt. Mit Bus 150 gelangt man von Újbuda zum **Memento Park**. Dort sind Denkmäler aus der kommunistischen Zeit ausgestellt, die von öffentlichen Plätzen der Stadt entfernt wurden. Gleich am Eingang begrüßen übergroße Ausgaben der Herren Marx, Engels und Lenin die Besucher.

Auf dem Rundgang verdeutlichen mehr als 40 Exponate, was den früheren kommunistischen Herrschern am Herzen lag. Obenan stand natürlich die »brüderliche Freundschaft mit den Völkern der Sowjetunion«, dargestellt etwa durch den bewaffneten Soldaten gleich rechts, der früher Teil der Freiheitsstatue auf dem Gellértberg war. Die Befreiung vom Faschismus wird immer mit der Treue zur UdSSR in Verbindung gebracht. Das Béla-Kun-Denkmal links hingegen thematisiert die Revolution und Räterepublik von 1919

2006 wurde eine Kopie der Stiefel der berühmten Stalin-Statue vor dem Eingang auf einem Podest aufgestellt. Nur die Stiefel waren nach dem Sturz der Statue zum Auftakt der Revolution von 1956 von dem Denkmal übrig geblieben. In einer nachgebauten Baracke zeigt der Film »Das Leben eines Agenten« Originallehrmaterial der Stasi für Beschattungsmaßnahmen.

Tropicarium/Campona 38

Nagytétényi út 37–43, ab Metrostation Móricz Zsigmond körtér mit Bus 33 bis Lépcsős utca (ca. 20–25 Min.), vom Memento Park mit Bus 101, 150 bis Lépcsős utca (ca. 10 Min.); tgl. 10–20 Uhr, Tel. 424 30 53, www.tropicarium.hu, Eintritt 2500 HUF, erm. 1800 HUF

Im postmodernen Einkaufszentrum **Campona** befindet sich das 3000 m^2 große **Tropicarium Budapest**. Hier kann man Alligatoren und Schildkröten sowie Haie und andere Meeresbewohner bestaunen. Exotische Säugetiere und Vögel sind ebenfalls hautnah zu erleben. Jeden Donnerstag um 15 Uhr werden die Haie öffentlich gefüttert, die Rochen darf man sogar selbst füttern.

Schlossmuseum Nagytétény 39

Kastélypark utca 9–11, vom Móricz Zsigmond körtér (ca. 30 Min.) und vom Tropicarium (ca. 10 Min.) mit Bus 33 bis Petőfi Sándor utca; März–Okt. Mi–So 10–18, sonst Fr–So 10–16 Uhr, www.nagytetenyi.hu, Eintritt 1000 HUF, erm. 500 HUF

An den Ufern der Donau liegt im südlichen Vorort Nagytétény, fast schon an der Stadtgrenze, ein Kleinod, das sich vom Tropicarium aus schnell erreichen lässt. Die Geschichte des barocken **Schlosses Nagytétény (Nagytétényi Kastélymúzeum)** reicht bis in die Römerzeit zurück. Wahrscheinlich ab dem 2. Jh. stand hier an der Grenze des römischen Reiches eine Villa. Im 13. Jh. wurden die Reste des Hauses in einen gotisch geprägten Landsitz mit Festungscharakter integriert. Dieser wurde Ende des 17. Jh. weitgehend zerstört. Doch im 18. Jh. erfolgte ein Neubau, denn die neuen Besitzer, Baron Száraz und sein Schwiegersohn Rudnyánszky, ließen auf den gotischen Fundamenten ein dreiflügeliges Barockschloss errichten. Als Vorbild diente das Grassalkovich-Schloss in Gödöllő.

Der schöne Gebäudekomplex dient heute als Außenstelle des Kunstgewerbemuseums. Die Dauerausstellung beschäftigt sich mit Möbeln und Kleidung von der Gotik bis zum Biedermeier.

Essen & Trinken

Goldener Hirsch – **Aranyszarvas Bisztró** 7: I., Szarvas tér 1, Tel. 375 64 51, www.aranyszarvas.hu, Tram 18, Bus 112 Döbrentei tér, Tram 19, 41, Bus 86 Várkert Bazár, Bus 5 Szarvas tér, tgl. 12–23 Uhr, Hauptgerichte 2500–5000 HUF. In einem der wenigen erhaltenen Gebäude des alten Stadtteils Tabán serviert man leckere Fleischgerichte.

Große Tradition – **Hadik Kávéház** 8: XI., Bartók Béla út 36–38, Tel. 279 02 90, www.hadikkavehaz.com, Tram 18, 19, 41, 47, 49 Gárdonyi tér, tgl. 9–23 Uhr. An der Stelle eines traditionsreichen Literatencafés hat nun ein anspruchsvoller Nachfolger eröffnet. Di/Mi/Fr gibt es ab 19 Uhr Pianomusik, die gemütliche Einrichtung wirkt fast wohnzimmerartig und auch Literaten und Literaturkritiker sind hier wieder anzutreffen. Für Buda ist das Hadik eine echte Bereicherung.

Kulturcafé – **Tranzit Art Café** 9: s. S. 42.

Einkaufen

Wein – **Bortársaság** 3: I., Lánchíd utca 5, Tel. 225 17 03, www.bortarsasag.hu, Mo–Fr 10–21, Sa 10–18 Uhr. Filiale der Weinhandelskette Budapest Wine Society mit einer guten Auswahl ungarischer Weine.

Markthalle – **Fehérvári úti vásárcsarnok** 4: XI., Kőrösy József utca 7–9, Tel. 385 65 63, Metro 4, Tram 4, 18, 41, 47 Újbuda-központ, Mo 6.30–17, Di–Fr 6.30–18, Sa 6.30–14 Uhr. Moderne Markthalle, die den XI. Bezirk mit Obst, Gemüse und anderen Lebensmitteln versorgt. Mit dem benachbarten Einkaufszentrum Allee die wichtigste Shoppingadresse in Neu-Buda.

Aktiv

Türkischer Badetempel – **Rudas-Heilbad** 22: s. S. 167.

Jugendstil-Badepalast – **Gellért-Heilbad** 27: s. S. 161.

Abends & Nachts

Bunter Farbtupfen – **Szatyor Bár és Galéria** 3 s. S. 49.

Einfach gemütlich – **Café Ponyvaregény** 4: XI., Bercsényi utca 5, Tel. 209 05 80, www.cafeponyvaregeny.hu, Tram 18, 19, 41, 47, 49 Gárdonyi tér, Mo–Sa 10–24, So 14–22 Uhr. Das »Dreigroschenroman« ist ein stimmungsvolles Café im Souterrain mit Kerzen auf den Tischen und Büchern auf den Regalen. Im Öböl-Park auf dem Kopaszi-gát (s. S. 163) befindet sich eine Filiale.

Partyschiff – **A38** 5: s. S. 53.

Weltmusik – **Fonó Budai Zeneház** 6: s. S. 50.

Lieblingsort

Orientalische Badefreuden im Rudas-Heilbad 22

Unter einer hohen Sternenkuppel, die von acht Säulen getragen wird, vergeht die Zeit im stimmungsvollen Halbdunkel der 450 Jahre alten Anlage wie im Fluge. Rundum sind kleine Becken mit Wassertemperaturen zwischen 16 und 42 °C angeordnet; Sauna, Massagen und Ruheräume ergänzen das Angebot. Das Rudas-Heilbad ist eine der großartigsten Hinterlassenschaften der Türken in Ungarn; Pascha Mustafa Sokollu hatte den Bau im 16. Jh. veranlasst. Mein besonderes Highlight ist die nächtliche Öffnung an Wochenenden. Dann dürfen Frauen und Männer das Bad gemeinsam nutzen. Seit 2014 gibt es zudem einen neuen Wellnessteil mit einem Pool auf dem Dach (Öffnungszeiten und Preise s. S. 57).

Das Beste auf einen Blick

Pester Innenstadt und Kleiner Ring

Highlights!

Zentrale Markthalle: Am südlichen Ende der Váci utca ist diese Markthalle ein bauliches Wunderwerk. An den Ständen wird seit mehr als 110 Jahren Frisches aus der Umgebung feilgeboten. S. 185

Große Synagoge: Europas größte Synagoge ist ein beeindruckendes Zeugnis jüdischer Kultur in Ungarn. Ihr filigraner maurischer Stil ist ebenso wie die prächtige Innenausstattung eine wahre Augenweide. S. 188

Auf Entdeckungstour

Budapester Kaffeehauskultur: Die Donaumetropole ist berühmt für ihre Literatencafés. Zu Beginn des 20. Jh. gab es in Budapest rund 500 Kaffeehäuser. Ein kleiner Rundgang führt zu den Erben dieser großen Tradition. S. 172

Das alte jüdische Viertel: Hinter der Großen Synagoge erstreckt sich die Innere Elisabethstadt, seit Mitte des 19. Jh. ein jüdisches Wohnviertel. Die Tour führt zu Synagogen, Cafés und jüdischen Geschäften; sie machen noch heute das spezielle Flair des Stadtteils aus. Seit einigen Jahren erlebt die Elisabethstadt allerdings eine radikale Umstrukturierung – das Kulturerbe ist in Gefahr. S. 190

Kultur & Sehenswertes

Innerstädtische Pfarrkirche: Das Gotteshaus ist eines der wenigen mittelalterlichen Relikte in der Pester Innenstadt. Es weist auch barocke und sogar türkische Elemente auf und ist in ihrer Stilvielfalt eine Rarität. 8 S. 175

Ungarisches Nationalmuseum: 1847 wurde das Museum als ein Symbol des neu erwachten Nationalbewusstseins eingeweiht. Die Sammlung spannt einen Bogen von der Urzeit bis zur demokratischen Wende 1989/90. 25 S. 186

Palastviertel: Rund um das Nationalmuseum wohnten einst die Großadligen Ungarns. Heute laden Cafés und verkehrsberuhigte Gassen wieder zum Bummeln ein. 26 – 29 S. 186

Genießen & Atmosphäre

Gerlóczy: An einem kleinen Innenstadtplatz vermittelt das Gerlóczy ungetrübte Kaffeehaus-Atmosphäre – eine schöne Großstadtoase. 6 s. S. 39, 174

Café Alibi: Auf dem verkehrsberuhigten Egyetem tér lockt im Sommer italienische Stimmung, während das Café im Winter drinnen sehr gemütlich ist. 10 S. 41, 173

Abends & Nachts

Ráday utca: Die lebendige Kneipenmeile ist abends immer ein guter Anlaufpunkt. Im Sommer bietet die Kulisse der Fin-de-Siècle-Bauten auf den Café- und Restaurant-Terrassen südländisches Flair. S. 187

Museum Cukrászda: Rund um die Uhr läuft die Kaffeemaschine in dem kleinen Café zwischen Nationalmuseum und Astoria – Nachtschwärmer wissen das zu schätzen. 6 S. 49, 173

Pester Innenstadt

Die **Pester Innenstadt (Belváros)** ist das geschäftige Zentrum der Hauptstadt, aber auch ein reizvolles Viertel zum Bummeln und Verweilen. Die Innenstadt hat weit mehr zu bieten als die zentrale Einkaufsmeile Váci utca, die immer noch ein großer Touristenmagnet ist. Doch schon in den Seitengassen wird es ruhig und es finden sich auch kleine Fachgeschäfte.

Besonders einladend sind die kleinen, fesch renovierten Plätze der Innenstadt, wie z. B. der Egyetem tér, an denen sympathische Cafés zu einer Pause einladen. Darüber hinaus touristisch interessant sind natürlich auch die traditionsreichen Kaffeehäuser und Konditorei-Cafés. Ein Bummel über die Donaupromenade sowie die Besichtigung der schönen Barockkirchen dürfen ebenfalls nicht fehlen.

Große Sorgen bereiten den Bewohnern die hohen Immobilienpreise, die aufgrund der starken gewerblichen Nachfrage zu den höchsten in Ungarn zählen. Immerhin hat die umfangreiche Verkehrsberuhigung einen sehr positiven Effekt auf die Wohn- und Lebensqualität der Innenstadt.

Die Stadt Pest geht genau wie Óbuda bereits auf die Römer zurück. Diese legten Ende des 3. Jh. zum Schutz der Reichsgrenze auf der östlichen Donauseite das Kastell Contra Aquincum an. Im Mittelalter war es die Keimzelle von Pest. Trotz der Zerstörung durch die Mongolen 1241/42 und den folgenden Umzug eines Großteils der Bevölkerung ins neu gegründete Buda entwickelte sich Pest als Stadt der Kaufleute und des Handels weiter. Mitte des 15. Jh. wurde entlang des heutigen Kleinen Rings eine Stadtmauer errichtet, die bis zum Ende des 18. Jh. die Grenzen des urbanen Wachstums markierte. Erst danach begann die stürmische Entwicklung, in deren Verlauf Pest im 19. Jh. Buda überholte. 1873 erfolgte die Vereinigung zur Hauptstadt Budapest. Die Innenstadt bildet heute zusammen mit der Leopoldstadt den V. Bezirk.

Infobox

Reisekarte: ▶ Karte 3, E/F 9/10

Übersicht

Startpunkt der Tour ist der Deák Ferenc tér, sie endet an der Zentralen Markthalle beim Fővám tér. Zusammen mit dem Kleinen Ring (s. S. 185) ergibt sich ein erlebnisreicher Rundgang. Die Fußgängerzone Váci utca zieht sich vom Vörösmarty tér im Norden zum Fővám tér im Süden durch die Innenstadt. Ohne Einkaufsbummel und Kaffeepausen dauert die Tour ca. 2–3 Stunden.

Verkehrsmittel

Am Deák Ferenc tér treffen die Metrolinien 1–3 aufeinander, am Kálvin tér Metro 3 und 4. Metro 3 hält zudem am Ferenciek tere, Metro 4 am Fővám tér. Von dort verkehrt auch die Tram 2 am Pester Donauufer entlang. Tram 47 und 49 verbinden den Deák Ferenc tér über den Kleinen Ring mit Újbuda, am Ferenciek tere verbinden zahlreiche Busse Pest und Buda miteinander. Linienschiffe legen am Petőfi tér an.

Touristeninformation

Sütő utca 2 (am Deák Ferenc tér), www.budapestinfo.hu, tgl. 8–20 Uhr.

Vom Deák Ferenc tér zum Vörösmarty tér

In der Pester Innenstadt ist der **Deák Ferenc tér** 1 der zentrale Knotenpunkt für öffentliche Verkehrsmittel. In einem ehemaligen Schacht der gelben Metro 1 ist zudem ein kleines **U-Bahn-Museum** (s. S. 62) eingerichtet. Diese Linie ist die älteste U-Bahn auf dem europäischen Kontinent und verbindet den Vörösmarty tér mit der Andrássy út und dem Stadtwäldchen.

Wenige Meter vom Metroeingang befindet sich in der Sütő utca 2 die zentrale **Touristeninformation.** Auf der anderen Seite ist der parkartige **Erzsébet tér** (s. Tipp S. 180) eine erholsame Grünanlage.

Evangelische Kirche und Evangelisches Landesmuseum 2

Deák Ferenc tér 4, www.evangelikus muzeum.hu; Museum: März– Okt. Di–So 10–18, sonst Di–So 10–17 Uhr, Eintritt 500 HUF, erm. 200 HUF

Am Deák Ferenc tér vollendete der Meister des Klassizismus, Mihály Pollack, 1811 die **Evangelische Kirche (Evangélikus templom).** 1856 gestaltete József Hild die Eingangsfassade antikisierend mit dorischen Säulen und einem Tympanon. Die Kirche war die erste evangelisch-lutherische Kirche in Pest, und man schloss ihr ein konfessionelles Gymnasium an. Berühmtester Schüler war der Nationaldichter Sándor Petőfi. In dem ehemaligen Schulgebäude befindet sich heute das **Evangelische Landesmuseum (Evangélikus Országos Múzeum).** Zu den Highlights gehören das Testament Martin Luthers sowie das Taufbecken Sándor Petőfis.

Vörösmarty tér 3

Durch die zur schicken Modemeile »Fashion Street« umgewandelte Fußgängerzone Deák Ferenc utca erreicht man den lebendigen **Vörösmarty tér**. Hier tummeln sich Touristen, treffen sich junge Paare, Porträtmaler warten auf Kundschaft und immer wieder gibt es abwechslungsreiche Veranstaltungen, Märkte und Konzerte.

Dieser zentrale Platz entstand an der Wende zum 19. Jh. als eines der ersten Stadterweiterungsprojekte. Weil hier das Deutsche Theater stand, hieß der Platz einige Jahre lang Theaterplatz. Der jetzige Name geht auf den Dichter Mihály Vörösmarty (1800–1855) zurück, dessen Denkmal aus Carrara-Marmor in der Mitte des Platzes steht. Im Winter wird das von Ede Kallós und Ede Telcs im Jahr 1908 entworfene Denkmal allerdings mit einer Plane verhüllt. Dafür verwandelt sich der Vörösmarty tér im Dezember in einen großen, bunten Weihnachtsmarkt. Dann duftet es nach Maronen und Palatschinken.

Café Gerbeaud 1

Vörösmarty tér 7–8, tgl. 9–21 Uhr, Tel. 429 90 00, www.gerbeaud.hu

Die bekannteste Adresse am Vörösmarty tér ist an der Nordseite das **Café Gerbeaud**. Bereits 1858 eröffnete Henrik Kugler den Vorläufer. 1870 zog er in das jetzige Gebäude ein, bevor 1884 der Genfer Konditormeister Emile Gerbeaud das Café übernahm. Das Gerbeaud, wie es bald hieß, wurde zu einem der vornehmsten Kaffeehäuser der Stadt und erlangte weltweiten Ruhm durch seine süßen Kreationen. Nach einem Intermezzo als Café Vörösmarty kam das alte Gerbeaud nach 1990 zurück. Doch inzwischen vermiesen extrem hohe Preise das Vergnügen, die Inneneinrichtung lohnt jedoch zumindest einen Blick. Für eine Pause mit Kaffee und Kuchen bietet sich heute eher das **Szamos Gourmet Ház** 3 am südlichen Ende des Platzes an.

Auf Entdeckungstour:
Budapester Kaffeehauskultur

Ohne Kaffeehäuser gäbe es keine Literatur, befand der Schriftsteller Sándor Márai, und für viele seiner Kollegen waren die Pester Kaffeehäuser zu Beginn des 20. Jh. Lebensmittelpunkt und Zentrum ihres Schaffens. Rund 100 Jahre lang spielten sie im literarischen Leben der Stadt eine herausragende Rolle. Ein Rundgang führt zu den Nachfolgern der großen Kaffeehäuser.

Start/Ziel: Ferenciek tere (Metro 3, Bus 5, 7, 8, 107, 110, 112)
Planung: Café Centrál s. S. 41; Gerlóczy s. S. 42; Auguszt Cukrászda s. S. 40; Café Alibi s. S. 41, 173; Museum Cukrászda: s. S. 49; Café Astoria, Kossuth Lajos utca 19–21 (Hotel Astoria), Tel. 889 60 22, www.cafeastoriabu dapest.hu, tgl. 7–23 Uhr

»Auf, Magyaren, die Heimat ruft!« – dramatisch beginnt das Nationallied von Sándor Petőfi. In den aufgeheizten Zeiten nationalistischen Hochgefühls gärte in den Pester Kaffeehäusern die revolutionäre Stimmung. Legendär war das Café Pilvax an der Ecke Pilvax köz/Kamermayer Károly tér. Hier soll Petőfi im März 1848 seine aufrüttelnde Botschaft zum ersten Mal vorgetragen haben, mit der er die Massen für die Revolution gegen die Habsburger begeisterte. Kein Wunder, dass die Schließung des Pilvax 1911 den Schriftsteller Dezső Kosztolányi veranlasste, dem historischen Kaffeehaus einen wehmütigen Nachruf zu widmen.

Wohnzimmer der Literaten

Ab Mitte des 19. Jh. verloren die Kaffeehäuser in Budapest an politischer Bedeutung. Nun trafen sich Schriftsteller, Journalisten und die Bohème hier, um über Gott und die Welt zu reden oder an einem neuen Werk zu arbeiten.

Für manche Literaten waren die Cafés Arbeits- und Wohnzimmer zugleich. Sie ließen sich sogar die Post in ihr Stammcafé liefern, da sie ohnehin nur selten zu Hause anzutreffen waren. Dementsprechend prägte Kosztolányi 1914 in der Zeitschrift »A Hét« das Credo für eine ganze Generation: »Mein Kaffeehaus ist meine Burg« (Az én kávéházam az én váram). Anfang des 20. Jh. boten die rund 500 Kaffeehäuser einen idealen Nährboden für die schreibende Elite des Landes.

Zweiter Weltkrieg und Faschismus sowie schließlich die Kommunisten sorgten für das Ende der literarischen Kaffeehäuser. Spätestens 1948/1949 mussten die meisten schließen. Viele Intellektuelle, die zu den Gästen gezählt hatten, waren ohnehin emigriert, gestorben oder mit Publikationsverbot belegt.

Zu den berühmten Literatencafés der vorletzten Jahrhundertwende gehörte neben dem Café New York (s. S. 249) das **Café Centrál** 8, das nach seiner Gründung 1887 rasch zu einer Institution wurde. Hier wurde z. B. die einflussreiche Literaturzeitschrift »Nyugat« (Abendland bzw. Westen) ins Leben gerufen. Nach seiner Wiedereröffnung 2000 war das Centrál schnell wieder ein Besuchermagnet. Die hohen Decken und Fenster sowie das Kaffeehaus-Ambiente vermitteln weiterhin ein wenig vom alten Flair. Doch natürlich handelt es sich um ein modernes Café und Schrifsteller tummeln sich hier auch nicht öfter als anderswo.

Studentencafés mit Atmosphäre

Vergleichsweise neu ist das **Café Alibi** 10 am Egyetem tér, ein Treffpunkt der Studentenszene. In den beiden kleinen, sympathisch eingerichteten Räumen herrscht eine eher familiäre Atmosphäre. Seit der Verkehrsberuhigung des Egyetem tér ist das Alibi im Sommer auch auf dem schön renovierten Platz vertreten (s. Lieblingsort S. 183) und bietet morgens Frühstück und bis abends Bistroküche. Auf der Terrasse kann man das bunte Leben rundum genießen.

Eine Besonderheit ist die **Museum Cukrászda** 6 am Múzeum körút: Der Clou an dem kleinen Café sind die fehlenden Schließzeiten – die Espresso-Maschine läuft die ganze Nacht, was für Nachtschwärmer natürlich ideal ist! Tagsüber sitzen vor allem Studenten an den wenigen Tischen, sodass es im eher schlichten Museum nicht immer leicht ist, überhaupt einen Stuhl zu ergattern. Hat man Erfolg, kann man dem Treiben auf dem Kleinen Ring zuschauen.

Zeitreise in die Belle Époque

Etwas vom Flair vergangener Tage ist in dem gediegenen Speisesaal des **Café Astoria** 17 im altehrwürdigen Hotel Astoria zu spüren. Das zwischen 1912 und 1914 erbaute Haus war ein letzter Glanzpunkt des Goldenen Zeitalters, bevor der Erste Weltkrieg der rapiden Entwicklung der Stadt ein Ende setzte. Das elegante Café hat über die Jahrzehnte reichlich Patina angesetzt, und so fühlt man sich unweigerlich wie auf einer Zeitreise. Das Astoria war übrigens der erste Sitzungsort des 1918 gegründeten Nationalrats, der unter Ministerpräsident Mihály Károlyi die Geschicke der frisch ausgerufenen souveränen Republik Ungarn leiten sollte – ein ziemlich aussichtsloses Unterfangen, wie sich bald herausstellte.

Konditorendynastie

An der belebten Kossuth Lajos utca liegt die einladende **Auguszt Cukrászda** 7. Die Konditorenfamilie Auguszt ist bereits seit 1870 im Geschäft und besitzt damit einen der traditionsreichsten Betriebe der Stadt. Hinter der großen Fensterfront kann man auf zwei Etagen sitzen und die süßen Leckereien der Konditorei probieren. Neben der sehr kalorienhaltigen Auguszt Krémes gibt es auch leichtere Varianten wie den leckeren Kirsch-Mohn-Kuchen. In Buda unterhält Auguszt unweit des Széll Kálmán tér ein weiteres einladendes Café (s. S. 154).

Ein Hauch von Paris

Der Kamermayer Károly tér ist einer der schönsten Plätze der Innenstadt (s. S. 178). Hier lädt das **Gerlóczy** 6 zu einer Pause ein. Obwohl mitten in der Innenstadt, geht es in dem Café recht beschaulich zu. Von der Terrasse aus kann man unter dem hohen Baum den Blick auf das historische Rathaus und das Komitatshaus genießen. Nach dem Frühstück wird ansprechende Bistro-Küche serviert, abends gibt es oft Harfenmusik. Die Zimmer über dem Café ermöglichen zudem eine stilvolle Übernachtung. Das Gerlóczy ist ein Lichtblick in der Innenstadt!

Der Charme vergangener Zeiten: Café Astoria im geschichtsträchtigen Hotel Astoria

Vom Vörösmarty tér zum Ferenciek tere

Nördliche Váci utca

Am Vörosmarty tér beginnt die **Váci utca**. Der Schriftsteller Gyula Krúdy (1878–1933) nannte sie schlicht »die schönste Straße Ungarns«. Das lässt sich heute wohl nicht mehr sagen, dafür ist das Angebot zu stark auf Touristen ausgerichtet. Aber in den Seitengassen finden sich noch immer traditionsreiche kleine Fachgeschäfte und Galerien. Das macht den Bummel weiterhin abwechslungsreich.

Schon nach wenigen Metern erkennt man auf dem Pflaster weiße Markierungen. Hier stand bis 1789 das Váci-Tor. Erst jetzt betritt man also die wirkliche Altstadt. Krúdy entdeckte übrigens auch die schönsten Frauen Ungarns auf der Váci utca. Sprechen hier heutzutage junge Damen alleinstehende Männer an, zielt das meist auf deren Geldbeutel.

Abstecher zum Szervita tér 4

Nach links führt der **Kristóf tér** zum **Szervita tér.** Dieser Platz wurde durch die hässlichen realsozialistischen Bauten ziemlich entstellt. Beachtenswert sind aber zwei schöne Jugendstilgebäude: An Nr. 3 fällt beim ehemaligen **Bankhaus Török** vor allem das bunte Glas-Giebelmosaik mit der Patrona Hungariae ins Auge. Diese Arbeit stammt von Miksa Róth, entworfen hatten das Haus Heinrich Böhm und Ármin Hegedűs (1906). Haus Nr. 5, das **Rózsavölgyi-Haus,** wiederum ist vom Lechner-Schüler Béla Lajta (1912). Das Musikgeschäft **Rózsavölgyi** 1 im Erdgeschoss gehört zu den besten der Stadt. Barocken Ursprungs ist die zwischen 1725 und 1732 errichtete **Servitenkirche (Szervita templom)**. Von außen ist die Kirche leider sehr baufällig.

Zur Donau

Durch die **Régi posta utca** geht es rechts über die Váci utca hinweg zum Petőfi tér am südlichen Ende des **Donaukorsos** 5 (s. S. 199). Zur Linken macht der Nationaldichter **Sándor Petőfi** 6 mit schwungvoller Geste auf sich aufmerksam. Der Platz des von Miklós Izsó und Adolf Huszár 1882 geschaffenen Denkmals ist seit jeher ein wichtiger Demonstrationsort. 1942 fand hier die größte Antikriegsdemonstration statt, 1956 wurde gegen das stalinistische Regime protestiert und Ende der 1980er-Jahre signalisierten Kundgebungen zum 15. März das Ende der Einparteienherrschaft.

Hinter dem Dichterdenkmal endet die Promenade. Nach rechts führt eine Ampel zu den **Schiffsanlegestellen** am Petőfi tér, während zur Linken der sehr ansprechend renovierte **Március 15. tér** 7 die mageren Überreste des Römerlagers **Contra Aquincum** bedeckt, das gegen Ende des 3. Jh. zum Schutz der Donaugrenze errichtet wurde.

Innerstädtische Pfarrkirche 8

Wichtigstes Gebäude am Március 15. tér ist die seit 2013 frisch renovierte **Innerstädtische Pfarrkirche (Belvárosi plébániatemplom).** Die Geschichte der Kirche geht bis in das 12. Jh. zurück, als genau an der Stelle eine romanische Basilika erbaut wurde, wo angeblich der Chefmissionar von Staatsgründer Stephan I., Bischof Gellért, 1046 begraben worden sein soll.

Nach den Zerstörungen durch die Tataren 1241/42 wurde die Kirche im gotischen Stil neu errichtet. Aus dieser Zeit ist u. a. der Chor erhalten. Hier findet sich auch ein seltenes Relikt der türkischen Besatzungszeit – damals war die Kirche eine Moschee:

Vigyázó Ferenc u.
Szent István Bazilika
Szent István tér
Révay
Bajcsy-Zsilinszky út
Andrássy út
Paulay Ede u.
Székely Mihály u.
Király u.
Kis Diófa
Széchenyi István tér
Zrínyi u.
LIPÓTVÁROS
Október 6. u.
Mérleg
Hild tér
Nádor u.
Sas u.
Kazinczy u.
Káldy Gyula u.
József Attila utca
Erzsébet tér
Entdeckungstour Jüdisches Viertel s. S. 190
Eötvös tér
József nádor tér
Dorottya u.
Madách Kamara Színház
Gozsdu-Hof
Holló u.
Anker köz
Deák Ferenc tér
Deák F. tér
Király u.
Asbóth u.
Madách Imre út
Rumbach Sebestyén u.
Dob u.
Síp u.
Harmincad u.
Szende Pál u.
Vörösmarty tér
Bécsi u.
Deák Ferenc u.
Károly körút
Madách Imre tér
Wesselényi u.
Jane Haining rakpart
Szomory Dezső tér
Bárczy István u.
Fehér Hajó u.
Vigadó u.
Pesti Vigadó
Vigadó tér
Kristóf tér
BELVÁROS
Türr István u.
Váci u.
Apáczai Csere János u.
Aranykéz u.
Városház
Gerlóczy u.
Semmelweis u.
Dohány u.
Vigadó tér
Pesti Színház
Petőfi Sándor u.
Kamermayer K. tér
Vitkovics Mihály u.
Régi posta u.
Vármegye u.
Rákóczi út
Pilvax köz
Astoria
Petőfi tér
Galamb u.
Párizsi u.
Kossuth Lajos utca
Múzeum körút
Egyetem
Duna
Piarista u.
Haris köz
Ferenciek tere
Szép utca
Magyar u.
Kígyó u.
Piarista köz
Reáltanoda u.
Szabad sajtó út
Duna u.
Veres Pálné u.
Kúria u.
Iskola
Ferenczy István u.
Március 15. tér
Károlyi u.
Henszlmann I. u.
Friedrich Born rakpart
Erzsébet híd
Elisabethbrücke
Irányi u.
Cukor u.
Sisi-Denkmal
Molnár u.
Szent Mihály templom
Papnövelde u.
Egyetem tér
Kecskeméti u.
Döbrentei tér
Nyáry Pál u.
Királyi Pál u.
Kálvin tér
Rudas-Heilbad
Belgrád rakpart
Fejér György u.
Képíró u.
Entdeckungstour Kaffeehauskultur s. S. 172
Sörház u.
Szerb u.
Internationaler Schiffsanleger
Pintér u.
Bástya u.
Lónyai u.
Török Pál u.
GELLÉRT-HEGY
Szent Gellért rakpart
Raoul Wallenberg rakpart
Havas u.
Szarka u.
Só u.
Vámház körút
Művész Ház
Citadella
Freiheitsstatue
Pipa u.
Gönczy Pál u.
Fővám tér
Budapesti Corvinus Egyetem
Sóház u.
Csarnok tér
Erkel u.
Imre u.
Mátyás u.
Szabadság híd
Freiheitsbrücke
Felsenkapelle
Szent Gellért tér
Czuczor u.
Közraktár utca
Kelenhegyi út
Gellért-Heilbad
0
125
250 m

Pester Innenstadt und Kleiner Ring

Sehenswert
1 Deák Ferenc tér
2 Evangelische Kirche und Evang. Landesmuseum
3 Vörösmarty tér
4 Szervita tér
5 Donaukorso
6 Sándor-Petőfi-Denkmal
7 Március 15. tér
8 Innerstädt. Pfarrkirche
9 Elisabethbrücke
10 Rathaus
11 Komitatshaus
12 Pariser Hof
13 Franziskanerkirche
14 Petőfi-Literaturmuseum
15 Károlyi-kert
16 Egyetem tér
17 Universitätskirche
18 Stadtmauer
19 Serbisch-orthodoxe Kirche
20 Neues Rathaus
21 Fővám tér
22 Zentrale Markthalle
23 Bálna
24 Reformierte Kirche
25 Ungarisches Nationalmuseum
26 Ungarische Architektenkammer
27 Ervin-Szabó-Bibliothek
28 Andrássy-Universität
29 Italienisches Kulturinstitut
30 Große Synagoge
31 Jüdisches Museum
32 Raoul-Wallenberg-Gedenkpark
33 Klauzál tér
34 Orthodoxe Synagoge
35 Gozsdu-Hof
36 Rumbach-Sebestyén-Straßen-Synagoge

Essen & Trinken
1 Café Gerbeaud
2 Onyx Étterem
3 Szamos Gourmet Ház
4 Fruccola
5 Molnár's Kürtőskalács
6 Gerlóczy
7 Auguszt Cukrászda
8 Café Centrál
9 Govinda vega sarok
10 Café Alibi
11 Hummus Bar
12 Gépard és Űrhajó
13 Borbíróság
14 Costes
15 Soul Café & Restaurant
16 Múzeum Kávéház
17 Café Astoria
18 Aula Étterem
19 Fausto's Ristorante
20 Noé Cukrászda
21 Carmel Glatt Kóser Étterem
22 Kőleves
23 Café Fröhlich
24 Café Vian

Einkaufen
1 Rózsavölgyi
2 Kaczián
3 Ékes Kesztyű
4 Népművészeti Bolt
5 Inmedio
6 Polgár Galeria
7 Vass
8 Ajka Kristály
9 Eventuell
10 V50
11 Made by you
12 Zsolnay
13 Központi Antikvárium
14 Retrock
15 Gouba

Aktiv
1 HiBike

Fortsetzung s. S. 178

Fortsetzung Karte s. S. 177

Abends & Nachts
1 Puskin Artmozi
2 Fat Mo's
3 Café Paris, Texas
4 iF Kávézó
5 Zappa Caffe
6 Museum Cukrászda
7 Spinoza
8 Szimpla Kert
9 400 Bar
10 Spíler
11 Anker Club
12 Budapest Music Center

Im rechten Chorbereich kann man eine Gebetsnische *(Mihrab)* erkennen, die nach Mekka ausgerichtet ist.

Nach einem Feuer 1723 wurden das Kirchenschiff und die beiden Türme von Johann Georg Paur barock erneuert. Die Gegenüberstellung von Gotik und Barock macht den Reiz der Kirche aus. Beinahe wäre sie allerdings dem Bau der **Elisabethbrücke (Erzsébet híd)** 9 Ende des 19. Jh. zum Opfer gefallen, doch schließlich baute man die Brückenauffahrt um die Kirche herum. Dafür wurde der angrenzende zentrale Platz von Pest völlig zerschnitten. Die heutige Elisabethbrücke stammt aus dem Jahr 1964.

Zum Kamermayer Károly tér

Seitlich der Kirche führt der Durchgang Piarista köz vom Petőfi tér zur Váci utca zurück. Dort geht es links und rasch wieder rechts in das Gässchen Haris köz, das voller kleiner Geschäfte ist. Durch die Pilvax köz erreicht man den malerischen **Kamermayer Károly tér**. Einst kündete rechts an der Ecke das Café Pilvax von revolutionären Zeiten. Heute ist das **Gerlóczy** 6 eine gastronomische Insel in diesem Teil der Innenstadt (s. S. 174).

Rathaus 10

Linker Hand fällt am Kamermayer Károly tér das **Rathaus (Városház)** durch seine riesigen Ausmaße auf. Es wurde in der ersten Hälfte des 18. Jh. nach Plänen von Anton Erhard Martinelli im Barockstil errichtet und sollte Invaliden aus den Türkenkriegen beherbergen. Wirklich fertiggestellt wurde es aber nicht. Seit 1894 dient der Bau als Rathaus der Stadt. Im Haupteingang in der Városház utca 9–11 steht das Original der Pallas Athene von 1784. Ursprünglich befand sich das Denkmal vor dem Budaer Rathaus am Szentháromság tér im Burgviertel. Dort versieht heute eine Kopie den Dienst als Beschützerin der Stadt (s. S. 131).

Komitatshaus 11

Zur Rechten grenzt in der Városház utca 7 das klassizistische **Komitatshaus (Vármegyeháza)** an den Kamermayer Károly tér. Hier residiert der Rat des Komitats Pest, eine Art Bezirksregierung. Das massive Bauwerk entstand zwischen 1804 und 1841 in drei Abschnitten. Bemerkenswert ist der von Matthias Zitterbarth jun. entworfene vordere Teil mit einem überraschenden Innenhof: Weiß und gelb umschließen Säulengänge auf drei Etagen den baumbewachsenen Hof. Die eher schlichten Straßenfassaden verbergen oft mehr vom Charakter der Häuser, als dass sie diesen zu erkennen geben.

Ferenciek tere

Durch die Fußgängerzone Pilvax köz geht es zur Petőfi Sándor utca und diese dann links entlang zum sehr belebten Verkehrsknotenpunkt am Ferenciek tere. Sollte tagsüber der Innenhof der Petőfi Sándor utca 3 offen stehen, so lohnt ein Blick hinein, denn rund um die beiden schönen Innenhöfe befinden sich kleine Läden. Die Wohnungen in den oberen Geschossen sind über frei umlaufende Galerien zu erreichen. Ähnlich sind viele Mietshäuser der Jahrhundertwende zum 20. Jh. in Budapest gestaltet.

Während unter dem Ferenciek tere die Metro 3 durchrauscht, wälzt sich oben der Autoverkehr über die wichtige Ost-West-Achse. Gleich rechts am Platz wurde der filigrane **Pariser Hof (Párizsi udvar)** 12 Anfang des 20. Jh. nach Plänen von Hendrik Schmal errichtet. Derzeit harrt der bemerkenswerte Komplex der Umgestaltung in ein Luxushotel. Zur Rechten markieren die beiden Zwillingstürme der Klothilden-Paläste den schmalen Durchlass zur Elisabethbrücke. Jenseits der Hauptstraße erhebt sich zur Linken die **Franziskanerkirche (Ferenciek templom)** 13, die zwar auf das 13. Jh. zurückgeht, aber wie fast alle Kirchen der Innenstadt Mitte des 18. Jh. als Barockkirche neugestaltet wurde. Im angrenzenden Kloster quartierte sich sogar Franz Liszt eine Zeitlang ein.

An der Ecke zur Reáltanoda utca liegt links die schöne **Universitätsbibliothek**. Allein schon das Gewölbe in der Eingangshalle ist sehenswert.

Vom Ferenciek tere zum Fővám tér

Vorbei am **Café Centrál** 8 (s. Entdeckungstour S. 172) geht es in die Károlyi utca.

Prachtvolle k.u.k. Architektur prägt manchen Platz in Budapest, wie den Vörösmarty tér

Mein Tipp

Pause im Park

Grünanlagen sind in der Innenstadt von Pest Mangelware. Deshalb sollten Sie jede Gelegenheit nutzen, die sich unterwegs bietet. Ich möchte Ihnen hier einen schönen Park und zwei parkartige Plätze vorstellen:

Károlyi-kert 15: Wer vom Pflastertreten Entspannung braucht, sollte unbedingt dem kleinen Károlyi-kert einen Besuch abstatten. Früher war dies der Privatgarten der Károlyis, heute genießt die Nachbarschaft das satte Grün.

Erzsébet tér: An der Schnittstelle zwischen Innenstadt und Leopoldstadt verspricht der Erzsébet tér ebenfalls Entspannung. Seit seiner Renovierung ist der Platz rund um den Danubius-Brunnen sehr einladend.

Szabadság tér: Im Herzen der Leopoldstadt ist der prächtige Szabadság tér (S. 207) eine weitere Oase der Ruhe.

Petőfi-Literaturmuseum 14

Károlyi utca 16, Di–So 10–18 Uhr, www.pim.hu, Eintritt 600 HUF, erm. 300 HUF

Die Károlyi utca ist nach dem ersten Ministerpräsidenten der Republik Ungarn benannt, der 1918/19 für kurze Zeit die Geschicke des Landes beim chaotischen Zerfall der Donaumonarchie leitete. Im ehemaligen Károlyi-Palais residiert heute das **Petőfi-Literaturmuseum (Petőfi Irodalmi Múzeum).** Zu sehen ist eine Ausstellung zur ungarischen Literatur. In diesem Haus wurde 1849 übrigens der erste Ministerpräsident der ungarischen Revolution von 1848, Graf Lajos Batthyány, von der österreichischen Armeeführung festgenommen und später hingerichtet.

Egyetem tér 16

Endpunkt der Károlyi utca ist der verkehrsberuhigte **Egyetem tér (Universitätsplatz,** siehe Lieblingsort S. 183). Neben dem heutigen Hauptgebäude (Rektorat und Jura-Fakultät) der Loránd-Eötvös-Universität (ELTE) errichtete der Paulinerorden ab 1725 nach Plänen von Andreas Mayerhoffer die heutige **Universitätskirche (Egyetemi templom)** 17. Der Bau wurde erst 1771 mit der Fertigstellung der beiden Türme vollendet. Die Pauliner sind der einzige katholische Orden, der in Ungarn gegründet wurde. Ihnen gehört auch die Felsenkapelle am Fuße des Gellértberges (s. S. 160). Oberhalb des Tympanons ist über dem Eingang das Wappen der Pauliner zu erkennen. Besonders beachtenswert in der Kirche sind die 1746 von József Hebenstreit vollendeten Skulpturen des Hauptaltars sowie die von Johann Bergl gestalteten herrlichen Fresken.

Entlang der Stadtmauer

Das südlich des Universitätsplatzes gelegene, von vielen kleinen Gassen durchzogene Stadtviertel lässt noch etwas von der mittelalterlichen Straßenstruktur erkennen, und so verwundert es kaum, auf ein größeres Stück der alten **Stadtmauer** 18 zu stoßen, das in der Bástya utca freigelegt wurde. Bei der Stadterweiterung im 19. Jh. waren die Mauerreste in die neuen Wohnhäuser integriert worden.

Serbisch-orthodoxe Kirche 19

Szerb utca, gelegentlich von innen zu besichtigen

An der Straßenecke Veres Pálné utca/ Szerb utca ist auf einem Kachelbild an einer Mauer zu sehen, wie der hl. Georg mit dem Drachen kämpft. Hinter der Mauer erhebt sich idyllisch in einem Garten die **Serbisch-orthodoxe Kirche.** Die einstmals bedeutende serbische Gemeinde hatte sich schon gegen Ende des 17. Jh. eine kleine Kirche errichtet, die 1731–52 höchstwahrscheinlich von Andreas Mayerhoffer erweitert wurde.

Südliche Váci utca und Fővám tér

Die Szerb utca endet an der Váci utca. Gleich rechts liegt das **Neue Rathaus** 20 (Nr. 62–64). Dieses Bauwerk wurde vom späteren Parlamentsarchitekten Imre Steindl 1870–75 errichtet. In diesem Abschnitt der Fußgängermeile befinden sich zahlreiche Touristenrestaurants und Souvenirläden.

Nach links schließt die Váci utca am **Fővám tér** 21 ab. Der alte ›Hauptzoll-Platz‹ gehört bereits zum Kleinen Ring und dient als Zufahrt zur **Freiheitsbrücke (Szabadság-híd)** (s. S. 161). Dominierende Gebäude am Platz sind die **Zentrale Markthalle** 22 (s. S. 185) sowie das ehemalige Hauptzollamt (Miklós Ybl, 1870–74). Das Gebäude gehört heute zur Budapester Corvinus-Universität. Unter dem Platz verkehrt die neue Metro 4.

Essen & Trinken

Legendär – **Café Gerbeaud** 1: s. S. 171.

Sterneküche in Budapest – **Onyx Étterem** 2: s. S. 37.

Repräsentatives Ambiente – **Szamos Gourmet Ház** 3: V., Váci utca 1 / Deák Ferenc utca 5, Tel. (06) 30 570 59 73, www.szamosmarcipan.hu, Metro 1 Vörösmarty tér, tgl. 10–21 Uhr. Am Rande des Vörösmarty tér bietet das elegante Café in einer ehemaligen Bank leckeren Kaffee und Kuchen – unbedingt sollten Sie einen Blick in die prächtige ehemalige Eingangshalle werfen!

Gesund und lecker – **Fruccola** 4: V., Kristóf tér 3, Tel. 430 61 25, www.fruccola.hu, Metro 1 Vörösmarty tér, Mo–Fr 7–20, Sa 8–20 Uhr, Hauptgerichte ca. 900–2000 HUF. Das minimalistisch eingerichtete Fruccola setzt mit frischen Obstsäften und leichten Mittagsgerichten neue Akzente im Stadtzentrum; auch vegetarische sowie laktose-/glutenfreie Optionen sind vorhanden.

Ungarische Spezialität – **Molnár's Kürtőskalács** 5: V., Váci utca 31, www.kurtoskalacs.com, Metro 3 Ferenciek tere, tgl. 9–22 Uhr. Die innen hohlen »Baumstrietzel« sind in Ungarn sehr populär. Hier werden sie in mehreren Sorten angeboten, z. B. mit

Mein Tipp

Schuhe von László Vass 7

Haris köz 2 und 6, Mo–Fr 10–18, Sa 10–14 Uhr, www.vass-cipo.hu

In der kleinen Seitengasse der Váci utca ist das Geschäft von **László Vass** von außen recht unscheinbar. Doch die handgearbeiteten Schuhe des Meisters sind erstklassig und locken Käufer aus halb Europa an. Der international bekannte Schuhmacher legt Wert auf hochwertiges Leder, präzise Verarbeitung und maßgeschneiderten Service. Spitzenmodell der Werkstatt ist der ›Budapester‹, den es in verschiedenen Ausfertigungen gibt. Oder wie wäre es mit einem ›Alt-Wiener‹, einem ›Londoner‹ oder dem Modell ›Oxford‹? Was immer man wählt, echte Qualität ist hier gesichert.

Lieblingsort

Entspannen auf dem Egyetem tér 16

Bis vor wenigen Jahren war der **Universitätsplatz** (Egyetem tér) im Herzen der südlichen Innenstadt vom Autoverkehr dominiert und die Fassaden waren entsprechend verrußt. Doch eine lang ersehnte Verkehrsberuhigung und die gründliche Sanierung der Fassade des prächtigen Unigebäudes mit der zweigeschossigen Prunkloggia haben die Szene komplett gewandelt. Auch der Károlyi-Palast gehört zum schicken Ambiente. Heute fühlt man sich eher in Italien als in Budapest: Das **Café Alibi** 10 mit seiner Terrasse sowie die benachbarte **Hummus Bar** 11 laden zum Verweilen ein, Studenten beleben den Platz und ein Stück Lebensqualität ist in das Stadtviertel zurückgekehrt. Gleich um die Ecke kann man im Palastgarten **Károlyi-kert** 15 eine der seltenen Grünanlagen der Innenstadt genießen – Entspannung pur im Stadtzentrum.

Mohn, Zimt, Mandeln, Walnuss oder Kakao.
Ein Hauch Paris – **Gerlóczy** 6: s. S. 39.
Intimes Plätzchen – **Auguszt Cukrászda** 7: s. S. 40.
Literatencafé – **Café Centrál** 8: s. S. 41.
Vegetarisch – **Govinda vega sarok** 9: s. S. 40.
Studentisch – **Café Alibi** 10: s. S. 41, 173 .
Falafel, Kichererbsen und Kebab – **Hummus Bar** 11: V., Kecskeméti utca 1, Tel. (06) 70 932 82 84, www.hummusbar.hu, Metro 3, 4, Tram 47, 49, Bus 9 Kálvin tér, Mo–Fr 10–22, Sa–So 12–22 Uhr, Hauptgerichte 700–1800 HUF. Freundliches helles Schnellrestaurant am Egyetem tér mit vegetarischen Optionen, Hühnchen und Kebab. In der Hollán Ernő utca 6 gibt es eine rein vegetarische Filiale (s. S. 253). Weitere Filialen: Wesselényi utca 14 und Alkotmány utca 20.
Blick auf Gellértberg – **Gepárd és Űrhajó** 12: s. S. 39.

Einkaufen

Musik – **Rózsavölgyi** 1: s. S. 45.
Krawatten – **Kaczián** 2: V., Régi posta utca 14, Tel. (06) 20 365 65 03, www.kaczian.hu, Metro 1 Vörösmarty tér, Mo–Fr 10–18, Sa 10–13 Uhr. Katalin Kaczián führt die 1957 begonnene Familientradition fort und stellt hochwertige Seidenkrawatten her (Krawatte – *nyakkendő*).
Handschuhe – **Ékes Kesztyű** 3: s. S. 47.
Volkskunst – **Népművészeti Bolt** 4: s. S. 45.
Deutschsprachige Zeitungen – **Inmedio** 5: V., Váci utca 10, Metro 1 Vörösmarty tér, tgl. 8–20 Uhr. Deutschsprachige Zeitungen (u. a. SZ, FAZ, Spiegel, Zeit, Kurier) am selben Tag.
Galerie und Auktionshaus – **Polgár Galéria** 6: s. S. 44.
Schuhe – **Vass** 7: s. S. 181.
Glas und Porzellan – **Ajka Kristály** 8: V., Kossuth Lajos utca 10, Tel. 328 08 44, www.ajka-crystal.hu, Metro 3 Ferenciek tere, Mo–Fr 10–18 Uhr. In den Räumen einer ehemaligen Apotheke sind auf den Wandregalen schöne Glaswaren aus Ajka sowie exquisites Porzellan der Firma Zsolnay aus Pécs zum Verkauf ausgestellt.
Bunte Akzente in der Mode – **Eventuell** 9: s. S. 47.
Designerhüte – **V50** 10: s. S. 47.
Keramik selbst bemalt – **Made by you** 11: V., Királyi Pál utca 11, Tel. (06) 20 597 08 93, www.madebyyou.hu, Metro 3, 4, Tram 47, 49, Bus 9 Kálvin tér, Mo–Fr 13–21, Sa/So 10–18 Uhr. Unter Anleitung des Personals kann man Tassen, Teller, Schüsseln und Vasen selbst bemalen und nach zwei bis fünf Tagen gebrannt und glasiert gebrauchsfähig abholen. Je nach Größe der Keramik muss man allerdings mit ca. 2000-10 000 HUF pro Stück rechnen.

Aktiv

Radverleih – **HiBike** 1: s. S. 26.

Abends & Nachts

Programmkino – **Puskin Artmozi** 1: s. S. 51.
20er-Jahre – **Fat Mo's** 2: V., Nyári Pál utca 11, Tel. 266 80 27, www.fatmo.hu, Metro 3 Ferenciek tere, So–Do 11–1, Fr/Sa 11–4 Uhr. Bei Fat Mo's wird es am Wochenende manchmal jazzig, manchmal funkig. Konzerte beginnen um 21 Uhr, Disco ab 24 Uhr. Das bunt gemischte Publikum mag die Atmosphäre der prohibitionistischen 1920er-Jahre in den USA.
Auch abends lauschig – **Café Alibi** 10: s. S. 41, 173.

Kleiner Ring und Umgebung

Der rund 2 km lange Kleine Ring markiert die Grenze zwischen der Innenstadt und den Stadtbezirken Franzensstadt, Josephstadt und Elisabethstadt und verläuft entlang der spätmittelalterlichen Stadtmauer. Diese war in der zweiten Hälfte des 15. Jh. angelegt worden und fiel gegen Ende des 18. Jh. der Stadterweiterung zum Opfer. Der Kleine Ring wurde Anfang des 19. Jh. zum wichtigsten Repräsentationsprojekt der Stadt. In der Nähe des Nationalmuseums ließen sich die führenden Adelsfamilien luxuriöse Stadtpaläste errichten. Wenige hundert Meter weiter entstand das jüdische Viertel. Bemerkenswert ist zudem, dass sich am Kleinen Ring sowohl die größte Synagoge Europas als auch die Hauptkirchen der Reformierten finden. Nach einem Toleranzedikt Josephs II. von 1781 durften Nicht-Katholiken ihre Gotteshäuser nur außerhalb der Stadtmauern errichten.

Vom Fővám tér zum Nationalmuseum

Zentrale Markthalle ! 22

Vámház körút 1–3, Mo 6–17, Di–Fr 6–18, Sa 6–15 Uhr, www.csapi.hu

Ende des 19. Jh. war Budapest im Baufieber. Die sanitären Bedingungen auf den Märkten waren schlecht, also gab man gleich fünf Markthallen in Auftrag, die jeweils einen Stadtbezirk versorgen sollten. Die größte und schönste ist die nach Plänen von Samu Pecz errichtete **Zentrale Markthalle (Központi** bzw. **Nagy Vásárcsarnok)** von 1897. 1994 erfolgte eine komplette Renovierung.

Von außen beeindruckt das bunte Majolikadach, das in der Sonne leuchtet. Innen überrascht die Leichtigkeit der Konstruktion aus Stahl und Holz. Durch die riesigen Dachfenster flutet das Licht in den 150 m langen Prachtbau. Im Erdgeschoss bieten unzählige Stände Obst, Gemüse, Fleisch und Brot feil. Schon frühmorgens sind die ersten Kunden mit dem täglichen Einkauf beschäftigt. Allein vom Umherschlendern bekommt man schon Appetit. In der ersten Etage werden gestickte Decken und kleine Snacks (z. B. *lángos)* angeboten, während im Keller einige Fischstände auf ihre Kunden warten. In den Anfangsjahren verfügte die Halle sogar über einen unterirdischen Stichkanal zur Donau, damit die Händler ihre Waren direkt vom Fluss anliefern konnten.

Bálna 23

Fővám tér 11–12, tgl. 10–22 Uhr, www.balnabudapest.hu

Infobox

Reisekarte: ▶ Karte 3, E/F 9/10

Übersicht

Der Spaziergang führt vom Fővám tér an der Zentralen Markthalle entlang des Kleinen Rings zurück zum Deák Ferenc tér. Abstecher führen ins ›Palastviertel‹ und auf eine Entdeckungstour ins alte Jüdische Viertel.

Verkehrsmittel

Anfahrt zum Fővám tér mit Metro 4, entlang der Donau mit Tram 2 oder über den Kleinen Ring vom Deák Ferenc tér bzw. aus dem südlichen Buda mit Tram 47 oder 49. Am Deák Ferenc tér treffen sich Metro 1–3.

Auf der Rückseite von Markthalle und ehemaligem Hauptzollamt wurden am Donauufer zwei alte Lagerhäuser optisch spektakulär in einen ›Walfisch‹ *(bálna)* umgewandelt. Auch wenn die Läden und Cafés noch immer recht leer wirken, so ist die Lage an der Donaupromenade mit Blick auf die gegenüberliegende Technische Universität und den Gellértberg vielversprechend. Im 1. Obergeschoss zeigt die **Neue Budapester Galerie (Új Budapest Galéria)** zudem ambitionierte zeitgenössische Kunst (s. S. 63).

Kálvin tér

Am **Kálvin tér** wurde die **Reformierte Kirche (Református templom)** 24 zwischen 1816 und 1851 zunächst nach Plänen von Joseph Hofrichter errichtet, dann von József Hild vollendet. Vor der Kirche steht eine Statue des Reformators Calvin. Um die Ecke beginnt die Gastromeile **Ráday utca** (s. Mein Tipp S. 187).

Ungarisches Nationalmuseum 25

Múzeum körut 14–16, Di–So 10–18 Uhr, www.hnm.hu, Eintritt 1600 HUF, erm. 800 HUF

Das schönste klassizistische Gebäude in Budapest ist das riesige **Ungarische Nationalmuseum (Magyar Nemzeti Múzeum)** am Múzeum körút. Das jetzige Gebäude des 1802 von Graf Ferenc Széchényi gegründeten Museums wurde 1837–47 nach Plänen von Mihály Pollack errichtet. Bereits 1848 spielte es eine wichtige Rolle während der Revolution. Am 15. März soll der Dichter Sándor Petőfi auf der Freitreppe sein Nationallied vorgetragen und damit die revolutionäre Stimmung weiter angeheizt haben. Zum Gedenken gibt es hier in jedem Jahr am 15. März größere Festveranstaltungen. Vor dem Museum sitzt jedoch nicht der Nationalheld auf dem Sockel, sondern Petőfis bester Freund, der Lyriker János Arany, den Alajos Stróbl 1893 in Bronze verewigte.

Im Inneren erwartet die Besucher ein ausführlicher Rundgang durch die ungarische Geschichte. Besonders sehenswert ist links vom Eingang der mittelalterliche Krönungsmantel. Er soll tatsächlich bereits aus der Zeit von König Stephan I. (997–1038) stammen. Zusammen mit der Stephanskrone wurde der Mantel 1978 von den USA an Ungarn zurückgegeben.

Im Erdgeschoss dokumentiert die Ausstellung »An der Grenze von Orient und Okzident« die Anfänge der Besiedlung des Landes. Sehenswert ist im Keller auch das römische Lapidarium mit Sarkophagen und Bodenmosaiken.

Ein Highlight ist die große Prunktreppe. Die opulenten Wand- und Deckenfresken gehen zurück auf Károly Lotz und Mór Than. Im ersten Stock zeichnet das Museum die Geschichte von der Staatsgründung unter König Stephan I. bis zur demokratischen Wende 1990 nach.

Palastviertel

Hinter dem Nationalmuseum beginnt die **Josephstadt (Józsefváros,** VIII. Bezirk). Der innere Bereich des Stadtteils bis zum Großen Ring wird auch **Palota negyed (Palastviertel)** genannt, weil sich in der zweiten Hälfte des 19. Jh. viele Adelige hier ihre repräsentativen Stadtpaläste bauen ließen – nicht zuletzt deshalb, weil 1867–1902 das Abgeordnetenhaus neben dem Nationalmuseum tagte. Die Gegend war schick und ›in‹, und ein Bummel durch die Gassen des heute wieder sehr belebten Uni- und Wohnviertels rund um das Museum lohnt sich unbedingt.

Mikszáth Kálmán tér

Bummelt man durch die Múzeum utca, stößt man an der Ecke zur Ötpacsirta utca auf das herrschaftliche Palais der **Ungarischen Architektenkammer (Magyar Építész Kamara)** 26. Die attraktive Ötpacsirta utca läuft unmittelbar auf das prächtige Gebäude der **Hauptstädtischen Ervin-Szabó-Bibliothek (Fővárosi Szabó Ervin Könyvtár)** 27 in der Reviczky utca 1 zu. Wenige Meter weiter liegt zur Linken der beschauliche Mikszáth Kálmán tér mit der Szenekneipe **Zappa Caffe** 5, die durch ein riesiges Wandgemälde beeindruckt und im Sommer eine schöne Terrasse bietet. Hier beginnt eine kleine Fußgängerzone mit einigen Cafés und Kneipen.

Andrássy-Universität 28

Neben dem großen Gebäudekomplex des **Ungarischen Radios (Magyar Rádió)** residiert an der Ecke Bródy Sándor utca/Pollack Mihály tér die 2002 gegründete deutschsprachige **András-**

Mein Tipp

Szenestraße Ráday utca

Vom Kálvin tér zweigt die verkehrsberuhigte **Ráday utca** nach Süden in den Stadtteil **Ferencváros** (Franzensstadt, IX. Bezirk) ab. Dort reiht sich Café an Café und im Sommer sind die Straßenterrassen abends immer gut gefüllt. Der Straßenzug wird scherzhaft auch das ›Soho von Budapest‹ genannt. Schicke Restaurants, trendige Bistros und einladende Szenecafés sorgen für viel Abwechslung. Besonders empfehlenswert sind das Sterne-Restaurant **Costes** 14, das **Soul Café & Restaurant** 15 (Nr. 11–13), das **Café Paris, Texas** 3 (Nr. 22) sowie das **iF Kávézó** 4 (Nr. 19) schräg gegenüber. Hier wird vor allem sanfter Salon-Jazz geboten. Am Ende der Ráday utca bietet das **Café Jedermann** (Nr. 58) im Goethe-Institut ebenfalls Jazz (s. S. 51).

sy-Universität. Themenschwerpunkte sind internationale Beziehungen, mitteleuropäische Geschichte sowie rechtliche Fragen. Für die Universität wurde das 1862–65 nach Plänen des damaligen Stararchitekten Miklós Ybl erbaute Festetics-Palais umfassend renoviert (www.andrassyuni.eu).

Um den benachbarten Radiosender entbrannten vor dem Haupteingang in der Bródy Sándor utca 5–7 am Abend des 23.10.1956 die ersten bewaffneten Auseinandersetzungen der Revolution, als Demonstranten versuchten, ihre Forderungen im Radio verlesen zu lassen.

Italienisches Kulturinstitut 29

90 Jahre zuvor wurde mit dem sich abzeichnenden Ausgleich zwischen Österreich und Ungarn auch die Frage nach einem Parlamentsgebäude akut. 1865/66 schuf Miklós Ybl in der Bródy Sándor utca 8 das Abgeordnetenhaus, das bis zum Umzug ans Donauufer 1902 hier tagte. Heute beherbergt das Haus das **Italienische Kulturinstitut.**

Versteckt sind die kunstvollen Fresken, die Károly Lotz 1875/76 für die Loggia im ersten Stock von Nr. 4 schuf. Von Lotz stammt auch das Deckenfresko im traditionsreichen Restaurant **Múzeum Kávéház** 16.

Múzeum körút

Der **Múzeum körút (Museumsring)** ist ein Paradies für Bücherliebhaber. Da wir uns im Universitätsviertel befinden, lässt sich die Dichte an Buchhandlungen und Antiquariaten leicht erklären. Am Múzeum körút 13–15 liegt eines der schönsten Antiquariate der Stadt, das **Központi Antikvárium** 12. Gleich um die Ecke steht in der Ferenczy István utca ein Rest der alten Stadtmauer. Auch im Hauseingang Múzeum körút 21 ist ein größeres Stück erhalten.

Am altehrwürdigen **Hotel Astoria** (s. S. 174) überquert man die Schnittstelle zwischen Kossuth Lajos utca und Rákóczi út. Diese Hauptverkehrsachse durchquert die Stadtmitte von der Elisabethbrücke bis zum Ostbahnhof.

Jüdisches Viertel

Große Synagoge ! 30

Dohány utca 2, März–Okt. So–Do 10–18, Fr 10–16.30 (März bis 15.30), sonst So–Do 10–16, Fr 10–14 Uhr, www.aviv.hu, 3000 HUF, erm. 2000/800 HUF (inkl. Jüdisches Museum)

Die **Große Synagoge (Nagy zsinagóga)** – oder Dohány-Straßen-Synagoge – an der Ecke Dohány utca/Wesselényi utca ist ein imposantes Gebäude, das schon vom Kleinen Ring aus ins Auge fällt – nicht zuletzt aufgrund der sehr filigran und leicht wirkenden Fassadengestaltung im maurisch-byzantinischen Stil. Die beiden 43 m hohen Zwiebeltürme verschlanken die Synagoge und sind zu ihrem Wahrzeichen geworden. Die Türme symbolisieren die zwei Säulen des Salomon-Tempels in Jerusalem.

Gebaut wurde die mit rund 3000 Sitzplätzen größte Synagoge Europas 1854–59 nach Plänen von Ludwig Förster. Die Emporen waren weiblichen Gemeindemitgliedern vorbehalten. Die Innenausstattung übertrug man u. a. dem Architekten Frigyes Feszl (1821– 84), der das Gotteshaus eigentlich selbst hatte realisieren wollen.

Innerhalb der Gemeinde sorgte der Bau der Synagoge für reichlich Aufregung. Kritisiert wurde, dass die Anlage zu kirchenähnlich wirke. Auch der Einbau einer Orgel, auf der u. a. Franz Liszt spielte, stieß auf Protest. 1869 kam es schließlich zur Spaltung der jüdischen Gemeinde. Die gemäßigt reformorientierte, neologe Gemeinde blieb an der Dohány utca und stellte gegenüber den Orthodoxen in Budapest die klare Mehrheit. Eine dritte Richtung orientierte sich am Status quo. So entstanden im Laufe der Jahre weitere Synagogen für jede Gemeinde (s. Entdeckungstour S. 190). 1996 wurde die Große Synagoge u. a. mit Geldern des US-Schauspielers Tony Curtis renoviert, dessen Eltern aus Budapest stammten.

Jüdisches Museum 31

Adresse und Öffnungszeiten: s. Große Synagoge, www.milev.hu

Das benachbarte **Jüdische Museum (Zsidó Múzeum)** enthält zahlreiche religiöse Kultgegenstände, die den kulturellen Reichtum der jüdischen Gemeinde dokumentieren. Im Holocaust-Raum wird die Verfolgung der Budapester und ungarischen Juden unter den Nazis nachgezeichnet. Einst stand hier das Geburtshaus von Theodor Herzl (1860–1904), der als geistiger Vater des modernen Zionismus gilt. Eine weitere Gedenktafel erinnert an die jüdischen Kämpfer im Freiheitskrieg gegen die Habsburger 1848/49. Die jüdischen Ungarn waren sehr patriotisch, aber wie in Deutschland schützte sie dies nicht vor dem Massenmord der Nazis. Gleich um die Ecke begann Ende 1944 das jüdische Ghetto.

Raoul-Wallenberg-Gedenkpark 32

In der Wesselényi utca setzt gleich rechts der 1931 erbaute Heldentempel den jüdischen Gefallenen des Ersten Weltkriegs ein Denkmal. Daneben liegt ein kleiner Friedhof, auf dem die Opfer des Nazi-Terrors bestattet sind. Dahinter kreierte der Bildhauer Imre Varga 1990 im **Raoul-Wallenberg-Gedenkpark** den »Baum des Lebens«, der die zahlreichen Opfer der Nazi-Verfolgung symbolisiert und zu Vargas eindrucksvollsten Werken gehört. Gleichzeitig ehrt der Ort den schwedischen Diplomaten Wallenberg, der 1944/45 um das Überleben der jüdischen Budapester kämpfte.

Durch die Gassen

Statt von der Großen Synagoge über den Kleinen Ring direkt zum Deák Ferenc tér zu laufen, empfiehlt sich ein sehr schöner Bummel durch die stimmungsvollen Gassen des alten jüdischen Viertels (33 – 36, s. Entdeckungstour S. 190) bis zur Király utca, vorbei an jüdischen Konditoreien, schicken Cafés und Ruinenkneipen.

Király utca

Bis zum Bau der Andrássy út war die **Király utca** die Hauptverkehrsachse zwischen Innenstadt und Stadtwäldchen. Der Unterschied zwischen der engen Straße und dem breiten Prachtboulevard ist augenfällig. Den Charme der Király utca machen die vielen Häuser mit ihren schönen Innenhöfen aus dem frühen 19. Jh. aus. Hier ist auch der Kontrast zwischen historischer Bausubstanz und modernen Geschäftshäusern leider deutlich spürbar (s. S. 108).

Zum Deák Ferenc tér 1

Von der Király utca führt die kleine Gasse Anker köz zum zentralen Verkehrsknotenpunkt **Deák Ferenc tér,** am Ende des Kleinen Rings.

Essen & Trinken

Wein-Bistro – **Borbíróság** 13: IX., Csarnok tér 5, Tel. 219 09 02, http://borbirosag.com, Metro 4, Tram 2, 47, 49 Fővám tér, Mo–Sa 12–23 Uhr, Hauptgerichte ca. 2300–4500 HUF. Hinter der Zentralen Markthalle serviert das trendige Weinlokal 70 ungarische Weine sowie eine kleine Speisenauswahl.

▷ S. 193

Auf Entdeckungstour:
Das alte jüdische Viertel

Hinter der Großen Synagoge erstreckt sich in der Elisabethstadt das ehemalige jüdische Viertel. In den letzten Jahren hat eine kleine Renaissance stattgefunden: Renovierte Synagogen sowie koschere Geschäfte und Konditorei-Cafés zeugen von dem wiedererwachten jüdischen Leben. Parallel dazu entstand durch Cafés, Bistros und Ruinenkneipen ein angesagtes Ausgehviertel.

Cityplan: s. S. 177

Zeit: Verbunden mit einem Café- und Synagogenbesuch sollte man ca. 2–3 Std. einplanen.
Planung: Alle Synagogen sind am Sabbat (Samstag) sowie am Freitagnachmittag geschlossen.

Start/Ziel: Große Synagoge in der Dohány utca (Metro 2, Tram 47, 49 Astoria, Bus 5, 7, 8, 9, 107)

An keinem anderen Ort in Budapest ist die jüdische Kultur so gegenwärtig wie im Bereich Wesselényi utca, Kazinczy utca und Dob utca: Jüdische Restaurants, koschere Cafés und Geschäfte sowie zahlreiche in Hebräisch beschriftete Schilder vermitteln einen Eindruck vom Wiedererwachen des jüdischen Lebens. Die **Große Synagoge** 30 (s. S. 188) und das **Jüdische Museum** 31 (s. S. 189) sind die religiösen und kulturellen Herzstücke des alten jüdischen Viertels.

Zwischen der Mitte des 19. Jh. und dem Zweiten Weltkrieg wohnten in der dicht besiedelten Inneren Elisabethstadt vor allem ärmere Juden. Trotz des Nazi-Terrors überlebten Zehntausende den Zweiten Weltkrieg (s. S. 86). Viele von ihnen wanderten allerdings nach dem Krieg aus oder zogen in andere Stadtteile, was die Bevölkerungsstruktur in der Inneren Elisabethstadt stark verändert hat. In den letzten Jahren drohte vielen Häusern der Abriss (s. Essay S. 108), während sich gleichzeitig ein rasanter Wandel zum beliebten Ausgehviertel vollzogen hat.

Ruinenkneipe und ›Grüne Insel‹

Entlang der Wesselényi utca hat sich eine lebendige Mischung aus jüdischen Geschäften, Cafés und Restaurants entwickelt. Besonders auffällig ist der Aufschwung, den die verkehrsberuhigte Kazinczy utca als »Kulturstraße« genommen hat. Zur Rechten liegt in Nr. 14 das alternative Kultlokal **Szimpla Kert** 8. Sonntags gibt es im Innenhof der ältesten Budapester Ruinenkneipe sogar einen Bauernmarkt. In Haus Nr. 16 wurde die Mikwe, das Ritualbad der jüdischen Gemeinde, wieder hergerichtet.

An der Nagy Diófa utca geht es links zum **Klauzál tér** 33. Der etwas versteckt liegende Platz wird wegen seines parkähnlichen Charakters auch als die ›Grüne Insel‹ der Inneren Elisabethstadt bezeichnet. Hier scheinen die Uhren langsamer zu gehen als andernorts in der Stadt. In Nr. 11 verbindet die kleine III. Markthalle den Platz mit der Akácfa utca – 1944/45 die Grenze des Ghettos. Links führt die Dob utca wieder zurück Richtung Kleiner Ring.

Orthodoxes Schtetl

In dem wunderschönen Jugendstilhaus Dob utca 35, das 1912 nach Plänen von Béla und Sándor Löffler gebaut wurde, führt rechts neben dem koscheren Metzger *(mészáros)* ein Durchgang zu einem kleinen Hinterhof, eingerahmt von Häusern mit Wohnungen, Büros und einem Restaurant. Hier schlägt das Herz des orthodoxen Schtetls. Mittelpunkt ist die **Orthodoxe Synagoge** 34 **(Ortodox zsinagóga,** auch Kazinczy-Straßen-Synagoge genannt; Sommer So–Do 10–18, Fr 10–16, Winter So–Do 10–16, Fr 10–14 Uhr, Eintritt 1000 HUF), die in der Kazinczy utca 29–31 liegt. Die wunderbare Synagoge wurde zwischen 1911 und 1913 ebenfalls nach Plänen der Brüder Löffler erbaut und präsentiert sich ganz im blauen Jugendstil. Unter dem leicht gewölbten Dach wurden zwei Emporen für Frauen und Kinder angebracht. Insgesamt haben mehr als 1000 Gläubige in der Orthodoxen Synagoge Platz, die zu den größten Europas zählt.

Die Kazinczy utca bietet rechts und links der Dob utca ein reiches Angebot an netten Cafés, Restaurants und sog. **Ruinenkneipen** (s. Adressteil S. 193).

Koschere Leckereien und Kultur

Natürlich werden im jüdischen Viertel auch koschere Speisen angeboten.

Die Große Synagoge (Nagy zsinagóga)

Wenn es um Süßes geht, sind die kleine **Noé Cukrászda** 20 in der Wesselényi utca 13 sowie das schlichte **Café Fröhlich** 23 in der Dob utca 22 die richtigen Adressen. Die Kuchentheken sind voller traditioneller koscherer jüdischer Leckereien: Populär ist beispielsweise Flódni, das aus Mohn, Äpfeln und Nüssen hergestellt wird, bei Noé gibt es dies zusätzlich mit Pflaumenmus. Ein Stück weiter befindet sich an einer Hauswand eine ungewöhnliche, 1991 von dem ungarischen Bildhauer Tamás Szabó geschaffene Skulptur zur Erinnerung an den Schweizer Vizekonsul Carl Lutz, der zwischen 1944 und 1945 Tausenden von Juden das Leben rettete (s. S. 86).

In Dob utca 15 ist Anna Sándor mit dem **Spinoza** 7 eine sehr attraktive Mischung aus einladendem Café-Restaurant, preisgünstigem Apartmenthaus und anspruchsvoller Kulturbühne gelungen. Eine Spezialität sind jeden Freitag um 19 Uhr die schwungvollen Klezmer-Konzerte. Im Eintrittspreis (3000 HUF) ist ein Glas Sekt enthalten. An anderen Abenden gibt es für die Gäste Pianomusik.

Pralles Leben im Hinterhof

Zwischen der Dob utca 16 und der Király utca 13 liegt gut versteckt der **Gozsdu-Hof (Gozsdu Udvar)** 35, eine Kette von sechs ehemals geheimnisvollen Hinterhöfen. Der Rechtsanwalt Manó Gozsdu (1802–70) war ein früher Förderer des rumänisch-ungarischen Ausgleichs im 19. Jh. gewesen. Die von ihm ins Leben gerufene Gozsdu-Stiftung ließ die Höfe im Jahr 1902 nach Entwürfen von Győző Czigler erbauen.

Nach Jahren des Verfalls wurden sie 2007/08 rundum saniert. Mittlerweile gibt es zahlreiche nette Cafés und von April bis Oktober findet sonntags der bunte Kunsthandwerkermarkt Gouba (s. S. 46) statt, sodass die Höfe inzwischen wieder voller Leben sind.

Baufällige Synagoge

In der Rumbach Sebestyén utca 11–13 schuf Otto Wagner zwischen 1870 und 1872 nach der Spaltung der jüdischen Gemeinde für die traditionell orientierten Gläubigen die **Rumbach-Sebestyén-Straßen-Synagoge** 36 (Rumbach Sebestyén utcai zsinagóga) (Sommer So–Do 10–17.30, Fr 10–15.30, sonst So–Do 10–16, Fr 10–14 Uhr, Eintritt 500 HUF), deren kleine, an Minarette erinnernde Türmchen jenen der Großen Synagoge in der Dohány utca ähneln. Wagner wurde später als Vorreiter des Sezessionsstils in Wien berühmt. Eine Renovierung der leider baufälligen Synagoge ist geplant, gelegentlich Ausstellungen.

Sterne-Restaurant – **Costes 14**: s. S. 36.
Im Herzen von Soho – **Soul Café & Restaurant 15**: s. S. 39.
Klassiker – **Múzeum Kávéház Étterem 16**: s. S. 38.
Dekadent – **Café Astoria 17**: s. S. 174.
Garküche mit Flair – **Aula Étterem 18**: VIII. Rákóczi út 5, kein Tel. Metro 2, Traum 47, 49, Bus 5, 7, 8, 9, 107, Astoria, Mo–Do 11–15.30, Fr 11–15 Uhr, Hauptgerichte ca. 600–1500 HUF. In einem schön überdachten Innenhof liegt die sehr beliebte Uni-Mensa der Germanisten und Anglisten – einfaches Essen, aber stimmungsvoll.
Feiner Italiener – **Fausto's Ristorante é Osteria 19**: s. S. 38.
Koscher und lecker – **Noé Cukrászda 20**: VII., Wesselényi utca 13, Tel. 787 38 42, www.torta.hu, Metro 2, Tram 47, 49 Astoria, Mo–Do 10–19, Fr, So 10–18 Uhr. Gemütliches, sehr kleines Café der Meisterkonditorin Ráchel Raj – ihre Spezialität ist »Rachels Flodni« aus je einer Schicht Walnuss, Apfel, Mohn und Pflaumenmus. Im Angebot steht auch zuckerfreier Kuchen.
Alles koscher – **Carmel Glatt Kóser Étterem 21**: VII., Kazinczy utca 31, Tel. 322 18 34, www.carmel.hu, Bus 5, 7, 8, 107 Uránia, So–Do 12–23, Fr 12–14 Uhr (Fr 19–23, Sa 12–14, 18–23 Uhr nur nach bezahlter Vorbestellung, Hauptgerichte 2800–6000 HUF). Neben der orthodoxen Synagoge hat sich das Carmel auf komplett koschere traditionelle ungarisch-jüdische Küche spezialisiert.
Renovierte Ruine – **Kőleves 22**: VII., Kazinczy utca 41, Tel. (06) 20 213 59 99, www.koleves.com, Metro 1, 2, 3, Tram 47, 49 Deák Ferenc tér, Mo–Fr 8–1, Sa 9–1, So 12–24 Uhr, Hauptgerichte ca. 2100–4800 HUF). Die »Steinsuppe« hat ein verfallenes Haus liebevoll renoviert und nun ein sympathisches helles Lokal mit sommerlichem Biergarten eingerichtet; auch einige vegetarische Optionen.
Jüdische Leckereien – **Café Fröhlich 23**: VII., Dob utca 22, Tel. 266 17 33, www.frohlich.hu, Metro 1, 2, 3, Tram 47, 49, Bus 16 Deák Ferenc tér, Mo–Do 9–18, Fr 9–14, So 10–18 Uhr. Das schnörkellose Konditorei-Café ist seit 1953 für seine authentischen koscheren Süßwaren bekannt (s. S. 192).
Im Gozsdu-Hof – **Café Vian 24**: s. S. 42.

Einkaufen

Für jeden etwas – **Zentrale Markthalle 22**: s. S. 47.
Porzellan – **Zsolnay 12**: s. S. 45.
Antiquariat – **Központi Antikvárium 13**: s. S. 44.
Coole Designer-Mode – **Retrock 14**: VI., Anker köz 2, Tel. (06) 30 472 36 36, www.facebook.com/retrockbudapest, Metro 1, 2, 3, Tram 47, 49 Deák Ferenc tér, Mo–Fr 11–21, Sa 11–20 Uhr. In einer Seitengasse sind coole Designer-Klamotten für junge Leute angesagt.
Kunsthandwerkermarkt im Gozsdu-Hof – **Gouba 15**: Von April bis Oktober immer sonntags, s. S. 46.

Abends & Nachts

Café-Kneipe – **Café Paris, Texas 3**: s. S. 49.
Livemusik – **iF Kávézó 4**: s. S. 54.
Alternativ – **Zappa Caffe 5**: s. S. 52.
Rund um die Uhr – **Museum Cukrászda 6**: s. S. 49, 173.
Klezmercafé – **Spinoza 7**: s. S. 54.
»Ruinenkneipe« im Hinterhof – **Szimpla Kert 8**: s. S. 52.
Sehr angesagt – **400 Bar 9**: s. S. 51.
Im Gozsdu-Hof – **Spíler 10**: s. S. 49.
Hinter hohen Fenstern – **Anker Klub 11**: s. S. 49.
Jazz, Klassik und mehr – **Budapest Music Center 12**: s. S. 53.

Das Beste auf einen Blick

Leopoldstadt

Highlight!

Parlament: Schon allein aufgrund seiner Monumentalität ist das Parlamentsgebäude am Donauufer ein beeindruckendes Bauwerk. Vor 100 Jahren symbolisierte es die Größe des Landes und das neue nationale Selbstbewusstsein. Eine Führung ist die beste Möglichkeit, das Parlament und seine Schätze kennenzulernen, zu denen u. a. die berühmte Stephanskrone gehört. S. 201

Auf Entdeckungstour

Kunstmeile Falk Miksa utca: In der beschaulichen Gasse zwischen Kossuth Lajos tér und dem Großen Ring haben sich in den vergangenen Jahren die Größen der ungarischen Kunstszene angesiedelt. Trendsetter sind die Galeristen Tamás Kieselbach und Judit Virág. Neben Kunstwerken werden hier auch Porzellan, Möbel und Fernöstliches gehandelt. S. 204

Kultur & Sehenswertes

Ethnografisches Museum: Das volkskundliche Museum unmittelbar gegenüber vom Parlament ist allein schon wegen seiner palastartigen Architektur einen Besuch wert. Die Sammlung dokumentiert ungarische Volksbräuche und Volkskunst. 12 S. 202

St.-Stephans-Basilika: Budapests größte Kirche erhielt im Laufe ihrer 55-jährigen Bauzeit eine prunkvolle Ausstattung. Die wertvollste Reliquie der ungarischen Katholiken, die ›Heilige Rechte‹, fand hier einen angemessenen Aufbewahrungsort. 23 S. 209

Aktiv unterwegs

Schiffstour: Vom Vigadó tér am Donaukorso legen die Ausflugsschiffe ab. Im Angebot: kurze Rundfahrten oder Ausflüge zum Donauknie. 4 S. 197

Turmbesteigung: Die Kuppel der St.-Stephans-Basilika ist der beste Aussichtspunkt in Pest. 23 S. 209

Genießen & Atmosphäre

Spoon »The Boat«: Auf dem Restaurantschiff konkurriert die exquisite Küche mit dem atemberaubenden Donaupanorama um die Aufmerksamkeit der Gäste. 2 S. 37, 211

Pomo d'Oro: Bei diesem anspruchsvollen Italiener sollte man besser vorbestellen, um einen der begehrten Plätze zu bekommen. 4 S. 39, 211

Abends & Nachts

Donaukorso: Bei einem Spaziergang über die Donaupromenade nach Sonnenuntergang entfaltet sich das malerische Panorama von Burgschloss und Kettenbrücke in seiner ganzen Pracht. 4 S. 199

Repräsentationsviertel zwischen Klassizismus und Jugendstil

Die **Lipótváros (Leopoldstadt)** wurde ab 1808 vom sogenannten Verschönerungskomitee der Stadt Pest nach einem Masterplan von János Hild als erste Vorstadt jenseits der Stadtmauer ausgebaut. Typisch ist das schachbrettartige Muster des Straßennetzes. Der Ausbau vollzog sich in zwei Stufen: zunächst bis zum Szabadság tér, wo sich eine Kaserne der Habsburger Armee befand, dann, gegen Ende des 19. Jh., weiter bis zum Großen Ring. Dementsprechend finden sich im südlichen Teil zahlreiche Gebäude aus der klassizistischen Periode, während im Norden Gründerzeit und Jugendstil zu erkennen sind.

Da die eleganten Bauten zumeist recht gut erhalten oder renoviert sind, ist die Leopoldstadt heute ein städtebauliches Juwel.

Vom Deák Ferenc tér zum Donauufer

Erzsébet tér

Startpunkt des Rundgangs ist erneut der **Deák Ferenc tér** 1 (s. S. 171). Wenige Schritte weiter auf dem Erzsébet tér sollte Mitte der 1990er-Jahre das neue Nationaltheater entstehen, bevor es dann im Süden an der Donau errichtet wurde. Zurück blieben eine Tiefgarage, die beliebte Café-, Konzert- und Party-Location **Akvárium** 1 und ein kleiner Park. Links hinter dem ehemaligen Internationalen Busbahnhof wurde auch die zweite Parkhälfte sehr schön gestaltet. Mittelpunkt ist der wunderbare **Danubiusbrunnen (Danubius kút)** 2, der 1880 bis 1883 von Miklós Ybl entworfen und

Infobox

Reisekarte: ▶ D/E 7/8 und ▶ Karte 3, D–F 7/8

Übersicht

Startpunkt ist der Metroknotenpunkt Deák Ferenc tér. Von hier geht es zum Donaukorso und nach Norden zum Parlament. Die Leopoldstadt ist durch ihr schachbrettartiges Straßenmuster sehr geradlinig und übersichtlich angelegt. Für den Rundgang benötigt man reine Gehzeit ca. 2 Stunden; bezieht man die Besichtigungen und die Entdeckungstour mit ein, braucht man einen ganzen Tag.

Verkehrsmittel

Am Deák Ferenc tér halten die Metrolinien 1–3 sowie Tram 47, 49. Bus 16 verkehrt vom Deák Ferenc tér über die Kettenbrücke ins Burgviertel. Entlang der Donaupromenade verkehrt Tram 2 zum Großen Ring/Jászai Mari tér. Dort besteht Anschluss an Tram 4 und 6, die über den Großen Ring und die Margaretenbrücke rollen. Am Kossuth Lajos tér hält die Metro 2.

Touristeninformation

Sütő utca 2 (am Deák Ferenc tér), www.budapestinfo.hu, tgl. 8–20 Uhr.

Mein Tipp

Schiffstour auf der Donau

Ein Besuch in Budapest ist ohne eine Tour auf der Donau nicht komplett. Wie kaum eine andere mitteleuropäische Metropole ist die Stadt ganz auf den Strom in ihrer Mitte ausgerichtet. Erst vom Fluss aus kann man das grandiose Panorama richtig würdigen. Unterhalb des Vigadó tér und des Petőfi tér befinden sich die Anleger der diversen Schifffahrtsgesellschaften. **Legenda** (www.legenda.hu) und **DunaYacht** (www.dunayacht.com) bieten einstündige kommentierte Rundfahrten an, zur Margareteninsel im Norden und zum Palast der Künste im Süden. Besonders stimmungsvoll sind die abendlichen Rundfahrten.

Ohne Kommentar verkehren die **BKK-Linienschiffe** D 11–13 ab Petőfi tér (BKK-Zeitkarten sind Mo–Fr gültig, ansonsten Extra-Fahrschein). Im Sommer wird an Wochenenden auch die Margareteninsel angesteuert (s. Tipp S. 252). Die **Mahart**-Linienschiffe (www.mahartpassnave.hu) fahren nach Szentendre, Vác, Visegrád und Esztergom im Donauknie (s. Ausflüge S. 278). Auf diesen Halb- bzw. Ganztagesausflügen lernt man den mächtigen Strom besonders gut kennen.

mit Figuren von Leo Feszler versehen wurde. Das Original war im Zweiten Weltkrieg schwer beschädigt worden. Im Sommer genießen die Budapester die schöne Parkanlage. An der schwer bewachten britischen Botschaft vorbei geht es zum **Vörösmarty tér** (s. S. 171).

Pester Redoute 3

Vigadó tér 2, Di–So 10–19.30 Uhr, www.vigado.hu, wechselnde Eintrittspreise

Vom Vörösmarty tér führt der Weg durch die Vigadó utca auf den **Vigadó tér**. Hier befindet sich die **Pester Redoute (Pesti Vigadó).** Dieses großartige Bauwerk wurde 1859–65 nach Plänen von Frigyes Feszl errichtet. Feszl hatte eigentlich die Große Synagoge erbauen wollen und konnte an der Redoute nun seine Vorstellungen von einer Architektur des romantischen Historismus voll entfalten. Die Fresken im Inneren stammen von Károly Lotz und Mór Than. Schon Franz Liszt, Johannes Brahms und Béla Bartók traten in dem Konzertsaal auf. Nach mehrjähriger Sanierung finden in dem Prachtbau nun Wechselausstellungen statt. Schon die mit Fresken verzierte Prunktreppe ist atemberaubend, genau wie der Festsaal. Im sechsten Stock gewährt eine Panoramaterrasse einen wunderbaren Blick über die Donau Richtung Burgschloss.

Donaukorso 4

Der Vigadó tér mündet zur Donau hin auf den **Donaukorso (Dunakorzó;** s. S. 199). Der Abschnitt der Flusspromenade zwischen Elisabethbrücke und Kettenbrücke war bis zum Zweiten Weltkrieg von teuren Hotels gesäumt. Hier flanierte Budapest am Sonntagnachmittag. Leider entstanden anstelle der im Krieg beschädigten oder zerstörten Gebäude recht hässliche

RÁKÓCZI
MHRT
RÁKÓCZI

Lieblingsort

Donaukorso am Abend 4

Über den Fluss hinweg öffnet sich ein atemberaubender Panoramablick, der bis zur Fischerbastei mit der Matthiaskirche reicht. Wenn über den Budaer Bergen die Sonne versinkt, werden das Burgschloss, die Kettenbrücke und die Freiheitsstatue auf dem Gellértberg festlich angestrahlt. Dann wird ein Spaziergang auf dem Donaukorso zu einem romantischen Erlebnis. An lauen Sommerabenden füllt sich der Korso mit einer bunten Menschenmenge – von der märchenhaften Aussicht werden Einheimische ebenso wie Touristen magisch angezogen. Ganz besonders schön ist es, auf dem Restaurantschiff **Spoon »The Boat«** 2 zu Abend zu essen oder auf dem Nachbarschiff **Columbus Pub** 1 ein Jazzkonzert zu hören.

Hotelbauten. Am Geländer vor der Straßenbahn hat László Marton 1989 die Skulptur der »Kleinen Königin« platziert. Seither rätseln Betrachter, ob es nicht doch eher einen Jungen wiedergibt.

Széchenyi István tér

Der Donaukorso endet im Norden vor der **Kettenbrücke (Lánchíd)** 5 (s. S. 144) auf dem **Széchenyi István tér.** In der Fluchtlinie der Brücke steht der prächtige **Gresham Palace** 6, errichtet nach Entwürfen von Zsigmond Quittner sowie József und László Vágó, 1904–06. Dieses bedeutende Jugendstilwerk wurde von der Hotelkette Four Seasons in das luxuriöseste Hotel Budapests umgewandelt. Schon die Details der reich verzierten Außenfassade sind bewundernswert. Filigran sind auch die Pfauen an den schmiedeeisernen Toren sowie die Etagenanzeiger an den Fahrstühlen (s. S. 29).

Gleich um die Ecke wurde die **Zrínyi utca** zur schmucken Fußgängerpromenade ausgebaut, welche die Kettenbrücke mit der St.-Stephans-Basilika verbindet. In den Seitengassen des Széchenyi István tér findet man zwei nette Restaurants: **Govinda** 3 und **Pomo d'Oro** 4.

Ungarische Akademie der Wissenschaften 7

Auf der nördlichen Platzseite steht das Neorenaissance-Gebäude der **Ungarischen Akademie der Wissenschaften (Magyar Tudományos Akadémia).** Wie auch die Kettenbrücke geht die Einrichtung der Akademie auf Graf István Széchenyi zurück. Er gründete die Akademie 1825 durch eine großzügige Stiftung. Das Bauwerk entstand 1862–64 nach Entwürfen von Friedrich Stüler. An den geistigen Vater der Akademie erinnert eine Statue vor dem Gebäude.

Donauufer

Auf dem Weg zum Parlament sind auf dem Donaukai linker Hand die **Schuhe am Donauufer** 8 (Gyula Pauer, 2005) zu sehen. Das Kunstwerk ist jenen jüdischen Budapestern gewidmet, die am Pester Donauufer im Winter 1944/45 von den Faschisten, den sogenannten Pfeilkreuzlern, erschossen wurden.

Unmittelbar vor dem Südflügel des Parlamentsgebäudes schuf László Marton 1980 ein **Denkmal** 9 für den bedeutenden Dichter **Attila József** (1905–37). Mit dem ungebrochenen autoritären Nationalismus der Zwischenkriegszeit konnte er nicht viel anfangen und war deshalb ein Gegner des Horthy-Regimes. Er verstarb leider sehr früh. Für den Besuch von Thomas Mann 1937 verfasste József sogar ein Gedicht, dessen Vortrag aber von der Polizei verboten wurde. Józsefs Geburtstag (11. April) gilt heute in Ungarn als ›Tag der Dichtung‹. Die Haltung des sitzenden Lyrikers ist einem Foto von 1935 nachempfunden. Aus seinem Werk »An der Donau« (1936) stammen die Gedichtzeilen: »Als ob sie meinem Herzen scharf entspränge, rang sich die Donau fort. Trüb, weise, riesig.« Die Orbán-Regierung hatte den unbequemen Dichter für die Renovierung des Kossuth Lajos tér zunächst ganz entfernen wollen, doch Proteste haben das verhindert und József nun einen neuen Platz am Donauufer verschafft.

Wenige Schritte weiter befindet sich seit 2014 auch der Anleger Kossuth Lajos tér für die Linienschiffe.

Kossuth Lajos tér 10

In seiner Weitläufigkeit ist der **Kossuth-Lajos-Platz** beeindruckend, der vom Parlament und weiteren mächtigen Großbauten eingerahmt ist. Er ist von landesweiter Bedeutung: Am Abend des 23. Oktober 1956 wurde hier Geschichte geschrieben, als Hunderttausende Budapester nach einer Massendemonstration ein Ende des stalinistischen Regimes forderten und damit einen revolutionären Aufstand einläuteten (s. Essay S. 88). Zwei Tage später richtete die Geheimpolizei ein Massaker auf dem Platz an, woran heute durch eine kleine unterirdische Ausstellung erinnert wird.

Die jetzige Orbán-Regierung hat 2013/14 den Kossuth Lajos tér komplett umgestalten lassen. Vom Autoverkehr befreit, ist der Platz nun wesentlich publikumsfreundlicher. Ebenfalls neu sind an der Nordseite das **Parlaments-Besucherzentrum** (Látogatóközpont, s. unten) sowie die Möglichkeit, unterhalb des Parlaments an der Donau entlangspazieren zu können.

Heftige Kontroversen gab es aber um die Neugestaltung der **Denkmäler** auf dem Platz, die sich nun wieder an die Zeit vor dem Zweiten Weltkrieg anlehnen. Kritiker warfen der Regierung Geschichtsrevisionismus vor: Erhalten blieb auf der Südseite des Platzes hoch zu Pferd Fürst Ferenc II. Rákóczi, der 1703 bis 1711 einen bedeutenden Aufstand gegen die Habsburger angeführt hatte. Auf der Nordseite wurde anstelle des pathetischen Kossuth-Denkmals aus der Nachkriegszeit ein ähnlich pathetisches Denkmal aus der Horthy-Zeit wiedererrichtet. Zu sehen ist die revolutionäre Batthyány-Regierung von 1848. Lajos Kossuth ist auch hier die zentrale Figur, aber flankiert u. a. von den Grafen Batthyány und Széchenyi.

Auf Proteste stieß die Wiedererrichtung des Denkmals für den ehemaligen Ministerpräsidenten Graf István Tisza an der Nordseite des Parlaments, weil der nationalistisch gesonnene István Tisza 1914 das Land in den Ersten Weltkrieg geführt hatte. Sein Denkmal wurde von Viktor Orbán persönlich eingeweiht. Völlig verschwunden ist das Denkmal von Tiszas Gegenspieler Graf Mihály Károlyi, der 1918 nach dem Zusammenbruch der Donaumonarchie die erste republikanische Regierung leitete.

Parlament ! 11

Kossuth Lajos tér 1–3, Besichtigung: Führung auf Deutsch (ca. 45–50 Min.) tgl. 10, 13, 14 Uhr ab Besucherzentrum, Tel. 441 49 04, www.parlament.hu, EU-Bürger 2000 HUF, erm. 1000 HUF, Nicht-EU-Bürger 5200 HUF, erm. 2600 HUF; Tickets entweder im Internet erwerben (200 HUF Buchungsgebühr) oder morgens früh im Besucherzentrum (April–Okt. Mo–Fr 8–18, Sa, So 8–16, Nov.–März tgl. 8–16 Uhr, Zugang vom Kossuth Lajos tér und von der Donaupromenade)

Der neugotische Palast des **Parlaments (Országház)** beeindruckt allein schon durch seine schiere Dimension. 17 Jahre benötigte man, um den 1885 begonnenen, 268 m langen, 123 m breiten und bis zu 96 m hohen Bau zu vollenden. Baumeister Imre Steindl verbaute 40 Mio. Ziegel, mehr als 500 000 Steinblöcke sowie 40 kg Gold. Er schuf rund 700 Räume und 29 Treppenaufgänge. Die Entwicklung der Baukosten ähnelte der heutiger Prestigebauten – sie verdoppelten sich im Laufe der Jahre auf rund 38 Mio. Goldkronen – damals eine exorbitante Summe. Dafür erhielten die Ungarn das größte Parlamentsgebäude der Welt. Auch wenn Renaissance- und Barockelemente aufgegriffen wurden, orientierte sich Steindl doch überwiegend am britischen Vorbild von Westminster – natürlich, um es bei Weitem zu übertreffen. Man muss bedenken, dass Ungarn damals dreimal so groß war wie heute.

Das Parlamentsgebäude sollte den Anspruch auf die ungarische Selbstständigkeit untermauern und die eigene Größe dokumentieren, weshalb die 1000 Jahre ungarischer Geschichte hier regelrecht zelebriert werden.

Ein Flügel diente dem Abgeordnetenhaus, der andere war der Nationalversammlung vorbehalten. Heute hat das ungarische Parlament nur noch eine Kammer. Das Innere des Gebäudes wird zunächst durch die Prunktreppe und die Kuppelhalle dominiert. Im Treppenhaus schuf Károly Lotz drei wunderbare Deckenfresken (»Die Apotheose Ungarns«) und Miksa Róth die farbigen Fenster.

In der beeindruckenden **Kuppelhalle** werden – flankiert von einer Ehrenwache – die Krönungsinsignien aufbewahrt, unter ihnen die Stephanskrone (s. S. 84). Ebenfalls ausgestellt sind das Zepter und der Reichsapfel. Das Schwert, gleichermaßen Teil der Insignien, stammt aus dem 14. Jh.

Links von der Kuppelhalle tagt das Parlament, im großen Saal rechts werden Kongresse abgehalten. Auf dem Weg dorthin passiert man die Magnatenlobby, wo sich die Abgeordneten ihre Beine vertreten und rauchen konnten. Vor dem Betreten des Sitzungssaals mussten die Abgeordneten ihre Zigarren in den persönlichen Zigarrenablagen hinterlassen. Dauerte eine interessante Rede länger, so hieß es achselzuckend: »Die war eine Havanna wert.«

Der bedeutende ungarische Maler Mihály Munkácsy (1844–1900) schuf ein großes Historiengemälde für das Parlament: »Die Landnahme«. Fürst Árpád erscheint hier nicht als blutiger Eroberer, sondern eher friedlich gesinnt, auch wenn er Tdas Geschehen eindeutig dominiert. Munkácsy wollte den Nationalitätenstreit im Vielvölkerreich der vorletzten Jahrhundertwende wohl nicht allzu sehr anheizen. Das brachte ihm viel Kritik ein, sodass man 30 Jahre benötigte, um dem Werk seinen heutigen Platz im Munkácsy-Saal im südlichen Flügel zuzuweisen. Angesichts der langen Bauzeit hatte Architekt Steindl die Einweihung des Parlaments übrigens nicht mehr miterlebt.

Im neuen Parlaments-Besucherzentrum starten und enden die Besichtigungstouren. Zudem informiert eine Ausstellung über die Geschichte der Gesetzgebung in Ungarn bis 1990, während ein modernes Café zur Pause einlädt.

Ethnografisches Museum 12

Kossuth Lajos tér 12, Di–So 10–18 Uhr, www.neprajz.hu, Eintritt 1400 HUF, erm. 700 HUF

Auch das zweite große Gebäude am Kossuth Lajos tér, das **Ethnografische Museum (Néprajzi Múzeum),** beeindruckt allein schon durch seine Architektur. Errichtet von Alajos Hauszmann (1893–96) als Oberster Gerichtshof, lohnt die eingehende Betrachtung des Gebäudes, dessen Entwurf bei der Ausschreibung für das Parlament den 2. Preis erhalten hatte und daher ebenfalls verwirklicht wurde. Das benachbarte Landwirtschaftsministerium hatte übrigens den 3. Preis bekommen. So kann man noch heute die Entscheidung der Jury höchst anschaulich nachvollziehen.

Im Innern des Museums stößt man wieder einmal auf herrliche Fresken von Károly Lotz, die sich von der wunderschönen Treppenhalle aus betrachten lassen. Ausgestellt sind Objekte ungarischer Volkskunst und Alltagskultur. Die Ausstellung wirkt zwar etwas angestaubt, aber man erfährt viel über die praktisch untergegan- ▷ S. 206

Einst Entree des Gerichtshofs: die Haupthalle des Ethnografischen Museums

Auf Entdeckungstour:
Kunstmeile Falk Miksa utca

Die ungarische Galerien- und Antiquitätenszene hat sich in der ruhigen Gasse zwischen Kossuth-Platz und Großem Ring angesiedelt. Flaggschiffe der ansehnlichen Kunstmeile sind die einflussreichen Galerien von Judit Virág und Tamás Kieselbach. Auf einem abwechslungsreichen Bummel entdeckt man aber auch Geschäfte mit Porzellan, Möbeln und Fernöstlichem.

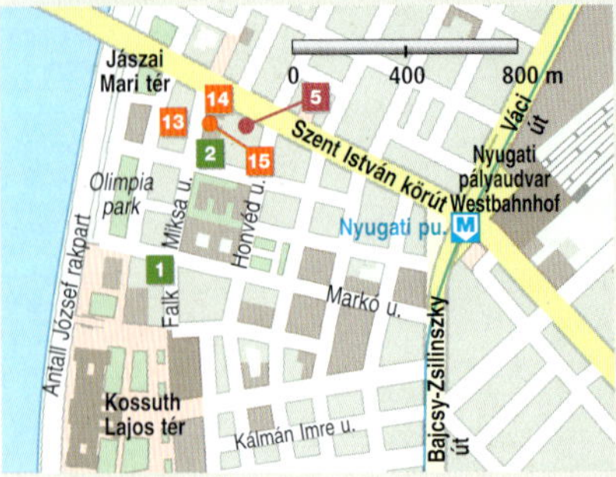

Cityplan: s. S. 208

Dauer: ca. 2–3 Std.

Start: Kossuth Lajos tér (Metro 2, Tram 2 Kossuth Lajos tér)
Ziel: Szent István körút (Tram 2, 4, 6 Jászai Mari tér)

Öffnungszeiten der Galerien: in der Regel Mo–Fr 10–18, Sa 10–13 Uhr

Kaiserin Sisi und ihr Ungarischlehrer Miksa (Maximilian) Falk dürften nicht geahnt haben, dass dessen Name einmal die bedeutendste Kunstmeile der ungarischen Hauptstadt zieren würde. Falk (1828–1908) war ein bekannter Politiker und zugleich Chefredakteur des Pester Lloyd. Dank seines hervorragenden Kontakts zur Habsburger-Monarchin wurde seine Zeitung zum einflussreichsten deutschsprachigen Medium Ungarns. Im Zweiten Weltkrieg wurde sie jedoch eingestellt. 1994 wiederbelebt, ist der Pester Lloyd heute eine Onlinezeitung.

Die Falk Miksa utca liegt in einem sympathischen Wohnviertel, das an der Wende zum 20. Jh. in der nördlichen Leopoldstadt entstand. Gesäumt wird sie von stattlichen großbürgerlichen Häusern. Zur Kunstmeile mit Galerien und Antiquitätenhandel entwickelte sich die Gasse ab Mitte der 1990er-Jahre. Für den ungarischen Kunstmarkt spielt die Falk Miksa utca eine führende Rolle.

Antiquitäten ohne Ende

In ihrem südlichen Teil dominieren Antiquitätenläden. Zu den interessantesten Adressen gehört hier **Pintér Antik** 1 (Falk Miksa utca 10, www.pinterantik.hu). Das Kellergewölbe ist dem Möbelverkauf gewidmet, während oben u. a. Schmuckobjekte, Silberwaren, Uhren, Teppiche und Lampen ausgestellt sind. Es folgt eine Reihe weiterer kleiner Galerien und Antiquitätenläden, die zum Stöbern einladen. Die meisten führen Porzellan, Glas, aber auch Möbel und Gemälde.

Im renommierten Auktionshaus **Nagyházi Galéria** 2 (Balaton utca 8/Ecke Falk Miksa utca, Tel. 475 60 00, www.nagyhazi.hu) kommen regelmäßig Teppiche, Antikmöbel, Porzellan, Glas und Gemälde unter den Hammer.

Ungarns Spitzengaleristin

Die Kunsthistorikerin Judit Virág gründete mit ihrem Ehemann István Törő 1997 die heutige **Virág Judit Galéria** 13 (Falk Miksa utca 30, www.viragjuditgaleria.hu). Die agile Galeristin konzentriert sich auf die Malerei des 19. und 20. Jh. Das Gemälde »Trau bei Sonnenuntergang« von Tivadar Csontváry Kosztka erzielte bei einer ihrer regelmäßigen Auktionen 2012 mit 240 Mio. HUF (ca. 800 000 €) den bisher höchsten Preis für ein Gemälde auf dem ungarischen Kunstmarkt. Die Werke werden vorab in der Galerie präsentiert (Eintritt frei).

Kunsthandel als Berufung

Größter Konkurrent von Virág ist an der Ecke zum Großen Ring die **Kieselbach Galéria** 14 (Szent István körút 5/Ecke Falk Miksa utca, www.kieselbach.hu). Der ausgewiesene Experte für ungarische Malerei zwischen 1850 und 1950 führt ebenfalls regelmäßig hochkarätige Auktionen durch und präsentiert die Werke vorab der Öffentlichkeit (Eintritt frei). Kieselbach ist zudem Autor des opulenten Standardwerks »Die Moderne in der ungarischen Malerei«, das 2008 im Berliner Nicolai-Verlag auch auf Deutsch erschienen ist.

In der **Haas Galéria** 15 (Falk Miksa utca 13, www.haasgaleria.hu) stellt János Haas vor allem ungarische Gemälde des 20. Jh. aus. Dazu gehören z. B. Künstler aus Szentendre oder der ehemaligen Künstlerkolonie Nagybánya (s. S. 124), aber auch Kunst aus dem beginnenden 21. Jh.

Nach so viel Kunst tut eine Pause nun wirklich gut. Das **Európa Kávéház** 5, ein freundliches Café mit eigener Konditorei, liegt gleich rechts am Szent István körút 7–9 auf dem Großen Ring.

genen Volkstraditionen in Ungarn. Wer sich für das Thema interessiert, sollte einen Abstecher zum erstklassigen Freilichtmuseum Skanzen bei Szentendre (s. S. 277) in Erwägung ziehen.

Nördlich des Kossuth Lajos tér beginnt die Kunstmeile **Falk Miksa utca** (s. Entdeckungstour S. 204).

Imre-Nagy-Denkmal 16

Zurück am **Vértanúk tere** begegnet uns auf einer kleinen Brücke ein freundlicher älterer Herr, der zum Parlament hinüberschaut. Tamás Vargas im Jahre 1996 entstandene Skulptur stellt den ehemaligen Ministerpräsidenten Imre Nagy dar, der auf der Brücke von der Diktatur zur Demokratie hinüberschreitet. Viel Ähnlichkeit mit Nagy besitzt die Skulptur zwar nicht, doch ist es dem Künstler gelungen, Nagys Bedeutung für die politische Entwicklung des Landes trefflich ins Bild zu setzen.

Zum Szabadság tér

Haus der Ungarischen Sezession 17

Honvéd utca 3, Mo–Sa 10–17 Uhr, www.magyarszecessziohaza.hu, 1500 HUF, erm. 1000 HUF

Auch in Zeiten knapper Kassen geschehen manchmal kleine Wunder: Ein solches war die Eröffnung des **Hauses der Ungarischen Sezession (Magyar Szecesszió Háza)**. Das 1903 nach Plänen von Emil Vidor für den Kunstsammler und Firmendirektor Béla Bedő errichtete Gebäude präsentiert nun die exquisite Jugendstilsammlung von Tivadar Vad.

Zu sehen sind vor allem Möbel und Gemälde. Wer nur mal reinschnuppern möchte – das stilechte **Secessio Café** 6 ist nicht nur für Museumsgäste geöffnet.

Ewiges Licht 18

Genau wie Imre Nagy musste auch ein anderer revolutionärer Ministerpräsident für seinen Einsatz mit dem Leben bezahlen. Graf Lajos Batthyány wurde am 6. Oktober 1849 auf dem Gelände der damaligen Neu-Kaserne von den Habsburgern hingerichtet. Am Ort seiner Erschießung, an der Ecke Báthory/Aulich/Hold utca, brennt zur Erinnerung ein **Ewiges Licht.**

Carl-Lutz-Gedenkzimmer 19

Vadász utca 29, Tel. 269 14 50, www.uveghaz.org, tgl. 13–16 Uhr, Eintritt frei

In der Vadász utca befindet sich im ehemaligen Glashaus (Üveghάz) ein kleines **Carl-Lutz-Gedenkzimmer (Lutz Carl Emlékszoba).** Der Schweizer Vize-Konsul organisierte von hier aus 1944/45 seine Rettungsmaßnahmen für die jüdische Bevölkerung. Dadurch konnte er zusammen mit Raoul Wallenberg und anderen Tausende Juden vor dem sicheren Tod retten (s. S. 86). Der Diplomat vertrat im Krieg auch die Interessen der USA, weswegen diese ihm vor der US-Botschaft am Szabadság tér 2006 ein Denkmal errichteten.

Ehemalige Postsparkasse 20

Durch die **V. Markthalle** (Belvárosi piac) in der Vadász utca 22–24 gelangt man in die Hold utca. Der Meister des Jugendstils, Ödön Lechner, schuf hier 1900/01 eines seiner schönsten Werke, die ehemalige **Postsparkasse (Postatakarékpénztár).**

Wirkt die Fassade noch recht schlicht, zumal in der relativ dunklen Hold utca, so lässt das Dach die ganze Verspieltheit des Lechnerschen Stils erkennen. Die bunten Majolikaziegel zeigen u. a. Drachen- und Blumenelemente. Heute gehört das Gebäude zur Ungarischen Nationalbank, die im Nebengebäude residiert.

Synthese von ungarischer Volkskunst und Jugendstil: Ödön Lechners Postsparkasse

Szabadság tér 21

An die Rückseite des Lechner-Baus grenzt an die schwer bewachte **US-Botschaft,** die ebenfalls im Jugendstil errichtet wurde. Die Zufahrten sind durch Straßenrampen und Absperrgitter abgeriegelt. Dahinter erstreckt sich der parkähnliche **Szabadság tér (Freiheitsplatz)**, der eine unvermutete, aber sehr willkommene Grünoase inmitten der Leopoldstadt ist. In der Mitte befindet sich ein nettes Café.

Ursprünglich befand sich auf dem Gelände bis zum Ende des 19. Jh. eine riesige Habsburger-Kaserne, das verhasste »Neu-Gebäude«. Der Name »Freiheitsplatz« zeugt von der Erleichterung über den Abriss der Kaserne. Auf dem frei gewordenen Gelände wurden repräsentative Prachtgebäude errichtet, um das neue Regierungsviertel rund um das gerade entstehende Parlament weiter aufzuwerten.

So wurde an der Westseite – gegenüber der US-Botschaft – nach Plänen von Ignac Alpár 1899 bis 1907 die imposante **Börse** gebaut. Lange Zeit war hier später dann der Sitz des staatlichen ungarischen Fernsehens untergebracht, doch derzeit wird ein neuer Nutzer gesucht.

Um dem Platz eine gewisse Symmetrie zu verleihen, wurde Alpár auch mit dem Entwurf für den Prachtbau der Austro-Ungarischen Bank (1902–05) schräg gegenüber beauftragt, dem heutigen Sitz der **Ungarischen Nationalbank (Magyar Nemzeti Bank)**.

Der Platz selbst weist zwei ungewöhnliche Denkmäler auf. Auf der Nordseite erinnert in der Sichtachse zum Parlament das mit einem goldenen Stern gekrönte **sowjetische Ehrenmal** an die 1944/45 beim Kampf um Budapest gefallenen sowjetischen

Leopoldstadt

Sehenswert

1. Deák Ferenc tér
2. Danubiusbrunnen
3. Pester Redoute
4. Donaukorso (Dunakorzó)
5. Kettenbrücke
6. Gresham Palace
7. Ungarische Akademie der Wissenschaften
8. Skulptur »Schuhe am Donauufer«
9. Attila-József-Denkmal
10. Kossuth Lajos tér
11. Parlament
12. Ethnografisches Museum
13. Virág Judit Galéria
14. Kieselbach Galéria
15. Haas Galéria
16. Imre-Nagy-Denkmal
17. Haus der Ungarischen Sezession
18. Ewiges Licht
19. Carl-Lutz-Gedenkzimmer
20. Ehem. Postsparkasse
21. Szabadság tér
22. Open Society Archives
23. St.-Stephans-Basilika

Essen & Trinken

1. Columbus Pub és Étterem
2. Spoon »The Boat«
3. Govinda
4. Pomo d'Oro
5. Európa Kávéház
6. Secessio Café
7. Da Mario
8. Hütte Café
9. Csarnok Vendéglő
10. Fruccola

Einkaufen

1. Pintér Antik
2. Nagyházi Galéria
3. Ajka Kristály
4. Herend
5. Bortársaság

Abends & Nachts

1. Akvárium
2. Fröccsterasz
3. DiVino
4. Donaupalast

Soldaten. Jahrelang war das Denkmal nach Verunstaltungen eingezäunt, doch im Vorfeld des Besuchs von Wladimir Putin Anfang 2015 verschwand die Einzäunung als Geste an den russischen Regierungschef. So muss sicher auch die Ankündigung der ungarischen Regierung verstanden werden, erneut einen Moskauer Platz auszuweisen, nachdem man erst vor wenigen Jahren den Moskauer Platz in Buda in Széll Kálmán tér umbenannt hatte.

Starke Proteste rief 2014 der Bau eines neuen Denkmals an der Südseite des Szabadság tér zum Gedenken an den Einmarsch deutscher Truppen im März 1944 hervor. Kritiker werfen der Orbán-Regierung auch hier Geschichtsrevisionismus hervor, weil die ungarische Mitverantwortung für die folgende Ermordung Hunderttausender Juden ausgeklammert werde. Monatelange Proteste haben dazu geführt, dass rund um das kontroverse Denkmal eine Art Gegendenkmal aus Kieselsteinen und Flyern entstanden ist. Die Geschichtsdebatte in Ungarn ist in vollem Gange.

Zur St.-Stephans-Basilika

Open Society Archives 22

Durch die verkehrsberuhigte Oktober 6. utca gelangt man zur Arany János utca. Zur Linken residieren in Nr. 32 die 1995 vom Milliardär George Soros gegründeten **Open Society Archives (OSA),** die als Dokumentations- und Forschungszentrum mit der Central European University zusammenarbeiten (www.osaarchivum.org). Hier sind z. B. die Archive von Radio Free Europe und Radio Liberty, Material zu den Balkankriegen sowie Samisdat-Literatur aus Ungarn und Osteuropa untergebracht. (Unter Samisdat versteht man zu kommunistischen Zeiten im Untergrund gedruckte oppositionelle Schriften.) Diese Institution ist in Ostmitteleuropa einmalig. Im Erdgeschoss ist das **Fruccola** 10 stets eine Pause wert. Das 1911 errichtete Haus diente ursprünglich der Textilfabrik Goldberger als Geschäfts- und Bürohaus.

St.-Stephans-Basilika 23

Szent István tér, www.bazilika.biz, Kirche: tgl. 9–19 Uhr, Eintritt frei, empfohlene Spende 200 HUF; Panoramakuppel: Juli–Sept. tgl. 10–18.30, Okt.–Juni tgl. 10–16.30 Uhr, 500/400 HUF

Mein Tipp

Preiswertes Mittagessen

In der Leopoldstadt lässt sich mittags sehr günstig essen. Das schlichte **Csarnok Vendéglő** 9 ist preisgünstig und bietet deftige ungarische Hausmannskost. Es gehört zu einer aussterbenden Generation von unaufdringlichen Restaurants, die noch nicht auf westliches Publikum ausgerichtet sind. Mittags kommen gerne die Bankangestellten vorbei.

Ein ganz anderes Kaliber ist das helle **Fruccola** 10 (s. S. 211) in der Arany János utca 32. Im Gebäude der Open Society Archives wird Mo–Fr ab 7 Uhr morgens Frühstück und tagsüber eine Auswahl an frischen Salaten, Kuchen und Fruchtsäften geboten. Im Kellerrestaurant **Govinda** 3 servieren die Hare-Krishna-Jünger leckere vegetarische Häppchen vom indischen Subkontinent.

Über die schön herausgeputzte Hercegprímás utca erreicht man die größte Kirche Budapests, die pompöse **St.-Stephans-Basilika (Szent István Bazilika),** am verkehrsberuhigten Szent István tér. An einem schönen Tag sei der Aufstieg in die **Kuppel** (Panoráma kilátó) der Basilika wärmstens empfohlen. Von der Außengalerie hat man einen herrlichen Rundblick über die gesamte Stadt – und wohl die schönste Aussicht auf der Pester Donauseite!

Unter der großen Kuppel finden rund 8500 Gläubige Platz. Diese Kuppel hat die Fertigstellung des Kirchenbaus jedoch enorm verzögert. Begonnen 1851 unter József Hild, übernahm Miklós Ybl 1867 nach dem Tod seines Vorgängers die Bauarbeiten. Als Erstes musste er den Einsturz der Kuppel verkraften und quasi neu beginnen. Als Ybl 1891 starb, vollendete schließlich József Kauser das Werk. Erst 1906 konnte die St.-Stephans-Basilika nach 55 Jahren Bauzeit eingeweiht werden. Heute ist sie neben der Kathedrale von Esztergom die Hauptkirche des Erzbistums Esztergom-Budapest. 2004 wurde eine komplette Renovierung abgeschlossen.

Die sogenannte **Heilige Rechte (Szent Jobb)** ist angeblich die rechte Hand von König Stephan I. und stammt damit aus dem 11. Jh.; die ungarischen Katholiken verehren sie als ihre wichtigste Reliquie. Der Schrein steht in einer Seitenkapelle links vom Hochaltar.

An der Innenausstattung der Kirche haben so bedeutende Maler wie Károly Lotz und Gyula Benczúr mitgewirkt. In der kleinen Schatzkammer ist unter anderem eine Porzellankopie der Stephanskrone aus der bekannten Manufaktur Herend ausgestellt.

Bunt und vital: das Akvárium am Erzsébet tér

Von der Basilika führt die Hercegprímás utca weiter zum parkähnlichen Erzsébet tér. Dahinter liegt bereits wieder der Startpunkt am Deák Ferenc tér 1.

Essen & Trinken

Donau und Jazz – **Columbus Pub és Étterem** 1: s. S. 38.
Gourmetküche und Donaublick – **Spoon »The Boat«** 2: s. S. 37.
Vegetarisch – **Govinda** 3: Vigyázó Ferenc utca 4, Tel. 269 16 25, www.govinda.hu, Tram 2, Bus 16, 105 Széchenyi István tér, Mo–Fr 11.30–21, Sa 12–21 Uhr, Hauptgerichte ca. 700–900 HUF. Im Keller betreiben die Hare Krishna ein sehr ansprechendes vegetarisches indisches Schnellrestaurant. Mittags ist der Laden immer voll (s. Tipp S. 209) – in der Papnövelde utca gibt es inzwischen einen sympathischen Ableger (s. S. 40).
Italienisch – **Pomo d'Oro** 4: s. S. 39.
Großstadtflair – **Európa Kávéház** 5: s. S. 42
Jugendstil pur – **Secessio Café** 6: s. S. 42.
Pasta und Pizza – **Da Mario** 7: V., Vécsey utca 3, Tel. 301 09 67, www.damario.hu, Metro 2, Tram 2 Kossuth Lajos tér, tgl. 8–23.30 Uhr, Pizza/Pasta ca. 1600–4000 HUF, Hauptgerichte ca. 4500–9000 HUF. Solider Italiener mit großem Innenraum und schöner Terrasse in der Sichtachse zwischen Parlament und Szabadság tér.
Auf dem Freiheitsplatz – **Hütte Café** 8: V., Szabadság tér, Tel. 374 05 21, www.huttecafe.hu, Metro 2, Tram 2 Kossuth Lajos tér, Mo–Fr 8–24, Sa–So 10–24 Uhr. Mitten auf dem Szabadság tér der ideale Ort für eine Kaffeepause.
Deftig und günstig – **Csarnok Vendéglő** 9: Hold utca 11, Tel. 269 49 06, Metro 3 Arany János utca, tgl. 11–22 Uhr. Hauptgerichte ca. 1100–3000 HUF, s. Mein Tipp S. 209.
Frisch und fruchtig – **Fruccola** 10: Arany János utca 32, Tel. 430 61 25, www.fruccola.hu, Metro 3 Arany János utca, Mo–Fr 7–19 Uhr, Hauptgerichte ca. 1000–2000 HUF. Sympathisches kleines Café mit leckeren frischen Snacks und Bistrogerichten.

Einkaufen

Möbel – **Pintér Antik** 1: s. S. 44.
Antiquitäten – **Nagyházi Galéria** 2: s. S. 44.
Glas – **Ajka Kristály** 3: s. S. 45.
Porzellan – **Herend** 4: s. S. 45.
Wein – **Bortársaság** 5: s. S. 47.

Aktiv

Aussichtsturm – **St.-Stephans-Basilika** 23: Der schönste Panoramablick auf die Stadt (s. S. 209).
Schiffstouren – Am **Donaukorso** 4 legen mehrere Anbieter zu Rundfahrten und Ausflügen ab (s. Mein Tipp S. 197).

Abends & Nachts

Konzerte und Disco – **Akvárium** 1: s. S. 49.
Biergarten – **Fröccsterasz** 2: V., Erzsébet tér 13, Tel. (06) 30 651 31 70, Metro 1, 2, 3, Tram 47, 49 Deák Ferenc tér, ca. Mai–Sept. tgl. 14 bis mind. 24 Uhr (wetterabhängig). Am ehem. Busbahnhof ist dieser schlichte Biergarten an warmen Sommerabenden sehr populär. Fröccs ist übrigens ungarisch für Weinschorle oder Gespritzter.
Wein mit Ausblick – **DiVino** 3: s. S. 115.
Klassik und Folklore – **Donaupalast** 4: s. S. 52.
Jazz – **Columbus Pub és Étterem** 1: s. S. 51.

Das Beste auf einen Blick

Andrássy út und Stadtwäldchen

Highlights!

Ungarische Staatsoper: Am Prachtboulevard Andrássy út sticht das Opernhaus durch seine Eleganz, seinen Prunk und seine hochgelobten Aufführungen hervor. Ein Abend in dem Musiktempel ist ein unvergessliches Erlebnis. Architekt Miklós Ybl schuf mit der Oper eindeutig sein Meisterwerk! S. 215

Heldenplatz: Am Ende der Andrássy út ist die Millenniumssäule schon von Weitem zu sehen. Zwischen Fürsten, Königen und Freiheitskämpfern wird ungarische Geschichte zelebriert. Mit dem Museum der Bildenden Künste lädt zudem eines der Budapester Museums-Highlights zu einem ausführlichen Besuch ein. S. 222

Auf Entdeckungstour

Kinderparadies Stadtwäldchen: Der Budapester Zoo lässt Kinderherzen höher schlagen, ebenso wie der Großstädtische Zirkus nebenan. Eine Tür weiter bietet der Vergnügungspark eine ungewöhnliche Mischung aus historischen Karussells und Achterbahnen und modernen Attraktionen. Auch der Abstecher ins Verkehrsmuseum und im Winter die Eislaufbahn vor der Kulisse der Vajdahunyad-Burg sind sehr angesagt: Das Stadtwäldchen ist eine echte Familienattraktion! S. 228

Kultur & Sehenswertes

Franz-Liszt-Musikakademie: Die traditionsreiche Musikhochschule ist reich mit Jugendstilelementen verziert. Der Große Konzertsaal gilt vielen als das schönste Interieur der Stadt. 6 S. 220

Vajdahunyad-Burg: Eigentlich nur als Gag für die Millenniumsausstellung 1896 geplant, realisierte man die Fantasie-Burg auf allgemeinen Wunsch hin später doch noch in Stein. 19 S. 231

Aktiv unterwegs

Eislauf: Im Winter öffnet im Stadtwäldchen die größte Eislaufbahn der Stadt unter freiem Himmel. 2 S. 233

Genießen & Atmosphäre

Liszt Ferenc tér: In den Cafés am beliebten Szeneplatz lässt es sich zu jeder Tageszeit gut aushalten. Unter den hohen Bäumen herrscht lauschige Stimmung. 5 S. 220

BookCafé: Das prachtvolle Kaffeehaus befindet sich in einem ehemaligen Ballsaal. 4 S. 40, 218

Robinson Étterem: Im Stadtwäldchen hat sich das Robinson am kleinen See die beste Lage gesichert. Die exquisite Küche und die guten Weine lassen sich so umso mehr genießen. 10 S. 39, 233

Abends & Nachts

Operettentheater: Noch immer werden die Csárdásfürstin und Gräfin Mariza am ›Pester Broadway‹ gerne gespielt. Hier läuft aber auch das sehenswerte Klezmer-Musical »Brauttanz«. 1 S. 52, 233

Boulevard und Freizeitpark

Die schönste Straße der Stadt verbindet die Innenstadt mit dem Stadtwäldchen. Gesäumt wird die fast 2,5 km lange Andrássy út von herrschaftlichen Palästen, Theatern und Boutiquen sowie von netten Restaurants und Cafés. Besondere Highlights sind die prachtvolle Staatsoper sowie der Szeneplatz Liszt Ferenc tér, wo man unter hohen Bäumen das Stadtleben genießen kann. Ein Bummel über den Prachtboulevard, der seit 2002 zum UNESCO-Welterbe gehört, vermittelt einen guten Eindruck von der Gründerzeit in Budapest. Die Andrássy út mündet in den Heldenplatz und das Stadtwäldchen, die eine ungleiche Einheit bilden. Während auf dem Heldenplatz der ungarischen Geschichte gehuldigt wird und das Museum der Bildenden Künste ein Magnet der Museumsszene darstellt (leider bis 2018 geschlossen), ist im dahinter liegenden Park Familienamüsement angesagt (Zoo, Zirkus ...). Blickfang ist die Vajdahunyad-Burg, eine gelungene Märchenmischung aus mehreren Baustilen. Wer des Großstadtlebens müde ist, kann sich im Thermalwasser des Széchenyi-Heilbads erholen.

Infobox

Reisekarte: ▶ F–K 5–8

Übersicht
Startpunkt ist der Deák Ferenc tér. Die Orientierung entlang des Prachtboulevards Andrássy út fällt leicht; der Boulevard endet am Heldenplatz, hinter dem sich das Stadtwäldchen erstreckt. Für den reinen Spaziergang sollte man rund zwei Stunden veranschlagen, inkl. Besichtigungen, Badbesuch etc. ist ein ganzer Tag angemessener. Allein auf der Entdeckungstour durchs Stadtwäldchen kann man mit Kindern einen ganzen Tag verbringen.

Verkehrsmittel
Zwischen Deák Ferenc tér und Stadtwäldchen verkehrt die gelbe Metro Földalatti. Am Oktogon queren auf dem Großen Ring die Tram 4 und 6, an der Nagymező utca die O-Busse 70 und 78; sie starten am Parlament und fahren parallel zur Andrássy út bis ins Stadtwäldchen. Dort verkehrt auch der O-Bus 72 (ab Metrostation Arany János utca). Vom Heldenplatz fährt Bus 30 zum Ostbahnhof und zum Eisenbahnhistorischen Park.

Touristeninformation
Sütő utca 2 (am Deák Ferenc tér), tgl. 8–20 Uhr;); Olof Palme sétány 5 (Heldenplatz), So–Do 10–18, Fr–Sa 10–19 Uhr.

Andrássy út

Mit dem großflächigen Ausbau der Stadt in der zweiten Hälfte des 19. Jh. beginnt die Geschichte der Andrássy út. Breite Radialstraßen sollten die Pester Innenstadt mit den Außenbezirken verbinden. Gleichzeitig wollte die Oberschicht die Chance nutzen, ihr nach dem Ausgleich mit Österreich gewachsenes Selbstvertrauen durch eine Prachtstraße aller Welt vor Augen zu führen.

Besonders nötig schien eine neue Verbindungsstraße zum Stadtwäldchen. Die bisherige Verkehrsachse, die Király utca, war zu klein geworden und ständig verstopft. Deshalb begann man ab 1870 mit dem Bau eines parallelen Boulevards. Innerhalb von 15 Jahren entstanden an der Andrássy útmehr als 200 neue Häuser.

Seit 1896 verkehrt die erste U-Bahn des europäischen Kontinents unter der Allee, die gelbe **Földalatti.** Sie wurde von Siemens & Halske gebaut und einer der ersten Gäste war selbstredend Kaiser Franz Joseph.

Keine Straße musste in Budapest ihren Namen öfter ändern als die Andrássy út. Die Palette reicht von Radialstraße über Stalinstraße und Straße der Ungarischen Jugend bis zu Straße der Volksrepublik. 1989 kam Graf Andrássy auf das Straßenschild zurück. Der ungarische Ministerpräsident, k. u. k. Außenminister und Vertraute von Kaiserin Elisabeth war schon vor dem Zweiten Weltkrieg Namenspate der Allee.

Ungarische Staatsoper ! 1

Andrássy út 22, Theaterkasse:
Tel. 353 01 70, www.opera.hu

Das erste Stück der Andrássy út wird u. a. von Nobelboutiquen und entsprechenden Cafés gesäumt. Rasch taucht links das Prunkstück der Andrássy út auf: die **Ungarische Staatsoper (Magyar Állami Operaház)** – zweifelsohne eine der schönsten und akustisch ausgefeiltesten Bühnen Europas. Errichtet wurde der prächtige Neorenaissance-Bau 1875–84 nach Plänen von Miklós Ybl, der hier sein Hauptwerk konzipierte. An den Innenarbeiten war Károly Lotz mit dem grandiosen Kuppelfresko beteiligt, auch Bertalan Székely und Mór Than schufen Gemälde und Fresken mit mythischen Themen.

Am Opernhaus wirkten so bekannte Künstler wie Gustav Mahler und der Komponist der ungarischen Nationalhymne, Ferenc Erkel, als Direktoren.

Mein Tipp

Besichtigung der Oper

Sollten Sie keine Karten für eine Opernaufführung ergattern können, ist zumindest eine Führung durch das Haus zu empfehlen. Auf einem ca. einstündigen Rundgang können Sie die ganze Pracht des Hauses bewundern. Die informativen Touren starten jeden Nachmittag um 15 und 16 Uhr, auch auf Deutsch (Infos und Buchung: Tel. 332 81 97, www.operavisit.hu, 2900 HUF, erm. 1900 HUF).

In jüngerer Zeit hatten Luciano Pavarotti, Plácido Domingo und Montserrat Caballé gefeierte Auftritte.

Kaiser Franz Joseph hatte den Bau der Oper finanziell stark unterstützt. Angeblich verlangte er dafür, dass das neue Opernhaus nicht größer als sein Wiener Pendant sein dürfe. Ybl hielt sich zwar an die Vorgaben, dennoch soll der Monarch bei der feierlichen Eröffnung angesichts der Schönheit des Budapester Opernhauses so pikiert gewesen sein, dass er schon nach dem ersten Akt aufbrach und nie wieder kam. Möglicherweise behagten ihm auch die patriotischen Werke der Ungarn nicht. Seine Frau Sisi blieb davon unbeeindruckt. Sie hatte eine eigene Loge (ganz links). Von dort konnte man zwar die Aufführungen auf der Bühne nicht besonders gut verfolgen, dafür war aber das Publikum bestens im Blickfeld …

Etwas weiter lockt das **Művész Kávéház** 1 zu einer ersten Kaffeepause. Vor 100 Jahren war dieser Bezirk für seine Kaffeehäuser berühmt, in denen die Literaten und Künstler ein- und ausgingen.

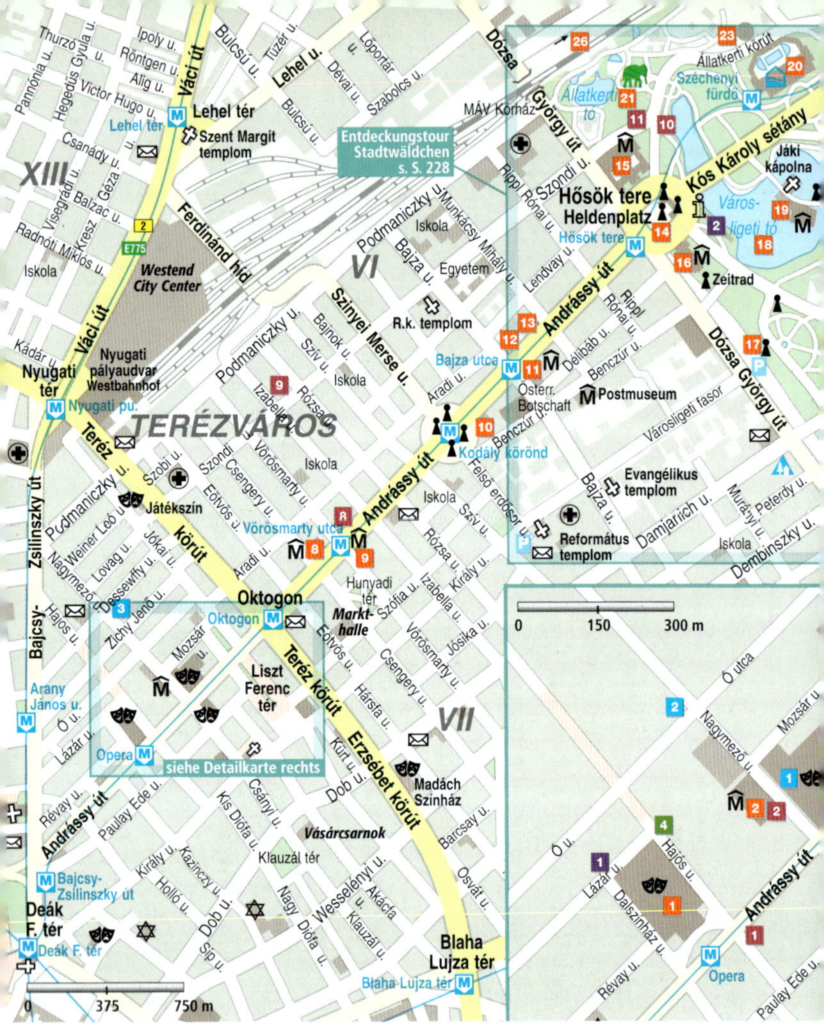

Pester Broadway

Der Abschnitt der **Nagymező utca** rechts und links der Andrássy út wird aufgrund der vielen hier ansässigen Theater auch ›Pester Broadway‹ genannt. Unbestrittener Star der Bühnenwelt ist das herrlich restaurierte **Operettentheater (Operettszínház)** 1 in Nr. 17. Hier werden die bekannten Ohrwurm-Operetten von Imre Kálmán aufgeführt, der mit der »Csárdásfürstin« und »Gräfin Mariza« die Klassiker des Genres schuf. Kálmán sitzt als Skulptur ganz entspannt mit Zigarre vor dem Eingang des Theaters. Der Komponist war in Siófok am Plattensee 1882 geboren worden, genoss seine Ausbildung in Budapest, ging dann jedoch schnell nach Wien, wo er seine Welterfolge feierte.

Andrássy út und Stadtwäldchen

Sehenswert
1 Ungarische Staatsoper
2 Haus der Ungarischen Fotografie
3 Robert-Capa-Zentrum für Zeitgenössische Fotografie
4 Ehem. Pariser Großkaufhaus
5 Liszt Ferenc tér
6 Franz-Liszt-Musikakademie
7 Oktogon
8 Haus des Terrors
9 Franz-Liszt-Gedenkmuseum
10 Kodály Köröndt
11 Ferenc-Hopp-Museum
12 István-Zelnik-Goldmuseum
13 KOGART-Haus
14 Heldenplatz
15 Museum der Bildenden Künste
16 Kunsthalle
17 1956-Denkmal
18 Stadtwäldchen-See
19 Vajdahunyad-Burg/Ung. Landwirtschaftsmuseum
20 Széchenyi-Heilbad
21 Zoo
22 Holnemvoltpark
23 Hauptstädtischer Großzirkus
24 Verkehrsmuseum
25 Petőfi-Halle
26 Eisenbahnhistorischer Park

Essen & Trinken
1 Művész Kávéház
2 Café Mai Mano
3 Falafel
4 BookCafé
5 Klassz
6 Café Vian
7 Menza
8 Ecocafé
9 Taj Mahal
10 Robinson Étterem
11 Gundel Étterem

Einkaufen
1 Alexandra Könyvesház
2 Dárius Music
3 Írók Boltja
4 Náray Tamás

Aktiv
1 Yellow Zebra Bikes
2 Eislaufbahn

Abends & Nachts
1 Operettentheater
2 Instant
3 Club Alterego
4 Ferencz József Söröző
5 Dürer Kert

Es gibt aber natürlich immer wieder auch aktuelle Produktionen, etwa das Klezmer-Musical »Menyasszonytánc« (Brauttanz) von und mit der viel gerühmten **Budapest Klezmer Band** (s. S. 96).

Gegenüber liegt das **Thália-Theater** in Nr. 22–24. Nach den Vorstellungen bietet der Broadway mit seinen einladenden Cafés und Kneipen vielfältige Möglichkeiten, den Abend ausklingen zu lassen.

Durch die Nagymező utca verkehrt übrigens ein Unikum der Budapester Verkehrsbetriebe, der O-Bus Nr. 70. Diese Linie wurde 1949 zum 70. Geburtstag des Diktators Stalin eingeweiht und sollte ein Geschenk sein. Erstaunlicherweise erhielt die Linie seitdem keine neue Nummer.

Lieblingsort

Kaffeetrinken im Prachtsaal: das BookCafé 4

Traditionsreiche Kaffeehäuser gibt es viele in Budapest, doch gibt es seit einigen Jahren eine echte Besonderheit: Im ehemaligen Ballsaal (Lotz-Terem) des Theresienstädter Kasinos ermöglicht das stilvolle BookCafé eine wunderbare Kaffeepause im Prunk der Gründerzeit. Der Ballsaal war in den 1890er-Jahren von Károly Lotz mit wunderbaren Neorenaissance-Fresken ausgemalt worden. Hohe Spiegelwände runden das großartige Ambiente ab. Bei einem Umbau 1909–12 integrierte der Textilfabrikant Samuel Goldberger den »Lotz-Saal« in das vom Jugendstil geprägte einstige **Pariser Großkaufhaus** 4. Heute geht man von der Andrássy út zunächst durch die Buchhandlung **Alexandra** 1 und dann hinauf in das BookCafé. Nachmittags gibt es hier dezente Klavierbegleitung – herrlich zum Entspannen.

Haus der Ungarischen Fotografie 2

Nagymező utca 20, Mo–Fr 14–19, Sa–So 11–19 Uhr, www.maimano.hu, Eintritt 1500 HUF, erm. 700 HUF

In der Nagymező utca 20 residiert das Haus der Ungarischen Fotografie (Magyar Fotográfusok Háza). Das lichtdurchflutete einstige Atelier des Hof-Fotografen Manó Mai (1855–1917) ist komplett erhalten und zählt zu den beeindruckendsten Einrichtungen seiner Art in Europa. Das Museum kann auf eine reiche Geschichte zurückgreifen, denn Ungarn hat zahlreiche Fotopioniere von Weltformat hervorgebracht: André Kertész, Robert Capa (alias Endre Friedmann) oder auch Brassaï (alias Gyula Halász). Die hochkarätigen Fotoausstellungen des Hauses werden durch eine Kunstbuchhandlung sowie das gemütliche **Café Mai Manó** 2 im Erdgeschoss ergänzt.

Robert-Capa-Zentrum für Zeitgenössische Fotografie 3

Nagymező utca 8, Sa–Do 11–19, Fr 11–21 Uhr, http://capacenter.hu, wechselnde Eintrittspreise

In den Räumlichkeiten des einstigen Ernst-Museums ist ein zweites Zentrum für hochwertige Fotokunst entstanden. Das **Robert-Capa-Zentrum für Zeitgenössische Fotografie (Robert Capa Kortárs Fotográfiai Központ)** präsentiert regelmäßig interessante Wechselausstellungen, verfügt aber über keine Werke von Robert Capa selbst. Der Eingangsbereich des Gebäudes wurde übrigens von Ödön Lechner gestaltet.

Pariser Großkaufhaus 4

Der folgende Abschnitt der Andrássy út hat seit 2009 ein frisch renoviertes Highlight: Das einstige **Pariser Großkaufhaus (Párizsi Nagy Áruház)** ist von außen eine wahre Jugendstilperle. Innen ist zur Straße hin der Buchladen **Alexandra Könyvesház** 1 angesiedelt, das **BookCafé (Lotz-Terem)** 4 lädt in dem Gebäude zu einer sehr stilvollen Kaffeepause ein (siehe Lieblingsort S. 218).

Nebenan hat die Budapester Weingesellschaft Bortársaság mit dem Restaurant **Klassz** 5 eines der besten Restaurants der Stadt eröffnet.

Liszt Ferenc tér

Wenige Meter weiter ist der bunte Szene-Platz **Liszt Ferenc tér** 5 erreicht. Hier reiht sich Café an Café. Einen exzellenten Blick auf das bunte Treiben hat Namensgeber Franz Liszt, der 1986 als Skulptur von László Marton – etwas zersaust – in die Mitte des Platzes gelangte. An lauen Sommerabenden versprüht der Platz eine nahezu mediterrane Atmosphäre, und es ist nicht leicht, einen freien Tisch zu finden. Nette Adressen sind u. a. das **Café Vian** 6 und die **Menza** 7.

Franz-Liszt-Musikakademie 6

Als wichtigstes Gebäude am **Liszt Ferenc tér** wurde die **Franz-Liszt-Musikakademie (Liszt Ferenc Zenemüvészeti Egyetem)** nach Entwürfen von Flóris Korb und Kálmán Giergl zwischen 1904 und 1907 errichtet. Die Akademie wurde von Franz Liszt höchstpersönlich 1875 gegründet und war von 1879 bis 1907 in seinem ehemaligen Wohnhaus an der Vörösmarty utca 35 untergebracht (s. u.). Zu ihren Absolventen zählten so berühmte Komponisten wie Béla Bartók, Zoltán Kodály und Imre Kálmán.

Das ›neue‹ Haus am Liszt Ferenc tér ist Jugendstil pur und bereits das frei zugängliche Erdgeschoss überaus reich verziert. Im ersten Stockwerk stößt man auf das eines der bezauberndsten Jugendstilwerke der Hauptstadt, das farbenfrohe Fresko

»Die Quelle der Kunst« von Aladár Körösfői-Kriesch. Er war einer der führenden Vertreter der Gödöllőer Künstlerkolonie (s. S. 287). Nicht zuletzt beeindruckt auch der große Konzertsaal für mehr als 1200 Gäste. Seit der umfassenden Renovierung erstrahlt der Prachtbau wieder in altem Glanz.

Oktogon 7

Am **Oktogon** schneidet der Boulevard den Großen Ring (s. S. 236), wodurch der Platz einen der zentralen Verkehrsknotenpunkte der Stadt bildet. Hinter dem Oktogon weitet sich die Andrássy út und nimmt den Charakter einer Allee an. Die Bebauung ist immer noch geschlossen, doch wirkt sie nicht mehr so großstädtisch beengend wie im ersten Abschnitt. Auch in diesem Teil der Straße befinden sich zahlreiche interessante Gebäude.

Haus des Terrors 8

Andrássy út 60, Di–So 10–18 Uhr, www.terrorhaza.hu, Eintritt 2000 HUF, erm. 1000 HUF

Von besonderer Bedeutung ist die Andrássy út 60. In diesem Haus befand sich nämlich das einstige Hauptquartier der Geheimpolizei. Gegen Ende des Zweiten Weltkriegs folterten hier zunächst die ungarischen Faschisten (»Pfeilkreuzler«) ihre Opfer, später regierte in dem Haus der stalinistische Terror. Seit 2002 versucht das Haus des Terrors (Terror Háza) diese düsteren Kapitel aufzuarbeiten, konzentriert sich in der Dauerausstellung aber stark auf die kommunistische Phase.

Franz-Liszt-Gedenkmuseum 9

Vörösmarty utca 35, Mo–Fr 10–18, Sa 9–17 Uhr, www.lisztmuseum.hu, Eintritt 1300 HUF, erm. 600 HUF

An der Ecke zur Vörösmarty utca befindet sich die **Alte Musikakademie mit dem Franz-Liszt-Gedenkmuseum (Liszt Ferenc Emlékmúzeum)**. Hier lebte der Komponist von 1879 bis zu seinem Tod 1886. Der im damals ungarischen Burgenland geborene Liszt sprach zwar kein Ungarisch, war seiner Heimat aber sehr verbunden. Die Gründung der Musikakademie sowie zahlreiche Musikstücke mit ungarischen Themen beweisen dies deutlich. In seiner einstigen Wohnung ist u. a. Liszts Bösendorfer-Flügel zu sehen. Im Kammersaal der alten Akademie finden weiterhin klassische Konzerte statt (s. S. 93).

Kodály Köröndt 10

Am Kodály Körönd 1 wohnte ein weiterer bekannter ungarischer Komponist: Zoltán Kodály. Er war eng mit Béla Bartók befreundet und wurde

Mein Tipp

Fernöstliche Schätze

Der letzte Abschnitt der Andrássy út und seine Umgebung entführt in die Kunst Ostasiens: Im **Ferenc-Hopp-Museum** 11 (Nr. 103) gibt es interessante Wechselausstellungen mit exotischen Stücken aus China, Japan, Indien und dem ostasiatischen Raum. Im netten Garten ist u. a. eine Gandhi-Büste zu sehen (nur zu Ausstellungen geöffnet, Di–So 10–18 Uhr, www.hoppmuseum.hu, Eintritt 1000 HUF, erm. 500 HUF).

Auf der anderen Straßenseite, an der Andrássy út 110, präsentiert das private **István-Zelnik-Goldmuseum** 12 ebenfalls sehenswerte Stücke aus Fernost. Im Keller gibt es darüber hinaus ein nettes Teehaus (Di–So 10–17 Uhr, www.aranymuzeum.eu, Eintritt 3400 HUF, erm. 1700 HUF).

bereits mit 25 Jahren Professor an der Musikakademie (s. S. 93). Seine Wohnung wurde nach seinem Tod zum Museum umgewandelt. Seit einigen Jahren ist der Besuch leider nur noch nach Voranmeldung möglich (Infos am Hauseingang sowie vorab unter http://kodaly.hu).

Villen-Promenade

Jenseits des Kodály körönd weitet sich die Andrássy út erneut. Jetzt ist die Bebauung nicht mehr durchgehend. Einzelne Villen säumen den Gehweg, die Allee erhält den Charakter einer Vorstadt. So wollten die Architekten auch durch die Bebauung signalisieren, dass man die Stadt verlässt. Die breiten Promenadenwege laden zum gemütlichen Bummeln ein. In diesem vornehmen Viertel haben zahlreiche Botschaften ihre Adresse.

KOGART-Haus 13

Andrássy út 112, tgl. 10–18 Uhr (Winter: Mo–Fr), www.kogart.hu, Eintritt 1500 HUF, erm. 750 HUF

Der Unternehmer und Kunstsammler Gábor Kovács eröffnete 2004 in eigener Regie das Ausstellungszentrum KOGART-Haus sowie eine Stiftung für moderne Kunst. Seither finden hier regelmäßig erstklassige Kunst- und Fotoausstellungen statt – das KOGART ist eine außergewöhnliche Initiative und für Budapest eine Bereicherung der Kunstlandschaft.

Schräg gegenüber war das jetzige **Mamaison Hotel Andrássy** (s. S. 29) in unmittelbarer Nachbarschaft der Sowjetbotschaft einst eine Nobelabsteige für Moskauer Parteigrößen. Schon Breschnew und Gorbatschow nächtigten hier. Das 1937 errichtete Luxushotel gehört zu den elegantesten Vertretern des Bauhauses in Budapest. In Ruhe kann man nun die letzten Meter zum **Heldenplatz** zurücklegen.

Heldenplatz ! 14

Am Ende der Andrássy út öffnet sich ein weites, gepflastertes Karree. Zentrales Element des Heldenplatzes (Hősök tere) ist das Millenniumsdenkmal. Es sollte 1896 die tausendjährige Geschichte der Magyaren in Ungarn glorifizieren. Dazu hatte man zunächst diese Landnahme mehr oder weniger willkürlich auf das Jahr 896 fixieren müssen. Der Grund: Man

hinkte mit den Vorbereitungen für das große Fest ziemlich hinter dem ursprünglichen Zeitplan her. Ganz nebenbei machte man aber auch deutlich, dass Ungarn auf eine längere Geschichte als das habsburgische Österreich zurückblicken konnte.

Entgegen allen Plänen wurde das Ensemble jedoch erst 1929 fertiggestellt und nach dem Zweiten Weltkrieg aus politischen Gründen wesentlich verändert. Gebaut wurde nach Plänen von Albert Schickedanz und György Zala.

Die zentrale, 36 m hohe Säule mit dem Erzengel Gabriel auf der Spitze entstand 1901. Der Erzengel hält die Stephanskrone in der Hand. Einer Legende nach hatte Gabriel die Krone dem frisch getauften Fürsten Stephan (ehem. Vajk) im Traum angeboten. Der konnte ein solches Angebot unmöglich ausschlagen. Einer anderen Version zufolge drängte der Erzengel

Das Millenniumsdenkmal: Symbol einer ruhmreichen tausendjährigen Geschichte

Papst Silvester II., Stephan zum König zu machen. Wie dem auch sei, das neue Königreich Ungarn fiel damit in den römisch kontrollierten Teil des Christentums und nicht in den byzantinischen.

Auf dem Sockel sitzen sieben stolze Krieger auf ihren Pferden. In der Mitte posiert majestätisch Fürst Árpád, der die legendäre magyarische Landnahme (um 896) leitete, rechts seine wilden Kollegen Tas, Huba und Előd. Die nicht weniger entschlossen wirkenden Stammeschefs Kond, Ond und Tétény sichern die linke Flanke.

Im Hintergrund sind in zwei Kolonnaden 14 populäre Ungarn versammelt, von König Stephan bis zum Freiheitskämpfer Lajos Kossuth. Die rechten fünf Figuren waren einst Habs- burger-Herrscher. Die Entthronung ihres Hauses nach dem Ersten Weltkrieg hatten sie noch überlebt, weil Reichsverweser Horthy an der Fiktion eines Königreiches festhielt, die Kommunisten allerdings tauschten sie gegen patriotischere Gestalten aus.

Auf den Kolonnaden sind von links nach rechts Arbeit und Wohlstand, dann der Krieg, weiter rechts der Frieden und schließlich Ruhm und Wissenschaft in bronzenen Figurengruppen dargestellt. Auf das Thema Krieg und Frieden zielt auch der Gedenkstein für die ungarischen ›Helden‹, der vor der Säule steht. Ihn hat man nun wieder mit einer Kette umgeben, weil er zu einem beliebten Testhindernis für die zahlreichen Inline-Skater geworden war. Die komplette Versiegelung des Platzes lädt zu diesem Zeitvertreib geradezu ein.

Der Heldenplatz wird zudem gerne für Demonstrationen und Großveranstaltungen genutzt. Am 16. Juni 1989 wohnten über 200 000 Ungarn der symbolischen Trauerfeier für die Märtyrer der Revolution des Jahres 1956 bei. Damit läuteten sie auf beeindruckende Weise den friedlichen Übergang in die Demokratie ein.

Museum der Bildenden Künste 15

Hősök tere, www.szepmuveszeti.hu, bis 2018 geschlossen

Ein Prunkstück der Budapester Museumsszene ist zweifelsohne das **Museum der Bildenden Künste (Szépművészeti Múzeum)** nach Plänen von Albert Schickedanz und Fülöp Herzog (1900–06). Eine breite Freitreppe führt zu einem säulenbestandenen Vorbau hinauf. Doch das Museum ist derzeit für umfangreiche Renovierungsmaßnahmen geschlossen (bis 2018). Einige Highlights der Sammlung werden bis zur Wiedereröffnung in der Ungarischen Nationalgalerie im Burgschloss gezeigt (s. S. 122).

Esterházy-Sammlung

Die Museumskollektion ist von europäischem Rang. Grundlage war die umfangreiche Privatsammlung der Fürsten Esterházy, die 1870/71 vom ungarischen Staat erworben wurde. So gelangten 637 Gemälde und 3535 Zeichnungen in öffentlichen Besitz. Auf die westungarische Magnatenfamilie geht der Name der sogenannten Esterházy-Madonna (1508) von Raffael zurück, ein Juwel des Museums. Hinweis: Durch Umbauten und Verleih an andere Museen befinden sich nicht immer alle Gemälde an ihrem angestammten Platz.

Sammlung Alter Meister

Die Sammlung Alter Meister im ersten Stock umfasst heute rund 3000 Gemälde. Zur Linken der Marmorhalle sind die italienischen Meister ausgestellt – neben Raffael u. a. auch Tizian und Tintoretto. Einen weiteren Schwerpunkt bilden auf der rechten Seite die zahlreichen Werke der Spanier El Greco und Goya – in dieser Dichte eine Besonderheit außerhalb der iberischen Halbinsel.

Bemerkenswert in der flämischen Abteilung ist u. a. das Gemälde »Mucius Scaevola vor Porsenna« (vor 1621), eine Gemeinschaftsarbeit von Rubens und Anthonis van Dyck. Auch Werke von Pieter Bruegel dem Älterem sind vertreten. In einer eigenen Abteilung im 2. OG sind die berühmten niederländischen Meister Vermeer, Franz Hals und Rembrandt ausgestellt.

Zurück im 1. OG fällt z. B. Lucas Cranach d. Ä. mit »Jesus und die Ehebrecherin« (1532) ins Auge. Albrecht Dürer ist mit dem »Porträt eines jungen Mannes« (ca. 1510–20) präsent. Dürers Vorfahren wanderten übrigens aus dem ostungarischen Gyula nach Nürnberg aus. Dürers Großvater hieß noch Ajtósi (*ajtó* – Tür).

(Post-)Impressionismus

Ein weiteres Highlight des Museums ist die Sammlung französischer Malerei des späten 19. Jh. Impressionistische Arbeiten finden sich darunter, wie Claude Monets »Pflaumenbäume in Blüte« (1879), aber ebenso charakteristische Werke wie Paul Cézannes »Buffet« (1874–77) oder die »Schwarzen Schweine« (1891) des Malers Paul Gauguin.

Ägypten und Antike

Zu den schönsten Abteilungen zählt die **Ägyptische Sammlung** im Keller. Dort sind eindrucksvoll bemalte Holzsarkophage, eine Mumie sowie ein mumifiziertes Krokodil ausgestellt. Im Erdgeschoss schließt sich die Antike Sammlung an, u.a. mit einem kretischen Sarg aus dem 12. Jh. v. Chr.

Südlich des Heldenplatzes

Kunsthalle 16

Hösök tere, Di–Mi, Fr–So 10–18, Do 12–20 Uhr, www.kunsthalle.hu, Eintritt 1800 HUF, erm. 900 HUF

Auch die **Kunsthalle (Műcsarnok)** an der südlichen Seite des Heldenplatzes wurde von Schickedanz und Herzog erbaut (1895/96) und war als einziger Teil des Ensembles tatsächlich zur Millenniumsausstellung fertig. Heute präsentiert das Neorenaissance-Gebäude in seinen Ausstellungsräumen zeitgenössische Kunst.

1956-Denkmal 17

Hinter der Kunsthalle wurde am Parkplatz neben der breiten Dózsa György út zum EU-Beitritt 2004 ein riesiges **Zeitrad** (István Janáky) eingeweiht. Der Sand in dem Rad rieselt im Verlauf genau eines Jahres nach unten – zu Silvester wird das Rad dann wieder ›auf den Kopf‹ gestellt. Wenige Schritte weiter gelangt man zu dem umstrittenen **1956-Denkmal** (Róbert Csíkszentmihályi/Róbert Schilling, 2006). Genau an dieser Stelle befand sich bis 1956 das Stalin-Denkmal, da die Kommunistische Partei auf der breiten Allee die Volksmassen aufmarschieren ließ. Gleich am ersten Abend der Revolution 1956 wurde Stalin gestürzt. Einzig die Stiefel blieben auf dem Sockel zurück. Eine Kopie ist heute im Memento Park zu bewundern (s. S. 164). Laut Inschrift soll das Mahnmal die nationale Einheit symbolisieren. Doch steht es eher für die tiefe Zerrissenheit der ungarischen Gesellschaft, da sich nicht einmal die Veteranen von 1956 auf einen gemeinsamen Gedenkort einigen können. An der Technischen Universität in Buda befindet sich ein konkurrierendes Denkmal.

▷ S. 231

Lieblingsort

Jugendstil für Elefanten
Im **Zoo** 21 (s. S. 228) ist der 1912 errichtete exotische Elefantenpavillon eines der schönsten Jugendstilzeugnisse der Stadt. Herrliche Pyrogranit-Ziegel und mit Eosin glasierte Elefanten der Keramikfirma Zsolnay schmücken den vor 100 Jahren errichteten Bau – ein nach Entwürfen von Kornél Neuschloss realisiertes, verspielt wirkendes Haus, in dessen Inneren sich der Besucher in einen orientalischen Palast versetzt sieht. Für die gelungene Renovierung wurde 2000 der Europa-Nostra-Preis verliehen.

Auf Entdeckungstour:
Kinderparadies Stadtwäldchen

Das Stadtwäldchen ist das ganze Jahr über ein sehr familienfreundlicher Park. Besuche im Zoo gehören zu jeder Kindheit in Budapest, genau wie die Eislaufbahn vor der malerischen Kulisse der Vajdahunyad-Burg. Erleben Sie ein typisches Budapester Familienwochenende!

Cityplan: s. S. 217
Planung: Montags sind das Verkehrsmuseum und der Zirkus geschlossen, im Winter öffnet die Eislaufbahn.
Start/Ziel: Metrostation Széchenyi fürdő an der gelben Linie 1 (Földalatti) ab Vörösmarty tér und Deák Ferenc tér. Der O-Bus 72 ab Metro-Station Arany János utca hat u. a. folgende Haltestellen: Állatkert, Széchenyi fürdő und Erzsébet királyné útja.

Die Aussicht auf einen Besuch des Stadtwäldchens lässt jedes Kinderherz höher schlagen. Vor allem am Wochenende strömen die Hauptstädter mit ihrer ganzen Familie in das Naherholungsgebiet hinter dem Heldenplatz. Das ehemals sumpfige Stadtwäldchen am Ende der Andrássy út schien im 19. Jh. für einen großen Freizeitpark ideal zu sein. Das weitläufige Areal bietet reichlich Gelegenheit zum Bummeln, Picknicken und für Fahrten mit den beliebten Tretkutschen *(bringóhintó)*. Ein Muss – nicht nur für Kinder – ist der Besuch des Zoos!

Nur schönste Architektur für Giraffe & Co.

Schon das kunstvolle Elefantentor am Eingang lässt erkennen, dass der **Budapester Zoo (Állatkert)** 21 nicht nur Tiere präsentiert, sondern auch interessante Architektur. Der Zoo existiert bereits seit 1866 und ist damit einer der ältesten weltweit. Zur Gründung stiftete Kaiser Franz Joseph 34 Tiere, seine Gattin Sisi steuerte die erste Giraffe bei. Heute leben 1000 Tierarten und mehrere Tausend Tiere auf dem Gelände.

Anfang des 20. Jh. schloss der Zoo eine Zeit lang für eine Neugestaltung. Den Auftrag hierfür erhielt Károly Kós (zusammen mit Dezső Zrumeczky). Kós verwirklichte das Vogel-, Affen- und Fasanenhaus in dem für ihn typischen siebenbürgischen Stil. Kornél Neuschloss schuf das märchenhafte Elefantenhaus (s. Lieblingsort S. 227), während Károly Räde und Keresztély Ilsemann das wunderbare Palmenhaus beisteuerten, unter dem sich das Aquarium befindet. Den ganzen Tag über gibt es für Kinder Programmangebote. Sehr beliebt sind z. B. der Streichelzoo sowie die Fütterung der Affen und der Seelöwen.

Der Zoo wird seit Jahren Stück für Stück erneuert, u. a. kamen ein Savannenbereich sowie das Australienhaus hinzu und 2014 übernahm der Zoo den früheren Vergnügungspark Vidámpark (s. unten) – im Zoo kann man leicht einen halben Tag verbringen (Állatkerti körút 6–12, www.zoobudapest.com, Nov.–Febr. tgl. 9–16, März/Okt. tgl. 9–17, April/Sept. tgl. 9–17.30, Mai–Aug. tgl. 9–18.30 Uhr, Eintritt 2500 HUF, erm. 1800 HUF, inkl. Holnemvoltpark).

Es war einmal …

Der einstige Vergnügungspark stellt seit 2014 als Teil des Zoos unter dem Namen **Holnemvoltpark** (»Es-war-einmal-Park«) 22 eine Mischung aus Zoo und Freizeitpark dar. Aus alten Tagen wurden u. a. das denkmalgeschützte Pferdekarussell von 1906 sowie die 1 km lange hölzerne Achterbahn mit neun Wellen übernommen sowie Höhlenzug und Märchenboot. Neu sind jetzt Tiergehege u. a. für Kamele, Strauße, Flamingos und Lamas.

Der Holnemvoltpark kann ganzjährig vom Zoo aus mit dem normalen Zooticket betreten werden. Von Frühjahr bis Herbst öffnen dann auch die historischen Kirmesattraktionen, die mit ein bis zwei Münzen à 200 Ft extra zu Buche schlagen. In den nächsten Jahren ist ein großer Umbau des Geländes geplant. Primär soll für den Zoo ein riesiger Biodom entstehen, daneben ein Märchenpark (Állatkerti körút 14–16, April–Okt., Öffnungzeiten wie Zoo, www.zoobudapest.com, Eintritt nur Holnemvoltpark: 500 HUF, für Zoobesucher frei, Attraktionen extra).

Ein Zirkuszelt aus Stein

Tiere, aber auch Clowns und allerlei Artisten begeistern im **Hauptstädtischen Großzirkus (Fővárosi Nagy-**

cirkusz) 23 das Publikum. Der Zirkus geht auf das Jahr 1891 zurück und ist in dem einzigen permanent bespielten steinernen Zirkusgebäude in Mitteleuropa aktiv. Der Ungarische Staatszirkus führt hier jährlich drei Programme auf. An Wochenenden gibt es bis zu drei Vorführungen, Mi–Fr meist nur eine (Állatkerti körút 12/a, www.fnc.hu, Tickets 1900–4500 HUF, erm. 1500–3100 HUF).

Eislauf vor Märchenburg

Im Winter lockt eine andere Attraktion: Dann verwandelt sich der Stadtwäldchen-See in die größte **Eislaufbahn (Városligeti Műjégpálya)** 2 (Olof Palme sétány 5, www.mujegpalya.hu, Nov.–Feb. tgl. 9–13, 17–21 Uhr, Eintritt 1000–2000 HUF, plus Schlittschuhverleih) von Budapest. Vor der herrlichen Kulisse der Vajdahunyad-Burg gleiten die Kufenfreunde zu fetziger Musik über die Freilufteisfläche. Abends sorgt Flutlicht für optimale Bedingungen. Wem danach kalt geworden ist: Das **Széchenyi-Heilbad** 20 lässt sich auch gut mit Kindern besuchen (s. Mein Tipp S. 232)!

Verkehrsmittel von anno dazumal

Das **Verkehrsmuseum (Közlekedési Múzeum)** 24 ist ebenfalls eine echte Familienattraktion. Besonders beliebt sind die historischen Waggons der Eisen- und Straßenbahn sowie die riesige Modelleisenbahn. Zu sehen sind auch Oldtimer und alte Motorräder (Városligeti körút 11, nähere Infos s. S. 62). Wer von historischen Verkehrsmitteln nicht genug bekommen kann, sollte in den nördlich des Stadtwäldchens gelegenen **Eisenbahnhistorischen Park** 26 fahren. Das Museum in einem alten Stellwerk der Ungarischen Staatseisenbahnen zeigt alte Loks und Waggons. Man kann auch selbst Draisine fahren oder sich mit einem Pendelzug zum Westbahnhof kutschieren lassen (Tatai út 95, 10 Min. mit Bus 30 ab Hősök tere bis Rokolya utca, nähere Infos s. S. 59).

Auch für das leibliche Wohl ist im Stadtwäldchen gesorgt: Robinson Étterem

Stadtwäldchen

Stadtwäldchen-See 18

Zurück am Heldenplatz, erstreckt sich hinter dem Millenniumsdenkmal der kleine **Stadtwäldchen-See (Városligeti-tó)**, auf den man im Sommer mit geliehenen Booten hinauspaddeln kann. Im Winter hingegen öffnet die größte **Eislaufbahn (Városligeti Műjégpálya)** 2 Budapests ihre Pforten. Am Wochenende strömen die Budapester dann in Scharen mit ihren Schlittschuhen auf die Eisfläche (s. S. 230).

Der künstliche See ist ein letzter Hinweis auf das einstige Sumpfgelände. Maria Theresia hatte ab 1751 die Bepflanzung des ca. 100 ha großen Areals veranlasst. Die historisch wohl bedeutsamste Stunde des neuen Stadtparks schlug schließlich 1896, als hier mit großem Pomp die Millenniumsfeierlichkeiten zum 1000. Jahrestag der ungarischen Landnahme veranstaltet wurden. Ein zentrales Architekturzeugnis der damaligen Demonstration von Nationalstolz und Macht ragt direkt vor uns auf.

Vajdahunyad-Burg 19

Eine herrliche Kulisse für die Eisläufer bietet die **Burg Vajdahunyad** auf einer Insel im Stadtwäldchen-See. Das künstliche Gebilde war zur Millenniumsausstellung 1896 nach Plänen von Ignác Alpár in Holz erbaut worden und ist ein Mix aus allen Baustilen der ungarischen Geschichte, angefangen von der Romanik bis hin zum Rokoko. Die Fantasieburg erwies sich als der Publikumsrenner der Millenniumsausstellung, und so entschied man sich, sie aus Stein neu zu errichten. Dem Architekten, der u. a. am Szabadság tér repräsentative Gebäude entworfen hatte, wurde am Eingang ein Denkmal errichtet.

Im Innenhof hinter der Löwenbrücke liegt linker Hand die **Jáker Kapelle**, die für katholische Gottesdienste genutzt wird. Etwas weiter befindet sich eine von Miklós Ligeti im Jahre 1903 geschaffene Statue eines mittelalterlichen Chronisten, dessen Name nicht überliefert ist. Er verfasste zur Zeit König Bélas III. an der Wende zum 13. Jh. die »Gesta Hungarorum«, die erste ungarische Geschichtschronik.

Im Innenhof der Burg werden im Sommer auch die hochkarätig besetzten Open-Air-Konzerte vor historischer Kulisse veranstaltet.

Ungarisches Landwirtschaftsmuseum

Vajdahunyad-Burg, April–Okt. Di–So 10–17, sonst Di–Fr 10–16, Sa–So 10–17 Uhr, www.mmgm.hu, Eintritt 1200 HUF, erm. 600 HUF

In den beiden Hauptgebäuden der Vajdahunyad-Burg ist das **Ungarische Landwirtschaftsmuseum (Magyar Mezőgazdasági Múzeum)** untergebracht. Architektonisch besonders reizvoll sind die gotischen Säle in dem »mittelalterlichen« Burgteil. Die Glasfenster stammen aus der Werkstatt von Miksa Róth, Vorbild war die Burg Hunyad in Siebenbürgen.

Das »barocke« Schloss hingegen nimmt im Wesentlichen Bauelemente aus der Zeit Maria Theresias auf, darunter solche des Schlosses Gödöllő. In diesem Teil ist die sehenswerte Dauerausstellung »Geschichte der ungarischen Landwirtschaft« zu sehen. Weitere Bereiche widmen sich dem Weinbau, der Jagd und der Fischerei. Hier könnte allerdings eine Aktualisierung nicht schaden.

Der **Zoo** 21 und die weiteren kinderfreundlichen Sehenswürdigkeiten des Stadtwäldchens werden im Rahmen einer Entdeckungstour erkundet (s. S. 228 sowie Lieblingsort S. 227).

Mein Tipp

Wellness pur

Was kann schöner sein, als an einem kalten Wintermorgen draußen in einem palastartigen Innenhof in 37 °C warmem Wasser zu schwimmen, zu entspannen und abzuschalten? Der ganz in gelb gehaltene Badepalast des **Széchenyi-Heilbads (Széchenyi Gyógyfürdő)** 20 macht's möglich. Der wunderbare Badetempel wird mit 77 °C warmem Thermalwasser aus 1250 m Tiefe gespeist und stammt vom Anfang des 20. Jh. Reizvoll ist die Mischung aus Hallen- und Freibad. Besonders beliebt ist das Bad bei Schachspielern, die im Thermalbecken scheinbar endlos durchhalten. Durch diverse Spaßelemente ist das Széchenyi zudem sehr familienfreundlich. Zum medizinischen Angebot gehören selbstverständlich auch Massagen (tgl. 6–22 Uhr, www.spasbudapest.com, Tageskarte 4500–4700 HUF).

Durch die beständig vorangetriebenen Renovierungsarbeiten ist mittlerweile auch der herrliche Jugendstileingang am Kós Károly sétány wieder zugänglich. Die Kuppelfresken und der Brunnen sind einfach grandios. Nach 19 Uhr ist jedoch nur noch gegenüber vom Zirkus Einlass.

Neues Museumsviertel

Immer konkreter werden die Vorbereitungen für ein überaus ambitioniertes neues Museumsviertel im Stadtwäldchen. Im Rahmen des sog. »Liget-Budapest-Projekts« sollen bis 2018 insgesamt fünf neue Museumsgebäude für sechs Museen entstehen. Teil des Projekts ist auch die Renovierung des **Museums der Bildenden Künste** 15. Am **1956-Denkmal** 17 sind ein Museum für Fotokunst und eins für Architektur geplant, an der Ecke Dózsa György út/Ajtósi Dürer sor ein Neubau des Ethnografischen Museums und mitten im Stadtwäldchen ein Haus der Musik. Die jetzige **Petőfi-Halle** 25 soll einem weiteren Neubau für die gemeinsame Unterbringung von Ungarischer Nationalgalerie und Ludwig-Museum weichen.

Baubeginnn der Bauarbeiten ist 2016, erste Museen sollen im Frühjahr 2018 öffnen – rechtzeitig vor den nächsten Parlamentswahlen. Die öffentliche Diskussion drehte sich bislang um den möglichen Verlust von Grünflächen im Stadtwäldchen, auch ist noch wenig über die inhaltliche Ausgestaltung der neuen Museen bekannt. Aktuelle Informationen: www.ligetbudapest.org.

Essen & Trinken

Künstlercafé – **Művész Kávéház** 1: VI., Andrássy út 29, Tel. 343 35 44, www.muveszkavehaz.hu, Metro 1 Opera, Mo–Fr 8–22, Sa/So 9–22 Uhr. Theatergänger, Künstler und Touristen genießen die umfangreiche Kuchentheke des Traditionshauses. An der Andrássy út zwei weitere Filialen.

Klein, aber fein – **Café Mai Manó** 2: s. S. 49.

Auf die Schnelle – **Falafel** 3: VI., Paulay Ede utca 53, Tel. 351 12 43, www.falafel.hu, Metro 1, O-Bus 70, 78 Andrássy út, Mo–Fr 10–20, Sa 10–18 Uhr. Salate,

Falafel etc. ca. 550–1600 HUF. Der populäre Falafel-Laden zwischen Nagymező utca und Liszt Ferenc tér bietet auch Salate und ungarische Gerichte.

Palastartige Pracht – **BookCafé** 4: s. S. 40, 218.

Speisen im Weinladen – **Klassz** 5: s. S. 39.

Bistro mit Stil – **Café Vian** 6: s. S. 42.

Szene-Treff – **Menza** 7: VI., Liszt Ferenc tér 2, Tel. 413 14 82, www.menza.co.hu, Metro 1, Tram 4, 6 Oktogon, tgl. 10–24 Uhr, Hauptgerichte ca. 2300–4900 HUF. Die trendige Menza kommt zwar ganz im Stil einer 70er-Jahre-Kantine daher, die Küche ist allerdings zeitgenössisch.

Hell und bio – Ecocafé 8: s. S. 40.

Exotisches vom Subkontinent – **Taj Mahal** 9: s. S. 40.

Feine Lage – **Robinson Étterem** 10: s. S. 39.

Verblasste Legende – **Gundel Étterem** 11: XIV., Állatkerti körút 2, Tel. 889 81 11, www.gundel.hu, Metro 1 Széchenyi fürdő, O-Bus 72 Állatkert, tgl. 12–24 Uhr, Hauptgerichte ca. 5000–13 500 HUF. Starkoch Károly Gundel (1883–1956) eröffnete 1910 sein Restaurant und veranstaltete im Sisi-Ballsaal rauschende Feste. Seine köstlichste Hinterlassenschaft ist die allseits beliebte »Gundel palacsinta«, ein mit Schokolade übergossener Nuss-Palatschinken. Heute fällt das Restaurant jedoch durch sehr hohe Preise auf.

Einkaufen

Bücherpalast – **Alexandra Könyvesház** 1: s. S. 44.

Streichinstrumente – **Dárius Music** 2: s. S. 45.

Bücher – **Írók Boltja** 3: VI., Andrássy út 45, Tel. 322 16 45, www.irokboltja.hu, Metro 1, Tram 4, 6 Oktogon, Mo–Fr 10–19, Sa 10–13 Uhr. Sympathischer Buchladen, auch Deutschsprachiges.

Designer-Schick – **Náray Tamás** 4: s. S. 47.

Aktiv

Radverleih – **Yellow Zebra Bikes** 1: s. S. 26.

Eislaufen – **Eislaufbahn** 2: s. S. 228.

Badepalast – **Széchenyi-Heilbad** 20: s. S. 232.

Abends & Nachts

Oper – **Ungarische Staatsoper** 1: s. S. 53.

Operette – **Budapester Operettentheater** 1: s. S. 52.

Jugendstil pur – **Franz-Liszt-Musikakademie** 6: s. S. 52.

Party am Pester Broadway – **Instant** 2: Karte 3, F 7, VI., Nagymező utca 38, www.instant.co.hu, Metro 1 Opera, O-Bus 70, 78 Andrássy út, tgl. 16–6 Uhr. Die angesagte Ruinenkneipe lockt mit Tanzflächen, ruhigeren Bereichen zum Chillen und mehreren Theken.

Gay-Disco – **Club Alterego** 3: s. S. 54.

Kaisers Kneipe – **Ferencz József Söröző** 4: s. S. 51.

Szeneplatz – **Liszt Ferenc tér** 5: Unter den hohen Bäumen reiht sich Café-Terrasse an Café-Terrasse, die an warmen Abenden gut gefüllt sind. Empfehlenswerte Adressen sind insbesondere das **Café Vian** 6 und die **Menza** 7.

Party am Stadtwäldchen – **Dürer Kert** 5: XIV., Ajtósi Dürer sor 19–21, Tel. 789 44 44, www.durerkert.com, Bus 5, 7, 110, 112 Stefánia út/Thököly út, O-Bus 74, 75 Zichy Géza út, tgl. 17 bis ca. 4 Uhr. In einem eher fabrikmäßig aussehenden Unigebäude am Rande des Stadtwäldchens bietet der studentisch geprägte »Dürer-Garten« Livekonzerte, Tanz, Disco und einen Radverleih – im Sommer angesagter Biergarten im Innenhof.

Das Beste auf einen Blick

Großer Ring und Umgebung

Highlight!

Kunstgewerbemuseum: Ödön Lechner verwirklichte im Kunstgewerbemuseum zum ersten Mal seine Vorstellung von ungarischer Architektur und schuf damit ein Jugendstil-Meisterwerk. Die mächtige grün-gelbe Dachkuppel und der fernöstlich angehauchte Lichthof sind die Markenzeichen von Lechners architektonischer Revolution. S. 242

Auf Entdeckungstour

Kulturviertel Millenniumsstadt: Das Nationaltheater und der Palast der Künste setzen am Donauufer neue kulturelle Akzente. Das innerhalb weniger Jahre entstandene Viertel ermöglicht tagsüber und am Abend interessante Begegnungen mit Bildender Kunst, Musik, Theater und Tanz. S. 240

Budapester Friedhöfe – Spiegel der Geschichte: Der parkartige Kerepesi-Friedhof ist mit seinen Mausoleen und Künstlerparzellen ein Nationales Pantheon, während der Neue Zentralfriedhof dem Gedenken an die Revolution 1956 gewidmet ist. Direkt daneben befindet sich der sehenswerte Jüdische Friedhof. S. 246

Kultur & Sehenswertes

Ludwig-Museum: Die umfangreiche Sammlung zeitgenössischer Kunst im Palast der Künste zeigt neben internationalen Stars auch Werke ungarischer Künstler. 4 S. 238

Holocaust-Gedenkzentrum: In einer umgewandelten Synagoge zeichnet die bewegende Dauerausstellung den Leidensweg der jüdischen Ungarn bis zum Holocaust nach. 6 S. 238

Genießen & Atmosphäre

Bock Bisztró: In dem hellen Weinrestaurant wird mediterran angehauchte Küche serviert. Dazu sollte man ein Glas Rotwein aus dem Weinkeller von József Bock probieren. 3 S. 36, 249

Taj Mahal: Von Tibet nach Indien ist der Weg nicht weit. Das beste indische Restaurant der Stadt bringt Spezialitäten vom Subkontinent auf den Tisch. 8 S. 40, 253

Aktiv unterwegs

Klettergarten: Der Orczy Kalandpark ist ein schöner Kletterwald im Orczy-Park hinter dem Naturgeschichtlichen Museum. 1 S. 244

Donautour per Linienschiff: Vom Jászai Mari tér an der Margaretenbrücke schippern die Linienschiffe gemütlich stromabwärts – ideal, um die Besichtigung des Großen Rings abzurunden. S. 252

Abends & Nachts

Palast der Künste: Die Akustik im größten ungarischen Konzertsaal ist perfekt. Auch ein Abend mit dem Nationalen Tanztheater im Festivalsaal zeigt hohe Standards. 3 S. 241

Budapest Jazz Club: Der umgebaute Kinosaal in der Újlipótváros ist eine der renommiertesten Adressen für ein gutes Jazzkonzert in Budapest. 12 S. 50, 251

Gründerzeit und Postmoderne

Wie ein breites Band umschließt der **Große Ring (Nagykörút)** die Pester Innenstadt von der Petőfibrücke bis zur Margaretenbrücke. In 35 Jahren seiner Bauzeit wurde ab 1872 ein städtebaulich herausragendes Werk geschaffen, das sich heute durch seine architektonische Geschlossenheit, seine Geschäfte und seine gelassene Vitalität auszeichnet. Hier präsentiert sich eine Stadt, die an der Wende zum 20. Jh. optimistisch in die Zukunft blickte und deren tragende Gesellschaftsschichten ihren Wohlstand stolz zur Schau stellten. Ein, zwei Straßenzüge jenseits des Rings geht es meistens viel bescheidener zu, in zum Teil recht dunklen Gassen, die immer noch ihrer Renovierung harren. Größer könnte der Kontrast zum prächtigen Boulevard kaum sein.

Der Ring gliedert sich in fünf Abschnitte, den **Ferenc körút** (Franzensring), den **József körút** (Josephsring), den **Erzsébet körút** (Elisabethring), **den Teréz körút** (Theresienring) sowie

Infobox

Reisekarte: ▶ E–K 6–14

Großer Ring

Startpunkt ist der Boráros tér an der Petőfi-Brücke, dem südlichen Ende des Großen Rings. Von dort geht es zu Fuß oder mit der Tram 4 bzw. 6 entlang der Ringstraße einmal um die Innenstadtbezirke der Hauptstadt herum bis zur Margaretenbrücke im Norden. Ohne Abstecher und Kaffeepausen ist man zu Fuß gut 2 Stunden unterwegs.

Abstecher

Vom Großen Ring aus bieten sich mehrere interessante Abstecher an. Südlich des Boráros tér führt eine Entdeckungstour ins Millenniumsviertel mit seinen Kulturpalästen, noch weiter draußen liegt der Ecseri-Flohmarkt. Vom Blaha Lujza tér gelangt man auf einer Entdeckungstour zum Kerepesi-Friedhof und zum Neuen Zentralfriedhof.
Weiter nördlich lohnt ein Abstecher in die Neue Leopoldstadt. Mit allen Abstechern und Pausen sollte man die Besichtigung auf ein bis zwei Tage verteilen.

Verkehrsmittel

Tram 4 und 6 verkehren vom Boráros tér im Süden über den Großen Ring bis zum Jászai Mari tér an der Margaretenbrücke (Tram 6 rund um die Uhr). Tram 2 verbindet die Millenniumsstadt entlang der Donau mit dem Boráros tér, dem Donaukorso sowie dem Jászai Mari tér. Von dort verkehren auch die BKK-Linienschiffe (s. S. 25) tagsüber zurück zum Boráros tér.
Unter der Üllői út rollt die blaue Metro 3 (Station Corvin-negyed). Sie benötigt man für die Abstecher zum Botanischen Garten, zum Orczy-Park und zur Wekerle-Siedlung. Unter dem Rákóczi tér verkehrt die grüne Metro 4 zum Ostbahnhof (Keleti pu.). Vom Blaha Lujza tér verkehrt Tram 28 zum Neuen Zentralfriedhof. Den Kerepesi-Friedhof erreicht man besser zu Fuß vom Ostbahnhof aus.

den **Szent István körút** (St.-Stephans-Ring). Bis auf den letzten Abschnitt trägt der Ring jeweils den Namen der durchquerten Vorstadt. Dabei wurde auf Mitglieder des Hauses Habsburg zurückgegriffen. Stephan war Ungarns erster König.

Franzensstadt

Der IX. Bezirk, die **Franzensstadt (Ferencváros),** erlebt seit Jahren eine erstaunliche Revitalisierung. Einst galten seine schummrigen Gassen als wenig attraktiv, doch mit der Kneipenmeile Ráday utca und der Millenniumsstadt setzte ein spürbarer Strukturwandel ein. Im Gegensatz zu manch anderen Stadtteilen gilt die Sanierung hier als Erfolgsstory, weil sie bestehende Strukturen aufgriff und ergänzte.

Boráros tér 1

Startpunkt des Spaziergangs durch die Franzensstadt ist der verkehrsreiche **Boráros tér** an der Auffahrt zur Petőfi-Brücke. Hier treffen die Ring-Straßenbahnen 4 und 6 auf die Tram 2, die an der Donaupromenade entlang verkehrt. Auch starten hier die Busse nach Süden zum Ecseri-Flohmarkt (s. Mein Tipp S. 237). Auf der Nordseite der Brückenauffahrt legen am kleinen Nehru-Park zudem die Linienschiffe an (s. Mein Tipp s. S. 252).

Zwack-Museum 2

Soroksári út 26, Mo–Fr 10–17 Uhr, www.zwackunicum.hu, Eintritt 1800 HUF, erm. 1500 HUF (inkl. Kostprobe), Jugendliche bis 18 Jahre 800 HUF (ohne Kostprobe)

Auf halbem Weg vom Boráros tér zum Palast der Künste (s. Entdeckungstour S. 240) lohnt in der Soroksári út 26/Ecke Dandár utca ein hochprozentiger Stopp im **Zwack-Museum.** Die Geschichte des Familienunternehmens begann 1790, als der Hofarzt Dr. Zwack in Wien Kaiser Joseph II. angeblich einen Magenbitter verabreichte. Die Reaktion des Monarchen: »Das ist ein Unicum.« Unter diesem Markennamen produziert die Familie seit der Firmengründung 1840 in Pest den Kräuterschnaps. Mehr als 40 Kräuter werden für das streng geheime Rezept verwendet. 1895 stieg man gar zum k. u. k. Hoflieferanten auf. Neben einem Film in den alten Werksräumlichkeiten gibt es eine informative Ausstellung zur wechselvollen Familiengeschichte. Da die Zwacks jüdische Wurzeln hatten, wurden sie 1944/45 von den Nazis verfolgt. 1948 gingen János Zwack und sein Sohn Péter schließlich in die USA ins Exil, als ihre Firma verstaatlicht wurde. 1990 wurde Péter zum ungarischen Botschafter in den USA ernannt. Die Firma ist heute wieder mehrheitlich in Familienbesitz.

Mein Tipp

Gebrauchtes

Der Boráros tér ist der beste Ausgangspunkt für die gut 20-minütige Fahrt mit dem Bus 54 bzw. 55 zum **Ecseri-Flohmarkt (Használtcikkpiac)** 1 am südlichen Stadtrand. An der großen Ausfallstraße zur Autobahn M 5 ist der Flohmarkt auf einem Gewerbegelände untergebracht. Hier draußen findet man manch skurriles Schätzchen. Am meisten los ist am Samstagmorgen. Aufgrund der langen Anfahrtszeit lohnt der Weg vor allem für ausgewiesene Freunde des Stöberns (Nagykőrösi út 156, Mo–Fr 8–16, Sa 6–15, So 8–13 Uhr, s. a. S. 46).

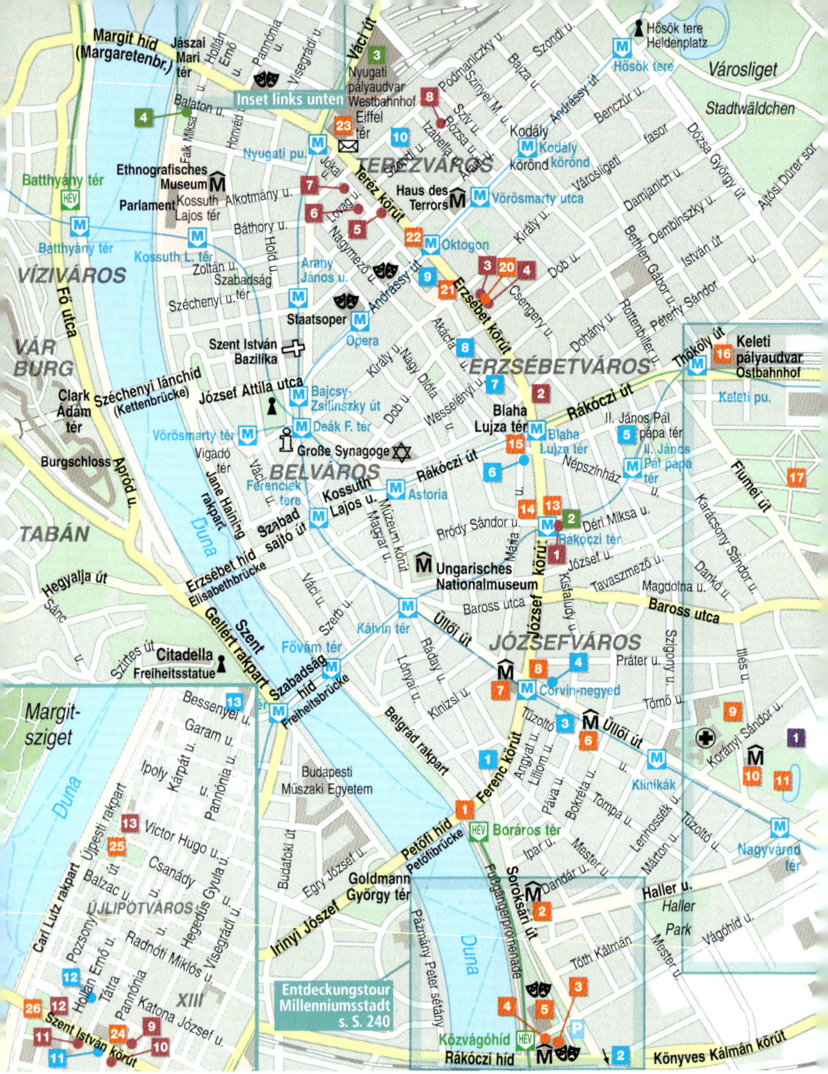

Millenniumsstadt

Neben eher tristen Büro- und Apartmentblöcken am Donauufer wurden vor der Rákóczi-Brücke auch der **Palast der Künste** 3 mit dem **Ludwig-Museum** 4 sowie nebenan das **Nationaltheater** 5 für ein Kulturviertel errichtet (s. Entdeckungstour S. 240).

An der Endhaltestelle der Straßenbahnlinien 2 und 24 hat sich mit dem **Budapest Park** 2 eine Open-Air-Konzertlocation angesiedelt.

Holocaust-Gedenkzentrum 6

Páva utca 39, Di–So 10–18 Uhr, www.hdke.hu, Eintritt 1600/800 HUF

Großer Ring und Umgebung

Sehenswert

1 Boráros tér
2 Zwack-Museum
3 Palast der Künste
4 Ludwig-Museum
5 Nationaltheater
6 Holocaust-Gedenkzentrum
7 Kunstgewerbemuseum
8 Corvin-Passage
9 Botanischer Garten
10 Ungarisches Naturhistorisches Museum
11 Orczy-Park
12 Wekerle-Siedlung
13 Rákóczi tér
14 Rabbinerseminar
15 Blaha Lujza tér
16 Ostbahnhof
17 Kerepesi-Friedhof
18 Neuer Zentralfriedhof
19 Jüdischer Friedhof
20 Corinthia Grand Hotel Royal
21 Franz-Liszt-Musikakademie
22 Oktogon
23 Westbahnhof
24 Lustspieltheater
25 Szent-István-Park
26 Jászai Mari tér

Essen & Trinken

1 Oinos
2 Café New York
3 Bock Bisztró
4 Royal Kávéház Szamos Marcipán Cukrászda
5 Napos Oldal
6 Zöld Teknős Barlangja
7 Wasabi
8 Taj Mahal
9 Kino
10 Szeráj
11 Európa Kávéház
12 Hummus Bar
13 Dunapark

Einkaufen

1 Ecseri-Flohmarkt
2 Rákóczi-tér-Markthalle
3 Westend City Center
4 Falk Miksa utca

Aktiv

1 Orczy Kalandpark

Abends & Nachts

1 Café Jedermann
2 Budapest Park
3 Kulturzentrum Trafó
4 Corvin Mozi
5 Erkel Színház
6 Corvintető
7 Old Man's Music Pub
8 Fogasház és kert
9 Liszt Ferenc tér
10 Pótkulcs
11 Morrison's 2
12 Budapest Jazz Club
13 RaM Colosseum

Seit 2004 befindet sich an der Ecke Tűzoltó/Páva utca in einer ehemaligen Synagoge das zentrale **Holocaust-Gedenkzentrum (Holokauszt Emlékközpont)**. Die Synagoge von Lipót Baumhorn (1923) wurde nach Plänen von István Mányi vorbildlich renoviert und durch ein modernes Museum ergänzt.

Vielfach wurde kritisiert, dass die Gedenkstätte für Budapester Verhältnisse recht abseits liegt und nur schlecht zu erreichen ist. Doch der Weg lohnt sich. In der bewegenden Dauerausstellung wird mit multimedialen Mitteln der lange Leidensweg der ungarischen Juden ▷ S. 242

Auf Entdeckungstour:
Kulturviertel Millenniumsstadt

Mit dem Bau des Nationaltheaters und des Palasts der Künste am Donauufer hat die Budapester Kulturszene ein zeitgemäßes Zentrum erhalten. Auch das Ludwig-Museum und das Nationale Philharmonieorchester residieren in der »Millenniumsstadt«.

Cityplan: s. S. 239
Start: Boráros tér (Tram 2)
Ziel: Haltestelle »Millenniumi Kulturális Központ«.
Zeit: 2–3 Std. Gut zu verbinden mit dem Besuch des Zwack-Museums.
Palast der Künste: Tel. 555 30 01, www.mupa.hu
Ludwig-Museum: www.ludwigmuseum.hu, Di–So 10–18 Uhr, wechselnde Eintrittspreise
Nationaltheater: Tel. 476 68 00, www.nemzetiszinhaz.hu

Hier hypermoderne Wohn- und Bürohäuser, dort architektonisch innovative Kulturpaläste – zwischen Boráros tér und Lágymányosi-Brücke ist auf dem Gelände der Mitte der 1990er-Jahre geplanten, aber nicht realisierten Weltausstellung ein völlig neuer Stadtteil entstanden. In starkem Kontrast zu den Trendbauten des 21. Jh. steht das benachbarte Zwack-Museum 2 (s. S. 237) in einer alten Industrieanlage vom Ende des 19. Jh. Tradition und Postmoderne liegen nah beieinander in der Millenniumsstadt.

Kulturkomplex am Donauufer

Der mächtige **Palast der Künste (Művészetek Palotája)** 3 wirkt, als lehne er sich an die Auffahrt zur Rákóczi-Brücke an. 2005 fertiggestellt, beförderte der multifunktionale Bau (Gábor Zoboki und Nóra Demeter) die Budapester Kulturszene in eine neue Dimension. Musik, Theater und Bildende Künste werden hier in nächster Nähe zueinander präsentiert und diskutiert.

Herzstück des Komplexes ist der 1700 Zuhörer fassende **Nationale Konzertsaal Béla Bartók.** Seine ausgefeilte Akustik lässt auch die Klänge der derzeit größten Konzertorgel Europas mit fast 7000 Pfeifen voll zur Wirkung kommen. Ein klassisches Konzert in diesem Saal ist ein Genuss – das hier angesiedelte Nationale Philharmonieorchester hat einen sehr guten Ruf. Reizvolle Alternativen sind die hochkarätigen Aufführungen des Nationalen Tanztheaters im kleineren Festivaltheater. Im ›Müpa‹ wird aber nicht nur ›große‹ Kultur geboten: Sonntags finden regelmäßig Kinderprogramme statt und montags haben sich Jazzabende etabliert. Auch Folkmusik steht regelmäßig auf dem Programm. Abends ist die Fassade in surreal wirkendes Licht getaucht.

Ludwig goes east

Seit dem Umzug vom Burgschloss in den Palast der Künste stehen dem *lumú,* wie sich das **Ludwig-Museum – Museum für zeitgenössische Kunst** 4 kokett nennt, nun topmoderne Ausstellungsräumlichkeiten zur Verfügung.

Das Museum entstand 1991 auf Anregung des deutschen Sammlerpaares Irene und Peter Ludwig. Es war damals die erste Museumsneugründung in einem postkommunistischen Land auf westliche Initiative hin. Ausgestattet mit rund 500 Werken setzt das Museum zwei Schwerpunkte: Zum einen werden ›westliche‹ Werke von bekannten Künstlern wie Pablo Picasso, Andy Warhol, Joseph Beuys, Jörg Immendorf und Roy Lichtenstein gezeigt; zu sehen ist auch ein ganz in Weiß gehaltenes Schachspiel (»Play it by trust«) von Yoko Ono. Zum anderen stammen viele Künstler aus Ungarn und Osteuropa, darunter Imre Bak und Miklós Erdély. Der Schwerpunkt der Dauerausstellung liegt dabei auf den 1960er- bis 1980er-Jahren. Zusätzlich gibt es hochkarätige Sonderausstellungen.

Obwohl die modernen Räumlichkeiten für das Ludwig-Museum maßgeschneidert zu sein schienen, wird nun für 2018 bereits der nächste Umzug anvisiert: ins neue Museumsviertel im Stadtwäldchen (s. S. 232).

Viel Theater um ein Theater

Anziehungspunkt für Theaterfans ist natürlich das **Nationaltheater (Nemzeti Színház)** 5. Es öffnete 2002 mitten im Wahlkampf als Vorzeigeprojekt der ersten Orbán-Regierung seine Pforten. Das Äußere des heutigen Gebäudes (Mária Siklós) wird gelobt, das Innere wirkt jedoch überraschend klein. Die meisten Budapester sind aber froh, dass die Stadt wieder ein repräsentatives Nationaltheater besitzt.

und Roma von den ersten antisemitischen Gesetzen 1920 bis zur Deportation nach Auschwitz 1944 und der Befreiung des Pester Ghettos 1945 nachgezeichnet. Anhand der Darstellung des Schicksals mehrerer Familien nimmt der vieltausendfache namenlose Schrecken konkrete Gestalt an.

An der Ecke Tűzoltó/Liliom utca genießt das seit 1998 bestehende alternative **Kulturzentrum Trafó** 3 einen exzellenten Ruf im Bereich zeitgenössischer Theater- und Tanzproduktionen.

Kunstgewerbemuseum ! 7

Üllői út 33–37, Di–So 10–18 Uhr, www.imm.hu, Dauerausstellung 2000 HUF, erm. 1000 HUF

Zurück am Großen Ring, ragt die Kuppel des **Kunstgewerbemuseums (Iparművészeti Múzeum)** an der Üllői út empor; bunt leuchten die Zsolnay-Dachziegel in der Sonne, auch die gelben Treppengeländer am Eingang wirken regelrecht verspielt. Der Bau ist ein Meisterwerk des ungarischen Jugendstils und seines Schöpfers Ödön Lechner, dem ein Denkmal rechts vom Eingang gewidmet ist.

Das Innere vereint mit seinem Glasdach über dem Innenhof die traumhafte Leichtigkeit eines Maharadscha-Palastes mit der eleganten Architektur einer Bahnhofshalle der Gründerzeit. Das Ergebnis verzückt immer aufs Neue. Auch wer sich nicht sehr für Kunstgewerbe interessiert, sollte es nicht versäumen, dieses Museum von innen zu besichtigen. Es wurde am 25. Oktober 1896 zum Abschluss der Millenniumsfeierlichkeiten von Kaiser Franz Joseph höchstpersönlich eröffnet und gilt ganz zu Recht als eines der beeindruckendsten Werke dieser Periode.

Drei Jahre lang hatte Lechner zusammen mit Gyula Pártos an dem Auftrag gearbeitet, war immer wieder nach Pécs zur Keramikfirma Zsolnay gefahren. Alle Keramiken wurden von dort geliefert und Zsolnay verband sich dadurch untrennbar mit dem ungarischen Jugendstil.

Die Dauerausstellung »Sammler und Schätze« präsentiert im 1. Stock Highlights aus dem reichen Fundus des Museums. Auch die Ausstellung zur Islamischen Kunst ist im Eintrittspreis für die Dauerausstellung enthalten. Außerdem laufen zumeist mehrere Sonderschauen gleichzeitig.

Josephstadt

Die Üllői út trennt die Franzensstadt von der Josephstadt (Józsefváros). Kaum ein Stadtteil bietet so viele unterschiedliche Gesichter wie der VIII. Stadtbezirk. Während die ›innere‹ Josephstadt zwischen Kleinem und Großem Ring mit dem Nationalmuseum, dem Palastviertel sowie diversen Universitätsgebäuden und bürgerlichen Mietshäusern einen zum Teil sehr repräsentativen Eindruck hinterlässt, sieht die Lage jenseits des Großen Rings zum Teil ganz anders aus. Hier sind viele Häuser renovierungsbedürftig. Von Gentrifizierung ist hier nicht allzu viel zu spüren.

Doch auch in der Josephstadt stehen die Zeiten auf Strukturwandel. Für das **Neubauprojekt Corvin-Viertel** (s. S. 243) ist man dabei radikal mit der Abrissbirne vorgegangen, die neue Metro 4 hat durch neue Verkehrsanbindungen und restaurierte Parks eher sanfte Akzente gesetzt.

Corvin-Passage 8

1956 war die Kreuzung Großer Ring/Üllői út heftig umkämpft, weil hier die Killián-Kaserne stand, in der Oberst Maléter diente. Nach kurzem Zögern stellte er sich bedingungslos als Verteidigungsminister in den Dienst der Revolution und wurde dafür 1958 zusammen mit Ministerpräsident Nagy hingerichtet.

Direkt gegenüber befand sich in der **Corvin-Passage (Corvin köz)** eines der wichtigsten Widerstandszentren. Vor dem Kino **Corvin Budapest Filmpalota** 4 erinnern mehrere Gedenktafeln an die damaligen Kämpfe. Besonders nachdenklich stimmt die Skulptur des bewaffneten **Pester Jungen von 1956 (Pesti Srác)** von Lajos Győrfi (1996). Der Junge sieht noch fast wie ein Kind aus.

Hinter dem Kino läuft am sog. »Flughafen-Korridor« im neu gestylten **Corvin-Viertel (Corvin-negyed)** eines der umfangreichsten städtischen Neubauprojekte, für das fast ein ganzer Stadtteil weichen musste. Bisher entstanden in der Neubauschneise das **Einkaufszentrum Corvin** sowie die international üblichen Büro- und Wohnblocks.

Botanischer Garten 9

Illés utca 25, April–Okt. tgl. 9–17, sonst 9–16 Uhr, www.fuveszkert.org, Eintritt 850 HUF, erm. 400 HUF

Etwas versteckt hinter den Kliniken erreicht man links vorbei am Ludovika tér den Eingang zum kleinen **Botanischen Garten (Füvészkert)** der Universität ELTE. Der schmuck hergerichtete Garten ist eine kleine Erholsame Grünoase im Großstadtdschungel. Prachtstück ist das Palmenhaus mit der zentralen Glaskuppel.

Ungarisches Naturhistorisches Museum 10

Ludovika tér 2–6, Mi–Mo 10–18 Uhr, www.mttm.hu, Eintritt 1600 HUF, erm. 800 HUF

Nicht zu übersehen an dem parkähnlichen Ludovika tér ist der Gebäudekomplex der ehemaligen Militärakademie Ludovika. Über einen modernen Verbindungstrakt zum museal genutzten Reitstall betritt man das **Ungarische Naturhistorische Museum (Magyar Természettudományi Múzeum).** Gleich im Eingangsbereich hängt das 3 t schwere Skelett eines Finnwals. Neben der Schausammlung

Mein Tipp

Jazz, Jazz, Jazz

Budapest ist für seine hochkarätige Jazzmusik bekannt. Jazz steht sehr hoch im Kurs und wird zum Beispiel auf der Franz-Liszt-Musikakademie auch offiziell unterrichtet. Dementsprechend gibt es kleine Jazzkneipen und erstklassige Jazzclubs, die zusammen ein anspruchsvolles und abwechslungsreiches Programm auf die Beine stellen.

Zwei sehr interessante Adressen befinden sich an den entgegengesetzten Enden des Großen Rings. Ganz im Süden hat der Niederländer Hans van Vliet mit seinem **Café Jedermann** 1 im modernen Gebäude des Goethe-Instituts in der Ráday utca 58 eine kleine Jazz-Oase geschaffen. Hin und wieder spielt van Vliet auch selbst Trompete oder Posaune.

Kurz vor dem nördlichen Ende des Großen Rings hat sich in einer Seitengasse der ambitionierte **Budapest Jazz Club** 12 in einem ehemaligen Kino angesiedelt. Im einstigen Kinosaal finden hervorragende Live-Gigs und Sessions statt. Die Franz-Liszt-Musikakademie lässt hier ihre Studenten sogar ihre Semesterabschlussprüfungen live vortragen. Weitere lohnende Jazzclubs s. S. 50.

in der »Grünen Zone« gibt es Sonderausstellungen sowie einen kleinen »Dino-Park« draußen.

Orczy-Park 11

Hinter dem Naturhistorischen Museum lädt der schon 1794 angelegte **Orczy-Park (Orczy-kert)** zu einem kleinen Spaziergang ein. Mitten im Park erlaubt der Klettergarten **Orczy Kalandpark** 1 in den Bäumen Drahtseilakte für Anfänger und Fortgeschrittene.

Abstecher zur Wekerle-Siedlung 12

Noch weiter draußen im Südosten liegt die **Wekerle-Siedlung (Wekerletelep)**. Die weiträumige Gartenvorstadt wurde zu Beginn des 20. Jh. erbaut, um die teilweise katastrophalen Wohnverhältnisse in Budapest zu verbessern. Rund 20 000 Arbeiter erhielten jenseits der damaligen Stadtgrenze geradezu ländlich anmutende Häuser. Chefarchitekt war Károly Kós, nach dem der zentrale Platz benannt wurde. 2010 wurde die parkartige Grünfläche gründlich renoviert und aufgewertet.

Ins Auge fällt die Weitläufigkeit der Siedlung. Wer dies mit den engen Verhältnissen in den zentralen Wohnvierteln vergleicht, merkt schnell, dass hier mit dem Versuch, Dorf und Stadt miteinander zu versöhnen, etwas radikal Neues geschaffen wurde.

Die Wekerle-Siedlung erreicht man am besten mit der Metro 3. Vom U-Bahnhof Határ út verkehren die Busse 99, 148, 194 u. 199 zum Kós Károly tér, oder man geht zu Fuß über die Pannónia út.

József körút

Mit der Metro erreichen wir an der Metrostation Corvin-negyed wieder den Großen Ring an der Kreuzung mit der Üllői út. Um den Weg von der Üllői út auf dem **József körút** abzukürzen, kann man die Tram 4 oder 6 bis zum **Rákóczi tér** nehmen.

Rákóczi tér 13

Der kleine Platz hat durch den Bau der grünen Metro 4 eine spürbare Aufwertung erfahren. Lange Jahre lag der Platz vernachlässigt am Großen Ring, nun ist neues Leben spürbar.

Zentrales Bauwerk ist die markante **Rákóczi-tér-Markthalle (Rákóczi téri vásárcsarnok)** 2, die 1896 eingeweiht wurde. Von innen wirkt sie sehr hell und ist genau wie die Zentrale Markthalle (s. S. 185) mit Gusseisenelementen verziert. Neben einem Supermarkt und einer Drogerie gibt es mehrere Stände mit frischem Obst, Gemüse, Wurst, Käse und Brot (Mo 6–16, Di–Fr 6–18, Sa 6–13 Uhr).

Vom Rákóczi tér ist es Richtung Ostbahnhof nur eine Metrostation bis zum II. János Pál pápa tér. An dem fast parkähnlichen Platz ist das **Erkel-Theater (Erkel Színház)** 5 ein Ableger der Ungarischen Staatsoper (s. S. 215).

Gutenberg tér und Rabbinerseminar

Gegenüber vom Rákóczi tér führt die Kölcsey utca stadteinwärts zum **Gutenberg tér**. Das riesige Jugendstilgebäude gleich rechts wurde 1906 von József und László Vágó als Vereinsmietshaus für Drucker entworfen. Leider ist die Fassade des großartigen Gebäudes seit Jahren dringend renovierungsbedürftig. An der Ecke zur Scheiber Sándor utca und Somogyi Béla utca steht das einzige **Rabbinerseminar** 14 Ostmitteleuropas. Es wurde 1877 gegründet und hat allen Repressalien getrotzt. Zwar ist der Andrang an Schülern nicht sehr groß, doch die schiere Existenz ist ein ermutigendes Zeichen.

Das vorbildlich restaurierte Café New York: lebendiger Glanz vom Ende des 19. Jh.

Blaha Lujza tér 15

Am **Blaha Lujza tér** kreuzt die belebte Ost-West-Achse Rákóczi út. Auf dem heute eher unattraktiven Blaha Lujza tér, der nach einer berühmten Schauspielerin benannt wurde, stand von 1908 bis 1964 das ungarische Nationaltheater. Ein kleines Denkmal erinnert daran. Das Theater musste dem Bau der U-Bahn weichen, was eine 40-jährige Odyssee auf der Suche nach einem neuen Standort auslöste, die am Donauufer ihr Ende fand.

Vom Blaha Lujza tér gelangt man auch mit Tram 28 und 37 (Haltestelle in Népszínház utca) direkt zum **Neuen Zentralfriedhof** 18 und zum **Jüdischen Friedhof** 19 hinaus (s. Entdeckungstour S. 246).

Abstecher zum Ostbahnhof 16

Bereits vom Blaha Lujza tér aus ist das markante Gebäude des 1884 errichteten Ostbahnhofs (Keleti pályaudvar/pu.) am Baross tér zu erkennen. Mit der roten Metro 2 ist es nur eine Station bis zum wichtigsten Anlaufpunkt für internationale Züge aus Österreich und Deutschland und allen Nachbarländern. Während der prächtige Empfangssaal zur Linken hervorragend restauriert wurde, wartet die große Bahnhofshalle noch auf eine Aufwertung. Vom Ostbahnhof gelangt man zu Fuß schnell zum postmodernen Einkaufs- und Kinocenter Aréna Plaza an der Kerepesi út sowie zum **Kerepesi-Friedhof** 17 (s. Entdeckungstour S. 246). Durch die neue Metro 4 ist der Ostbahnhof auch zu einem Metroknoten geworden.

Elisabethstadt

Erzsébet körút

Am Blaha Lujza tér beginnt der schönste Teil des Großen Rings. Der **Erzsébet körút** ist der Prachtboulevard des VII. Bezirks **(Elisabethstadt/** ▷ S. 248

Auf Entdeckungstour: Budapester Friedhöfe – Spiegel der Geschichte

Die Friedhöfe der Hauptstadt vermitteln viel von Ungarns Geschichte und zeigen manch unvermutetes künstlerisches Kleinod. Besonders der parkartige Kerepesi-Friedhof ist ein nationales Pantheon, auf dem nicht nur wichtige Politiker, sondern auch die bedeutendsten Künstler des Landes beerdigt sind.

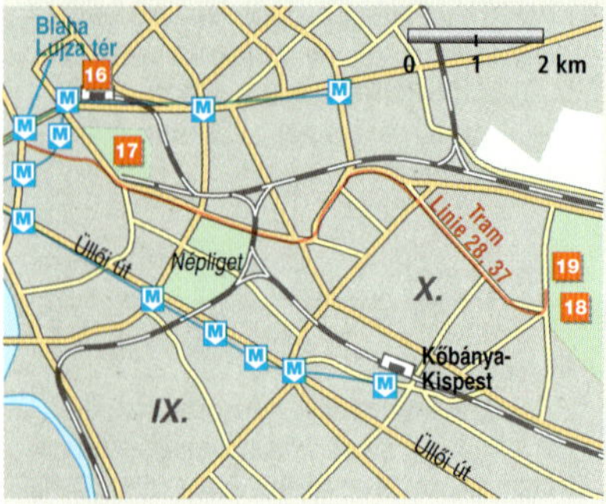

Cityplan: s. S. 239
Planung: Kerepesi-Friedhof u. Neuer Zentralfriedhof: April–Sept. 7–19, sonst ca. 7.30–17 Uhr; Jüd. Friedhof: So–Fr 8–15 (Sommer –16 Uhr)
Start: Kerepesi-Friedhof (Fiumei út 16). Vom Ostbahnhof 16 (Keleti pu.) ca. 5–10 Min. zu Fuß durch die Festetics György utca zum Haupteingang. Von dort weiter mit Tram 28, 37 (Haltestelle Magdolna utca) zum Neuen Zentralfriedhof und zum Jüdischen Friedhof.

Alles, was Rang und Namen hatte, ließ sich in Budapest ab 1847 auf dem neu eröffneten Kerepesi-Friedhof beerdigen. Bei der Gestaltung der Ruhestätten wurde nicht gespart, denn sie dienten der gesellschaftlichen Repräsentation über den Tod hinaus, und so schufen herausragende Bildhauer der jeweiligen Zeit prächtige Grabmäler. Noch heute zählt der Kerepesi temető zu den eindrucksvollsten Friedhöfen in Europa. Ein Spaziergang durch die 56 ha große, parkähnliche Anlage ist eine besonders interessante Möglichkeit, sich mit Ungarns wechselvoller Vergangenheit zu beschäftigen. Beeindruckend und zum Teil sehr berührend sind auch die Grabstätten auf dem Neuen Zentralfriedhof und dem Jüdischen Friedhof im Vorort Rákoskeresztúr.

Nationales Pantheon

Der **Kerepesi-Friedhof (Kerepesi temető bzw. Fiumei úti sírkert)** 17, der sich nach seiner Eröffnung schnell zum zentralen Friedhof und Gedenkort für die rasant wachsende Hauptstadt entwickelte, dokumentiert die Veränderungen der politischen Machtverhältnisse und das nationale Selbstbewusstsein zur Zeit der vorletzten Jahrhundertwende. Monumentale Mausoleen erinnern beispielsweise an Ferenc Deák, Lajos Batthyány und Lajos Kossuth. Alle drei hatten während der Revolution 1848/49, in der um die Unabhängigkeit von den Habsburgern gekämpft wurde, führende Positionen innegehabt. Doch die Revolution scheiterte und Batthyány wurde 1849 von den Habsburgern hingerichtet; Kossuth ging ins Exil, 1894 starb er in Turin; Deák verhandelte 1866/67 den Ausgleich mit Österreich. Ihre riesigen Grabstätten waren politische Demonstrationen gegenüber dem weiterhin herrschenden Haus Habsburg.

Who's Who der Kultur

An der markanten Arkadenreihe, vom Eingang gesehen geradeaus, beginnen die »Künstlerparzellen«. Die Grabinschriften lesen sich wie ein Who's Who der ungarischen Kulturszene des späten 19. und frühen 20. Jh.; zudem sind viele der Gräber wahre Kunstwerke, geschaffen von gefragten Bildhauern, darunter Alajos Stróbl und Zsigmond Kisfaludi Strobl.

Bemerkenswert ist die herrliche Jugendstilkuppel am Ende der Arkaden, die Aladár Körösfői-Kriesch geschaffen hat. Gleich dahinter stehen die Grabmonumente von Endre Ady, neben Attila József (s. u.) der wichtigste ungarische Lyriker des 20. Jh., sowie des Schriftstellers Mór Jókai und der Sängerin Lujza Blaha, die als ›Nachtigall der Nation‹ gefeiert wurde.

Links vom Hauptgang liegen u. a. die Maler Mihály Munkácsy und Tivadar Csontváry Kosztka (s. S. 124), die Schriftsteller Dezső Kosztolányi und Gyula Krúdy sowie der Architekt Miklós Ybl. Weitere bekannte Persönlichkeiten, die hier beerdigt wurden, sind Ignác Semmelweis, der durch seinen Kampf gegen das Kindbettfieber zum ›Retter der Mütter‹ wurde, sowie der Konditormeister Emile Gerbeaud (s. S. 171).

Das Grab des Dichters Attila József (1905–1937; s. S. 200) rechts vom Hauptgang ist wie ein Ausrufezeichen angeordnet. Auf der modernen Metallplatte ist Józsefs Gedicht »Nun fand ich Heimat, endlich ...« zu lesen. In der letzten Strophe heißt es beziehungsreich: »Schön sind der Frühling und der Sommer, aber schöner ist der Herbst und am schönsten ist der Winter«.

Kommunistische Propaganda

Nach 1945 wurde die ›bürgerliche‹ Friedhofskultur von einer kommunistischen abgelöst. Kernstück waren links vom Haupteingang die Parzellen für im Krieg gefallene Sowjetsoldaten sowie regimetreue Kämpfer, die während der Revolution von 1956 starben. Rechts vom Haupteingang ist das klobige »Pantheon der Arbeiterbewegung« ein weiteres kommunistisches Denkmal. In unmittelbarer Nachbarschaft liegt der 1989 verstorbene langjährige kommunistische Parteichef János Kádár begraben.

Neueren Datums ist auf Parzelle 28 das frei stehende Grab des ersten demokratisch gewählten Ministerpräsidenten József Antall, der im Jahr 1993 starb.

Das letzte Geleit – ein ungewöhnliches Museum

Museen zur Beerdigungs- und Trauerkultur sind rar, auch deshalb lohnt das kleine **Museum der Pietät (Kegyeleti Múzeum)** im Bürogebäude schräg rechts vom Eingang zum Friedhof einen Besuch. Hier sind Leichenkutschen, seltene Grabhölzer aus Siebenbürgen sowie historische Särge aus Vác (s. S. 282) ausgestellt. Interessant sind auch die alten Fotos von Großbeerdigungen der letzten 100 Jahre, darunter die Begräbnisse von Mihály Munkácsy, Ödön Lechner, János Kádár und die erneute Beisetzung von Imre Nagy.

Unvergessen: die Opfer der Revolution von 1956

Vom Blaha Lujza tér und vom Kerepesi-Friedhof (Haltestelle Salgótarjáni út) rumpeln die Straßenbahnen der Linien 28 und 37 in den Vorort Rákoskeresztúr. Im Gefängnis neben dem **Neuen Zentralfriedhof (Új köztemető)** 18 an der Kozma utca wurden 1958 Imre Nagy (s. S. 88) und seine engsten Mitstreiter hingerichtet. Man verscharrte sie anonym zusammen mit den anderen erschossenen oder hingerichteten Aufständischen in der äußersten Ecke des Friedhofs auf den Parzellen 300 und 301. Das kommunistische Regime wollte jede Erinnerung an sie auslöschen. Das Vorhaben schlug jedoch fehl: 1989 wurden die Leichen exhumiert, feierlich neu beigesetzt und die Parzellen in eine nationale Gedenkstätte umgewandelt. Auf Parzelle 300 schuf Miklós Jovánovics das »Denkmal zur Erinnerung an die Märtyrer von 1956«. Die zentrale Säule soll genau 1956 mm hoch sein. Das Grab von Ministerpräsident Imre Nagy fällt sehr schlicht aus – kein Vergleich zu den riesigen Mausoleen auf dem Kerepesi-Friedhof. Auf der Parzelle 298 sind weitere Opfer des Stalinismus beerdigt. Hölzerne Grabstelen erinnern an die Toten (ausgeschildert ab Eingang, ca. 2 km).

Endlose Namenreihen

Auf dem benachbarten **Jüdischen Friedhof (Izraelita temető)** 19 steht das Holocaust-Mahnmal im Vordergrund. Hier sind Zehntausende von Opfern namentlich vermerkt, die von den Nazis 1944/45 verschleppt und getötet wurden. Die Namen reihen sich endlos aneinander und zeigen auf erschütternde Weise, wie groß das Ausmaß des Massenmordes an den jüdischen Ungarn war. Die großen Familiengruften im Eingangsbereich dokumentieren dagegen die hohe soziale Stellung vieler jüdischer Budapester in der Zeit der vorletzten Jahrhundertwende. Besonders hervorzuheben ist das kunstvolle Grabmal der Familie Schmidl, das 1902/03 von Ödön Lechner und Béla Lajta entworfen wurde.

Erzsébetváros). Luxuriöse Hotels, fesche Cafés und Paläste sowie großbürgerliche Häuser säumen die Straße. Im Erdgeschoss und in den Innenhöfen gibt es Geschäfte aller Art.

Café New York 2

Erzsébet körút 9–11, www.newyorkcafe.hu, tgl. 9–24 Uhr, Abb. s. S. 245

Gleich zu Beginn wartet ein architektonisches Highlight: der altehrwürdige **New York Palace** mit dem **Café New York**. In mühevoller Kleinarbeit wurden die barock angehauchten Deckenfresken wiederhergestellt, auch die markant geschwungenen Säulen sind zurückgekehrt. Der unvorbereitete Besucher wird von der palastartigen Pracht geradezu überwältigt. Das von Alajos Hauszmann 1891–94 für eine amerikanische Versicherung erbaute Haus beherbergt nach jahrelanger Renovierung seit 2006 ein italienisch geführtes Luxushotel.

Trotz der gelungenen Renovierung spürt man von den alten Tagen des einst berühmten Literatencafés nicht mehr viel. Zu Anfang des 20. Jh. fühlten sich hier nämlich Schriftsteller und Künstler wie zu Hause. Auch international war das New York sehr bekannt. Thomas Mann, Josephine Baker und Johann Strauß gehörten zu den Gästen. Hier wurde diskutiert und geschrieben – manche Schriftsteller betrachteten das Café als ihr Wohnzimmer und ließen sich ihre Post hierherkommen. Die Kellner hatten für ihre finanzschwachen Stammkunden auch schon mal einen »verlängerten Kaffee« parat und bei der Eröffnung soll Ferenc Molnár die Schlüssel des Cafés in die Donau geworfen haben, damit das New York niemals schließe.

Mit dem Zweiten Weltkrieg endete diese Glanzzeit. Unter den Kommunisten öffnete das Café 1954 wieder als Hungária, 1990 erfolgte die Rückbenennung. Die letzten Schriftsteller zogen 2001 aus.

Corinthia Grand Hotel Royal 20

Und weiter geht es über den Großen Ring durch die Elisabethstadt, inmitten des hauptstädtischen Treibens. Zwischen Dob utca und Király utca wurde das Traditionshotel Royal 2002 zum **Corinthia Grand Hotel Royal** mit fünf Sternen umgebaut (s. S. 28). Es nimmt einen Gutteil des Häuserblocks ein.

Das palastartige Original öffnete 1896 nach Plänen von Rezső Ray für die Millenniumsausstellung seine Pforten und wurde schnell zu einer Visitenkarte der Stadt. Der Ballsaal war ein Mittelpunkt des gesellschaftlichen Lebens. Schon Bartók gab hier auf dem Klavier sein Können zum Besten. Leicht dekadent wirkt die luxuriöse Royal Spa, die älter als das Hotel ist und später an dieses angeschlossen wurde.

Bei der Renovierung wurden die beiden Innenhöfe überdacht. Das exzellente **Bock Bisztró** 3 und das **Royal Kávéház Szamos Marcipán Cukrászda** 4 laden zu einer Pause ein.

Theresienstadt

Die Király utca markiert den Übergang in den VI. Bezirk, die **Theresienstadt** (Terézváros). Von hier an heißt der Große Ring deshalb Teréz körút. Einst war die Király utca die Hauptverbindung zwischen Innenstadt und Stadtwäldchen, heute gelangt man stadteinwärts sofort zur großartigen **Franz-Liszt-Musikakademie** 21 (s. S. 220) sowie zum quirligen Café-Platz **Liszt Ferenc tér** 9. Zur Rechten führt die Szófia utca rasch vom Großen Ring zur kleinen Markthalle am Hunyadi tér.

Der Westbahnhof wurde Ende des 19. Jh. vom Architekturbüro Gustave Eiffels gebaut

Oktogon 22 und Teréz körút

Am verkehrsreichen **Oktogon** überquert der Große Ring den Prachtboulevard Andrássy út (s. S. 214). Wer im folgenden Abschnitt nicht dem Teréz körút bis zum Westbahnhof folgen will, kann die linke Parallelstraße Jókai utca wählen. In der ruhigen Seitenstraße stößt man auf nette Cafés und Restaurants (s. Tipp unten).

Westbahnhof 23

Am Nyugati tér treffen recht unvermittelt drei architektonische Zeitalter der Stadt aufeinander. Höhepunkt ist eindeutig der **Westbahnhof (Nyugati pályaudvar)**. Er wurde 1874–77 vom Architekturbüro Gustave Eiffels gebaut und beeindruckt durch seine große Glasfassade und die Stahlkonstruktion im Inneren. Dort prangt auf der linken Seite über einem geschlossenen Eingang die lateinische Inschrift »Viribus Unitis« (Durch Einheit stark). Das Motto der Habsburger weist darauf hin, dass dies einst der königliche Wartesaal war. Vom Westbahnhof verkehren übrigens die Nahverkehrszüge zum Eisenbahnhistorischen Park (s. S. 230) sowie nach Vác und Zebegény ins Donauknie (s. S. 278). Der Platz vor dem Bahnhof wurde durch die Hochstraße über den Ring leider ziemlich verschandelt. Zur Rechten öffnet sich das postmoderne **Westend City Center** 3. Mit mehreren Cafés und Restaurants sowie einem Multiplexkino bietet es die typische Palette für hiesige Einkaufscenter.

Zur Margaretenbrücke

Szent István körút

Westlich des Nyugati tér erstreckt sich zwischen der **Leopoldstadt (Lipótváros)** links und der **Neuen Leopoldstadt (Újlipótváros)** rechts der letzte Abschnitt des Rings, der **Szent István körút**. Noch einmal präsentiert die

Ringstraße ihre bauliche Eleganz. Dieser Abschnitt des Boulevards wurde relativ spät an der Wende zum 20. Jh. erbaut, sodass sich in den umliegenden Straßen deutlich Jugenstileinflüsse bemerkbar machen. Auch kommt der ganze großbürgerliche Glanz der Gründerzeit deutlich zum Vorschein. **Haus Nr. 16** ist eines der schönsten Wohnhäuser am gesamten Boulevard. Deckenfresken schmücken den Tordurchgang, im Innenhof steht ein Brunnen und auf vier Etagen wurden umlaufende Balustraden angebracht.

Lustspieltheater 24

Das bedeutendste Gebäude am Szent István körút ist jedoch das benachbarte **Lustspieltheater (Vígszínház)** in Nr. 14. Es wurde 1895/96 vom Architektenbüro Fellner & Helmer errichtet. Im Vígszínház nahmen berühmte Karrieren ihren Anfang. Operettenkönig Imre Kálmán (»Die Csárdásfürstin«, »Gräfin Mariza«) war hier eine Zeitlang tätig, und auch Ferenc Molnár (»Liliom«) feierte auf dieser Bühne große Erfolge. In diesem Bereich laden Cafés und Schnellrestaurants zu einer Pause ein (s. S. 252). Ein Stückchen weiter zweigt die Kunstmeile **Falk Miksa utca** 4 (s. Entdeckungstour S. 204) ab.

Neue Leopoldstadt

Zu Beginn des 20. Jh. begann der rasante Ausbau der **Neuen Leopoldstadt (Újlipótváros)**. Heute finden sich in dem angenehm ruhigen Wohnviertel im XIII. Bezirk nette kleine Cafés und Restaurants. Neben dem Lustspieltheater sind auch der **Budapest Jazz Club** 12 sowie die Showbühne **RaM Colosseum** 13 der Tanzgruppe ExperiDance angesagte Adressen für ein musikalisches Abendprogramm. Auf Touristen trifft man in der Újlipótváros selten. Der kleine Abstecher führt vom Großen Ring durch die Tátra utca nach Norden. Die ansehnlichen Wohnblöcke zeugen vom Aufbruchsgeist vor dem Ersten Weltkrieg. Jenseits der Radnóti utca wandelt sich das Straßenbild und Häuser aus der Zwischenkriegszeit dominieren. Der Name des Ende 1944 ermordeten jüdischen Schriftstellers Miklós Radnóti erinnert daran, dass im Winter 1944/45 Tausende Juden hier im sog. Internationalen Ghetto auf ihre Rettung hofften. Zu den Überlebenden in der Újlipótváros zählte auch der Schriftsteller György Konrád, der den Winter in seinem Buch ›Glück‹ (s. S. 20) eindrücklich schildert. Nur dem unermüdlichen Einsatz von Helfern wie Raoul Wal-

Mein Tipp

Bio, Tee und Sushi

Parallel zum Teréz körút verläuft zwischen Andrássy út und Westbahnhof die Jókai utca. Während auf dem Großen Ring das hektische Großstadtleben pulsiert, geht es hier ziemlich ruhig zu. Was die Gasse so attraktiv macht, ist die große Dichte an Cafés, Teehäusern und Restaurants. Einige Ecken weiter bietet das vegetarische Café **Napos Oldal** 5 leckere Salate, auch Kuchen und Kaffee sowie einen Bioladen. Ganz im Zeichen exotischer Teesorten steht das **Teehaus Zöld (Zöld Teknős Barlangja)** 6. Von dort sind es nur wenige Schritte zum japanischen Restaurant **Wasabi** 7, wo die Delikatessen über zwei Laufbänder ständig nachgeliefert werden (Adressen und Öffnungszeiten: s. S. 42, 40).

Mein Tipp

Donautour per Linienschiff
Gemütlich schippern die kleinen weißen Linienschiffe in regelmäßigen Abständen über die Donau. Sie bieten die perfekte Möglichkeit, das einmalige Welterbe-Flusspanorama vom Strom aus zu genießen. Eine Fahrt auf der Donau gehört zum Budapest-Besuch einfach dazu.
Der Anleger Jászai Mari tér an der Nordseite der Margaretenbrücke ist der ideale Zustiegspunkt für eine Fahrt donauabwärts zum Boráros tér an der Petőfibrücke. Im Winter alle 60 Min., im Sommer ein- bis zweimal stündlich legen die Linien D 11, 12 und 13 auf der knapp 40-minütigen Fahrt unterwegs am Batthyány tér, am Kossuth Lajos tér (Parlament; s. S. 200), am Várkert Bazár (s. S. 156), am Petőfi tér (Innenstadt) und am Szent Gellért tér (s. S. 161) an. Die Margareteninsel wird allerdings nur an Sommerwochenden von der Linie D 13 angesteuert. Für Gäste mit der Budapest Card sowie EU-Bürger und Schweizer ab 65 (Ausweis vorzeigen!) ist die Fahrt frei, für Besitzer von BKK-Zeitkarten (also auch z. B. 24-/72-Stunden-Ticket) ist die Fahrt Mo–Fr frei. Ansonsten ist ein Einzelticket von 750 HUF erforderlich, das an Bord erworben werden kann (aktuelle Fahrplaninfos: www.bkk.hu) – Leinen los!

lenberg und Carl Lutz sowie dem Vorrücken der Roten Armee war es zu verdanken, dass es viele Überlebende gab. Raoul Wallenberg wird im kleinen **Szent-István-Park** 25 geehrt. Auch dem Philosophen György Lukács (1885–1971) ist ein Denkmal gewidmet. Vom Park gleitet der Blick über die Donau und die Margareteninsel hinweg in die Budaer Berge. Am Rande des Parks ist das **Dunapark** 13 ein sehr nettes Café für eine Pause.

Für den Rückweg nimmt man den O-Bus 75 und 76. Oder man geht frisch gestärkt durch die Pozsonyi út an den stattlichen Wohnblocks vorbei zum Großen Ring am Jászai Mari tér.

Jászai Mari tér 26
Der Große Ring endet am Jászai Mari tér vor der Margaretenbrücke. Wer nicht mit der Tram 2 zurück in die Pester Innenstadt will, kommt über die Brücke schnell zur Margareteninsel (s. S. 256) hinüber, der grünen Lunge Budapests. Der Jászai Mari tér ist aber auch der ideale Startpunkt für eine Donautour per Linienschiff (s. Mein Tipp oben).

Essen & Trinken

Pizza in der Markthalle – **Oinos** 1: VIII., Rákóczi tér 7, Tel. (06) 70 770 98 03, www.oinos.hu, Metro 4, Tram 4, 6 Rákóczi tér, So–Do 11–24, Fr–Sa 11–1 Uhr, Hauptgerichte 1500–5500 HUF, günstige Mittags-Pizzen. In einer Ecke der Markthalle mit schönem Blick auf den Platz bietet das moderne Weinbistro rund 70 ungarische Weine. Dazu gibt es Pizzen, Salate sowie Pasta und Risotto – ein kulinarischer Lichtblick am Rákóczi tér.

Belle Époque – **Café New York** 2: s. S. 41.

Fein mit Wein – **Bock Bisztró** 3: s. S. 36.

Süßes zum Kaffee – **Royal Kávéház Szamos Marcipán Cukrászda** 4: VII., Erzsébet körút 43–49, Tel. 413 79 68, www.szamosmarcipan.hu, Tram 4, 6 Király utca, tgl. 9–20 Uhr. Im eleganten Hotel Royal bietet das nette Café alle Leckereien der Konditorei Szamos. Drinnen klimatisiert, sitzt man draußen mitten im regen Treiben.
Alles bio – **Napos Oldal** 5: VI., Jókai utca 7–8, Tel. 354 00 48, www.napos oldal.com, Metro 1, Tram 4, 6 Oktogon, Mo–Fr 10–20, Sa 10–14 Uhr, s. S. 251.
Paradies für Teeliebhaber – **Zöld Teknős Barlangja** 6: s. S. 42.
Sushi vom Band – **Wasabi** 7: s. S. 40.
Exotisches vom Subkontinent – **Taj Mahal** 8: s. S. 40.
Hell und gemütlich – **Kino** 9: XIII., Szent István körút 16, Tel. 950 68 46, Tram 2, 4, 6 Jászai Mari tér, tgl. 9–23 Uhr. Sehr nettes und helles Café in einem ehemaligen Kino direkt am Großen Ring. Sandwiches, Salate und Kuchen stillen den kleinen Hunger.
Döner & Co. – **Szeráj** 10: V., Szent István körút 13, Tel. 311 66 90, Tram 2, 4, 6 Jászai Mari tér, tgl. 9–4 Uhr, Speisen ca. 650–1500 HUF. Die Öffnungszeiten sorgen Sa und So bis tief in die Nacht für reichlich Gedränge. Günstige und leckere türkische Spezialitäten.
Großstadtflair – **Európa Kávéház** 11: s. S. 205.
Vegetarisch – **Hummus Bar** 12: XIII., Hollán Ernő utca 6, Tel. (06) 70 932 80 15, www.hummusbar.hu, Tram 2, 4, 6 Jászai Mari tér, Mo–Fr 10–22, Sa–So 12–22 Uhr, Speisen ca. 600–1500 HUF. Vegetarischer Schnellimbiss in einer ruhigen Seitengasse des Großen Rings. Geboten werden Falafel, Kichererbsenpüree (Hummus) und Salate.
Stilvoll und bequem – **Dunapark** 13: XIII., Pozsonyi út 38, Tel. 786 10 09, www.dunaparkkavehaz.com, O-Bus 75, 76 Szent István park, Mo–Fr 11.30–23, Sa–So 10–23 Uhr, Hauptgerichte 1500–5000 HUF. Bei der Eröffnung 1938 handelte es sich um das modernste Café Budapests. Hinter großen Fenstern sitzt man auf Ledermöbeln; im Sommer auf der Terrasse.

Einkaufen

Stöbern – **Ecseri-Flohmarkt** 1: s. S. 46.
Markthalle am Großen Ring – **Rákóczi-tér-Markthalle** 2: s. S. 244.
Einkaufszentrum – **Westend City Center** 3: s. S. 45.
Galerien & Antiquitäten – **Falk Miksa utca** 4: s. S. 204.

Aktiv

Kletterpark – **Orczy Kalandpark** 1: s. S. 244.

Abends & Nachts

Theater & Tanz – **Nationaltheater** 5: s. S. 54.
Jazz bei Goethe – **Café Jedermann** 1: s. S. 51.
Open-Air-Bühne – **Budapest Park** 2: s. S. 53.
Alternative Bühne – **Trafó** 3: s. S. 54.
Kino – **Corvin Mozi** 4: s. S. 51.
Ableger der Staatsoper – **Erkel Színház** 5: s. S. 244.
Mit Dachterrasse – **Corvintető** 6: s. S. 50.
Live – **Old Man's Music Pub** 7: s. S. 54.
Coole Ruinenkneipe – **Fogasház és kert** 8: s. S. 52.
Lauschiger Szeneplatz – **Liszt Ferenc tér** 9: s. S. 220.
Alternativ – **Pótkulcs** 10: s. S. 52.
Kneipe & Disco – **Morrison's 2** 11: s. S. 50.
Jazz im Kino – **Budapest Jazz Club** 12: s. S. 50
Tanztheater – **RaM Colosseum** 13: s. S. 50.

Das Beste auf einen Blick

Margareteninsel und Óbuda

Highlight!

Margareteninsel: Die grüne Parkoase mitten im Strom ist ein wahres Juwel der Hauptstadt. Hierhin kommen die gestressten Hauptstädter und erkundungsfreudige Touristen gleichermaßen, um einmal richtig durchzuatmen. In den weitläufigen Parkanlagen vergisst man das Treiben der Großstadt komplett. Zugleich ist die Margareteninsel der ideale Ort für Aktivurlauber. S. 256

Kultur & Sehenswertes

Vasarely-Museum: Dem Meister der Op-Art ist im Zichy-Palais ein umfangreiches Museum gewidmet. 12 S. 260

Imre-Varga-Sammlung: Die Sammlung gibt einen kleinen Einblick in das Werk des bekanntesten zeitgenössischen Bildhauers des Landes. 14 S. 262

Aquincum-Museum: Unter Kaiser Hadrian wurde Aquincum zur römischen Provinzhauptstadt. In Óbuda sind zahlreiche Reste der Zivil- und Militärsiedlung erhalten. 22 S. 264

Aktiv unterwegs

Radeln, Joggen, Schwimmen: Die Margareteninsel ist für Aktiverholung bestens geeignet. Radler können eine Inselrunde drehen oder zur Donaupromenade in Buda fahren. Auch Jogger und Schwimmer finden reichlich Betätigung. 1 2 S. 258

Genießen & Atmosphäre

Kéhli Vendéglő: Inmitten der Plattenbauten von Óbuda ein gastronomischer Lichtblick – das Restaurant wirkt wie ein traditioneller Landgasthof. 1 S. 38, 265

Abends & Nachts

Holdudvar: An warmen Sommerabenden ist der Biergarten eine der besten Nightlife-Adressen. An der Südseite der Margareteninsel gibt es weitere Biergärten. 1 S. 49, 257

Sziget Festival: Wenn im Sommer auf der ›Insel‹ in Óbuda die Boxen aufgedreht werden, ist an Nachtruhe nicht zu denken. Mitteleuropas größtes Open-Air-Festival zieht jedes Jahr Zehntausende junger Leute an. S. 55, 260

Margareteninsel !

Grüne Parklandschaften, eindrucksvolle Schwimmbäder, elegante Thermalhotels, angesagte Biergärten und Überreste mittelalterlicher Bebauung – die fast autofreie **Margareteninsel (Margitsziget)** ist Budapests grüne Lunge und Freizeitinsel. Wo einst Herzöge residierten, vergnügt sich heute die Bevölkerung der Hauptstadt. Der Schriftsteller Mór Jókai sah 1893 in der Margareteninsel den »Feengarten« der wachsenden Metropole, ja sogar »ein Stück Paradies«. Schon damals war das Eiland mit Sicherheit der schönste Park Budapests. Die Wiesen laden zum Picknicken, Sonnenbaden oder Ballspielen ein, Jogger drehen hier ihre Runden, und an warmen Sommerabenden sind die Biergärten im südlichen Teil der Insel bis spät in die Nacht brechend voll.

Infobox

Reisekarte: ▶ Karte 2

Rundgang Margareteninsel
Startpunkt ist die Margaretenbrücke an der Südspitze der Insel. Der Rundgang folgt den autofreien Spazierwegen und dauert ca. 1–2 Stunden.
Essen/Trinken: Restaurants sind auf der Margareteninsel Mangelware, dafür gibt es zahlreiche schlichte Ausflugsimbisse und im Sommer im Südteil eine Reihe von Biergärten.

Verkehrsmittel
Tram 4 und 6 halten auf der Margaretenbrücke, Bus 26 fährt vom Westbahnhof und der Margaretenbrücke über die gesamte Insel. Im Sommer verkehrt Bus 226 an Wochenenden vom Westbahnhof via Margareteninsel nach Óbuda. An Sommerwochenenden steuert Linienschiff D 13 die Insel an.

Geschichte

Die Geschichte der Donauinsel beginnt unter dem Namen ›Haseninsel‹ als Jagdrevier der ungarischen Könige. Für den Fall seines Sieges über die Tataren hatte König Béla IV. 1242 versprochen, seine kleine Tochter Margarete als Nonne ins Kloster zu schicken. So gelangte sie zu den Dominikanerinnen auf die Insel, die Béla nach dem Abzug der asiatischen Reiterscharen zu einem großen Teil den Ordensschwestern als Schenkung überlassen hatte. Margarete starb dort 1271 und wurde schon bald darauf selig gesprochen. Später rankten sich zahlreiche Legenden um sie, und im Laufe der Zeit setzte sich der Name Margareteninsel durch. 1943 wurde Margarete heilig gesprochen.

Die Türken nutzten die Margareteninsel angeblich für ihre Haremsdamen, bevor sie Ende des 17. Jh. an die österreichischen Statthalter *(Palatine)* fiel. Diese ließen die Insel zum Erholungsgebiet umgestalten. In der zweiten Hälfte des 19. Jh. erschloss man dazu die Thermalquellen im Nordteil.

Im Jahr 1900 wurde die Margareteninsel mit der neuen Margaretenbrücke und der damaligen ›Kleinen Insel‹ bzw. ›Malerinsel‹ verbunden. So wuchs die Margareteninsel auf ihre heutige Länge von 2,5 km und eine Breite von bis zu 500 m an.

Margaretenbrücke und Südspitze

Am einfachsten gelangt man mit der Tram 4 oder 6 über die Margareten-

Margareteninsel

Sehenswert
- 1 Zentenariums-denkmal
- 2 Musik Spring-brunnen
- 3 Rosengarten
- 4 Tiergehege
- 5 Dominikanerinnen-Kloster
- 6 Wasserturm
- 7 St. Michaelskapelle
- 8 Danubius Grand Hotel Margitsziget
- 9 Danubius Health Spa Resort Margit-sziget
- 10 Japanischer Garten
- 11 Spielbrunnen
- 12 – 23 s. Karte S. 261

Aktiv
- 1 Bringóvár (Radverleih)
- 2 Palatinus-Freibad
- 3 s. Karte S. 261

Abends & Nachts
- 1 Holdudvar

brücke zur Südspitze der Insel. Von der Brücke bietet sich ein herrlicher Panoramablick stromabwärts. Genau im Brückenknick wurde eine Kopie der Stephanskrone auf der Brüstung platziert.

Geht man über die Zufahrtsstraße auf die Margareteninsel trifft man als Erstes auf das **Zentenariumsdenkmal (Centenáriumi Emlékmű)** 1 von István Kiss. Es erinnert an die Vereinigung der Städte Pest, Buda und Óbuda im Jahre 1873.

Während sich links diverse Sportanlagen erstrecken, zieht geradeaus der große **Musik-Springbrunnen (Zenelő-Szökőkút)** 2 von April bis Oktober immer zur vollen Stunde die Blicke auf sich. Dann schießen kunstvoll arrangierte Wasserfontänen zu Melodien von Vivaldi bis zu den Stones elegant in die Höhe – ein kleines Schauspiel! Ein Stückchen weiter befindet sich der populäre Biergarten **Holdudvar** 1.

Inselmitte

Vom schönen **Rosengarten (Rózsakert)** 3 im zentralen Teil der Insel gelangt man rechts zu einem kleinen **Tiergehege (Vadaskert)** 4.

Einblicke in die Geschichte gewähren die Überreste des **Dominikanerinnen-Klosters (Domonkos kolostor)** 5. Eine Grabplatte erinnert an die Königstochter Margarete. Bei Ausgrabungen im 19. Jh. fand man u. a. das Grab ihres Bruders, der als König Stephan V. von 1270 bis 1272 Ungarn regierte. Neben dem Ausgrabungsgebiet beginnt die sogenannte **Künstlerpromenade**. Auf einem weiten Areal verstreut sind unter den Bäumen die Büsten ungarischer Schriftsteller, Architekten und Künstler ausgestellt, darunter Bartók, Liszt, Ady und Petőfi.

Wasserturm 6

Margitsziget, Juni–Okt. tgl. 10–20 Uhr, www.szabadter.hu, Eintritt 600 HUF, erm. 300 HUF

Unübersehbar erhebt sich in der Mitte der Insel der 1911 erbaute 57 m hohe **Wasserturm (Víztorony).** Im Sommer kann der Turm bestiegen werden, um die Aussicht zu genießen. Zum Areal gehört eine große Sommer-Freilicht-bühne, die für Konzerte und Opern genutzt wird.

St. Michaelskapelle 7

Ein Stückchen weiter Richtung Norden gehörte die **St.-Michaelskapelle (Szent Mihály kápolna)** zum Prämonstratenser-Kloster. Die Kapelle, in deren Turm die älteste Kirchenglocke Ungarns (15. Jh.) hängt, wurde 1931 im romanischen Stil rekonstruiert.

Thermalhotels

Das altehrwürdige **Danubius Grand Hotel Margitsziget** 8 (entstand 1873 nach Entwürfen von Miklós Ybl und galt mit seinen Heilquellen als eines der besten Kurhotels der Stadt. Auch die intellektuelle Elite, die Schriftsteller Sándor Márai und Gyula Krúdy etwa, war hier gern zu Gast.

Das moderne **Danubius Health Spa Resort Margitsziget** 9 (s. S. 29) verfügt selbstverständlich über eine Kurabteilung.

Japanischer Garten 10

Idyllisch ist der Japanische Garten von 1936 im nördlichen Inselzipfel (s. Lieblingsort S. 259). Zum Garten gehört auch der **Spielbrunnen (Zenélőkút)** 11, wo unter dem achtsamen Auge Neptuns regelmäßig zur vollen Stunde Musik erklingt.

Radeln und Joggen auf der Insel

An sonnigen Tagen ist die Margareteninsel absolut ideal für eine kleine Radtour, eine Jogging-Runde auf der Donaupromenade oder eine Tour auf einer urigen Tretkutsche *(bringóhintó)*. Für Jogger wurde auf der Donau-Promenade ein rund 5 km langer, nun intensiv genutzter Hartgummi-Rundkurs eingerichtet.

Räder und Tretkutschen kann man an mehreren Stellen ausleihen, etwa bei **Bringóvár** 1 am Japanischen Garten 10. Eine Umrundung der Insel beträgt auch hier ca. 5 km, es gibt aber auch viele Querwege.

Wer auf dem Rad mehr sehen möchte, dem sei ein Abstecher über die Margaretenbrücke zum Donau-Radweg am Budaer Donauufer empfohlen (s. Tipp S. 154). Über die Árpádbrücke lässt sich zudem rasch Óbuda erreichen (s. S. 260).

Palatinus-Freibad 2

Margitsziget, Mai–Aug. Mo–Do 9–19, Fr–So 9–20 Uhr, www.spasbudapest.com, Tageskarte 2400–2800 HUF

Vom Japanischen Garten geht es über die Árpádbrücke entweder weiter nach **Óbuda** oder über die westliche Inselpromenade zurück zum Ausgangspunkt. An einem heißen Sommertag bietet sich z. B. ein Sprung in die kühlenden Fluten des **Palatinus-Freibads (Palatinus Strandfürdő)** an. In dem familienfreundlichen Bad gibt es zwei Thermalbecken, ein Wellenbad, Spaßrutschen, Kinderbecken sowie weitläufige Liegeflächen.

Essen & Trinken

Im Park gibt es zahlreiche Imbissstände für den kleinen Hunger.

Aktiv

Radverleih – **Bringóvár** 1: s. S. 26, auch Tretkutschen und Inliner.
Baden – **Palatinus-Freibad** 2: s. o.

Abends & Nachts

Biergarten – **Holdudvar** 1: S. 49.

Lieblingsort

Oase der Stille
Kleine Felsengärten und malerische Tümpel laden im **Japanischen Garten (Japánkert)** 10 zum Verweilen ein. Das heiße Wasser strömt aus den Thermalquellen unterhalb der Insel empor – im größten Teich tummeln sich sogar einige Schildkröten. Der kleine Wasserfall stürzte Ende des 19. Jh. noch direkt in die Donau hinunter, bis man das Westufer der Insel verlegte.

Óbuda

Die Keimzelle Budapests liegt in **Óbuda (Alt-Buda).** Römische Statthalter, ungarische Könige und Fürsten hatten hier das Sagen. Heute wirken die bedeutenden römischen Ruinen und die barocken Gebäude zwischen den Plattenbausiedlungen zwar etwas verloren, doch wer sich für das römische Erbe sowie für ansprechende Museen interessiert, für den ist der Besuch von Óbuda ein Muss.

Infobox

Reisekarte: ▶ Karte 2

Rundgang durch Óbuda
Startpunkt ist der Szentlélek tér an der Auffahrt zur Árpád-Brücke. Für das barocke Zentrum rund um den Fő tér benötigt man inkl. Besichtigungen ca. 2–3 Stunden, inkl. der Sehenswürdigkeiten in den Außenbereichen sollte man einen halben Tag einrechnen.
Essen/Trinken: Im Zentrum gibt es nur ein paar Traditionsrestaurants, außerhalb ist Selbstverpflegung ratsam.

Verkehrsmittel
Am Szentlélek tér hält neben Tram 1 auch die grüne Vorortbahn HÉV 5 (Haltestelle »Szentlélek tér«). Die HÉV fährt vom Batthyány tér über Óbuda und Aquincum nach Szentendre (s. S. 273). Vom Szentlélek tér verkehren Bus 32, 106 und 134 bis Záhony utca (Aquincum-Museum). Die Busse 9 und 86 fahren von der Margaretenbrücke zum Flórián tér in Óbuda. An Sommerwochenenden verbindet Bus 226 den Westbahnhof via Margareteninsel mit Óbuda.

Schon die Kelten schufen hier eine Siedlung, die sie »Ak ink« (wasserreich) nannten. Die Römer erbauten in der Nähe ihr Grenzkastell Aquincum für 6000 Legionäre, das bald von einer Zivilstadt ergänzt wurde und zu Beginn des 2. Jh. zur Provinzhauptstadt aufstieg. 60 000 Einwohner lebten zur römischen Blütezeit in der Donaustadt. Der Statthalter residierte in Aquincum in seinem Palast. Zwei Amphitheater sorgten für das Vergnügen der Bevölkerung, große Bäder für Entspannung und Hygiene. Dazu kamen Tempel, eine Hafenanlage, Legionärsunterkünfte, Gaststätten und vieles mehr. Nach dem Abzug der Römer im 5. Jh. verfiel die Stadt und im Mittelalter überflügelten Pest und das neue Buda die Restsiedlung. Im 18. Jh. wurden die Grafen Zichy zu Feudalherren, Óbuda zu einer Kleinstadt. 1873 wurde Óbuda dann zum III. Bezirk der neuen Hauptstadt Budapest. Nach dem Zweiten Weltkrieg zerstörten Plattenbauten und die Zufahrt zur Árpádbrücke den Ortskern. Einige römische Reste und barocke Inseln blieben erhalten. Einmal im Jahr bringt das **Sziget Festival** Leben in den Vorort (s. S. 55).

Im Zentrum von Óbuda

Szentlélek tér

Der Umsteigepunkt Szentlélek tér (Heilig-Geist-Platz) auf der Südseite von Schloss Zichy ist der ideale Startpunkt für Óbuda.

Vasarely-Museum 12

Szentlélek tér 6, Di–So 10–17.30 Uhr, www.vasarely.hu, Eintritt 800 HUF, erm. 400 HUF

Óbuda

Sehenswert

1 – 11 s. Karte S. 257
12 Vasarely-Museum
13 Schloss Zichy
14 Imre-Varga-Sammlung
15 Kirche St. Peter und Paul
16 Óbudaer Synagoge
17 Goldberger Textilmuseum
18 Ungarisches Handels- und Tourismusmuseum
19 Kiscelli-Museum
20 Römisches Amphitheater
21 Römisches Badmuseum
22 Aquincum-Museum
23 ›Kleines‹ Amphitheater

Essen & Trinken

1 Kéhli Vendéglő
2 Csalánosi Csárda
3 Nagyi Palacsintázója

Aktiv

1 – 2 s. Karte S. 257
3 Római-Freibad

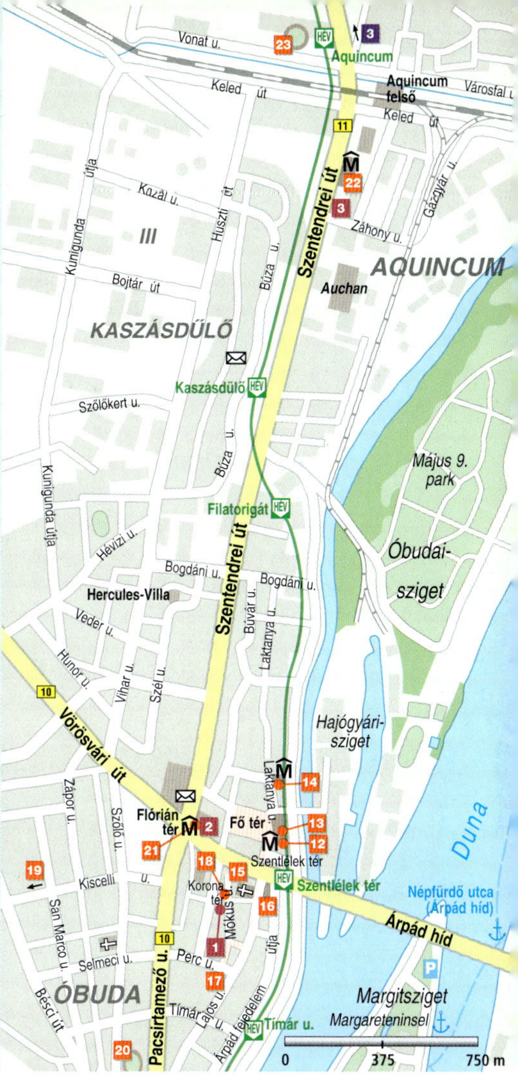

In einem Anbau ist das wichtigste Museum von Schloss Zichy untergebracht: das **Vasarely-Museum**. Victor Vasarely (1908–97) stammte aus Pécs und emigrierte 1930 nach Paris. Der Künstler gilt als Begründer der Op-Art. In dem Museum befinden sich rund 400 Werkevon ihm, die mit dem Auge des Betrachters spielen. Vasarely war ein Meister der optischen Täuschung, seine geometrischen Figuren scheinen immer in Bewegung zu sein.

Schloss Zichy 13

Obudaer Museum: Tel. 250 10 20, www.obudaimuzeum.hu, Di–So

10–18 Uhr, Eintritt 800 HUF, erm. 400 HUF; Kassák-Museum: Tel. 368 70 21, www.kassakmuzeum.hu, Mi–So 10–17 Uhr, Eintritt 600 HUF, erm. 300 HUF

Rund um das zentrale **Schloss Zichy (Zichy kastély)** ist es am Szentlélek tér und am Fő tér gelungen, ein wenig vom alten Charme Óbudas zu erhalten sowie interessante Museen anzusiedeln. Schloss Zichy wurde ab 1746 von Graf Miklós Zichy nach Plänen von Johann Heinrich Jäger im spätbarocken Stil erbaut.

Heute sind im teils renovierten Schloss zwei kleine Ausstellungen untergebracht. Um die Ecke vom Vasarely-Museum behandelt das **Óbudaer Museum** die Lokalgeschichte. Vom Fő tér gelangt man in den Innenhof der Schlossanlage. Im ersten Stock des Hauptgebäudes präsentiert das interessante kleine **Kassák-Museum** Werke des konstruktivistischen Künstlers Lajos Kassák (1887–1967). Die Ausstellungsräumlichkeiten wurden sehr gut renoviert.

Fő tér

Der kopfsteingepflasterte Fő tér (Hauptplatz) hat viel Flair und wirkt wie eine Oase im hektischen Großstadtleben. Der Platz ist das heutige Zentrum von Alt-Buda. Hier befindet sich das alte Rathaus und von hier fuhr einst die Postkutsche nach Wien ab. Im Winter wird gelegentlich eine kleine Eislaufbahn aufgebaut.

Imre-Varga-Sammlung 14

Laktanya utca 7, Di–So 10–16 Uhr, www.budapestgaleria.hu, Eintritt 800 HUF, erm. 400 HUF

Am Durchgang zur idyllischen Laktanya utca stehen mehrere »Wartende mit Schirmen«. Sie sind ein Werk des zeitgenössischen Bildhauers Imre Varga

Worauf warten Imre Vargas »Wartende mit Schirmen« am Beginn der Laktanya utca?

(geb. 1923). Die **Imre-Varga-Sammlung (Varga Imre Gyüjtemény)** in der Laktanya utca 7 zeigt einige seiner Arbeiten, vor allem Kleinplastiken. In Budapest finden sich zahlreiche Werke des bedeutenden Künstlers, beispielsweise das beeindruckende Holocaust-Denkmal an der Großen Synagoge (s. S. 189). In Deutschland war er u. a. in Aachen und Bad Kissingen aktiv. Im Garten von Konrad Adenauers Wohnhaus in Rhöndorf steht eine Doppelskulptur des Kanzlers und des französischen Präsidenten Charles de Gaulle. 2002 erhielt Varga das deutsche Bundesverdienstkreuz.

Kirche St. Peter und Paul 15

Zurück am Szentlélek tér, führt ein Durchgang unter der Brückenzufahrt zur Lajos utca. Die **Kirche St. Peter und Paul** (1744–49), die ebenfalls auf Graf Miklós Zichy zurückgeht, wurde von Johann Georg Paur entworfen. Zusammen mit dem für Budapest so typisch in Gelb gehaltenen Pfarrhaus und dem begrünten Vorplatz ist dies ein idyllischer Ort, der das alte Óbuda beschwört. Das Marien-Altarbild stammt aus der nahe gelegenen Trinitarierkirche von Kiscell.

Óbudaer Synagoge 16

Auf der anderen Seite der Lajos utca liegt die **Synagoge** von Óbuda. Sie wurde im frühen 19. Jh. im klassizistischen Stil erbaut. Damals durfte die jüdische Bevölkerung in Pest und Buda noch keine eigene Synagoge errichten und musste nach Óbuda ausweichen. Nach dem Zweiten Weltkrieg richtete man hier Fernsehstudios ein. Inzwischen gehört die Synagoge wieder der jüdischen Gemeinde.

Goldberger-Textilmuseum 17

Lajos utca 136–138, Di–So 10–18 Uhr, Tel. 250 10 20, www.textilmuzeum.hu, Eintritt 1400 HUF, erm. 700 HUF

In einer ehemaligen Textilfabrik wird die Geschichte der Textilfabrikanten Goldberger nachgezeichnet. Neben einer Einführung in die Blaufärberei werden alte Fotos, ein Webstuhl sowie Mode von Goldberger auf moderne Weise präsentiert. Aufgrund seiner jüdischen Abstammung wurde Firmenchef Leo Goldberger 1944 nach Mauthausen deportiert, wo er wenige Tage vor der Befreiung starb. Nach dem Krieg wurde die Firma verstaatlicht, bevor sie 1997 ganz die Pforten schloss.

Vom Textilmuseum geht es über einen Fußweg an dem guten Traditionslokal **Kéhli Vendéglő** 1 vorbei zu einer kleinen Ansammlung alter Häuschen am Korona tér. Diese letzten Reste des alten kleinstädtischen Óbuda gelten heute etwas großspurig als ›Krúdy-Viertel‹, weil der Schriftsteller Gyula Krúdy (1878–1933) am Korona tér 1 seine letzten Lebensjahre verbrachte. Neben dem Kéhli wurde zudem eine Büste errichtet.

Ungarisches Handels- und Tourismusmuseum 18

Korona tér 1, Di–So 10–18 Uhr, Tel. 375 62 49, www.mkvm.hu, Eintritt 800 HUF, erm. 400 HUF

Das eigentliche **Ungarische Handels- und Tourismusmuseum (Magyar Kereskedelmi és Vendéglátóipari Múzeum)** zeigt in dem schön restaurierten Gebäudeensemble u. a. alte Läden. Innerhalb des Museums aber wurden Krúdys (s. oben) einstige Wohnräume in eine interessante Ausstellung zu seinem Leben umgewandelt. Zu sehen sind u. a. frühere Kaffeehäuser, Bierstuben und Hotels, die er gerne besuchte oder bewohnte. In seinen Werken setzte er dem schillernden Nachtleben der Metropole ein literarisches Denkmal, doch weil Krúdy ein sehr unstetes Leben führte, starb er schließlich völlig verarmt in Óbuda.

Kiscelli-Museum 19
Kiscelli utca 108, April–Okt. Di–So 10–18, sonst Di–So 10–16 Uhr, http://kiscellimuzseum.hu, Eintritt 1000 HUF, erm. 500 HUF
Jenseits der breiten Pacsirtamező utca beginnt die Kiscelli utca. Hinter der Bécsi út führt sie steil bergan zum **Kiscelli-Museum (Kiscelli Múzeum),** eine Außenstelle des Budapester Historischen Museums. Zu den Highlights der Sammlung in dem ehemaligen Kloster gehören die Gemälde des 19./20. Jh. sowie die historischen Druckmaschinen. Auf einer dieser Maschinen wurden die revolutionären Aufrufe 1848 gedruckt. Die beeindruckende Ruine der Klosterkirche bietet eine ideale Ausstellungsfläche für Installationen zeitgenössischer Künstler.

Allein das Gebäudeensemble ist schon sehenswert. Der von drei in gelb gehaltenen Flügeln umrahmte Innenhof verströmt eine fast mediterrane Atmosphäre. Im 18. Jh. hatte der Trinitarierorden auf Einladung der Grafen Zichy das Gebäude als Kloster errichtet. Der Name Kiscell (dt. Klein-Zell, ursprünglich Klein-Mariazell) verweist auf die Verwandtschaft zum österreichischen Wallfahrtsort Mariazell.

Alte Römerstadt

Römisches Amphitheater 20

Nach den Höhepunkten barocker Baukunst in Óbuda führt die Zeitreise nun mehr als 1500 Jahre zurück in die Römerzeit. Die Ruinenreste der großen Stadt Aquincum erstrecken sich praktischerweise entlang der **Pacsirtamező utca** und der **Szentendrei út** in fast einer geraden Linie von Süden nach Norden. Folgt man dieser Linie, erhält man zugleich eine Vorstellung von der einstigen Größe Aquincums.

Ganz im Süden auf der Höhe der **Nagyszombat utca** liegt das große **Amphitheater** der Militärstadt. Es stammt aus dem zweiten nachchristlichen Jahrhundert und fasste ca. 10 000–12 000 Menschen, die das damals übliche Spektakel geboten bekamen: Gladiatoren- und Tierkämpfe, ja sogar Seeschlachten sollen hier aufgeführt worden sein. Später wurde das Theater von den Römern auch zu Verteidigungszwecken benutzt und immer wieder diente es durchziehenden Kriegsscharen als Heerlager.

Römisches Badmuseum 21

Flórian tér, April, Okt. Di–So 10–17, Mai–Sept. Di–So 10–18 Uhr, Eintritt frei
Über die Pacsirtamező utca fährt man am besten mit den Bussen 9 und 86 zum **Flórián tér**. Unter der riesigen Kreuzung finden sich im **Römischen Badmuseum (Fürdő Múzeum)** die interessanten Reste des Großbades der Militärstadt. Schärfer könnte der Kontrast nicht sein: unter den Betonpfeilern der Autostraße die begehbaren Reste der Römerzeit. Wo sich einst die römischen Legionäre entspannten, donnert heute der Vorortverkehr der Metropole.

Aquincum-Museum 22

Szentendrei út 135, April–Okt. Di–So 9–18 Uhr, Nov.–März (nur Ausstellungszentrum) Di–So 10–16 Uhr, www.aquincum.hu, Eintritt: Sommer 1600 HUF, erm. 800 HUF, Winter 1000 HUF, erm. 500 HUF
Mit den Bussen der Linie 34, 106 und 134 geht es an den Resten eines Aquädukts vorbei zum Höhepunkt der römischen Ausgrabungen, dem Herz der Zivilstadt **Aquincum** an der Szentendrei út (Bushaltestelle Záhony utca).

Dieser riesige Ruinengarten zeigt die freigelegten Reste einer Handwerkersiedlung, einer Basilika und einer Markthalle. Daneben gab es Badeeinrichtungen, ein Mithras-Heiligtum, Wohnhäuser sowie einige wenige Bodenmosaike.

Die zivile Bürgerstadt hatte sich nördlich des Militärlagers etabliert. Nach der Teilung der Provinz Pannonien im Jahre 106 n. Chr. wurde Aquincum zur Hauptstadt der Provinz Unterpannonien. Der erste Statthalter gleich war der spätere Kaiser Hadrian, der 120 n. Chr. der Zivilsiedlung den Rang eines Municipiums verlieh. Sie erhielt daraufhin eine Stadtmauer. 194 n. Chr. wurde sie zur Colonia befördert.

Genau 100 Jahre später endete die Blütezeit Aquincums, als die Donauprovinzen erneut geteilt wurden und die Stadt nunmehr zur Provinz Valeria gehörte. Durch seine Lage unmittelbar an der Reichsgrenze kam der Ort als Hauptstadt nicht mehr infrage. Im 5. Jh. rückten schließlich die Hunnen nach Aquincum ein – das Römerzeitalter war zu Ende.

Ein modernes Ausstellungszentrum südlich der Ausgrabungsstätten präsentiert auch im Winter die wichtigsten Funde. Dazu zählen eine Wasserorgel, die auf das Jahr 228 n. Chr. datiert wird, sowie Bodenmosaike aus dem Palast des Statthalters. Seit einigen Jahren kommen durch den Bau von Tiefgaragen etc. immer mehr Funde ans Licht.

Kleines Amphitheater 23

Durch die heutige Autostraße und die Eisenbahnlinie nach Esztergom etwas abgeschnitten, befindet sich das **›Kleine‹ Amphitheater** der Zivilsiedlung nördlich des Museums. Dort ist auch die HÉV-Station Aquincum, um wieder in die Stadt zurückzugelangen oder weiter nach Szentendre zu fahren (ca. 25 Min., s. S. 273).

Római-Bad und Donaupromenade

Eine HÉV-Haltestelle nördlich von Aquincum öffnet im Sommer das beliebte **Római-Freibad (Romaifürdő)** 3 seine Pforten. Entlang der **Donaupromenade** ziehen sich Datschen und die Clubhäuser diverser Rudervereine bis hoch zum Stadtteil Pünkösdfürdő. Immer wieder laden rustikale Imbisse zu Pausen mit Donaublick ein.

Im Sommer verbinden die BKK-Linienschiffe D 12 und 13 über den Schiffsanleger Rómaifürdő das beliebte Freizeitgebiet mit der Budapester Innenstadt (aktuelle Fahrpläne: www.bkk.hu).

Essen & Trinken

Traditionslokal – **Kéhli Vendéglő** 1: s. S. 38.

Ungarische Küche – **Csalánosi Csárda** 2: III., Hidfő utca 16 (Fő tér), Tel. (06) 20 9 55 55 65, HÉV H 5, Tram 1 Szentlélek tér, Bus 9, 86 Flórián tér, tgl. 9–23 Uhr, Hauptgerichte 1300–4900 HUF. Eine etwas neuere Ausgabe des Kéhli mit traditioneller ungarischer Küche, darunter Kronstädter Kleinbraten *(Brassói aprópecsenye)*. Dazu gibt es regelmäßig Schrammelmusik live.

Palatschinken – **Nagyi Palacsintázója** 3: III., Szentendrei út 131, Tel. 212 48 66, www.nagyipali.hu, tgl. 0–24 Uhr. Direkt neben dem Eingang zum Aquincum-Museum – nettes Café für den schnellen und günstigen Palatschinken zwischendurch, sehr praktisch für Museumsbesucher.

Aktiv

Badefreuden – **Római-Freibad** 3: III., Rozgonyi Piroska utca 2, Tel. 388 97 40, www.spasbudapest.com, HÉV H 5, Bus 34 Rómaifürdő, Juni–Aug. tgl. 9–20 Uhr, Eintritt 2300–2600, erm. 1700–1800 HUF.

Ausflüge in die Umgebung

Auf Entdeckungstour

Über die Höhen der Budaer Berge: Der Mittelgebirgszug ist das ideale Naherholungsgebiet für einen Abstecher ins Grüne. Mit der Zahnradbahn oder dem Sessellift geht es auf die bewaldeten Höhen. Vom Elisabethturm auf dem János-hegy bietet sich an schönen Tagen ein fantastischer Panoramablick über die Stadt. Wer es lieber geruhsam mag, kann mit der Kindereisenbahn durch die grüne Lunge der Hauptstadt zuckeln. Aber auch Wanderer und Radfahrer finden reichlich Betätigung. Im Winter lockt ein kleines Skigebiet auf den Gipfeln. S. 270

Kultur & Sehenswertes

Museen in Szentendre: Die barocke Kleinstadt bietet eine ganze Reihe sehenswerter Museen. Im Mittelpunkt stehen die örtliche Künstlerkolonie sowie die Kunst des frühen 20. Jh. S. 273

Schloss Gödöllő: Zu Gast bei ›Sisi‹ – die romantisch verklärte Kaiserin und Königin Elisabeth verbrachte viel Zeit in dem barocken Prachtschloss nordöstlich von Budapest. S. 286

Aktiv unterwegs

Schiffstour: Die wunderbare Landschaft des Donauknies entdeckt man am besten mit einem Ausflugsschiff. Attraktiv sind Touren nach Szentendre und Visegrád. S. 197, 278.

Radtour: Von Budapest oder Szentendre aus lässt sich das Donauknie auf einer Tagestour gut per Rad erkunden. Die Radstrecke ist zumeist gut ausgebaut und die vielen Bahnhöfe machen eine An- und Rückfahrt ganz nach Belieben möglich. S. 284

Genießen & Atmosphäre

Művész Étterem: Unter den vielen touristisch angehauchten Lokalen in Szentendre ist das Művész ein geschmackvoll eingerichteter Lichtblick. Zur guten Küche gibt es im Sommer donnerstags Livemusik. S. 277

Halászkert Étterem: An der Donaupromenade von Vác liefert der Blick auf den Fluss die perfekte Kulisse für kulinarische Genüsse, wie sie das Halászkert bietet, wo man sich eines der leckeren Fischgerichte auf keinen Fall entgehen lassen sollte. S. 285

Ziele nahe der Hauptstadt

Budapest bietet sich für reizvolle Ausflüge in die Umgebung geradezu an. Dabei ist für jeden Geschmack etwas dabei: Eine Entdeckungstour führt hinauf in die Budaer Berge im Westen der Hauptstadt. In dem waldreichen Mittelgebirge findet man reichlich Erholung und frische Luft.

Im Osten von Budapest ist das Königliche Schloss Gödöllő mehr als nur eine romantische Kultstätte zum Gedenken an die Habsburgermonarchin ›Sisi‹, die gerade in Ungarn sehr populär ist. Gödöllö ist eines der schönsten Barockschlösser Ungarns und obendrein für seine einstige Jugendstil-Künstlerkolonie bekannt.

Im Norden lockt das malerische Barockstädtchen Szentendre mit einer großen Dichte an hervorragenden Museen und einem reichen serbisch-orthodoxen Kulturerbe. Am Stadtrand bewahrt das riesige Freilichtmuseum Skanzen das dörfliche Erbe Ungarns. Nördlich von Szentendre beginnt das landschaftlich sehr reizvolle Donauknie. Die Hochburg von Visegrád, die Basilika von Esztergom, die Jugendstilkirche von Zebegény und die barocke Altstadt von Vác sind nur einige der Attraktionen. Eine Schiffstour eröffnet das herrliche Flusspanorama, da die Mittelgebirge hier unmittelbar bis an die Donau reichen.

Infobox

Reisekarte: ▶ Karte 4 und Karte 5, B–D 1/2

Für den Ausflug in die **Budaer Berge** sollte man auf jeden Fall einen halben Tag einrechnen. Der Besuch des Bartók-Gedenkhauses lässt sich ggf. mit der Höhlentour kombinieren (s. S. 152).
Das Künstlerstädtchen **Szentendre** ist mindestens einen halben Tag wert, mit dem Freilichtmuseum Skanzen auch einen ganzen. Kombiniert werden kann die Tour mit einem Besuch von Óbuda sowie mit einer Schiffstour (s. S. 197). Wer ins Donauknie aufbricht, sollte sich einen ganzen Tag Zeit nehmen. Szentendre, Visegrád und Esztergom liegen auf der südwestlichen Donauseite.
Am anderen Flussufer bietet sich bei einem Besuch von Vác ein Abstecher nach Nagymaros und Zebegény an. Für den Ausflug zum Schloss Gödöllő sollte man einen halben Tag veranschlagen. Zwischen Gödöllő und Vác verkehren Busse.

Anreise

Alle genannten Ziele lassen sich bequem mit öffentlichen Verkehrsmitteln von Budapest aus erreichen (s. »Infos & Termine« in den Unterkapiteln). Für das Donauknie sind im Sommer auch reizvolle Schiffstouren möglich. (Miet-)Autos sind für die Ausflüge nach Gödöllő, Visegrád und Esztergom eine Alternative – doch der Autoverkehr in der Hauptstadt erfordert reichlich Konzentration und Orientierungsvermögen und für Gödöllő ist der Kauf einer Autobahnvignette erforderlich.

Budaer Berge

Die Budaer Berge sind die grüne Lunge der ungarischen Hauptstadt, in deren bewaldete Höhen eine Entdeckungstour führt (s. S. 270). Aber auch an den Hängen, die zumeist von schicken Villen und teuren Wohnhäusern gesäumt sind, gibt es zwei sehr interessante Sehenswürdigkeiten.

1989-Gedenkpark

Szarvas Gábor út 58–60

Einige Hundert Meter unterhalb der Talstation des **Sessellifts Libegő** (s. S. 271) beherbergt an der Ecke Zugligeti út/Szarvas Gábor út die **Zentrale des Ungarischen Malteser Caritasdienstes** einen **Gedenkpark** für die Ereignisse von 1989. Auf dem Grundstück der wenige Schritte weiter aufragenden **Zugligeter Pfarrkirche Szent Család** sorgte als Vorspiel zum Mauerfall ein Camp von DDR-Flüchtlingen für internationale Aufmerksamkeit.

Rückblende Sommer 1989: Im Mai beginnt die ungarische Regierung damit, nach mehr als 40 Jahren den Eisernen Vorhang in Form des Grenzzaunes abzubauen. Ende Juni durchschneiden die ungarischen und österreichischen Außenminister Horn und Mock medienwirksam Reste des Stacheldrahts am Neusiedler See. Das bleibt auch den DDR-Bürgern nicht verborgen. Immer mehr entschließen sich im Laufe des Sommers, in Ungarn zu bleiben, um von hier die Ausreise in den Westen zu erzwingen. Manche versuchen selbst über die Grenze zu kommen, andere suchen den Weg zur westdeutschen Botschaft.

Dort wird die Lage im August unhaltbar. Verzweifelt sucht man Unterkünfte für die Flüchtlinge. Pfarrer Imre Kozma, Leiter der frisch gegründeten Maltesersektion, zögert nicht: Auf dem Gelände seiner Kirche an der Szarvas Gábor út entsteht Mitte August über Nacht ein riesiges Zeltlager für den ständig wachsenden Flüchtlingsstrom. Unterstützung bekommt Kozma von Maltesern aus Paderborn, Essen und anderen Städten, die spontan die Organisation unterstützen.

Doch die Lage ist angespannt. Das politische Tauziehen um die Flüchtlinge zerrt an den Nerven aller, Tausende sind inzwischen eingetroffen. Als die ungarische Regierung am Abend des 10. September die allgemeine Ausreise erlaubt, kennt der Jubel in Zugliget keine Grenzen, und der Weg zum Fall der Berliner Mauer ist vorgezeichnet. In Ungarn fielen dafür die ersten Steine.

Kozma erhält später das Bundesverdienstkreuz und seine Kirche von der Bundesregierung zum Dank eine neue Orgel. Heute erinnern im Garten des Malteserzentrums das »Denkmal der Aufnahme«, ein Trabi und ein Stück der Berliner Mauer sowie an der Kirche eine Gedenktafel an die dramatischen Ereignisse.

Buslinie 291 verbindet Zugliget von der Talstation des Sessellifts Libegő (s. S. 271) mit dem Westbahnhof. Zumindest während der Umbauarbeiten am Széll Kálmán tér in Budapest verkehrt als Ersatz Buslinie 102 zu den Metrostationen Széll Kálmán tér bzw. Déli pu (Südbahnhof).

Béla-Bartók-Gedenkhaus

Csalán út 29, www.bartokmuseum.hu, März–Okt. Di–So 10–17, Nov.–Feb. Di–Sa 10–16 Uhr, Eintritt 1200 HUF, erm. 600 HUF

Mit der Buslinie 5 gelangt man vom Ferenciek tere in Pest und von der Talstation der Zahnradbahn (s. S. 270) zum Pasaréti tér. Von der Endhaltestelle sind es rund 10 Min. zu Fuß zum **Béla-Bartók-Gedenkhaus (Bartók Béla Emlékház).** 1932–40 ▷ S. 273

Auf Entdeckungstour:
Über die Höhen der Budaer Berge

Bis zu 527 m ragen die Budaer Berge (Budai hegység) im Westen der Donaumetropole auf. Die bewaldeten Höhenzüge sind ein abwechslungsreiches Naherholungsgebiet. Hier oben kann man richtig durchatmen und die Großstadt vergessen. Eine Besonderheit sind die Verkehrsmittel: Der Sessellift Libegő und die Kindereisenbahn zeigen Budapest aus ungewöhnlicher Perspektive.

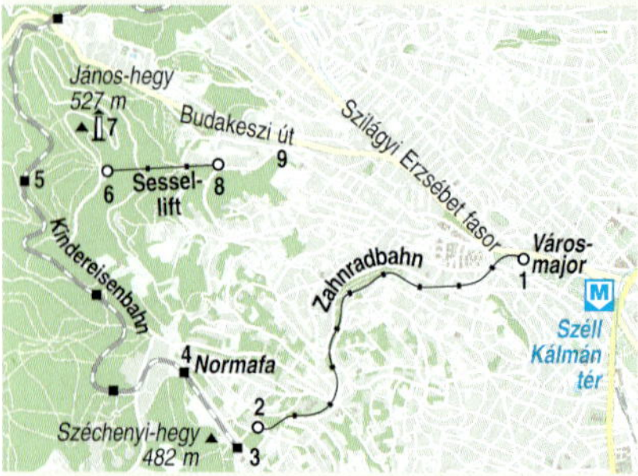

Zeit: ca. ein halber Tag
Planung: Zahnradbahn, Kindereisenbahn und Sessellift verkehren ganzjährig (s. S. 256). Die Zahnradbahn transportiert auch Räder (Extraticket!).
Start: Talstation der Zahnradbahn Fogaskerekű (BKK-Linie 60) am Park Városmajor in Buda. Anfahrt mit Tram 59, 61 ab Metrostation Széll Kálmán tér bzw. Bus 22, 222 bis Haltestelle Városmajor

Ein Ausflug in die Budaer Berge verspricht das ganze Jahr über schöne Erlebnisse. Im Sommer sind die Temperaturen in den Kammlagen nicht so drückend wie in der Innenstadt, die Luft ist frischer und angenehmer. Im Winter liegt hoch oben viel öfter und länger Schnee als im Tal. Gerade für Kinder sind die Berge ein Paradies – besonders Sessellift und Kindereisenbahn erfreuen sich großer Beliebtheit.

Hinauf mit der Zahnradbahn

Wer in die Budaer Berge möchte, fährt am besten vom **Park Városmajor (1)** mit der **Zahnradbahn** (Fogaskerekű) hinauf. Seit 1874 befördert die heutige BKK-Linie 60 ihre Fahrgäste durch die schicken Villenviertel bergan. Die hiesigen Wohnlagen gelten als die besten der Stadt und gehören dementsprechend zu den teuersten. Endstation ist auf dem 482 m hohen **Széchenyi-Berg (Széchenyi-hegy, 2).**

Fahrt mit der Kindereisenbahn

Oben angelangt, sind es nur wenige Schritte bis zum **Bahnhof der Kindereisenbahn (Gyermekvasút, 3**). Die rund 12 km lange Schmalspurbahn wurde nach dem Zweiten Weltkrieg erbaut und von jugendlichen Pionieren betrieben. Kommunistische Pioniere gibt es nicht mehr, doch die Schaffnerdienste werden immer noch von Jugendlichen erledigt. Mit großem Ernst geben sie das Abfahrtssignal und kontrollieren die Tickets. Die Nachwuchsbahner beherrschen ihren Job perfekt. Die Züge schlängeln sich nach festem Fahrplan gemütlich durch die Berge Richtung **Hüvösvölgy.** Weiter geht die kurvenreiche Fahrt durch die Wälder, die im Sommer für angenehm würzige Luft sorgen. Um Budapests höchsten Gipfel zu erklimmen, verlässt man an der **Haltestelle János-hegy (5)** den Zug. In gut 20 Minuten erreicht man über einen Wanderweg zu Fuß (recht steil) die Bergstation des Sessellifts Libegő (s. u.).

Opernarien in luftiger Höhe

Wer die Budaer Berge lieber ganz zu Fuß erkunden möchte, folgt den Gleisen vom **Széchenyi-Berg** durch die Hegyhát út zum nächsten Haltepunkt **Normafa (4).** Schnell bietet sich ein schöner Blick über die Budaer Berge. Der Name Normafa (Baum der Norma) leitet sich von einer alten Buche ab, unter der 1840 die Opernsängerin Rozália Schodel eine Arie aus Bellinis Oper »Norma« sang. Heute erinnert nur noch eine Gedenktafel an den Standort des Baums.

Über die Jánoshegyi út gelangt man durch die Wälder zur **Bergstation des Sessellifts (6;** ca. 1 Std. Gehzeit).

Auf Budapests höchsten Gipfel

Von der **Bergstation des Sessellifts** führt ein letzter steiler Anstieg auf Budapests höchsten Berg, den 527 m hohen **János-hegy** (Johannesberg), mit dem **Elisabeth-Turm (7,** s. S. 272).

Zurück an der Bergstation des Sessellifts heißt es startklar, um in die Lüfte zu gehen. Langsam schwebt man in gemächlichem Tempo mit dem Sessellift die östlichen Hänge der Budaer Berge mit Blick Richtung Donau hinab. Noch einmal kann man das Mittelgebirge vor der Haustür der Hauptstadt in Ruhe genießen, bis man schließlich im Stadtteil **Zugliget (8)** landet.

Unterhalb der Talstation erinnert der **1989-Gedenkpark (9,** s. S. 269) an das deutsch-deutsche Drama im Sommer 1989, das den Fall der Berliner Mauer vorbereitet hatte. Die Buslinie 291 verkehrt zurück zum Westbahnhof in Pest. Bus 102 bzw. 291 verkehren zurück zum Süd- bzw. Westbahnhof (Déli bzw. Nyugati pu).

Lieblingsort

Elisabeth-Turm
Der **Elisabeth-Aussichtsturm (Erzsébet kilátóy)** auf dem 527 m hohen **János-hegy** (▶ Karte 5, B 2) wurde 1910 zu Ehren Kaiserin Elisabeths errichtet. Budapests höchster Berg bietet eine wunderbare Aussicht, bei schönem Wetter herrliche Rundblicke, an klaren Tagen kann man im Osten sogar den höchsten Berg des Landes erkennen, den Kékes (1014 m).

wohnte der Komponist hier am Stadtrand, bevor er in die Vereinigten Staaten von Amerika emigrierte. Heute wird in dem 2006 ausgebauten Haus sein beeindruckendes Werk gesammelt, gelegentlich werden auch Konzertabende veranstaltet.

Die Bartók-Skulptur im Garten stammt von **Imre Varga** (1981). Kopien dieser Statue finden sich sogar in Paris und London (s. auch S. 93).

Szentendre

20 km nördlich von Budapest erstreckt sich am südlichen Ausgang des Donauknies das kleine Künstlerstädtchen Szentendre. Berühmt ist der Ort für sein barockes Flair, seine Museen, die Künstlerkolonie und das Freilichtmuseum Skanzen am Stadtrand.

Die Geschichte von Szentendre reicht bis in die Römerzeit zurück. Geprägt wurde der Ort jedoch durch die rund 6000 serbischen Einwanderer, die 1690 vor den Türkenkriegen nach Norden flohen. Sie gaben dem Ort das heutige barocke Aussehen. Im 19. Jh. gingen viele serbische Einwohner zurück in die alte Heimat.

Die 1926–28 in Szentendre aufgebaute Künstlerkolonie machte das Barockstädtchen weit über die Umgebung hinaus bekannt. So wichtige ungarische Maler wie **Károly Ferenczy** und **Béla Czóbel** wohnten und arbeiteten hier. Heute leben mehr als 100 Künstler und Künstlerinnen vor Ort und betreiben zahlreiche Galerien. Unübersehbar sind im Zentrum die vielen touristisch ausgerichteten Läden, denn im Sommer und am Wochenende strömen große Besucherscharen in den beliebten Ausflugsort. Doch in den Seitengassen und abends geht es noch beschaulich zu – und nicht zuletzt die Museen lohnen den Besuch.

Bahnhof und Städtisches Nahverkehrsmuseum

Die grünen Vorortzüge der HÉV-Linie H 5 enden am Bahnhof südlich der Altstadt. Direkt am Bahnhof befindet sich der Busbahnhof mit Umstiegsmöglichkeiten zum Freilichtmuseum Skanzen und zum Donauknie. Am Busbahnhof ist das **Städtische Nahverkehrsmuseum (Városi Tömegközlekedési Múzeum)** 1 sehenswert, das alte Straßenbahnen, Vorortzüge und Autobusse präsentiert (Dózsa György út 3, April–Okt. Di–So 10–17 Uhr, www.bkv.hu, Eintritt 350/280 HUF).

Ferenczy-Museum 2

Kossuth Lajos utca 5, Tel. 26 92 09 90, Di–So 10–18 Uhr, www.femuz.hu, Eintritt 1500 HUF, erm. 750 HUF (das Ticket berechtigt zum Besuch fast aller Museen in Szentendre)

Vom Bahnhof aus geht es jenseits der Hauptstraße geradeaus durch die Kossuth Lajos utca Richtung Altstadt. Zur Linken befindet sich seit 2013 in der umgebauten Pajor-Kurie das hervorragende Ferenczy-Museum, welches die Entwicklung der Kunst in Szentendre seit Ende des 19. Jh. beleuchtet.

Namensgeber ist der bedeutende ungarische Maler **Károly Ferenczy** (1862–1917). Er war ein führender Protagonist der ungarischen Freilichtmalerei und 1896 Mitbegründer der wegweisenden Künsterkolonie von Nagybánya (s. Entdeckungstour Ungarische Malerei S. 124). Zuvor hatte Ferenczy einige Jahre in Szentendre gewohnt, wo 1890 seine Zwillingskinder Béni und Noémi zur Welt kamen, die sich als Bildhauer beziehungsweise Gobelin-Künstlerin einen Namen machten. Die Ausstellung präsentiert anschaulich das Schaffen der Familie.

Ein weiterer Bereich beschäftigt sich mit den acht Gründern der hiesigen Künstlerkolonie. Zunächst standen diese noch in der Tradition von Nagybánya. Im dritten Ausstellungsteil wird jedoch deutlich, dass die Kunst in Szentendre nach dem Zweiten Weltkrieg den Anschluss an die Moderne gefunden hat. Béla Czóbel als einem ihrer Vertreter ist auf dem Burghügel ein eigenes Museum gewidmet (s. S. 274 unten).

Dumtsa Jenő utca

Vom Ferenczy-Museum geht es an der serbisch-orthodoxen Pozsarevacska-Kirche vorbei in die adrett gestaltete Fußgängerzone Dumtsa Jenő utca mit ihren schmucken Häuschen. Zur Rechten liegt gleich die Touristeninformation. Etwas weiter folgen zur Linken das einladende **Művész Étterem** 1 und zur Rechten das Konditorei-Café **Szamos Marcipán Múzeum Cukrászda** 2. Die Fußgängerzone führt direkt zum zentralen Platz der Altstadt.

Fő tér

Mittelpunkt des Ortes Szentendre ist der beschauliche **Fő tér (Hauptplatz)** mit seinem Pestkreuz, das 1763 von der »Handelsgesellschaft Serbischer Privilegierter« errichtet worden war. Die serbisch-orthodoxe **Blagovestenszka-Kirche** 3 (Sommer Di–So 10–17 Uhr, 400 HUF) wurde 1752 vom Barockbaumeister Andreas Mayerhoffer entworfen. Besonders sehenswert ist die Ikonostase. Im benachbarten Gebäude soll in Zukunft zumindest ein Teil des Serbisch-orthodoxen Kirchengeschichtlichen Museums (s. S. 276) untergebracht werden.

Margit-Kovács-Keramikmuseum 4

Vastagh György utca 1, Tel. 26 92 09 90, tgl. 10–17 Uhr, www.femuz.hu, Eintritt 1500 HUF, erm. 750 HUF (Kombi-Ticket mit Ferenczy- und Czóbel-Museum)

Gleich um die Ecke in der ehemaligen Poststation ist das **Margit-Kovács-Keramikmuseum (Kovács Margit Kerámia Kiállítás)** untergebracht. Die vielseitige Keramikkünstlerin (1902–77) hatte das historische Gebäude selbst für ihre Werkschau ausgesucht. Zu sehen sind ein wunderbarer Ofen mit Hochzeitsszenen auf den Kacheln, viele Figuren und Wandreliefs, aber auch religiöse Werke. Die Ausstellung wurde neu gestaltet und man erfährt auch einiges über die Geschichte des Gebäudes. In einer Stadt, in der die Malerei im Vordergrund steht, setzt Kovács auffallend alternative Akzente.

Burghügel

Oberhalb des Hauptplatzes liegt die römisch-katholische **Pfarrkirche St. Johannes (Szent János plébánia templom)** 5. Einst befand sich hier die Burg, und so geht die Kirche schon auf die Árpádenzeit zurück. Hauptsehenswürdigkeit heute ist jedoch der 1938 von Mitgliedern der Künstlerkolonie ausgemalte Chor. Vom Burghügel hat man einen herrlichen Rundblick über die Dächer und Gassen bis zur Donau und hinüber zur Szentendre-Insel.

Czóbel-Museum 6

Templom tér 1, Tel. 26 92 09 90, April–Sept. Mi–So 14–18 Uhr, www.femuz.hu, Eintritt 1500 HUF, erm. 750 HUF (Kombi-Ticket mit Ferenczy- und Kovács-Museum)

Eine der schillerndsten ungarischen Malerpersönlichkeiten des 20. Jh. war Béla Czóbel (1883–1976), dem das kleine Museum auf dem Burghügel gewidmet ist. Von der Künstlerkolonie Nagybánya gelangte Czóbel 1905 in Paris zu den »Fauves« um Matisse. Zurück in Ungarn, versuchte er seine in Paris gemachten Erfahrungen bei der neuen Gruppe »Nyolcak« (Acht) künstlerisch umzusetzen. Die Künstler galten

Szentendre

Sehenswert

1 Nahverkehrsmuseum
2 Ferenczy-Museum
3 Blagovestenszka-Kirche
4 Keramikmuseum
5 Pfarrkirche St. Johannes
6 Czóbel-Museum
7 Serb.-orthodoxe Kirche/ Kirchengesch. Museum
8 Kunstmühle
9 Donaupromenade
10 Freilichtmuseum Skanzen

Essen & Trinken

1 Művész Étterem
2 Marcipán Múzeum/Café

Einkaufen

1 Kovács Kékfestő

Über Szentendres Altstadt wacht der barocke Turm der Blagovestenszka-Kirche

als die »ungarischen Wilden«. Nach dem Ersten Weltkrieg verbrachte der weitgereiste Czóbel auch einige Jahre in Berlin und erneut in Paris, bevor er schließlich von 1940–66 hauptsächlich in Szentendre lebte. Seine ausdrucksstarken Werke sind Kernstück der Sammlung. Noch im Alter von 85 Jahren schuf der sehr vielseitige Künstler 1968 z. B. die »Venus von Szentendre«. Czóbel war ein Künstler von europäischem Format.

Serbisch-orthodoxe Belgrad-Kirche und Kirchengeschichtliches Museum 7

Pátriárka utca 5, Tel. 26 31 23 99, April–Sept. Di–So 10–18, Okt.–März Di–So 10–16, Jan./Febr. Fr–So 10–16 Uhr, Eintritt 600 HUF, 300 HUF

Wenige Schritte weiter liegt an der Ecke Alkotmány utca/Pátriárka utca die serbisch-orthodoxe **Belgrad-Kirche**. Diese barocke Bischofskirche aus der Mitte des 18. Jh. ist ein bedeutendes Zeugnis serbischer Kultur in Ungarn. Sie liegt sehr idyllisch in einem parkähnlichen Kirchhof. Im benachbarten Gebäude präsentiert das **Serbisch-Orthodoxe Kirchengeschichtliche Museum** seine reiche Sammlung an Ikonen und anderen religiösen Kultwerken.

Die malerischen Gassen rund um die Belgrad-Kirche gehören zu den schönsten und ruhigsten des alten Ortskerns, genau wie der Rab Ráby tér etwas unterhalb der Kirche.

Kunstmühle und Blaufärber

Mitten im Touristenrummel ist man dagegen in der Bogdányi utca, die vom Fő tér nach Norden führt. Ungeachtet der vielen Andenkenstände gibt es zwei sehenswerte Adressen in dieser Gasse: Die **Kunstmühle (Művészetmalom)** 8 in der Bogdányi utca 32 präsentiert zeitgenössische Ausstellungen (Eintritt mit Ticket des Ferenczy-Museums), während in der Bogdányi utca 36 bei **Kovács Kékfestő** 1 einer der letzten Blaufärber Ungarns seine Waren präsentiert.

Donaupromenade 9

Von der Bogdányi utca ist zur Rechten schnell die schöne **Donaupromenade (Dunakorzó)** erreicht. Auf der anderen Flussseite erstreckt sich die idyllische Szentendre-Insel. Über die kopfsteingepflasterte Görög utca gelangt man zurück zum Fő tér.

Freilichtmuseum Skanzen 10

Sztaravodai út, Tel. 26 50 25 00, April–Juni, Sept./Okt. Di–So 9–17, Juli/Aug. Di–So 10–18 Uhr, gelegentlich Winterwochenenden, www.skanzen.hu, Eintritt 2000 HUF, erm. 1000 HUF

Der **Skanzen** ist Ungarns größtes Freilichtmuseum. 3 km nordwestlich der Stadt wird auf exemplarische Weise versucht, die traditionelle Dorfkultur Ungarns zu bewahren. Auf rund 60 ha sind in verschiedenen regionalen Bereichen typische Wohnhäuser, Kirchen und Mühlen wiederaufgebaut bzw. rekonstruiert worden. So erhält man einen faszinierenden Einblick in eine leider fast vollständig versunkene Welt. Besonders sehenswert ist die griechisch-katholische Holzkirche von Mándok (1670) auf einem Hügel. Die reformierte Kirche aus Mánd (1580er-Jahre) glänzt durch ihre wunderbar aus Holz geschnitzte Inneneinrichtung. Familienfreundliche Attraktionen sind u. a. die Bäckerei und der Tierhof sowie natürlich der historische Dieseltriebwagen von 1930, der seit 2009 über das weitläufige Gelände zuckelt (Extra-Ticket erforderlich). Zu den kirchlichen Feiertagen finden oftmals Sonderveranstaltungen mit abwechslungsreichem Folkloreprogramm statt.

Anfahrt: Entweder mit dem örtlichen Bus ab Bahnhof (Bussteig 6 oder 7) oder an Sommer-Wochenenden mit dem Skanzen-Bus direkt aus Budapest (Fahrplaninfos: www.skanzen.hu).

Essen & Trinken

Die meisten Restaurants befinden sich an der Donaupromenade 9. Dort hat man die Wahl zwischen ungarischen, italienischen, griechischen, auch indischen Lokalen, aber auch einfache Palatschinken oder Lángos-Fladen kann man hier und in den schmalen Seitengassen genießen.

Mediterran angehaucht – **Művész Étterem** 1: Dumtsa Jenő utca 7, Tel. 26 31 14 84, www.muveszetterem.hu, tgl. 11–23 Uhr. Adrett aufgemachtes Restaurant mit blumengeschmücktem Innenhof. Hebt sich durch die leichte Küche von den Durchschnittsrestaurants in Szentendre wohltuend ab. Hauptgerichte ca. 1600–2800 HUF.

Herrliche Leckereien – **Szamos Marcipán Múzeum Cukrászda** 2: Dumtsa Jenő utca 14, Tel. 26 31 05 45, tgl. 9–19 Uhr. Die hervorragenden Süßwaren, die nette Einrichtung und das angeschlossene kleine **Marzipanmuseum** (9–18 Uhr, Eintritt 500 HUF) sind gute Gründe für eine Kaffeepause.

Einkaufen

Blaufärber – **Kovács Kékfestő** 1: Bogdányi utca 36, www.kekfestokovacs.hu, tgl. 9–18 Uhr (Winter: 10–16 Uhr). Die handgefärbten Tischdecken, Bekleidungswaren und andere Textilien werden von Familie Kovács in einem kleinen Dorf an der Theiß hergestellt.

Infos

Touristeninformation

Dumtsa Jenő utca 22, Tel. 26 31 79 65, www.szentendre.hu, Di–So 9–17 Uhr (Mittagspause).

Mein Tipp

Schiffstour ins Donauknie
Die Schönheit des Donauknies lässt sich am besten an Bord eines Ausflugsschiffes erkunden. Besonders beeindruckend ist der abrupte Übergang von den flachen Donauauen in das tief eingeschnittene Tal des Donauknies bei Visegrád. Hoch oben grüßt die malerische Ruine der Hochburg, während am Ende der Strecke die Basilika von Esztergom schon von Weitem die Silhouette der Stadt bestimmt. An Sommerwochenenden findet in dem schönsten Donauabschnitt nachmittags eine nette Rundfahrt ab Visegrád und Nagymaros statt.
Von Budapest aus führen zwei Routen ins Donauknie: Mai–Sept. verkehrt die Linie Budapest–Szentendre(–Visegrád). Parallel geht es über Vác–Visegrád–Nagymaros nach Esztergom. Startpunkt in Budapest ist jeweils der Vigadó tér am Pester Donaukorso (s. S. 199). Infos: MAHART Passnave, Tel. 1-484 40 13, www.mahartpassnave.hu (Preise hin und zurück je nach Entfernung 2500–4000 HUF).

Verkehr

Bahn: Von Buda verkehrt die Vorortbahn HÉV ab Batthyány tér (ca. 40 Min., ab Stadtgrenze Anschlussticket erforderlich!); Zwischenstationen sind u. a. Óbuda (Szentlélek tér) und Aquincum.

Bus: Ab Bahnhof Szentendre fahren Lokalbusse zum Freilichtmuseum Skanzen (Bussteig 6 oder 7) sowie stündl. Regionalbusse nach Vác (ca. 30 Min., bis Donaufähre Vác, Visegrád (ca. 45 Min.) und Esztergom (ca. 90 Min.).

Schiff: Für Schiffsfahrten von/nach Budapest und Visegrád s. Mein Tipp S. 278.

Donauknie

Nördlich von Budapest durchfließt die Donau eine der schönsten Landschaften Ungarns: das **Donauknie (Dunakanyar)**. Von der Bischofsstadt Esztergom kommend, durchbricht sie in einem engen Tal das Mittelgebirge und wendet sich in einem scharfen Bogen nach Süden der Hauptstadt zu. Die Donau teilt sich hinter Visegrád und umfließt die lang gestreckte flache Szentendre-Insel, bevor sie die ungarische Hauptstadt erreicht. Besondere Highlights sind die barocke Bischofsstadt Vác, die mächtige Hochburg von Visegrád sowie die imposante Basilika von Esztergom.

Visegrád ▶ Karte 5 ,B 1

Geschichte

Das dörfliche **Visegrád** liegt am reizvollsten Abschnitt des Donauknies gegenüber von Nagymaros, wo die grünen Hügel zu beiden Seiten am dichtesten an den Fluss herantreten. Niemand würde vermuten, dass sich hier im Mittelalter ein Zentrum der königlichen Macht in Ungarn befand. Doch nach dem verheerenden Tatareneinfall 1241/42 baute König Béla IV. systematisch ein Netz von Burgen zur besseren Verteidigung des Landes auf. So entstand im strategisch wichtigen Visegrád eine Hochburg, die mit einer Burg am Donauufer verbunden wurde. 1335 trafen sich in Visegrád die Könige von Ungarn, Böhmen und Polen. Anwesend waren auch die Herzöge von Bayern und Sachsen. Damals begann unter König Károly I. der Bau eines Königspalastes am Donauufer, der im 15. Jh. zu einer prachtvollen Renaissance-Residenz wurde. Ein Brand und die Türkenkriege führten im 16. Jh. jedoch zum raschen Niedergang. An der Wende zum 18. Jh. kamen dann viele deutsche Siedler nach »Plintenburg«.

Heute ist Visegrád ein eher verschlafenes Nest mit idyllischem Flair. Ende der 1980er-Jahre konnten Umweltgruppen den Bau eines großen Donaustauwerks in diesem Flussabschnitt verhindern.

Königspalast

Fő utca 23–29, Tel. 26 59 70 10, www.visegradmuzeum.hu, März–Nov. Di–So 9–17, sonst Di–So 10–16 Uhr, Eintritt 1100 HUF, erm. 550 HUF

Sehenswert in Visegrád sind die Reste des **Königspalastes (Királyi palota)** am Fuße der Berge. Eigentlich hat man nur wenige Fragmente der Grundmauern von einst 350 Zimmern entdeckt, doch wurde unter anderem der Prunkhof rekonstruiert. In der Mitte steht eine Kopie des berühmten Herkules-Brunnens. Der Palast geht vor allem auf König Sigismund zurück und damit auf die Blütezeit von Visegrád im 15. Jh., 1476 schenkte ihn König Matthias seiner zweiten Frau Beatrix von Aragón.

Ein Stück weiter ist der rekonstruierte **Salomonturm** zu erkennen, der zur mittelalterlichen Befestigungskette gehörte und heute eine lokalgeschichtliche Ausstellung beherbergt (Infos zu Öffnungszeiten und Preisen im Königspalast).

Hochburg

Várhegy, Tel. 26 39 81 01, www.parkerdo.hu, März–April, Okt. tgl. 9.30–17, Mai–Sept. tgl. 9–18, Nov.–Dez. tgl. 10–15 Uhr (witterungsabhängig), Eintritt 1700 HUF, erm. 850 HUF

Die beeindruckende **Hochburg (Fellegvár)** geht noch auf König Béla IV. in der Mitte des 13. Jh. zurück. Von hier oben konnte man den wichtigen Donaudurchlass kontrollieren. König Károly Róbert richtete in der Burg 1335 das berühmte Fürstentreffen von Visegrád aus (s. oben). Im 15. Jh. verlagerte sich die Hofhaltung jedoch in den Königspalast am Donauufer und die Hochburg diente primär der Verteidigung. 1702 wurde die Anlage von den Habsburgern schließlich gesprengt. Heute bietet sie einen herrlichen Ausblick auf das Donauknie.

Esztergom ▸ Karte 5, A 1

Man nennt **Esztergom (Gran)** das ›ungarische Rom‹, denn hier residiert der

Mein Tipp

Wanderung zur Visegráder Hochburg

Aus dem Ortskern von Visegrád führt ein ca. 50–60-minütiger Wanderweg hinauf zur Hochburg (Fellegvár, s. S. 279). Der Weg ist schon vom Anleger der Autofähre und von der Dorfkirche aus blau-weiß markiert und mit dem Wegweiser »Fellegvár« versehen. Von der Rév utca geht es an der Kirche vorbei in die Nagy Lajos út und kurz danach hinter der kleinen Grünfläche des Áprily park schräg links und sofort wieder links einen ›Hohlweg‹ steil bergan. Zunächst folgt man einem Kreuzweg zu einer Kapelle am Berghang, dann geht es stetig steigend weiter bis zum Parkplatz an der Hochburg. Für den Rückweg kann man dieselbe Strecke wählen.

ungarische Primas der katholischen Kirche. Seit 1993 ist er auch Erzbischof von Budapest. Die 45 km nordwestlich von Budapest am Zugang zum Donauknie gelegene Stadt ist engstens mit der ungarischen Staatsgründung verbunden, wurde hier doch König Stephan I. zur Jahreswende 1000/1001 gekrönt. Erst im 13. Jh. verlagerte sich die politische Macht nach Buda und Visegrád. 1543 eroberten die Türken Esztergom und hielten die Stadt mit einer kurzen Unterbrechung bis 1683 in ihrem Besitz. Danach erfolgte die Rekatholisierung. Einen schweren Einschnitt bedeutete 1920 die Grenzziehung mitten durch die Donau. Dadurch wurde der Vorort Párkány unter dem heutigen Namen Štúrovo zunächst tschechoslowakisch und 1993 slowakisch. Heute hat Esztergom rund 30 000 Einwohner.

Basilika

Dominantes Bauwerk ist die mächtige **Basilika** auf dem **Burgberg.** Imposant ragt die größte Kirche Ungarns über den steilen Uferfelsen in die Höhe. Die Basilika wurde 1856 von József Hild im klassizistischen Stil vollendet. Zur Einweihung kam Kaiser Franz Joseph und Franz Liszt führte die eigens komponierte »Graner Festmesse« auf.

Im monumentalen Inneren ist vor allem die Bakócz-Kapelle im Renaissancestil von Interesse. Sie stammt aus dem Jahre 1506/07 und ist ein kostbares Überbleibsel der Vorläuferkirche. Beim Neubau wurde die Kapelle in 1600 Einzelstücke zerlegt und am neuen Ort in der Basilika wieder eingefügt.

In der Schatzkammer sind sakrale Kunstgegenstände zu bewundern, in

Von der Burg in Visegrád hat man einen wunderschönen Blick auf die Donau

der Krypta bestattete man 1991 den von den Kommunisten verfolgten Kardinal Mindszenty. Wer in die Kuppel aufsteigt, wird mit einem herrlichen Panoramablick belohnt, der bis weit auf die slowakische Donauseite reicht.

Burgmuseum

Szent István tér 1, Tel. 33-41 59 86, www.varmegom.hu, April–Okt. Di–So 10–18, sonst Di–So 10–16 Uhr, Eintritt (mit Führung auf Deutsch od. Englisch) 1800 HUF, erm. 900 HUF

Das zweite bedeutende Gebäude auf dem Burgberg sind die rekonstruierten Überreste der mittelalterlichen Königsburg, die im **Burgmuseum (Vármúzeum)** nur noch per Führung zugänglich sind. Von der »Etzelburg zu Gran« oder dem mittelalterlichen Königssitz blieb nicht viel erhalten. In den letzten Jahren wurde jedoch fleißig renoviert und wieder aufgebaut, um Esztergom seine Burg zurückzugeben.

Frei zugänglich ist die **Leopold-Terrasse (Lipót Terasz)** mit einigen türkischen Grabsteinen. Sehr schön ist auch der Donaublick von der Panoramaterrasse vor der Basilika.

Christliches Museum und Wasserstadt

Mindszenty tér 2, Tel. 33-41 38 80, www.keresztenymuzeum.hu, März–Mitte Nov. Mi–So 10–17 Uhr, Eintritt 900 HUF, erm. 450 HUF

Unterhalb des Burgbergs erstreckt sich die schmale **Wasserstadt (Víziváros)**. Von der Wallpromenade der Basilika mit ihrem schönen Donaublick führt rechts die schmale »Katzentreppe« (Macska lépcső/út) hinab in die Unterstadt. Links gelangt man dann zum stimmungsvollen Mindszenty tér. Dort ist das sehenswerte **Christliche Museum (Keresztény múzeum)** in einem Seitenteil des Erzbischöflichen Palais untergebracht. Die kostbare Sammlung beinhaltet u. a. herrliche mittelalterliche Flügelaltäre. Des Weiteren sind Renaissance-Gemälde und Wandteppiche ausgestellt. Im Jahr 2000 entstand ein großer Wandteppich zum Gedenken an die Staatsgründung.

Primas-Insel

Erlebnisbad: Táncsics Mihály utca 5, Tel. (06) 30 612 31 31, Mo–Fr 12–20, Sa–So 10–20 Uhr, www.aquasziget.hu, Eintritt 3150 HUF, erm. 2200 HUF, ab 16 Uhr: 2200 HUF, erm. 1400 HUF

Von der Wasserstadt gelangt man über die Kleine Donau auf die Primas-Insel. Das Thermalbad **Aquasziget** zur Linken ist auch Erlebnisbad.

Mária-Valéria-Brücke

Die 2001 wiedererrichtete **Mária-Valéria-Brücke** verbindet die Stadt mit der slowakischen Seite der Donau. Die alte Brücke stammte von 1895 und wurde im Zweiten Weltkrieg zerstört. Von der Brückenmitte hat man den schönsten Blick auf den Burgberg mit der Basilika.

Auf der anderen Seite der Brücke gelangt man direkt in den slowakischen Grenzort Štúrovo (ungar. Párkány) – Grenzkontrollen gibt es nicht mehr. Bis zum Ende des Ersten Weltkriegs gehörte der Ort zu Esztergom und auch heute noch sprechen viele Menschen Ungarisch. Das sehr kleine Ortszentrum ist nett herausgeputzt.

Kleine Donau und Széchenyi tér

Wieder zurück auf der Primas-Insel, geht es in den südlichen Teil der Altstadt, der durch die kanalisierte **Kleine Donau (Kis Duna)** von der Insel abgetrennt ist. Folgt man der malerischen Uferpromenade Kis-Duna sétány, gelangt man schließlich durch eine kleine Gasse zum aufwendig renovierten **Széchenyi tér** mit dem **Rathaus** inmitten eines historischen Viertels. Das heutige Aussehen des Rathauses mit den Arkaden geht auf das späte 18. Jh. zurück.

Vác ▸ Karte 5, C 1

30 km nördlich von Budapest liegt am östlichen Donauufer das Barockstädtchen **Vác (Waitzen)**. Der Ort geht auf die Römer zurück, wurde von den Türken zerstört und im 18. Jh. im Barockstil als Bischofsstadt wieder aufgebaut. 1846 fuhr die erste ungarische Eisenbahn von Pest nach Vác. Im berüchtigten Gefängnis waren zahlreiche politische Gefangene eingekerkert, unter anderem nach 1956 der spätere Staatspräsident Árpád Göncz.

Széchenyi utca

Wer mit dem Zug ankommt, gelangt vom frisch restaurierten Bahnhof über die Széchenyi utca direkt in die Altstadt von Vác. Der zweite Teil der Straße bis zum Március 15. tér ist Fußgängerzone.

Die klassizistische Basilika von Esztergom ist die größte Kirche des Landes

Március 15. tér

Beschaulicher Mittelpunkt ist der verkehrsberuhigte **Március 15. tér,** der schon im Mittelalter Marktplatz war. Vom Bahnhof erreicht man ihn über die Fußgängerzone Széchenyi utca. Heute gilt das barocke Gebäudeensemble als das schönste des Landes. Rund um den Platz laden mehrere Cafés zum Verweilen ein.

Sehenswert sind beispielsweise das Rathaus (Nr. 11), das ehemalige Bischofspalais (Nr. 6) sowie die spätbarocke **Dominikanerkirche** (1699–1745). In der Mitte des Platzes wurden die Grundmauern der ehemaligen Bischofskirche St. Michaelis rekonstruiert. Zur vollen Stunde erklingt daneben ein Glockenspiel.

Memento mori

Március 15. tér 19, Tel. 27 20 08 68, Mi–So 10–17 Uhr, www.muzeumvac.hu, Eintritt 800 HUF, erm. 400 HUF Tickets meist in der ehemaligen Griechischen Kirche weiter hinten im Hof
Die Ausstellung »Memento mori« des Ignác-Tragor-Museums ist eine sehr ungewöhnliche Attraktion. In einem mittelalterlichen Weinkeller sind nicht nur reich verzierte Särge und religiöse Grabbeilagen aus der Zeit von 1731 bis 1808 zu sehen, sondern auch mumifizierte Körper.

In jener Zeit fanden die Beisetzungen in einer Krypta unterhalb der Dominikanerkirche statt. Als man die unterirdischen Beerdigungen aufgab, geriet mit der Zeit diese **Grablege** in der Krypta völlig in Vergessenheit. Erst 1995 stieß man wieder auf den außergewöhnlichen Ort und fand nicht weniger als 262 Särge, die aufgrund der klimatischen Bedingungen unter Tage sehr gut erhalten waren. Die Ausstellung ermöglicht einen seltenen Einblick in die Bestattungsriten des 18. Jh.

Dom

Südlich des Március 15. tér gelangt man durch die Köztársaság utca zum kleinen Szentháromság tér, der von der 2014/15 restaurierten **Piaristenkirche** (1725–41) dominiert wird. Noch ein Stückchen weiter ist der rechteckige Konstantin tér erreicht. Hier sind der Bischofspalast, vor allem aber der wuchtige **Dom** (1761–77) die Hauptattraktionen. Baumeister Isidore Canevale leitete mit dem Dom den Übergang zum Klassizismus in Ungarn ein. Auftraggeber war der ehrgeizige Bischof Migazzi, der es zum Erzbischof von Wien brachte.

Migazzi ließ Canevale im Jahre 1764 auch den eleganten, aber etwas deplatziert wirkenden Triumphbogen in der Köztársaság út nördlich des Március 15. tér errichten, um den damals anstehenden Besuch von Kaiserin Maria Theresia angemessen zu würdigen.

Donaupromenade

Vom Konstantin tér geht man die Petróczy utca hinab zur Donau. Ein netter Bummel entlang der Promenade führt zum Anleger der Autofähre (Fähre – *komp*), die regelmäßig zwischen der Altstadt und der Szentendre-Insel pendelt. Am anderen Ufer befindet sich die Endhaltestelle für die Linienbusse von/nach Szentendre, auch hat man von der Fähre einen schönen Blick auf die Silhouette der Altstadt.

Nagymaros ▸ Karte 5, B 1

Gegenüber von Visegrád (s. S. 278) liegt der kleine Ort Nagymaros, der einen guten Übergang vom Budapester Vorortzug zur Donaufähre nach Visegrád ermöglicht. Im Ort selbst ist der spätgotische Turm der Sankt-Emmerich-Kirche (Szent Imre templom)

Mein Tipp

Per Rad durchs Donauknie ▶ Karte 5, A/B 1
Das landschaftlich reizvolle Donauknie ist auch für Radfahrer ein Paradies. Bis zum Grenzort **Szob** (5 km westlich von Zebegény) ist der Radweg gut ausgebaut und zahlreiche Bahnhöfe ermöglichen ganz nach Lust und Laune eine rasche An- und Abreise von Budapest aus. Wer schon in Budapest mit der Tour beginnen möchte, startet auf der Budaer Seite der Kettenbrücke und folgt dem ausgeschilderten Radweg durch Óbuda und Aquincum bis nach Szentendre (ca. 20 km). Empfehlenswert ist aber, dieses Teilstück mit der Vorortbahn HÉV H 5 ab Batthyány tér zu bewältigen.
Von Szentendre aus geht es weiter nach Norden Richtung **Leányfalu.** Unterwegs oder im Ort kann man per Fähre auf die flache Szentendre-Insel übersetzen. Dort geht es weiter nach **Tahitótfalu,** von dort gelangt man rasch zur Autofähre nach **Vác** (ca. 15 km). Nun geht es auf der anderen Donauseite über **Verőce** und **Kismaros** nach **Nagymaros** (ca. 17 km).
Die Terrasse des Maros Étterem (s. S. 285) am Fähranleger ist der ideale Ort für eine Pause mit Ausblick. Durch den engsten Donauabschnitt geht es über die landschaftlich schönste Strecke zwischen den Mittelgebirgszügen nach **Zebegény** (8 km). Die letzten 5 km führen nach Szob, von wo die Bahn stündlich nach Budapest (Westbahnhof; Nyugati pu.) zurückfährt (ab Szentendre 45 km).

am Bahnhof sehenswert. Ein großes Wandgemälde zeigt Nagymaros und Visegrád nach der kurzzeitigen Rückeroberung von den Türken 1595. An der Donaupromenade kann man den herrlichen Blick auf die Hochburg von Visegrád genießen.

Zebegény ▶ Karte 5, B 1

Der interessanteste Ort im nördlichen Donauknie ist **Zebegény**, ca. 27 km westlich von Vác. Genießen lässt sich die malerische Lage wohl am besten auf einem der schönen Wanderwege.

Katholische Pfarrkirche

Für Kunstinteressierte lohnt sich der Besuch aus zwei Gründen: Die **Katholische Pfarrkirche** am Petőfi tér ist als Gesamtensemble einmalig in Ungarn. Errichtet wurde sie zwischen 1908 und 1910 im siebenbürgischen Stil u. a. nach Plänen des Architekten Károly Kós, der auch die Kirchenfenster entwarf. Hauptattraktion ist die einzigartige Jugendstilbemalung (1910–14) im Inneren der Kirche, für die **Aladár Körösfői-Kriesch** (s. S. 287) hier wahre Perfektion erreichte.

István-Szőnyi-Museum

Bartóky utca 7, Tel. 27 37 01 04, www.szonyimuzeum.hu, März–Okt. Di–So 9–17, sonst Sa, So 10–16 Uhr, Eintritt 1200 HUF, erm. 600 HUF
Mitte der 1920er-Jahre zog der Maler **István Szőnyi** (1894–1960) in das idyllisch gelegene Donaudorf. In der Bartóky útca 7 ist in seinem ehemaligen Wohnhaus und Atelier ein Muse-

um eingerichtet. Seine stimmungsvollen Zebegény-Gemälde – z. B. »Abend in Zebegény« (1928) – gehören zu seinen bekanntesten Werken, die z. T. sogar in der Ungarischen Nationalgalerie in Budapest zu sehen sind.

Essen & Trinken

Fisch satt – **Halászkert Étterem:** Vác, Liszt Ferenc sétány 9, Tel. 27 31 59 85, tgl. 11–22 Uhr. Ansprechende Fischgerichte und ein stilvolles Ambiente machen den »Fischergarten« an der Donaupromenade 150 m nördl. des Fähranlegers zur besten Adresse in Vác. Hauptgerichte ca. 1500–4500 HUF.
Süßes am Hauptplatz – **Főtéri Cukrászda:** Vác, Március 15. tér 12 (Széchenyi utca 2), Tel. 27 30 05 29, tgl. 10–ca. 19 Uhr. Leckerer Kuchen und die hervorragende Lage am barocken Hauptplatz sprechen für eine Kaffeepause.
Pizzeria – **Don Vito:** Visegrád, Fő utca 83, Tel. 26 39 72 30, www.don-vito.hu, tgl. 12–22 Uhr. Leckere Pizza und Pasta sowie Bühne für Livemusik in einem schönen Haus in der Ortsmitte. Pizza/Pasta ca. 1200–2700 HUF, Hauptgerichte ca. 2000–4400 HUF.
Panoramablick de luxe – **Maros Étterem:** Nagymaros, Béla király sétány 1 (Schiffsstation), Tel. 27 35 45 76, So–Do 12–21, Fr, Sa 12–22 Uhr (Winter nur Sa, So 12–20 Uhr), Hauptgerichte ca. 1600–3600 HUF. Zu der soliden ungarischen Küche gibt es von der Donauterrasse einen fantastischen Ausblick über die Donau hinüber zur Hochburg von Visegrád gratis dazu!
Idyllische Lage – **Padlizsán Étterem:** Esztergom, Pázmány Péter utca 21, Tel. 33-31 12 12, tgl. 12–22 Uhr. Solide Küche, ergänzt durch kreative Ideen. Vom Hof schweift der Blick abends von der Wasserstadt hinauf zur angestrahlten Burg. Hauptgerichte ca. 1850–3500 HUF.
Kaffeepause – **Dunakorzó Kávézó:** Esztergom, Kis-Duna sétány 7, Tel. 33-31 17 10, tgl. 10–22 Uhr. An der Kleinen Donau laden Kaffee und Kuchen unter den Platanen der Promenade zu einer Pause ein.
Elegantes Kaffeehaus – **Esztergomi Központi Kávéház:** Esztergom, Vörösmarty utca 2, Tel. 33 52 05 70, www.szamosmarcipan.hu, Sommer tgl. 9–21, Winter 9–20 Uhr. In diesem stilvollen Kaffeehaus wird in der Kuchentheke bewährte Szamos-Qualität geboten, denn das Café gehört zu der Budapester Konditorei-Kette.

Infos

Touristeninformation
Vác: Március 15. tér 17, Tel. 27-31 61 60, www.tourinformvac.hu, Sommer: Mo–Sa 9–17, Winter: Mo–Fr 9–17 Uhr.
Visegrád: www.visegrad.hu.
Esztergom: www.esztergom.hu.

Verkehr

Orientierung: Die Donau und die Szentendre-Insel teilen das Donauknie in zwei Hälften. Wer von der südwestlichen Donauseite (Szentendre, Visegrád und Esztergom) ans nordöstliche Flussufer (Vác und Zebegény) überwechseln möchte, muss auf die regelmäßig verkehrenden Autofähren bei Vác und Nagymaros/Visegrád zurückgreifen.
Schiff: Für die abwechslungsreichen Schiffstouren ins Donauknie s. S. 278.
Bahn: Stündlich Züge vom Budapester Westbahnhof (Nyugati pu.) nach Vác (25 Min.), Nagymaros (40 Min.) und Zebegény (50 Min.).
Bus: Von Szentendre stdl. Busse über Visegrád (45 Min.) nach Esztergom (1,30 Std.). Vom Esztergomer Busbahnhof (Simor János utca) verkehren regelmäßig Busse direkt nach Budapest (Metrostation Árpád híd, ca. 70 Min.).

Hier fühlte sich Sisi zu Hause: Schloss Gödöllő

Gödöllő ▶ Karte 5, B 1

Schloss Gödöllő

Grassalkovich-kastély, Tel. 28 41 01 24, www.kiralyikastely.hu, April–Okt. tgl. 10–18, Nov.–März Mo–Fr 10–16, Sa, So 10–17 Uhr, Eintritt 2500 HUF, erm. 1250 HUF (Barocktheater plus 1200/700 HUF)

Barocke Pracht und kaiserlicher Glanz – das **Königliche Schloss Gödöllő (Gödöllői Királyi Kastély)** ist eine der schönsten Palastanlagen Ungarns! Das 30 km nordöstlich von Budapest gelegene Schloss hat der ungarische Staat dem Herrscherpaar Franz Joseph und seiner Frau Elisabeth zur Krönung geschenkt.

Grassalkovich-Ära

Erbaut wurde das Schloss ab 1735 nach Plänen von Andreas Mayerhoffer für den Grafen Antal Grassalkovich. Die Anlage geriet so prächtig, dass sie zum Vorbild vieler weiterer Barockschlösser in Ungarn wurde, u.a. Schloss Nagytétény im Süden Budapests. Grassalkovich unterstützte Kaiserin Maria Theresia und machte dadurch eine glänzende Karriere. Die Kaiserin besuchte ihn 1751 in Gödöllő, woran heute einer der Ausstellungsräume erinnert. Die beiden Nachfahren Grassalkovichs wurden in den Fürstenstand erhoben, der letzte Spross, Antal III., stiftete unter anderem das Grundstück für das heutige Nationalmuseum. Mit Geld konnte er allerdings nicht umgehen, und so gerieten seine Besitztümer nach und nach in fremde Hände.

Sisi-Mythos

Zu Zeiten der Kaiserin und Königin Elisabeth erlebte Gödöllő eine zweite Blüte. Angeblich soll sie in dem Schloss öfter übernachtet haben als in der Wiener Hofburg, konnte sie hier doch ungestört Hof halten und in der weiten Parklandschaft ausreiten. Elisabeth galt als große Freundin der Ungarn, was sie dort schon zu Lebzeiten zu einer Legende machte.

Verfall und Renovierung

Nach Elisabeths Tod 1898 zeigten die Habsburger nur mehr mäßiges Interesse an Gödöllő. Der ungarische Reichsverweser Miklós Horthy nutzte das Schloss hingegen ab 1920 erneut als Sommerresidenz, bevor deutsche und sowjetische Soldaten große Teile der Einrichtung 1944/45 zerstörten. Nach dem Zweiten Weltkrieg verfiel das Schloss zusehends, doch seit Anfang der 1990er-Jahre wird es Stück für Stück renoviert.

2011 wurde Schloss Gödöllő als Tagungsort für die EU-Treffen im Rahmen der ungarischen Ratspräsidentschaft genutzt.

Rundgang

Im u-förmigen Hauptgebäude führt eine Prunktreppe hinauf in die Ausstellungsräume. Hier wirft man zunächst einen Blick in die Zeit der Grassalkovichs und dann in die prächtige **Schlosskapelle**. Die Habsburgerzeit wird durch die Gemächer des Herrscherpaares repräsentiert, der **Kleine Krönungssaal** ganz von Eduard von Engerths Historiengemälde »Die Krönung« (1872) beherrscht. Rechts lässt Graf Andrássy, der spätere k. u. k. Außenminister, das Herrscherpaar hochleben.

Besonders sehenswert sind der **Prunksaal** mit seinen vergoldeten Stuckdekorationen sowie der Flügel mit den Räumen der Kaiserin. György Vastagh schuf 1879 sein berühmtes Sisi-Porträt, das als Klassiker für Sisi-Fans gilt. Der Glanz der k. u. k. Zeiten wurde erfolgreich wieder zum Leben erweckt und gipfelt in einem Sisi-Gedächtniszimmer.

Im anschließenden Gisella-Flügel sind Habsburger-Porträts zu sehen sowie eine Ausstellung zur sehr wechselhaften Geschichte des Schlosses im 20. und 21. Jh. Zudem werden hochkarätige Schlosskonzerte veranstaltet, das **Schlosscafé** bietet leckeren Kuchen und der Park lädt zu einem Spaziergang ein. In einem Seitenflügel der Anlage eröffnete 2003 das renovierte **Barocktheater** aus dem späten 18. Jh. mit Kulissentechnik – eine absolute Rarität in Europa!

Stadtmuseum Gödöllő

Szabadság tér 5, Tel. 28-42 20 03, Mi–So 10–16 Uhr, Eintritt 600 HUF, erm. 300 HUF

Lohnenswert ist auch ein kurzer Abstecher ins **Stadtmuseum Gödöllő (Gödöllői Városi Múzeum)** auf der anderen Seite der Bahn-Haltestelle. Die Dauerausstellung zeigt Werke der einflussreichen Künstlerkolonie von Gödöllő, die zwischen 1901 und 1920 u. a. auf Initiative von Aladár Körösfői-Kriesch tätig war. Der bedeutende Jugendstilkünstler, der sich von mystisch-religiösen Überzeugungen leiten ließ, schuf u. a. in der Budapester Musikakademie ein herrliches Wandrelief. Zur Kolonie gehörte zudem eine erfolgreiche Webschule, die sich auf Boden- und Wandteppiche konzentrierte.

Infos

Bahn: Gödöllő liegt 30 km nordöstlich von Budapest und 10 km östlich der Formel-1-Piste Hungaroring. Das Schloss befindet sich direkt an der Haltestelle Gödöllő Szabadság tér der Vorortbahn HÉV H8, die in Budapest ab Örs vezér tere (Endstation der roten Metrolinie 2, ca. 40 Min.) verkehrt; Anschlussticket ab Stadtgrenze erforderlich.

Bus: Vom Busbahnhof in Gödöllő in der Szabadság út verkehren regelmäßig Linienbusse nach Vác (ca. 1 Std.).

Sprachführer

Ausspracheregeln

Beim Ungarischen liegt die Betonung immer auf der ersten Silbe. Vokale ohne Akzent werden kurz, diejenigen mit Akzent lang ausgesprochen. Besonderheiten: Zwei Vokale hintereinander werden immer separat ausgesprochen. Das ungarische a liegt in der Aussprache zwischen den deutschen Vokalen a und o, ähnlich dem englischen *what*, z. B. szabó (Schneider); das ungarische e liegt zwischen den deutschen Vokalen e und ä, ähnlich wie in Berg, z. B. kerek (rund).

Konsonanten

c	wie das deutsche z in Zirkus, z. B. *citrom* (Zitrone)
cs	wie das deutsche tsch in Tschechien, z. B. *bocsánat* (Entschuldigung)
gy	wie das deutsche dj in Nadja, z. B. *nagy* (groß)
ly	wie das deutsche j in Japan, z. B. *pályaudvar* (Bahnhof)
ny	wie das deutsche nj in Sonja, z. B. *lány* (Mädchen)
s	wie das deutsche sch in Schokolade, z. B. *segítség* (Hilfe)
sz	wie das deutsche ss in Wasser, z. B. *szia* (hallo/tschüss)
ty	wie das deutsche tj in Katja, z. B. *ponty* (Karpfen)
v	wie das deutsche w in warten, z. B. *vasárnap* (Sonntag)
z	wie das deutsche s in Sonntag, z. B. *ezer* (tausend)
zs	wie j in Journalist, z. B. zsemle (Brötchen)

Allgemeines

Guten Morgen/Tag/Abend.	Jó reggelt/napot/estét.
Hallo/tschüss.	Szia.
Auf Wiedersehen.	Viszontlátásra.
ja/nein	igen/nem
bitte	kérem
Danke (schön).	Köszönöm (szépen).
Gern geschehen.	Szívesen.
Entschuldigung!	Bocsánat/elnézést!
Wie bitte?	Tessék, kérem?
Akzeptieren Sie Kreditkarten?	Hitelkártyát is elfogadnak?
Können Sie mir ein Taxi bestellen?	Rendelne nekem egy taxit?
Wie viel kostet ...?	Mennyibe kerül ...?
Ich möchte ...	Szeretnék ...

Unterwegs

links/rechts	balra/jobbra
geradeaus	egyenesen
Ein-/Ausgang	bejárat/kijárat
Auskunft	információ
Flugplatz	repülőtér
Auto	kocsi
Bus	autóbusz
Haltestelle	megálló
Tages-/Wochenkarte	napi-/hetijegy
Schiff/Fähre	hajó/komp
Zug	vonat
Bahnhof	pályaudvar (pu.)
Metrostation	metróállomás
Straße/Gasse	út/utca
Ring	körút
Uferkai	rakpart
Brücke	híd
Platz	tér

Zeit

Stunde/Tag	óra/nap
Woche	hét
Monat	hónap
jetzt	most
gestern	tegnap
heute	ma
morgen	holnap
Montag	hétfő
Dienstag	kedd
Mittwoch	szerda
Donnerstag	csütörtök
Freitag	péntek

Samstag	szombat
Sonntag	vasárnap
Wochenende	hétvége

Notfall

Hilfe!	Segítség!
Polizei	rendőrség
Unfall	baleset
Schmerzen	fájdalom
Arzt/Ärztin	orvos/orvosnő
Zahnarzt	fogorvos
Krankenhaus	kórház
Apotheke	gyógyszertár/patika

Übernachten

Hotel	szálloda
Zimmer	szoba
Einzel-/Doppelzimmer	egyágyas szoba/ kétágyas szoba
mit/ohne Bad	fürdőszobával/ fürdőszoba nélkül
mit/ohne Dusche	zuhanyozóval/ zuhanyozó nélkül
mit/ohne Frühstück	reggelivel/reggeli nélkül
Zimmerschlüssel	szoba kulcs
Rechnung	számla

Die wichtigsten Sätze

Allgemeines

Wie geht es Ihnen/Dir?	Hogy van/vagy?
Sehr gut, danke.	Köszönöm, nagyon jól.
Wie heißen Sie?	Hogy hívják?
Mein Name ist …	A nevem …
Sehr angenehm.	Örvendek.
Ich verstehe nicht.	Nem értem.
Ich spreche kein Ungarisch.	Nem beszélek magyarul.
Ich bin Deutscher/ Österreicher/ Schweizer.	Német/ osztrák/ svájci vagyok.
Sprechen Sie Deutsch/Englisch?	Beszél németül/ angolul?
Es tut mir leid.	Sajnálom.

Unterwegs

Wo ist (die/der/das nächste) …?	Hol van (a legközelebbi) …?
Wie komme ich nach …?	Hogy jutok el …ba/be?
Ist das die Straße nach …?	Ez az út vezet …ba/be?
Eine Fahrkarte bitte.	Szeretnék egy jegyet.
Ist hier frei?	Szabad ez a hely?
Ich möchte Geld umtauschen.	Szeretnék pénzt váltani.

Notfall

Können Sie mir bitte helfen?	Segítene, kérem?
Können Sie einen Arzt holen?	Tudna hívni egy orvost?
Ich habe Fieber.	Lázas vagyok.
Hier tut es weh.	Itt fáj.
Ich habe Kopf-/ Magen-/Zahnschmerzen.	Fáj a fejem/ gyomrom/fogam.
Ist die Behandlung kostenlos?	A kezelés ingyenes?
Ich habe meinen Pass verloren.	Elvesztettem az útlevelemet.
Mir ist … gestohlen worden.	Ellopták a …t.

Zahlen

0	nulla	21	huszonegy
1	egy	30	harminc
2	kettő	40	negyven
3	három	50	ötven
4	négy	60	hatvan
5	öt	70	hetven
6	hat	80	nyolcvan
7	hét	90	kilencven
8	nyolc	100	száz
9	kilenc	200	kétszáz
10	tíz	1000	ezer
11	tizenegy	2000	kétezer
12	tizenkettő	10 000	tízezer
13	tizenhárom	100 000	százezer
20	húsz	1 000 000	egymillió

Zubereitung

főzött/főtt	gekocht
párolt	gedünstet
rántva	paniert
roston	gegrillt
sült	gebraten/gebacken
vegyes	gemischt

Frühstück

felvágott	Aufschnitt
kenyér	Brot
kifli	Hörnchen
kolbász	Wurst
lekvár/dzsem	Marmelade
margarin	Margarine
méz	Honig
sajt	Käse
szalámi	Salami
tojás	Ei
túró	Quark
vaj	Butter
zsemle	Brötchen

Gemüse und Beilagen

bab	Bohne
borsó	Erbse
burgonya/krumpli	Kartoffel
cékla	Rote Bete
csalamádé	eingelegter Salat mit Paprikaschoten und Tomaten
fokhagyma	Knoblauch
gyümölcsleves	Obstsuppe
hagyma	Zwiebel
káposzta	Kohl
karfiol	Blumenkohl
kukorica	Mais
lángos	in Fett gebackener Hefefladen (mit Knoblauch, Rahm u. a.)
lencse	Linsen
leves	Suppe
mártás	(dicke) Soße
mustár	Senf
padlizsán	Aubergine
paprika	Paprika(schote)
paradicsom	Tomate
petrezselyem	Petersilie
pogácsa	rundes Salzgebäck
rízs	Reis
saláta	Salat
sárgarépa	Möhre/Karotte
sült krumpli	Pommes frites
tészta	Nudeln
uborka	Gurke
zöldség	Gemüse

Fleisch

bárányhús	Lammfleisch
bécsi szelet	Wiener Schnitzel
bélszín	Lendenbraten
borjúhús	Kalbfleisch
csirke	Hühnchen
gulyásleves	Gulaschsuppe
hús(-leves)	Fleisch(-suppe)
kacsa	Ente
libamáj	Gänseleber
marhahús	Rindfleisch
pörkölt	Gulasch
pulykamell	Putenbrust
sertéshús	Schweinefleisch
sonka	Schinken
szalonna	Speck
szárnyas	Geflügel
töltött káposzta	mit Fleisch gefüllt Krautrouladen
töltött paprika	mit Fleisch gefüllte Paprika
virsli	Würstchen

Fisch

fogas/süllő	großer/kleiner Zander
hal	Fisch
halászlé	Fischsuppe
harcsa	Wels
harcsa paprikás túrós csuszával	Welspaprikasch mit Quarknudeln
lazac	Lachs
pisztráng	Forelle
ponty	Karpfen

Nachspeisen und Obst

alma	Apfel
banán	Banane
citrom	Zitrone
cukor	Zucker
dió	Nuss
Dobos torta	geschichtete Biskuitböden, gefüllt mit Schokobuttercreme
eper	Erdbeere
Esterházy torta	Mandelbiskuitböden, gefüllt mit Vanillebuttercreme
fagylalt/jég	Eis
füge	Feige
gesztenye	Kastanie
gesztenyepüré	Kastanienpüree, oft mit Sahne
görögdinnye	Wassermelone
Gundel palacsinta	mit Walnuss gefüllte Palatschinken, dazu Schokosoße
gyümölcs(-saláta)	Obst(-salat)
körte	Birne
kuglóf	Gugelhupf
mák	Mohn
málna	Himbeere
meggy/cseresznye	(Sauer-)Kirschen
mogyoró	Haselnuss
narancs	Orange
őszibarack	Pfirsich
palacsinta	Palatschinken
rétes (almás/meggyes/túrós)	Strudel (Apfel/Kirsche/Quark)
sárgabarack	Aprikose
Somlói galuska	Schomlauer Nockerln
sütemény	Gebäck/Kuchen
szilva	Pflaume
szőlő	Traube
szörp	Sirup
tejszín(hab)	Sahne
zserbószelet	Gerbeaudschnitte, gefüllt mit Aprikosenmarmelade, Walnüssen und Apfelstücken

Getränke

alkoholmentes	alkoholfrei
ásványvíz	Mineralwasser
bor (vörös/fehér)	Wein (rot/weiß)
gyümölcslé	Fruchtsaft
italok	Getränke
kávé	Kaffee
pálinka	Schnaps
sör	Bier
szénsavas/szénsavmentes	mit/ohne Kohlensäure
tea (fekete/gyümölcs/gyógy)	Tee (schwarz/Früchte/Kräuter)
tej	Milch

Im Restaurant

Haben Sie einen Tisch für zwei Personen?	Van egy szabad asztaluk két személyre?
Kann ich einen Tisch reservieren?	Foglalhatnék egy asztalt?
Die Speisekarte, bitte.	Az étlapot kérem.
Ich möchte gerne …	Szeretnék …
Guten Appetit!	Jó étvágyat!
Prost!	Egészségére!
Wo ist die Toilette, bitte?	Hol van a vécé kérem?
Die Rechnung, bitte.	Kérem a számlát.
Es hat sehr gut geschmeckt, danke.	Nagyon finom volt, köszönöm szépen.
Kellner	pincér
(Nicht-)Raucher	(nem) dohányzó
Frühstück	reggeli
Vorspeise	előételek
Hauptspeise	főételek
Beilagen	köretek
Nachtisch	desszert/édesség
vegetarisch	vegetáriánus
kleine/große Portion	kis/nagy adag
Glas	pohár
Pfeffer/Salz/Zucker	bors/só/cukor

Register

Der Autor: Matthias Eickhoff, freier Autor und Übersetzer, schätzt und liebt die Vielseitigkeit der ungarischen Hauptstadt seit 25 Jahren. Auch über die Jahre ist sein Enthusiasmus für Budapest nicht verloren gegangen: »Wenn ich abends an der Donau stehe, bin ich von dem Anblick immer noch so überwältigt wie beim ersten Mal.« Matthias Eickhoff ist mit den Entwicklungen der Stadt bestens vertraut. Seine Frau, Andrea Óhidy, stammt aus Budapest und lieferte für das Buch wertvolle Hintergrundinfos.

Abbildungsnachweis

Bilderberg, Hamburg: S. 112 (Bossemeyer); 143 li., 158 (Böttcher); 55 (Peterschröder)
László Csalavári, Budapest: S. 96
DuMont Bildarchiv, Ostfildern: S. 37, 46, 106, 119 li., 128, 134/135, 192, 207, 282, 286
Matthias Eickhoff, Münster: S. 6, 13 u. re., 266 li., 270, 272, 296
f1-online, Frankfurt a. M.: S. 169 li., 190 (AGE/Bibikow)
Martin Fejér/Ostphoto, Berlin: S. 12 u. li., 13 o. li., 84, 87, 89, 100/101, 113, 168 li., 182/183, 212 re., 218/219
Huber-Images, Garmisch-Partenkirchen: S. 80/81 (Da Ros); 11 (Panaylotou); Umschlagklappe vorn, 8, 13 o. re., 198/199 (R. Schmid); 9 (Simeone)
iStockphoto, Calgary (Kanada): S. 115 (KLH)
Attila Kiss, Budapest: S. 142 li., 152
laif, Köln: S. 7, 146/147 (Barth); Titelbild, 234 li., 240, 250 (Galli); 25, 142 re., 150, (Gerald); 12 o. re., 12 u. re., 16/17, 44, 82, 104, 118 re., 130/131, 166/167, 194 li., 194 re., 203, 204, 226/227, 230, 255 li., 262 (Hahn); 12 o. li., 138/139 (Hoa Qui); 212 li., 228 (Jonkmanns); 90 (Kloever); 234 re., 245 (Lescourret JP/eyedea); 77 (Maisant/hemis.fr); 65, 168 re., 179 (Rigaud); 13 u. li., 41, 60, 70/71, 78, 116/117, 254, 259 (Steinhilber); 34, 187, 195 li., 210 (Stukhard); 235 li., 246 (Zahn); 30, 266 re., 280/281 (Zuder)
Look, München: S. 172 (Leue)
Mauritius Images, Mittenwald: S. 267 li., 276 (age); 109 (Alamy); 162 (Drexler); 92 (imagebroker); 118 li., 140/141 (imagebroker/Hermann Dobler); 174 (Mattes)
Picture-Alliance, Frankfurt a. M.: S. 95 (dpa); 111 (Bildagentur Huber); 103 (KPA); 213 li., 222/223 (Schulze/Transit); 124 (United Archives)
VISUM, Hamburg: S. 99 (ASK/Parrault)

Kartografie

DuMont Reisekartografie, Fürstenfeldbruck
© DuMont Reiseverlag, Ostfildern

Umschlagfotos

Titelbild: Freiheitsbrücke
Umschlagklappe vorn: Váci utca in der Pester Altstadt

Hinweis: Autor und Verlag haben alle Informationen mit größtmöglicher Sorgfalt geprüft. Gleichwohl erfolgen alle Angaben ohne Gewähr. Bitte schreiben Sie uns! Über Ihre Rückmeldung und Ihre Verbesserungsvorschläge freuen wir uns: **DuMont Reiseverlag,** Postfach 3151, 73751 Ostfildern, info@dumontreise.de, www.dumontreise.de

4., aktualisierte Auflage 2016

Redaktion/Lektorat: M. Konze, E.E. Schmitz, C. Wagner
Grafisches Konzept: Groschwitz/Blachnierek, Hamburg
Printed in China